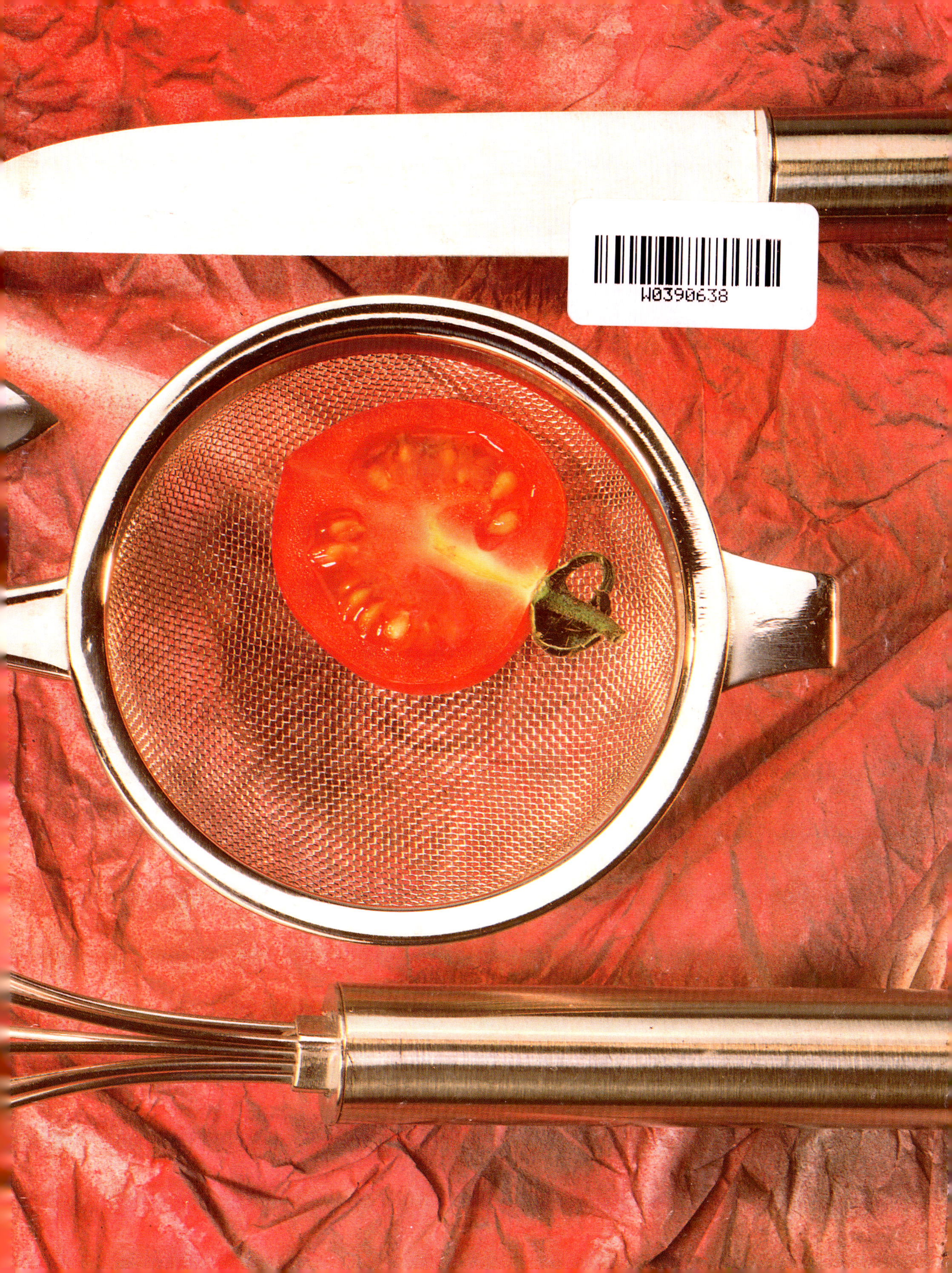

l'Encyclopédie de la Cuisine

Jean-Pierre DEZAVELLE
Éric ZIPPER

Photos : S.A.E.P. / Valérie MORITZ - Jean-Luc SYREN

Ont également collaboré à cet ouvrage :

Véronique BERNARD
Patrice BUREAU
Serge FURLAN
Annie PERRIER-ROBERT
Aline PRÉBOIS

EDITIONS S.A.E.P. 68040 INGERSHEIM - COLMAR

Signification des symboles accompagnant les recettes

Recettes

🍴 élémentaire
🍴🍴 facile
🍴🍴🍴 difficile

Recettes

○ peu coûteuse
○○ raisonnable
○○○ chère

À vos casseroles !

Des centaines de plats attendent, au fil des pages, que vous leur donniez vie. Très connus, anonymes, d'une classe exceptionnelle ou d'origine plus modeste, ils sont ceux qui composent la cuisine odorante, gourmande, celle que tout le monde aime, dans laquelle nous nous reconnaissons tous, en un mot notre patrimoine.

Si chacun d'entre nous est capable de citer quelques-uns de ces plats, ou mieux les a goûtés, il n'est pas sûr que beaucoup soient à même d'en maîtriser la réalisation. Cet ouvrage, bourré d'informations, vous propose de découvrir en détails plusieurs centaines de recettes, des cocktails jusqu'aux desserts, sans omettre les préparations de base indispensables, quelques recettes étrangères ou plus particulières.

Mais un livre de cuisine digne de ce nom ne serait pas complet, ne permettrait pas de maîtriser l'indispensable, s'il ne contenait que des recettes sans présenter tous les autres aspects de l'art culinaire. Comment réussir pleinement un pot-au-feu si l'on ne sait pas choisir les ingrédients — viande persillée, légumes frais et tendres, os à moelle rosés — qui le composent ? Vous trouverez ici tous les renseignements utiles et les indications nécessaires, les tours de main indispensables, les variantes ou les explications qui vous ont toujours fait défaut, les techniques de conservation, un point de diététique, des suggestions de petits-déjeuners, des idées pour recevoir, pour décorer vos plats salés et sucrés, comment composer vos menus, cuisiner à l'autocuiseur, au micro-ondes, au barbecue... et de très nombreux conseils d'achat.

Les vins ne sont pas absents puisque nous vous proposons plus de 2 000 accords mets-vins accompagnés de la température à laquelle les vins devront être bus, des conseils d'achat, de stockage et de service pour les déguster au meilleur de leur forme, avec modération bien entendu !

Un ouvrage complet, richement illustré, rapidement indispensable, à consulter sans retenue par tous les épicuriens, amoureux de la gastronomie, seul gage d'une cuisine vraie.

LES ÉPICES

Anis étoilé	Les fruits de cet arbuste, appelé encore **Badiane**, se consomment séchés ou réduits en poudre.	— Fruit : porc, canard, compote de pommes et de prunes. — Poudre : pâtisserie.
Anis vert	Cette plante, originaire d'Orient, n'est cultivée que pour ses fruits dont la saveur est chaude et sucrée.	Marinade de gibier, pâtisserie, confiserie, et bien sûr l'anisette.
Cannelle	C'est l'écorce de l'arbre desséchée sous forme de bâtonnet ou en poudre qui est utilisée.	Porc, canard, pâtisserie, compotes, poissons, mais aussi viandes, riz et légumes dans les plats exotiques.
Cardamome	La saveur aromatique de ses cosses et de ses grains moulus ou séchés rappelle celle du poivre.	Marinade au vinaigre, conserves de légumes, pâtisserie nordique, recettes d'Extrême-Orient.
Clou de girofle	Son odeur est forte et persistante.	Gibier, marinades, entremets, compotes, pains d'épices, court-bouillon.
Coriandre	Les feuilles sont consommées fraîches mais les fruits sont séchés et utilisés entiers ou pulvérisés.	Saucisson, pâtés, sauces, champignons à la grecque. Les feuilles fraîches servent pour les salades.
Cumin	Seuls les fruits de cette plante, encore appelée **Carvi**, sont comestibles.	Sauces, choux, pommes de terre, pain, porc, volailles. Utilisé largement en Afrique du Nord.
Curcuma	C'est le tubercule réduit en poudre qui est utilisé. Il entre dans la composition du curry. Il détermine sa saveur et sa teinte.	Sert à colorer et à parfumer les plats au curry. Les volailles, le bœuf, le mouton, la soupe de poissons, les coquillages.
Curry	Également appelé **Cari**, il s'agit en fait d'un mélange de 10 à 15 épices dont le poivre, la coriandre, le curcuma, le gingembre, la muscade, le cumin...	Soupes, riz, poissons, agneau, plats exotiques.
Fenouil	À la fois considéré comme faisant partie des fines herbes et des épices, le fenouil a un goût anisé. Ses feuilles sont consommées fraîches et séchées, ses graines sont également utilisées.	Salades, farces, poissons, conserves au vinaigre, conserves de cornichons, légumes.
Genièvre	La baie de ce conifère sauvage a une saveur sucrée puis amère.	Gibier, choucroute, marinades, poissons.
Gingembre	Seul le rhizome de cette plante originaire d'Asie est utilisé. Il peut être consommé frais, séché, pulvérisé ou confit.	— Rhizome en morceaux : soupes, viandes de porc, volailles, salades de fruits. — Frais râpé : salades, hors-d'œuvre, sauce. — Poudre : gâteaux, petits pains.
Moutarde	Seules ses graines sont consommées. Leur goût est piquant.	Cornichons au vinaigre, charcuterie, marinade de poisson et de gibier.
Muscade	Les noix sont utilisées entières ou réduites en poudre. On utilise également l'enveloppe appelée macis. Leur saveur et leur odeur sont fortement épicées.	Épinards, sauce Béchamel, soupes, viandes marinées. Le macis s'utilise râpé.
Paprika	Également appelé **Piment doux**, ses fruits séchés entiers ou réduits en poudre ont une odeur poivrée.	Très utilisé dans la cuisine hongroise et espagnole, riz, légumes, goulash, sauces.
Pavot	Ses graines mûres peuvent être moulues. Leur goût rappelle celui de la noix.	— Graines : pâtisserie, farces à gâteaux. — Moulu : pour différents mélanges d'épices.
Poivre	Il existe plusieurs espèces de graines (vertes, blanches, noires, grises) qui peuvent être utilisées entières ou moulues.	Soupes, sauces, viandes, légumes. Les baies roses ne sont pas des graines de poivre.
Poivre de Cayenne	Il s'agit en fait de piment dont les gousses peuvent être consommées fraîches, séchées ou en poudre.	Soupes de poissons, sauces, goulash, risotto.
Ras-el-Hanout	C'est, en réalité, un mélange de 10 épices dont le macis, le poivre, le piment, le gingembre.	Toutes les préparations d'Afrique du Nord, tajine, couscous, mais aussi mouton, poulet.
Safran	Le crocus est cultivé pour ses fleurs. C'est le stigmate séché ou réduit en poudre qui est consommé.	Soupe de poissons, paëlla, risotto, pâtisserie.
Sel de céleri	Il s'agit de sel fin mélangé à du céleri-rave séché et pulvérisé.	Condiment pour les jus de légumes, fonds, consommés.
Vanille	On l'utilise sous forme de gousses ou de graines.	Pâtisserie, confiserie, desserts. Avec 1 gousse et du sucre, on peut réaliser du sucre vanillé.

LES AROMATES

Aneth	Appelée également **Dill**, cette plante, entièrement comestible, a le goût du fenouil. Les graines ont celui du cumin.	— Feuilles fraîches : poissons, salades. — Graines : cornichons et oignons au vinaigre.
Armoise	Cette plante sauvage possède une saveur amère.	Assaisonnement pour sauce de rôti.
Basilic	Originaire des Indes Orientales, il peut se consommer frais ou séché.	Soupe au pistou, crudités (particulièrement les tomates), cuisine provençale.
Cerfeuil	On utilise les feuilles fraîches plutôt que séchées.	Soupes, salades, omelettes. Perd sa saveur à la cuisson.
Ciboulette	Les tiges fraîches de cette plante, originaire de Sibérie, se consomment émincées.	Toujours crue. Potages, salades, sauces, œufs, pommes de terre.
Cresson alénois	Ses feuilles fraîches ont le goût rafraîchissant du poivre aromatique.	Surtout en salade.
Cresson de fontaine	Cette herbe vivace peut être cultivée en eau courante. Ses feuilles et ses jeunes pousses ont un goût légèrement piquant et acide.	Soupes, salades, légumes.
Estragon	Ses feuilles sont consommées fraîches ou séchées.	Cornichons au vinaigre, sauce béarnaise, volailles, riz, poissons pochés.
Hysope	L'odeur de cet arbrisseau d'origine méditerranéenne est agréable, mais sa saveur est un peu âcre.	Légumes, soupes, salades, gibiers, viandes rôties, farces.
Laurier	Les feuilles séchées possèdent une odeur balsamique.	Marinades, sauces, court-bouillon, bouquet garni.
Livèche	Ses feuilles sont consommées fraîches ou séchées mais on se sert également de ses racines et de ses graines. Leur odeur et leur goût rappellent ceux du céleri.	Potages, salades, sauces, viandes.
Marjolaine	Ses feuilles sont utilisées séchées.	Charcuterie, pizzas, viandes, sauces, farces, pâtisserie.
Mélisse	Le goût épicé de ses feuilles séchées rappelle celui du citron.	Soupes, sauce à la menthe, salade, concombre, viandes, poissons.
Oseille	Son goût est frais et acidulé mais un peu aigre. Ses feuilles sont consommées fraîches.	— Cru : fromage blanc, salade. — Cuit : soupes, sauces, légumes, omelettes.
Persil	Ses feuilles sont utilisées fraîches ou séchées.	Haché, il peut tout accommoder.
Pimprenelle	La saveur de ses feuilles fraîches rappelle celle du cornichon un peu salé.	Soupes, salades, poissons, beurre aux herbes.
Romarin	Ses feuilles ont une odeur aromatique d'encens et de camphre.	Veau, porc, légumes, soupes, pommes de terre.
Sarriette	On consomme ses feuilles et ses sommités fleuries. Son goût rappelle celui du thym.	Agneau, boudin, gibier, sauce tomate, légumes.
Sauge	Ses feuilles sont utilisées fraîches et séchées. Leur odeur est aromatique et camphrée.	Veau, porc, légumes, soupes, pommes de terre.
Sedum	Encore appelée **Orpin**, cette plante a un goût rafraîchissant et aigrelet. Ses feuilles sont consommées fraîches.	Soupes, salades, sauces, conserves.
Thym	On consomme les branches, les feuilles et les sommités fleuries.	Cuisine provençale, pizzas, mouton, tomates, aubergines.

LA CONSERVATION

LA STÉRILISATION

C'est Nicolas APPERT, industriel français, nommé « bienfaiteur de l'humanité » qui découvrit, en 1805, la méthode de conservation des aliments par la chaleur qui porte son nom : l'appertisation, cuisson et stérilisation des aliments dans des récipients hermétiquement clos.

Dans tous les cas, les délais de préparation doivent être les plus courts possible pour préserver au mieux les vitamines des aliments : fruits et légumes fraîchement récoltés, traitement culinaire rapide, conditionnement immédiat, montée en température, cuisson et refroidissement dans un très court laps de temps.

La température et la durée de stérilisation doivent être scrupuleusement respectées pour garantir la qualité bactériologique des conserves. Le manque d'hygiène et une stérilisation insuffisante peuvent être lourds de conséquences : un microbe particulièrement résistant à la chaleur, le *clostridium botulinum* se développe parfaitement sans air et sécrète une toxine mortelle.

Lorsque les bocaux sont remplis jusqu'à 3 cm du bord et soigneusement fermés, ils sont rangés dans une grande marmite, une lessiveuse ou, bien sûr, un stérilisateur. Pour éviter qu'ils ne s'entrechoquent, il est prudent de les protéger avec quelques épaisseurs de tissus pour les caler ; l'ensemble est recouvert d'eau et stérilisé.

Dès la fin de la stérilisation, retirer les bocaux, sans se brûler, et laisser complètement refroidir recouvert d'un torchon. Après complet refroidissement, s'assurer que l'opération est réussie : pour cela, soulever le ressort de chaque couvercle ou dévisser légèrement les couvercles à vis : il ne doit y avoir aucune fuite.

Si les couvercles s'ouvrent, il faut tout recommencer.

● **Les légumes** :

Les produits à stériliser doivent être de qualité irréprochable et fraîchement récoltés, le matin même, à l'aube de préférence. Lavés abondamment, préparés (épluchés, écossés, éboutés, découpés...), ils sont blanchis : mis dans une bonne quantité d'eau bouillante non salée, maintenus à grande ébullition pendant un temps précis, plongés ensuite dans un grand volume d'eau froide pour être rafraîchis rapidement puis soigneusement égouttés. Ranger régulièrement dans les bocaux, tasser légèrement en frappant le bocal sur un torchon plié en plusieurs épaisseurs, les légumes sont alors juste couverts d'eau bouillante salée (15 g de gros sel par litre d'eau). Les bocaux fermés sont mis à stériliser.

Lors de l'utilisation de bocaux fermant avec ressort et caoutchouc ou de bocaux à fermeture à vis —qui doivent être parfaitement propres et ébouillantés—, les caoutchoucs ou les couvercles bordés de caoutchouc doivent être remplacés à chaque nouvelle stérilisation.

Légumes	Temps de blanchiment	Temps de stérilisation dans l'eau bouillante
Asperges	6 min	2 h
Champignons sauvages	2 min	1 h 30 min
Côtes de blettes	2 min	2 h
Carottes nouvelles	5 min	2 h
Choux-fleurs	5 min	1 h 30 min
Haricots verts	2 min	2 h
Petits pois	2 min	2 h
Tomates entières	1/2 min	45 min

Ne jamais consommer une conserve dont l'apparence et l'odeur semblent suspectes.

● **Les fruits** :

Choisir des fruits fermes, de qualité irréprochable. Les préparer soit au naturel, après les avoir pelés, blanchis et coupés en demis ou en quartiers, soit recouverts d'un sirop de sucre bouillant (600 g de sucre par litre d'eau).

Fruits	Conservation au naturel		Conservation au sirop
	Temps de blanchiment	Temps de stérilisation	Temps de stérilisation
1/2 abricots dénoyautés	2 min	45 min	35 min
Cerises dénoyautées	2 min	45 min	35 min
Fraises			20 min
Framboises			20 min
Mirabelles dénoyautées	2 min	40 min	30 min
1/2 pêches dénoyautées	2 min	45 min	35 min
Poires en quartiers			30 min
Pommes en quartiers			30 min
Prunes dénoyautées			30 min

● **Les pâtés et autres plats cuisinés** :

Les plats sont préparés et cuits de façon traditionnelle. Simplement, la durée de cuisson est divisée par deux.

Les pâtés sont mis en bocaux crus et cuisent en même temps qu'ils sont stérilisés.

Stockés dans un endroit frais, aéré, et à l'abri de la lumière, les bocaux, correctement étiquetés, se gardent une bonne année mais il est préférable de prendre l'habitude de les consommer d'une saison à l'autre.

Plats cuisinés	Temps de stérilisation
Escargots	1 h 30 min
Pâté de viande	2 h 30 min
Pâté de lapin	3 h
Bœuf en daube	2 h 30 min
Tripes à la mode	3 h
Ratatouille provençale	1 h

LE SÉCHAGE

L'air et le soleil sont les seuls acteurs de ce procédé de conservation. Les résultats sont parfois décevants : l'humidité et la durée du procédé altèrent souvent la qualité des aliments.

Pour faire sécher au soleil des fruits ou des légumes, il faut les ranger sur des claies, les protéger des insectes et des rongeurs ; les rentrer le soir à cause de l'humidité de la nuit, dans une pièce bien sèche et correctement ventilée. L'opération doit durer environ huit jours.

Lorsque les produits sont bien secs, ils sont rangés dans des boîtes en bois ou en fer et conservés fermés à l'abri de l'humidité.

De cette façon, on déshydrate :
— les tomates (coupées en deux),
— les cerises (dénoyautées),
— les poires (coupées en tranches),
— les pommes (coupées en tranches),
— les pruneaux,
— les raisins.

Les champignons, les poireaux, le céleri, les écorces d'orange et de citron peuvent aussi être séchés au soleil coupés en lamelles et enfilés sur des fils en respectant les mêmes précautions que ci-contre.

LE FUMAGE

Cette opération, pratiquée sur le poisson, la viande ou les produits de charcuterie, demande une installation spéciale (la cheminée du feu à l'âtre ne suffit pas), et reste l'affaire des spécialistes.

Il existe des appareils de fumage très pratiques, en particulier pour le poisson. Ils servent uniquement à donner le parfum de fumée aux aliments sans permettre d'allonger efficacement leur durée de conservation.

LE SALAGE

Utilisé depuis très longtemps pour conserver viandes, poissons, beurre, fromage... ou olives, le salage est réalisé à sec avec du sel blanc ou en saumure avec du sel gris.

● Pour les petites pièces, on utilise la salaison à sec.
— Filet mignon de porc,
— Magret d'oie ou de canard,
— Noix de jambon,
— Joue de porc...

Mélanger, par kilo de sel, 10 g de quatre-épices et 5 g de poivre noir moulu. Déposer une couche de deux bons centimètres de sel au fond du saloir (traditionnellement un cuveau en bois), poser dessus les morceaux à saler en veillant à respecter un espace de 5 cm tout autour. Recouvrir d'une bonne couche de sel et laisser dans un endroit frais et sec pendant une huitaine de jours.

Les pièces sont ensuite séchées à l'air ; elles peuvent éventuellement être fumées.

● Pour les grosses pièces, jambon par exemple, on utilise la saumure.

Pour 5 l d'eau : 1 kg de sel gris, 10 g de sucre, 2 g de poivre noir, 5 g de quatre-épices.

Les petits jambons y sont salés pendant quinze jours, vingt jours pour les plus gros. Séchés à l'air ensuite, ils peuvent être fumés.

LE CONFISAGE DANS LA GRAISSE

Le principe des confits est un mode de conservation très ancien, simple et efficace.

De cette façon, on conserve de la volaille (canard, oie, caille...), de la charcuterie (confit de foie de porc, rillettes...), de la viande (rillons)...

LA CONSERVATION À L'HUILE

Cette méthode simple permet de conserver des aliments, crus ou cuits, pendant plusieurs mois.

Le choix de l'huile est déterminant en fonction de sa saveur, de sa résistance à l'oxydation, donc au rancissement.

LA CONSERVATION À L'ALCOOL

Ce procédé convient bien à des petits fruits ou à des fruits moyens : cerises (Montmorency), prunes violettes, mirabelles, quetsches, raisin à gros grains (Italia, Moscatelle), framboises, abricots, pruneaux, mais aussi litchis, pommes cannelle ou kumquats.

Si l'eau-de-vie de fruit à 40 ° est idéale pour cette conservation, le rhum ou l'armagnac donnent des produits d'excellente qualité.

Pour 1 kg de fruits parfaitement sains et propres, compter 250 g de sucre semoule et 1 l d'alcool.

Ranger les fruits dans un bocal sans les meurtrir, verser dessus le sucre puis l'alcool. Fermer hermétiquement et ranger le bocal dans un endroit sombre, frais et sec, la tête en bas, pendant quinze jours environ. Retourner le bocal et laisser macérer pendant encore quinze jours avant de commencer la dégustation.

LA CONSERVATION AU VINAIGRE

Très facile et efficace, ce procédé permet de conserver les cornichons, les câpres, les petits oignons et bien d'autres légumes encore.

PICCALILLI

La fabrication de ce condiment anglais diffère uniquement de la précédente par sa finition.

Après quinze jours de macération, égoutter le vinaigre, le récupérer pour le verser, en fouettant, sur 200 g de farine de moutarde. Remettre le tout sur les légumes, fermer et laisser au frais pendant six semaines.

Sardines, anchois au sel

Pour 1 kg environ

Préparation : 1 h
Repos : 12 h + 8 jours

1,500 kg de poissons
1 kg de gros sel.

Choisir des poissons très frais, retirer les arêtes et arracher les intestins.

Placer les poissons entre deux couches de sel et les laisser reposer une nuit au frais.

Disposer, au fond d'un bocal à large ouverture, 1 cm de gros sel. Y ranger les poissons tête-bêche, les couvrir d'une couche de sel et ainsi de suite jusqu'à ce que le bocal soit rempli, en finissant par une couche de sel.

Placer dessus une rondelle de bois et un poids. Laisser au froid pendant une semaine.

Retirer alors le gras qui surnage, enlever le poids et la rondelle de bois, couvrir hermétiquement et conserver au frais.

Pour les utiliser, retirer la quantité de poissons nécessaire. Les dessaler 20 à 30 minutes à l'eau froide courante.

Concombres en saumure

Pour 2 l

Préparation : 1 h
Cuisson : 15 min
Repos : 2 semaines

---

50 g de gros sel
2 kg de petits concombres
5 clous de girofle
10 grains de coriandre
10 grains de poivre blanc
1 brindille de thym
1 feuille de laurier
1 brindille d'estragon.

Faire bouillir 1/2 l d'eau avec le sel pendant 10 minutes. Laisser refroidir à couvert.

Essuyer soigneusement les concombres en les frottant dans un torchon.

Dans un bocal parfaitement propre et sec, mettre les épices et les condiments. Ranger dessus les concombres verticalement en les tassant légèrement. Verser dessus la saumure froide qui doit les recouvrir entièrement.

Fermer le bocal hermétiquement. Réserver au frais pendant environ deux semaines avant de commencer à utiliser.

Pour prélever des quantités d'aliments conservés en saumure, au vinaigre, à l'alcool ou dans la graisse, utiliser toujours une cuillère ou une pince en bois particulièrement propre. Cette précaution évitera les fermentations et la détérioration des denrées non utilisées.

Confit de canard

Pour 2 kg environ

Préparation : 1 h
Repos : 24 h
Cuisson : 3 h

---

1 canard frais, vidé, de 2 kg poids net
100 g de gros sel
Poivre moulu
2 feuilles de laurier
400 g de panne de porc ou saindoux
400 g de graisse de canard.

La veille, découper le canard pour ne conserver que les cuisses, les ailes et la poitrine. Saler abondamment et poivrer les morceaux. Ajouter le laurier fragmenté. Laisser reposer dans une grande terrine, au frais, pendant 24 heures.

Dans une cocotte, faire fondre doucement la graisse avec un petit verre d'eau.

Essuyer les morceaux de canard, les ranger dans la graisse fondue et laisser cuire à feu doux, à couvert, pendant 3 heures.

Répartir les morceaux de canard dans des pots en grès ou dans des bocaux (un ou deux par pot). Couler dessus la graisse qui doit les recouvrir entièrement. Laisser refroidir.

Couvrir avec du papier ou un morceau d'étoffe maintenu de quelques tours de ficelle.

Un bon confit se conserve au frais et au sec pendant plusieurs années.

La carcasse de canard est utilisée, avec les abattis, pour faire un délicieux bouillon.

Citrons confits à l'huile

Pour 2,5 l

Préparation : 15 min
Repos : 2 mois

12 citrons moyens non traités
48 clous de girofle
1 l d'huile d'olive.

Choisir des citrons mûrs à point. Les laver soigneusement, les essuyer, les sécher.

Piquer 4 clous de girofle par citron.

Ranger les citrons dans le bocal. Les couvrir d'huile. Fermer le bocal et laisser au frais pendant 2 mois avant d'utiliser ces citrons délicieusement parfumés, dans des ragoûts orientaux.

Cerises à l'aigre-doux

Pour 1,500 kg environ

Préparation : 30 min
Cuisson : 5 min
Macération : 2 mois

1 kg de cerises bigarreaux Napoléon
75 cl de vinaigre de vin
500 g de sucre
3 clous de girofle
1 feuille de laurier
1 petit morceau de cannelle.

Couper la queue des cerises à 1 cm. Les laver et les sécher soigneusement.

Dans une casserole en acier inoxydable, réunir le vinaigre, le sucre et les aromates. Porter à ébullition. Cuire pendant 5 minutes et laisser refroidir.

Ranger les cerises dans un bocal (ou dans plusieurs petits). Verser dessus le sirop froid, couvrir hermétiquement et laisser macérer deux mois dans un endroit frais et sec avant de les consommer, avec du gibier par exemple.

Les airelles ou les groseilles pour garnir les gibiers se préparent de la même façon.

Tomates séchées à l'huile

Pour 1 l

Préparation : 15 min
Séchage : 8 jours

1,500 kg de tomates mûres à point
Fleur de thym
3 dl d'huile d'olive.

Faire sécher les tomates comme il est indiqué page 9.

Ranger les demi-tomates séchées dans un bocal parfaitement propre et sec. Ajouter entre chaque couche quelques pincées de thym. Couvrir avec l'huile d'olive. Fermer.

Garder au frais pour utilisation, jusqu'à la saison suivante.

Basilic à l'huile

Pour 200 g environ

Préparation : 30 min

100 g de basilic frais (feuilles uniquement)
1 dl d'huile d'olive.

Laver soigneusement le basilic. Laisser sécher doucement sur un linge.

Hacher tout le basilic, de préférence avec un couteau, mais on peut aussi utiliser une moulinette à persil ou un robot.

Mettre le hachis dans un saladier. Délayer progressivement avec l'huile pour obtenir un mélange pâteux.

Verser cette pâte dans des pots (les pots de yaourt vides conviennent parfaitement). Fermer avec une rondelle de liège ou un papier sulfurisé maintenu de quelques tours de ficelle et conserver au réfrigérateur pour l'hiver.

Pour profiter tout l'hiver de cette plante d'été !

Petits cornichons au vinaigre

Pour 2 kg environ

Préparation : 1 h
Macération : 12 h
Repos : 2 mois

2 kg de cornichons (petits et de grosseur identique)
1 kg de gros sel
50 g d'estragon frais
2 petits piments rouges
200 g de petits oignons blancs
100 g d'échalotes
50 g d'ail
10 g de poivre en grains
10 g de coriandre en grains
1,5 l de vinaigre de vin blanc.

Brosser les cornichons un à un. Les mettre dans un torchon et les brasser avec le sel. Suspendre le torchon par les quatre coins au-dessus d'une terrine, dans un endroit frais, et les laisser dégorger toute une nuit. Essuyer soigneusement les cornichons.

Dans un bocal assez grand ou dans un pot en grès, déposer au fond une branche d'estragon puis un piment, deux ou trois petits oignons, une petite échalote, deux gousses d'ail, du poivre et des grains de coriandre. Ranger par-dessus une bonne couche de cornichons.

Ajouter encore des oignons, de l'échalote, de l'ail, puis à nouveau des cornichons, jusqu'à remplir le bocal.

Finir avec de l'estragon, du poivre, de la coriandre et un piment rouge.

Noyer le tout avec le vinaigre. Laisser confire pendant deux mois.

Oignons blancs à l'ancienne

Pour 1 kg environ

Préparation : 1 h 30 min
Cuisson : 18 min
Repos : 2 x 24 h
Macération : 6 semaines

1 kg de petits oignons blancs
1 l de vinaigre de vin blanc
5 clous de girofle
20 grains de poivre gris
12 grains de coriandre
20 g de gros sel.

Éplucher les oignons, les blanchir pendant 5 minutes dans 2 l d'eau bouillante salée. Les égoutter, les sécher, les laisser refroidir.

Porter le vinaigre à ébullition avec l'assaisonnement. Retirer du feu après 4 à 5 bouillons. Laisser tiédir. Ajouter les oignons et laisser macérer jusqu'au lendemain.

Retirer les oignons. Porter à nouveau le vinaigre à ébullition. Laisser bouillir 4 à 5 minutes. Retirer du feu. Laisser tiédir.

Remettre les oignons à macérer pour une demi-heure.

Égoutter les oignons. Les mettre dans un bocal. Passer le vinaigre dessus en éliminant les clous de girofle, les grains de poivre et ceux de coriandre.

Fermer hermétiquement, conserver dans un endroit sec et frais.

Ces oignons, qui peuvent se conserver plusieurs années, se consomment à partir de 5 à 6 semaines.

Variantes ou pickles

Pour 1,200 kg environ

Préparation : 1 h
Cuisson : 4 x 5 min
Macération : 2 mois

1 petit chou-fleur
200 g de jeunes carottes
200 g de céleri-rave
1 poivron rouge
1 poivron jaune
200 g de petits cornichons
1 brindille de thym
1 branche d'estragon frais
10 grains de poivre gris
10 grains de coriandre
1 l de vinaigre blanc d'alcool
15 g de gros sel.

Détailler le chou-fleur en bouquets. Les blanchir pendant 5 minutes dans de l'eau salée, les rafraîchir, les égoutter et les éponger soigneusement sur du papier absorbant.

Éplucher, laver et couper les carottes en quartiers. Les blanchir pendant 5 minutes, les rafraîchir, les égoutter, les éponger. Procéder de même avec le céleri-rave.

Épépiner les deux poivrons, les couper en rectangles réguliers.

Frotter les cornichons dans un linge propre.

Dans un bocal assez large, répartir au fond le thym, l'estragon, le poivre et la coriandre. Ranger dessus les légumes, par étage, en alternant harmonieusement les couleurs.

Porter le vinaigre à ébullition. Le verser d'un coup sur les légumes. Laisser refroidir avant de fermer hermétiquement.

Laisser reposer 8 semaines dans un endroit frais et sec, avant de pouvoir les consommer.

Cette préparation, d'origine anglaise, est préparée traditionnellement avec du vinaigre d'orge et il n'y a pas de limite établie pour le choix des légumes. Suivant la saison, on peut y ajouter des petites tomates vertes, des mini-légumes (melons, courgettes, épis de maïs...).

LA CONGÉLATION

La **congélation** (refroidissement lent) ou la **surgélation** (refroidissement rapide, réservé aux professionnels) maintiennent la température des denrées alimentaires en tout point à - 18 °C.

QUELQUES CONSEILS À SUIVRE

— Choisir des variétés de produits qui résistent bien au froid.
— Utiliser des denrées de première qualité, fraîchement cueillies, récoltées ou préparées.
— Respecter une préparation adéquate, rapide et hygiénique.
— Emballer les produits dans des conditionnements solides et résistants.
— Conditionner dans des paquets les plus plats possible pour permettre une meilleure pénétration du froid.
— Chasser l'air des emballages pour éviter l'oxydation et pour limiter le rôle isolant de l'air.
— Congeler rapidement. Il est donc indispensable de disposer d'une bonne puissance de congélation et de congeler de petites quantités à la fois.
— Respecter la « chaîne du froid », de la mise en congélation à l'utilisation finale.

Des fruits rouges un peu mûrs (fraises, framboises) peuvent être congelés « en coulis », écrasés, sucrés et additionnés du jus d'un citron par litre.

LES LÉGUMES

● **Préparation** :
Les légumes sont lavés, nettoyés, épluchés, prêts à être cuisinés.
Pour assurer une meilleure tenue et préserver leur couleur, les légumes sont précuits :
— par blanchiment, en les immergeant rapidement dans une grande quantité d'eau bouillante non salée et en les refroidissant brusquement dans de l'eau froide ;
— par blanchiment à la vapeur, par petites quantités, dans le compartiment supérieur d'un couscoussier par exemple, et en les refroidissant ensuite ;
— par étuvage dans un peu de matière grasse végétale, principalement pour les légumes coupés, destinés ultérieurement à la confection de potage.

● **Conditionnement** :
Après un égouttage soigneux, les légumes sont emballés, en quantité correspondant à une utilisation normale, dans un emballage approprié, en veillant à chasser un maximum d'air. Ils sont étiquetés et mis à congeler sans perdre de temps.

Légumes	Tps de précuisson en min	Tps de conservation en mois
Asperges	3	4
Aubergines	4	6
Carottes	2	8
Choux de Bruxelles	4	8
Choux-fleurs	3	6
Courgettes	2	6
Épinards	2	8
Fenouils	5	6
Haricots verts	2	8
Petits pois	3	8
Salsifis	4	8

LES FRUITS

N'utiliser que les fruits arrivés à pleine maturité et cueillis avec soin.

● **Préparation** :
Trier les fruits, enlever les queues, les tiges et les folioles. Les laver délicatement, les égoutter soigneusement et les laisser sécher sur du papier absorbant.
Les fruits à noyaux peuvent être traités entiers ou dénoyautés. Pour préserver le parfum, la couleur et la teneur en vitamine C, saupoudrer les fruits, quand ils sont séchés, avec du sucre semoule (100 g de sucre par kilo de fruits prêts à être congelés).
Congeler les fruits séparément en les disposant sur des plaques. Dès qu'ils sont gelés, les mettre dans des sacs bien fermés. Ainsi conditionnés, il sera plus aisé, au moment de leur utilisation, de prélever juste la quantité nécessaire.

Fruits	Durée de conservation en mois
Abricots	6
Cerises	10
Fraises	6
Framboises	8
Groseilles	6
Mirabelles	10
Myrtilles	8
Prunes	10
Coulis	10

LA VIANDE, LA VOLAILLE ET LE GIBIER

La viande se prête très bien à la congélation, permettant ainsi de profiter du prix de certains lots.

Ne congeler que de la viande fraîche, de première qualité, et pas trop grasse (la teneur en graisse détermine la durée de conservation).

● **Viande fraîche de chasse** :
La viande doit suffisamment rassir. Débiter les morceaux et les parer afin qu'ils soient prêts à cuire. Préférer les pièces sans os.

● **Produits carnés** :
Ils peuvent tous être conservés au congélateur, mais pendant un temps assez court car la graisse animale s'oxyde rapidement.

Type de viande	Durée de conservation en mois
Rôti :	
. agneau, bœuf, veau	8 à 10
. porc	4 à 6
Bifteck, entrecôte, escalope	8 à 10
Côtelette de porc, paupiette	3 à 4
Ragoût, viande à bouillir :	
. bœuf, veau	6 à 8
. mouton	4 à 6
. porc	3 à 4
Charcuterie, jambon, saucisse	2 à 3
Volaille :	
. poulet, dinde	6 à 8
. canard, oie	4 à 6
Gibier :	
. chevreuil, lièvre	8 à 10
. sanglier	6 à 8

LES POISSONS

Seuls les poissons très frais (dont on connaît la date de capture) peuvent être congelés, immédiatement de retour chez soi.

Il faut les écailler, les vider, les laver, lever les filets ou les couper en tronçons, en darnes, ou les laisser entiers. Bien les sécher dans un linge avant de les congeler individuellement sur un plateau puis de les emballer quand ils sont gelés.

La durée de conservation, selon le genre de poisson et sa teneur en graisse, ne doit pas dépasser trois mois.

LES AUTRES DENRÉES

Tous les produits, s'ils sont absolument frais, sains, préparés dans les meilleures conditions d'hygiène, peuvent être congelés et conservés :
— pâtes de boulangerie et de pâtisserie,
— préparations pâtissières (cakes, biscuits, petits gâteaux...),
— préparations salées (tourtes, quiches, friands...),
— lait, produits laitiers, œufs,
— mets cuisinés ou précuisinés.

UTILISATION DES PRODUITS CONGELÉS ET SURGELÉS

Les aliments congelés et surgelés nécessitent une cuisson moins longue.

Selon leur genre, ils peuvent être apprêtés :
— à l'état surgelé,
— partiellement décongelés.

Les produits qui doivent dégeler, pour être travaillés et préparés, décongèlent obligatoirement au réfrigérateur, surtout si le temps de décongélation nécessite plusieurs heures.

● **Les légumes** :
Les cuire directement congelés à l'eau bouillante, à la cocotte, au four.

● **Les fruits** :
Pour les consommer dans l'état, les laisser dégeler au réfrigérateur.

Pour les tartes, les ranger encore gelés, cuire aussitôt et sucrer à la sortie du four, en se souvenant qu'ils étaient déjà sucrés.

● **Les viandes et les volailles** :
Lorsqu'elles sont préparées en pièces individuelles (côtelettes, escalopes...), elles peuvent être cuites sans décongélation.

Les grosses pièces entières, qui nécessitent de 12 à 30 heures de décongélation (volaille entière de 1,500 kg, gigot de 2,500 kg...) seront traitées comme des denrées fraîches après décongélation totale au réfrigérateur.

Les pièces de gibier sont mises à mariner encore gelées au réfrigérateur et laissées ainsi jusqu'à leur décongélation et leur utilisation.

● **Les poissons** :
Les filets et les petites pièces peuvent cuire sans décongélation préalable.

Les poissons plus gros sont dégelés à l'eau froide courante et bien épongés avant d'être apprêtés.

Dans tous les cas, un produit qui a été dégelé ne doit jamais être recongelé.

QUELQUES RAPPELS DE DIÉTÉTIQUE

LES NUTRIMENTS

● **Protéines** (protides) :

Les protéines sont des éléments « bâtisseurs » comme les pierres d'une maison. Elles représentent 17 % du poids corporel et sont formées d'acides aminés au nombre de 30 dont 8 sont indispensables.

1 g de protéines = 4 kcal (17 kJ)

On distingue les protéines d'origine animale, de très bonne valeur nutritionnelle, et les protéines d'origine végétale.

On trouve les protéines animales dans toutes les viandes, les abats, la charcuterie, tous les poissons, les crustacés et coquillages, les œufs et les produits laitiers.

Les protéines végétales sont présentes dans les céréales et leurs dérivés (pain, farine, pâte, riz...), les légumineuses et, en moindre quantité, dans les légumes verts.

● **Lipides** (graisses) :

Ils constituent un fantastique réservoir d'énergie. En effet :

1 g de lipides = 9 kcal (37 kJ)

Ils sont également une source importante d'acides gras essentiels et un support pour les vitamines liposolubles.

Les sources principales sont d'abord les matières grasses visibles, pour l'assaisonnement et la cuisine (huile, beurre, margarine, crème, lard, saindoux, suif, végétaline) et les graisses invisibles de constitutiton des aliments d'origine animale (viande, poisson, œuf, produits laitiers non écrémés) et d'origine végétale (fruits oléagineux, chocolat...).

● **Glucides** (sucres) :

Leur rôle principal est de fournir de l'énergie à l'organisme car les réserves dans le corps sont peu importantes. D'où la nécessité de réapprovisionner l'organisme à chaque repas.

1 g de glucides = 4 kcal (17 kJ)

Les glucides sont utilisables plus ou moins rapidement selon leur structure chimique et les conditions d'ingestion. Ce qui permet de différencier les glucides simples (ceux du sucre, des produits sucrés et des fruits) et les glucides complexes (amidon des céréales et dérivés, des légumineuses).

● **Alcool** :

On peut le considérer comme un nutriment puisqu'il apporte 7 kcal/g, soit 29 kJ. Mais les calories de l'alcool ne peuvent pas servir à couvrir les dépenses de l'organisme. Ce sont des « calories vides «. Il convient donc de limiter sa consommation.

● **Calories** :

Une kilocalorie (calorie dans le langage courant) est la quantité de chaleur nécessaire pour élever la température de 1 kg d'eau de 14,5 à 15,5 °C.

Cette énergie est, dans le langage scientifique et officiel, codée en kiloJoules. La conversion est simple :

1 kilocalorie = 4,18 kiloJoules

● **Vitamines** :

Ce sont des substances non énergétiques mais indispensables à la vie, chacune jouant un rôle essentiel dans l'organisme. Elles agissent dans toutes les réactions chimiques et permettent donc une utilisation optimale des nutriments ingérés.

Elles sont réparties dans tous les aliments, sauf dans le sucre, mais aucun d'eux ne les contient toutes. Il faut donc varier au maximum son alimentation pour satisfaire à ses besoins.

Il existe les vitamines liposolubles : A, D, E, K, et les vitamines hydrosolubles : C, les vitamines du groupe B.

● **Sels minéraux et oligoéléments** :

On fait la différence entre les sels minéraux et les oligoéléments parce que ces derniers ne sont présents qu'en très faible quantité dans l'organisme. Néanmoins, tous les éléments minéraux sont nécessaires. Ils se renouvellent sans cesse et l'alimentation doit donc en apporter tous les jours.

Tous les aliments, sauf les graisses, en apportent mais aucun ne les contient tous.

● **Eau** :

C'est un élément à part entière de l'alimentation de l'homme. C'est même le plus vital de nos besoins.

Notre corps est composé de 70 % d'eau, nous devons donc pallier les pertes journalières (environ 3 l) en buvant quotidiennement 1,5 l d'eau, l'autre partie étant apportée par les aliments eux-mêmes.

• **Fibres** :

Ce sont des substances végétales non digestibles. Elles n'apportent pas de calories, mais sont néanmoins indispensables à l'organisme en tant qu'éléments de lest.

Elles jouent également un rôle de régulation en ralentissant l'absorption de certains nutriments.

On distingue les fibres solubles et les fibres insolubles.

BESOINS ET DÉPENSES ÉNERGÉTIQUES

Le besoin énergétique d'un individu donné est déterminant en fonction de ses dépenses d'énergie. Celles-ci sont de 3 ordres :

— **le métabolisme de base** (dépense minimale de l'organisme au repos) ;

— **la thermogénèse** (dépense liée au maintien d'une température constante) ;

— **l'activité physique**.

Plus les dépenses sont élevées et plus le besoin énergétique est important. Des trois postes de dépense, celui de l'activité physique est le plus susceptible de varier d'un individu à l'autre. Il y a une grande différence entre les besoins d'une personne sédentaire et ceux d'un sportif.

RATION ALIMENTAIRE

Une fois que le besoin énergétique d'un individu est déterminé, en fonction des paramètres que nous avons vus précédemment, il faut chercher à couvrir ce besoin par des apports adaptés de nutriments.

Le besoin énergétique étant défini sur une journée, la ration alimentaire est, elle aussi, calculée quotidiennement. On s'assure ainsi que les besoins en protides, en lipides, en glucides, et donc en calories, sont couverts. Mais le problème de l'équilibre alimentaire n'est pas résolu pour autant. En effet, c'est la variété des menus qui permet de satisfaire les besoins en sels minéraux, oligoéléments et vitamines.

D'autre part, il y a des aliments qui ne présentent pas d'intérêt nutritionnel particulier (produits sucrés et alcool) mais que nous consommons avec plaisir. Ces aliments n'ont pas de raison de figurer tous les jours dans la ration alimentaire mais, de temps en temps, ils entretiennent convivialité et plaisir de la table, qui font partie intégrante de l'hygiène alimentaire.

L'équilibre alimentaire se construit donc sur une journée mais également sur plusieurs jours, voire sur des semaines, afin de satisfaire à tous les besoins de l'organisme.

LE POIDS

Un poids stable est le reflet d'une bonne forme. C'est la mesure la plus simple pour s'assurer que les dépenses et les entrées s'équilibrent.

Néanmoins, le poids de chacun est sujet à de nombreuses variations au cours de la vie. C'est pourquoi il faut se garder de parler de « poids idéal » de manière abusive.

On peut définir un poids de forme qui évolue au fil des ans et qui dépend de la taille, de la morphologie (squelette) et également de l'image que chacun a de lui-même. Un bon poids doit permettre une vie quotidienne harmonieuse et ne pas constituer de facteur de risque pour d'éventuelles maladies, dites de surcharge.

Le problème pour beaucoup d'entre nous est de conserver ce poids de forme, particulièrement pour les femmes qui sont plus exposées aux variations hormonales (cycle menstruel, grossesse, ménopause). À l'inverse, vouloir conserver son poids de 20 ans toute sa vie n'est pas raisonnable. Il est normal d'accumuler quelques kilos au fil des années, la répartition entre la masse maigre et la masse grasse évoluant au cours de la vie.

Pour conserver un poids optimal, il faut veiller régulièrement à bien équilibrer son alimentation en variant ses menus et en gérant intelligemment ses excès. Une activité physique régulière et adaptée, une pesée mensuelle peuvent contribuer au maintien de ce poids de forme. Ces conseils sont encore plus importants à certaines périodes telles que : arrêt du sport, grossesse, arrêt du tabac, changement d'activité professionnelle, immobilisation forcée, ménopause, retraite... En effet, ce sont des moments où la prise pondérale est fréquente ; il convient donc d'être vigilant.

À L'HEURE DU PETIT-DÉJEUNER

Le soin apporté à la préparation du petit-déjeuner est un facteur psychologique déterminant dans le plaisir pris à apprécier ce moment. Certes, les jours ne se ressemblent pas et l'humeur ne se prête pas avec une constante régularité à l'élaboration rationnelle de ce qui est le premier repas de la journée. Mais quand il suffit de quelques gestes rapides pour créer une atmosphère chaleureuse, les sensations désagréables du lever de lit s'estompent rapidement.

À cette fin, il faut, avant tout, être organisé. La mise en place n'en est que plus rapide et plus efficace.

Dans la cuisine, une partie du placard est donc réservée au matériel utilisé chaque matin. Outre la vaisselle et le linge de table indispensables, les principaux ustensiles employés sont :

— pour les jus de fruits : un presse-agrumes, manuel ou électrique ;

— pour les jus de légumes : une centrifugeuse ;

— pour la dégustation des pamplemousses : une cuillère et un couteau à bords dentelés permettant de détacher facilement la pulpe ;

— pour les œufs : un sablier, des cuillères à œuf, des coquetiers isothermiques, un coupe-calotte pour les œufs à la coque, des cassolettes, en faïence ou en terre, pour les œufs brouillés ;

— pour le pain et les viennoiseries : des corbeilles en vannerie de différentes tailles, un panier chauffe-croissants, un grille-pain, un porte-toasts ;

— pour les boissons : des contenants appropriés (théière, cafetière, etc.) ; dans le cas du thé, une boule à thé et un couvre-théière en tissu matelassé.

Quant aux ingrédients qu'il convient également d'avoir à portée de la main, certains sont de bonne conservation, à savoir les boîtes de thé, café, chicorée, chocolat ou autre boisson chocolatée pour les enfants, les paquets de céréales ou de muesli, les fruits secs, les pots de confiture, de marmelade et de miel, le sucre (en morceaux et en poudre), les biscottes, les crackers, les biscuits et les gâteaux (pain d'épices, cake...). En revanche, certains produits exigent un approvisionnement souvent renouvelé. Ce sont : le lait, le beurre, les œufs, le fromage blanc, les yaourts (nature et aux fruits), les fruits (agrumes, kiwis, fruits rouges), les légumes (tomates, carottes, concombre).

Enfin, d'autres « participants » au petit-déjeuner relèvent d'achats rapprochés, voire quotidiens. Il s'agit du pain (petits pains, pain de mie, pain de campagne...) et des viennoiseries (brioches, croissants, pains aux raisins...).

L'habitude ne condamnant pas à l'uniformité, le petit-déjeuner a pour règle la diversité. Il n'est pas le même au cœur de l'hiver qu'en plein été, pendant les vacances qu'en période de travail, au cours de la semaine que le dimanche. En considérant le contexte saisonnier, ainsi que les activités de la journée (travail, sports...) et les besoins énergétiques qu'elles requièrent, en jouant aussi avec les ingrédients disponibles, chacun peut composer son propre menu, sans redouter de faire montre de fantaisie et sans hésiter à associer salé et sucré, car cela ne nuit en rien au bon déroulement du repas.

- **Des mets pour petit-déjeuner copieux** :

— des tranches de rôti de veau ou de bœuf froid, sur une chiffonnade de laitue ;

— de la charcuterie : jambon (cuit ou cru), saucissons ;

— des poissons fumés (saumon, sprats...) ;

— des harengs marinés, accompagnés de crème fraîche et de betteraves rouges en salade ;

— du fromage de type « pâte pressée cuite » en lamelles (emmental, comté, tomme, mimolette...) ;

— des fromages fondus, telle la crème de gruyère ;

— de fines tranches de jambon de Parme roulées, accompagnées de figues coupées en deux ;

— une salade de fruits ou une compote de fruits. Penser aux pruneaux et aux abricots secs, d'une grande valeur énergétique.

● **Un cocktail de bon matin** :

— mélanger, en quantités égales, du jus d'orange et du jus d'ananas. Ajouter quelques fines rondelles d'orange non pelée ;

— mélanger du jus de raisin rouge (2/3) et du jus de pomme (1/3). Ajouter quelques gouttes de sirop de fraise ;

— passer au mixer 2 pêches (ou 2 bananes, ou encore l'équivalent en fruits rouges) avec 1 demi-cuillerée à soupe de sucre en poudre et 2 cuillerées à café de sirop d'orgeat. Incorporer 20 cl de lait ;

— passer au mixer 1 poire avec le jus d'1 orange. Incorporer 20 cl de lait.

● **Pour agrémenter le fromage blanc** :

— égoutter 500 g de fromage blanc dans une passoire. Mélanger 125 g de sucre en poudre et 125 g d'amandes en poudre. Ajouter un peu de crème pâtissière (préparée la veille, voir p. 79), 150 g de raisins secs et le zeste d'un demi-citron râpé. Incorporer le fromage blanc au mélange obtenu ;

— éplucher 4 bananes et les passer au mixer avec le jus d'1 citron. Ajouter la purée obtenue à 250 g de fromage blanc préalablement sucré avec 4 cuillerées à soupe de sucre en poudre. Faire mousser le mélange au fouet. Incorporer quelques cuillerées de gelée de groseille ;

— battre 250 g de fromage blanc avec 25 cl de crème fraîche et 1 sachet de sucre vanillé. Incorporer quelques fruits confits taillés en dés.

Incorporer au fromage blanc sucré des raisins secs, des amandes concassées et des dés de pomme.

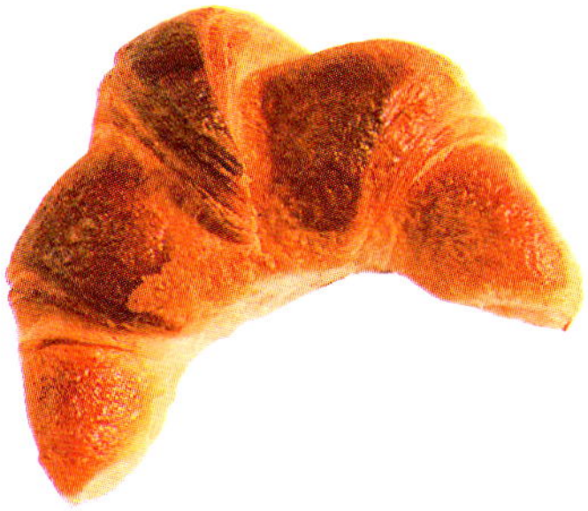

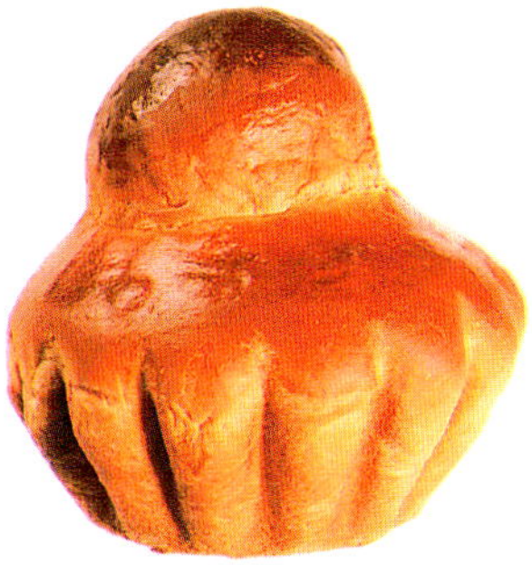

Biscuit de Savoie

Pour 6 personnes ✕ ○

Préparation : 20 min
Cuisson : 1 h

---

4 œufs
120 g de sucre en poudre
Le zeste râpé d'un petit citron
100 g de farine
10 g de beurre.

Séparer les blancs d'œufs des jaunes. Battre les jaunes avec 100 g de sucre jusqu'à ce que le mélange blanchisse. Ajouter le zeste de citron, puis la farine tamisée.

Monter les blancs d'œufs en neige très ferme. Les incorporer délicatement à la préparation précédente.

Verser la pâte obtenue dans un moule à manqué, préalablement beurré et saupoudré de sucre. Faire cuire, dans le four préchauffé, à 150 °C (th. 5), pendant 1 heure environ. Laisser refroidir avant de démouler.

Une fois démoulé, on peut replacer le gâteau dans le four très doux, quelques minutes, pour le rendre plus ferme.

ACHETER DU VIN

Même les clubs

La vente par clubs se développe. Le principe de fonctionnement est identique à celui de la vente des livres. Un circuit commercial simplifié, des réserves d'informations, permettent aux consommateurs d'acheter des vins à des prix intéressants et en toute connaissance de cause.

De nombreuses possibilités sont offertes aux consommateurs. Le choix du vendeur devra dépendre du choix du vin présenté et de la régularité des produits.

● **Le vigneron récoltant** :

Le consommateur achète le vin d'une qualité, d'un terroir, d'une origine déterminés chez le vigneron récoltant qu'il connaît et chez lequel il a pu goûter les vins.

Attention toutefois au vigneron récoltant qui possède un petit domaine ne lui permettant pas de produire des vins de cépages différents pour éventuellement les assembler.

● **Les coopératives** :

Il ne faut pas croire que la production des coopératives soit d'une qualité inférieure. On peut cependant admettre que le mélange des vendanges et des vins crée parfois un nivellement par la base.

● **Le négociant éleveur** :

Il est souvent producteur et le volume important traité par celui-ci lui permet de réunir les produits de plusieurs terroirs. Quand il ne s'agit pas de millésimes, les réserves d'années antérieures et d'identique appellation permettent d'offrir à la clientèle un vin qui n'est pas tributaire des aléas de la récolte.

● **Le représentant** :

Le consommateur qui ne désire pas se déplacer ou qui n'en a pas les moyens, peut toujours fournir sa cave en s'adressant à un représentant en vins ayant en portefeuille des catalogues variés.

Il faut cependant prendre garde au fait que les « échantillons » proposés à la dégustation des clients ne présentent pas toujours une identité absolue avec le produit que ceux-ci commanderont en définitive car ils ont été soumis à tous les inconvénients inhérents au voyage du vin.

● **Le détaillant** :

Il faut dissocier les grandes maisons qui ont de nombreux points de vente et les commerçants fournis par les grossistes.

Les grandes maisons seront utilisées pour l'achat de vins fins car elles apporteront la caution d'une marque connue. Cette puissance lui donnera aussi la possibilité de retenir des quantités considérables de vins d'une même provenance et d'en faire profiter ses clients.

● **Les supermarchés** :

De plus en plus, les supermarchés se positionnent sur le marché du vin. On peut dissocier deux types d'achat :

— l'achat courant : n'achetez pas de grands vins car trop souvent les bonnes conditions de stockage ne sont pas très respectées.

— la foire aux vins : pratiquement chaque supermarché organise une ou plusieurs « foires aux vins » au cours de l'année. Les vins arrivent directement des producteurs, on peut les déguster. On peut y faire de très bonnes affaires.

LES DIFFÉRENTES POSSIBILITÉS D'ACHAT : CONTENANT ET PROPOSITIONS COMMERCIALES

● **Le contenant** :

— Le plus classique : en bouteille. Le consommateur ne prend aucun risque mais le coût du vin est un peu plus élevé.

— En conteneur cubique en plastique : il est, en règle générale, réservé à des vins de consommation courante destinés à être bus très rapidement. On peut, par la suite, mettre le vin en bouteilles mais cette opération demandera un matériel spécifique.

— En tonneau : l'achat en tonneau est peu utilisé car il pose un certain nombre de problèmes (livraison, embouteillage, entretien et réexpédition du tonneau...).

● **Propositions commerciales** :

— Vin à consommer immédiatement : jeune ou vieux, cela dépend du type de vin.

— Vin à laisser vieillir : il s'agit de vins jeunes qu'il faudra stocker dans des conditions favorables de vieillissement.

— Vin en primeur : le producteur vend son vin jeune alors que celui-ci se trouve encore dans sa cave. Le consommateur ne disposera du vin qu'un ou deux ans après l'avoir payé. C'est une spéculation sur le millésime car nul ne peut prévoir avec une totale assurance l'avenir de celui-ci.

— Vin sur pied : nouvelle formule de vente. Les risques sont augmentés. Le consommateur est « propriétaire » d'un certain nombre de pieds de vigne et bénéficiera d'une partie de la vendange à prix très intéressant. Cette méthode de vente est encore peu développée.

STOCKER DU VIN

QUELQUES PETITS CONSEILS POUR UNE GRANDE CAVE

Les caractéristiques d'une bonne cave sont identiques quelles que soient les conditions climatiques et les régions. Toutes les habitations anciennes les respectaient avec soin ; les nouvelles sont parfois beaucoup moins rigoureuses.

- **L'orientation** :

Elle doit se faire au nord ou au nord-est afin d'éviter les variations de température trop brutales.

- **La situation** :

À un cellier, préférer une cave creusée et enterrée qui offrira toutes les garanties de bonne conservation.

- **L'aération** :

Une bonne aération (haute et basse) permettra d'éviter les goûts de « renfermé » et les risques d'humidité. Les courants d'air sont à proscrire.

- **La température** :

Une température qui varie peu (de 2 à 5 °C). La température idéale se situe entre 12 et 14 °C ; pas en dessous de 0 °C et pas au-dessus de 20 °C. Une fraîcheur excessive stopperait le vieillissement du vin alors qu'une chaleur excessive provoquerait un vieillissement prématuré.

Une variation de 10 °C est acceptable (8-18 °C) lorsqu'elle s'effectue en douceur, au rythme des saisons.

- **La clarté** :

Elle doit être aussi faible que possible. Le vin n'aime pas les ultraviolets de la lumière qui traversent le verre (oxydation).

Au niveau électrique, une installation normale, pas trop puissante, sera parfaite. Inutile de vous brûler les doigts avec une bougie ou d'avancer à tâtons avec une lampe de poche.

- **L'humidité** :

Elle est nécessaire mais doit demeurer raisonnable. Le taux d'hygrométrie idéal se situe entre 60 et 70 %.

À un seuil supérieur, il se produira une détérioration des étiquettes, un développement des bactéries et des moisissures. Remèdes : aération, absorbeur d'humidité, climatiseur...

À un seuil inférieur, une perte d'élasticité des bouchons pourra provoquer une évaporation du vin qui, au contact de l'air, risque de se « piquer ». Remèdes : sol, ou gravier sur le sol, que l'on arrosera fréquemment, humidificateur, bassine remplie d'eau...

- **Le sol** :

L'idéal est la terre battue (fraîcheur, excès d'humidité absorbé...).

- **Le calme** :

Ce n'est pas le bruit qui est nocif à la bonne conservation du vin, ce sont les trépidations, les vibrations, les tremblements (métro, train, poids lourds...). En effet, ils remettent en suspension les particules de lie contenues dans le vin. Ils ne lui permettent pas de se « reposer ».

- **La propreté** :

La cave doit être propre. Il faut bannir tout produit nocif à forte odeur (fromage, épices, mazout, produits d'entretien...) car les odeurs risquent de traverser les bouchons.

- **La protection** :

Une cave peut représenter un investissement considérable, il est souhaitable de l'équiper d'une porte blindée et/ou d'un système d'alarme.

- **Pour conserver des vins plus de vingt ans** :

Il est fortement conseillé de changer les bouchons car ceux-ci se détériorent avec le temps.

COMMENT STOCKER LES BOUTEILLES

Toutes les bouteilles de vin doivent être stockées horizontalement. Les eaux-de-vie et les liqueurs se stockent verticalement.

On peut trouver différentes présentations de stockage :

— tringleries métalliques qui se fixent au mur ;

— alvéoles en pierre volcanique (hygrorégulation) ;

— alvéoles en polystyrène (fragile) ;

— formes en argile cuite (thermorégulateur) ;

— formes en plastique (hygiénique) ;

— formes en bois (attention aux insectes).

On peut aussi laisser les bouteilles dans leur caisse en bois (bonne isolation), mais attention aux excès d'humidité.

Si, malheureusement, il vous est impossible de respecter ces quelques principes de base pour une bonne cave, sachez que vous pourrez quand même avoir votre cave en vous équipant d'une armoire à vin qui respectera scrupuleusement les paramètres nécessaires à la bonne conservation et au vieillissement du vin : hygrométrie, température, circulation d'air...
Il en existe de différentes marques et de différentes capacités (entre 100 et 300 bouteilles), vitrées ou non.

LE SERVICE DU VIN

Débouchage du vin

Où couper la capsule ? Les avis sont partagés : partie supérieure de la bague, milieu de la bague ou partie inférieure de la bague.

- Partie supérieure : inconvénient majeur : en effet, si une goutte de vin touche la capsule en plomb, puis est versée par la suite dans le verre du convive, elle risque de transmettre un mauvais goût (les capsules en plomb sont actuellement réservées aux « grands vins »).

- Milieu de la bague : découpage en ligne difficile car absence de guide.

- Partie inférieure : présentation moins belle mais plus professionnelle.

TEMPÉRATURE DE SERVICE

Dans tous les cas, le vin doit passer de la température de cave à sa température de service PROGRESSIVEMENT.

- **Pour les vins blancs** :

Ne pas les mettre au congélateur ni garnir le seau de glace pilée tassée, ni de glace et de gros sel. Dans tous ces cas, la température s'abaisse trop rapidement et le vin se « casse ».

Pour le service : en servir peu et fréquemment afin de laisser le vin le maximum de temps au frais dans un seau.

- **Pour les vins rouges** :

Éviter les sources de chaleur : radiateurs, étuves, bain-marie... qui élèvent trop rapidement la température du vin.

Si un vin rouge est un peu frais au moment du service, en servir peu dans le verre et l'amener progressivement à sa température idéale en enfermant le verre dans ses mains.

RÈGLES GÉNÉRALES

- **Pour les vins rouges** :

Les vins rouges jeunes se servent plus frais que les vins rouges vieux, entre 10 et 14 °C pour les premiers, entre 16 et 18 °C pour les seconds, 10 et 14 °C étant une température de cave, 16 et 18 °C étant une température « chambrée ».

Attention, « chambré », c'est 18 °C et non 20 ou 21 °C, température courante dans nos appartements.

- **Pour les vins blancs ou rosés** :

Ils se servent entre 6 et 12 °C.

Plus ils sont moelleux ou liquoreux, plus la température sera basse, environ 6 °C.

Pour les grands vins blancs secs, entre 10 et 12 °C.

QUAND DÉBOUCHER UN VIN ?

— Blancs et rosés seront débouchés juste avant d'être servis.

— Les rouges jeunes seront aussi débouchés juste avant d'être servis.

— Les rouges vieux peuvent être ouverts jusqu'à deux heures avant de les servir. Une oxydation légère est favorable ; trop prolongée, elle sera nuisible aux vins.

COMMENT LES SERVIR ?

— Les vins rosés et blancs seront présentés dans un seau rempli aux deux tiers d'eau et de glace.

— Les vins rouges jeunes seront présentés debout sur une petite assiette.

— Les vins rouges vieux seront présentés en bouteille non essuyée reposant dans un panier verseur, dépôt vers le bas. Prendre toutes les précautions pour que la bouteille ne soit pas secouée avant et pendant son service.

POURQUOI ET QUELS VINS DÉCANTER ?

Buts du décantage : séparer le vin de son dépôt et éventuellement l'aérer pour développer son bouquet.

- **Quels types de vins faut-il décanter ?**

Des vins rouges vieux, avec ou sans dépôt, et tout particulièrement les bordeaux dont une aération avant service est souhaitable.

- **Techniques**

Déboucher la bouteille sans la remuer. Verser lentement le vin dans une carafe (une carafe en cristal accentuera les reflets du vin).

S'assurer une source de lumière (bougie) vers le col de la bouteille pour apercevoir assez tôt le dépôt. Laisser la bouteille d'origine près de la carafe.

Dans tous les cas, après débouchage, sentir le bouchon. Cette précaution permet parfois de déceler le goût du bouchon.

LA VERRERIE UTILISÉE :

Tous les verres doivent être fins et avoir un pied allongé permettant de boire sans tenir la coupe en main, ce qui provoquerait un réchauffement inutile.

Autre point commun : se resserrer vers le haut afin que les effluves puissent se concentrer pour le plus grand plaisir de l'amateur.

Les verres en cristal, par leur pureté, mettent le vin en valeur.

Chaque région viticole préconise des verres différents car chaque production ne s'épanouit pas de la même façon. Le bourgogne a besoin d'offrir au contact de l'air une surface suffisamment large favorisant l'oxydation. Le bordeaux se contente d'une surface plus restreinte pour s'épanouir. Le champagne fut longtemps servi en larges coupes, ce qui était une erreur, son bouquet élégant devant, au contraire, être concentré. C'est pourquoi la flûte a logiquement triomphé. Le verre à vin d'Alsace est perché et coloré, parfois muni d'un pied de couleur verte qui accentue les reflets. Celui de l'Anjou a le fond presque plan.

Dans tous les cas, lors de dégustation, utilisez de préférence le verre « I.N.A.O. », verre reconnu par l'Institut National des Appellations d'Origine.

ACCORD METS-VINS

Il faut viser l'union parfaite, l'harmonie entre mets et vins, afin qu'ils se mettent en valeur mutuellement.

Les vins doivent être servis dans un ordre croissant de sensations visuelles, olfactives et gustatives.

COMBIEN DE VINS PROPOSER ?

Autrefois, on pouvait accompagner les repas gastronomiques de cinq, six vins. Aujourd'hui, le nombre de vins est plus réduit pour les raisons suivantes : budget, temps, choix de société...

CHOIX D'UN SEUL VIN OU « ACCORD VERTICAL »

Toujours très difficile à réaliser, il présente de nombreux avantages (simple, rapide, peu onéreux).

- **Un vin rosé** :
Servi frais, il sera désaltérant et pourra à la rigueur accompagner viande et poisson. Il est très apprécié en vacances.

- **Un vin blanc sec** :
Le menu pourrait se composer de coquillages, poissons, viande blanche ou volaille, et de dessert très peu sucré.

- **Un vin rouge** :
Choisir un vin léger, frais et fruité. Par exemple : beaujolais, côtes-du-Rhône nouveau, chinon...

- **Un champagne** :
On dit que c'est le vin qui s'accorde avec tous les mets. Mais pour réaliser cet accord, il faudra varier les caractères : brut, extra-dry, sec ou demi-sec ; les millésimes et les couleurs : blanc ou rosé.

CHOIX DE PLUSIEURS VINS OU « ACCORD HORIZONTAL »

On accordera chaque mets à un vin en respectant quelques règles :

— les vins blancs sont servis avant les vins rouges, du plus clair au plus coloré ;

— du plus sec au plus moelleux puis au plus liquoreux (exception : foie gras et sauternes en entrée) ;

— du plus léger au plus corsé ;

— les vins frais précèdent les vins chambrés ;

— du plus jeune au plus vieux ;

— à spécialité régionale, vin régional.

Chaque fois que possible, faire appel à la dégustation pour « situer » les vins dans cette échelle théorique.

L'ordre croissant des valeurs ou des caractères doit être net afin de respecter la règle d'or : « Un vin ne doit jamais faire regretter le précédent ».

HARMONIE VINS ET METS

Harmonie parfaite des saveurs et des vins.

— Poisson de rivière ou crustacés
= vin blanc local.

— Poisson de mer ou fruits de mer
= vin blanc des zones côtières (Provence, Languedoc, Bordeaux, Pays de Loire...).

— Poisson à la crème
= vin blanc moelleux local ou de zones côtières.

— Mets simple — ex. : steak
= vin simple bon marché (beaujolais...)

— Mets de luxe — ex. : foie gras
= vin de grande classe (sauternes...)

— Mets léger — ex. : escalope de veau
= vin léger (anjou rouge...)

— Mets fin et cuisiné
— ex. : tournedos Rossini
= vin distingué, subtil (Pomerol...)

— Mets cuisiné et relevé — ex. : civet de marcassin
= vin capiteux, corsé (Pommard...)

— Mets ayant pour base un vin — ex. : Coq au riesling
= vin correspondant (riesling...)

— Mets régional — ex. : quiche lorraine
= vin régional (gris de Toul...)

INCOMPATIBILITÉS ET MARIAGES TRÈS DIFFICILES

Tous les plats vinaigrés (le vinaigre est un vin aigre) voisinent mal avec un vin qu'ils dénaturent et déprécient.

Œufs, soufflés et omelettes ne mettent pas les vins en valeur.

TABLEAU DES MILLÉSIMES

ANNÉES	VINS BLANCS						VINS ROUGES				
	Champagne millésimé	Alsace	Loire	Bourgogne	Bordeaux		Bordeaux	Bourgogne	Côtes-du-Rhône	Loire	Beaujolais
					sec	moelleux					
1963		x	x	x	x		x	x	x	x	x
1964	xxxx	xxx	xxx	xxx	xxxxx		xxxx	xxxxx	xxx	xxx	xxxxx
1965		x	xx	xx	xx		xx	xx	xx	xx	xx
1966	xxxx	xxxxx	xxxx	xxx	xxxx		xxxxx	xxxx	xxxx	xxxx	xxxx
1967		xxxxx	xxx	xxx	xxxx		xxx	xxx	xxx	x	xxx
1968		xx	x	xx	x		x	x	xx	x	x
1969	xxxx	xxxx	xxxx	xxxxx	xxxx		xxx	xxxxx	xxxx	xxxx	xxxx
1970		xxxx	xxx	xxxx	xxxx	xxxx	xxxx	xxx	xxxx	xxx	xxx
1971	xxxx	xxxxx	xxx	xxx	xxx	xxxx	xxx	xxxx	xxxx	xxxx	xxxx
1972		xx	xx	xx	xx		xx	xxx	xx	xx	xxx
1973		xxx	xxx	xxxx	xx		xxx	xxx	xx	xxx	xx
1974		xx	xxx	xx	xx		xxx	xx	x	xxx	xx
1975		xxx	xxxx	xx	xxxx		xxxx	xx	xxx	xxxx	xx
1976	xxxx	xxxx	xxx	xxxx	xxx	xxxxx	xxxx	xxxx	xxx	xxxxx	xxxx
1977		xx	xx	xxx	xx	xx	xxx	xxx	xxx	xx	xxx
1978		xxx	xxxx	xxxx	xxx	xxx	xxxx	xxxxx	xxxxx	xxxx	xxxxx
1979		xxxx	xx	xxx	xxx	xxxx	xxx	xxx	xxx	xx	xxx
1980	xx	xx	xx	xx	xx	xxx	xx	xx	xxx	xx	xx
1981	xxx	xxxx	xxx	xxx	xx	xxx	xxx	xx	xxx	xxx	xx
1982	xx	xxx	xxxx	xxx	xxx	xxx	xxxxx	xx	xxx	xxx	xx
1983	xxx	xxxx	xxxx	xxx	xxx	xxxx	xxx	xxx	xxxx	xxx	xxx
1984		xx	xxx	xx	xx	xxx	xx	xx	xx	xxx	xx
1985	xxx	xxxx	xxxx	xxxx	xxxx	xxx	xxxxx	xxxx	xxxx	xxxx	xxxx
1986	xx	xxx	xxxx	xxxx	xxxx	xxxx	xxxx	xxx	xx	xxx	xxx
1987	xx	xx	xxx	x	xxx	x	xx	xx	x	xxx	xx
1988	xxxx	xxxx	xxxx	xxx	xxxx	xxxxx	xxxx	xxx	xxxx	xxx	xxx
1989	xxxx	xxxx	xxxxx	xxxxx	xxxx	xxxxx	xxxxx	xxx	xxx	xxxxx	xxxx
1990	xxxx	xxxx	xxxx	xxx	xxxx	xxxxx	xxxxx	xxxx	xxxx	xxxx	xxx
1991	xxx	xxx	x	xxx	xxxx	xx	xx	xx	xx	x	xxxx
1992	xxx	xxx	xxx	xxx	xxx	xx	xx	xxx	x	xx	xxx
1993	xx	xxxx	xxx	x	xxx	xx	xx	xxx	xx	xx	xxx
1994	xx	xxxx	xx	xxx	xxx	x	xxx	xx	xxx	xx	xxxx

xxxxx Année exceptionnelle
xxxx Très bonne année
xxx Bonne année
xx Année moyenne
x Petite année

	Accord classique	Coup de cœur	Vin de rêve	Vin original
POTAGES				
Bortsch aux légumes	Mâcon-Villages B	Mâcon Saint-Vincent B	Pouilly-Fuissé	Beaujolais blanc
Bouillon maraîcher	Côtes du Jura B	Tokay-Pinot gris	Tokay-Pinot gris Grand Cru	Vin nouveau B du Jura
Consommé arlequin	Bourgogne B	/	/	/
Crème Choisy	Chinon R	Côtes-de-Provence B	Crémant de Loire	Cheverny B
Crème glacée vichyssoise	Saint-Pourçain sur Sioule r	Pouilly Fumé	Montlouis mousseux	Côtes roannaises r
Gaspacho	Coteaux du Languedoc r	Corbières B	Beaujolais B	Condé de Huelva B
Gratinée à l'oignon	Beaujolais R	Beaujolais nouveau	Côte-de-Beaune R	Coteaux champenois R
Potage aux légumes crus	Côtes-de-Provence B	Bourgogne Aligoté	Châteauneuf-du-Pape B	Condrieu
Potage parisien	Vin de pays du Jardin de la France R	Edelzwicker	Chablis Premier Cru	Vin de Montmartre (Paris)
Potage Saint-Germain	Bergerac B	Vin de Savoie Chignin	Rully B	Chinon
Soupe à la tomate	Saint-Véran B	Côtes-de-Provence B	Bellet B	Cortese di Gavi
Soupe de légumes	Pinot noir	Jurançon sec	Tavel	Madiran
Soupe de poissons	Bandol r	Côtes-de-Provence B	Bellet r	Cassis B
Soupe de potiron « à la coque »	Côtes-de-Provence B	Sauvignon de Saint-Bris	Rully rosé	Saussignac B
Soupe garbure	Côtes de Bergerac sec	Minervois rosé	Meursault	Buzet rosé
Velouté d'asperges	Muscat d'Alsace	Sancerre B	Saumur mousseux	Coteaux champenois B
HORS-D'ŒUVRE FROIDS				
Aspic de filets de truite aux légumes nouveaux	Riesling	Pouilly Fumé	Hermitage B	Vin de la Moselle luxembourgeoise B
Assiette scandinave	Sancerre B	Riesling	Champagne brut	Aquavit
Avocats farcis au crabe	Quincy B	Béarn r	Graves B	Champagne rosé
Légumes à la grecque	Petit Chablis B	Muscadet	Sancerre	Côtes du Jura B
Œufs en gelée	Pinot blanc	Edelzwicker	Riesling	Gewurztraminer
Pâté en croûte au canard	Côtes-du-Rhône Villages R	Bourgogne Passetoutgrain	Vosne-Romanée	Côtes du Ventoux R
Salade de fonds d'artichauts aux blettes	Coteaux d'Ancenis r	Corbières	Chablis	Arbois Pupillin
Salade de haricots verts forestière	Mâcon-Villages B	Pinot blanc	Arbois B	Beaujolais B
Salade de magret de canard fumé	Madiran R	Bordeaux Supérieur	Haut-Médoc	Rioja Alta R
Salade de melon marocaine	Cabernet d'Anjou r	Côtes-de-Provence	Condrieu	Gris de Guerrouane
Salade de pissenlit	Beaujolais-Villages R	Coteaux varois	Tavel	Beaujolais nouveau
Salade de pissenlit à la truite fumée	Sylvaner	Tokay-Pinot gris d'Alsace	Quincy B	Beaujolais B
Salade de pleurotes aux foies de volaille	Brouilly R	Bordeaux-Clairet	Graves R	Lubéron R
Salade de riz sauvage à la truite fumée	Costières de Nîmes r	Vin de Moselle B	Rully B	Riesling Huadong Tsingtao
Salade des îles	Bandol r	Muscadet	Chablis Premier Cru	Chardonnay Nouvelle-Zélande
Salade du pêcheur	Graves B	Riesling	Saint-Véran	Rosé des Riceys
Salade mexicaine	Tavel r	Rosé de Loire	Mercurey	Zinfandel (Mexique)
Taboulé	Côtes du Jura B	Beaujolais	Côtes-du-Rhône	Gris de Guerrouane (Maroc)

B : vin blanc r : vin rosé R : vin rouge

	Accord classique	Coup de cœur	Vin de rêve	Vin original
HORS-D'ŒUVRE CHAUDS				
Beignets de cervelle	Bordeaux-Clairet r	Bourgogne Aligoté	Chablis	Côte du Brulhois rosé
Beignets de crevettes	Coteaux d'Aix-en-Provence B	Muscadet sur lie	Hermitage B	Tursan B
Beignets soufflés au fromage	Pouilly-Loché B	Arbois B	Meursault	Mâcon-Villages B
Chaussons aux asperges et aux grenouilles	Meursault B	Vin de Meuse B	Auxey-Duresses	Arbois jaune
Chipolatas en croûte à la choucroute	Sylvaner B	Edelzwicker	Pinot noir	Riesling luxembourgeois
Crêpes au jambon	Côtes du Jura B	Mâcon B	Cassis B	Castel del Monte rosé
Gnocchis à la parisienne	Rosé d'Anjou r	Côtes du Jura B	Puligny-Montrachet	Gros-Plant sur lie
Gougère bourguignonne	Petit Chablis B	Sauvignon de Saint-Bris	Pouilly-Fuissé	Menetou-Salon B
Pâté pantin	Vin de pays de l'Hérault R	Tavel	Fixin	Anjou R
Pizza aux moules et au fenouil	Coteaux d'Aix-en-Provence r	Coteaux du Languedoc r	Jurançon sec	Patrimonio r
Pizza napolitaine	Côtes-de-Provence R	Collioure	Hermitage R	Chianti
Pizza royale	Valpolicella	Côtes-de-Provence r	Lirac	Clos-de-Vougeot
Quiche au fenouil	Coteaux varois r	Vin de Corse r	Bergerac rosé	Rioja
Quiche lorraine	Gris de Toul	Coteaux lyonnais	Bouzy	Bourgogne Saint-Bris r
Rissoles au jambon	Côtes du marmandais R	Gamay de Loire	Chablis	Rouge d'Ottrott Alsace
Saucisson en brioche	Beaujolais R	Coteaux lyonnais	Volnay	Saint-Pourçain sur Sioule
Soufflé au fromage	Apremont B	Arbois	Saint-Péray	Menetou-Salon
Soufflé florentine	Arbois r	Anjou R	Meursault	Vin jaune du Jura
Tarte aux oignons	Côtes-de-Provence B	Muscat d'Alsace	Alsace Grand Cru	Coteaux champenois
Tarte aux poireaux	Bourgogne B	Gros-Plant	Marsannay B	Corbières r
ŒUFS				
Œufs à la coque	Beaujolais R	Muscadet	Pouilly-Fuissé	Vin de Savoie B
Œufs brouillés à l'oseille	Saint-Véran B	Edelzwicker	Pouilly Fumé	Jurançon demi-sec
Œufs brouillés aux pleurotes	Côtes du Ventoux R	Bordeaux blanc	Côtes-du-Roussillon	Bordeaux-Clairet
Œufs brouillés, pointes d'asperges	Pinot blanc	Edelzwicker	Alsace Grand Cru	Coteaux champenois
Œufs cocotte à l'indienne	Pinot noir r	Coteaux champenois	Lirac	Marsannay r
Œufs cocotte au curry	Anjou demi-sec r	Mâcon-Villages R	Vouvray	Anjou rosé
Œufs durs à la tripe	Côtes du Brulhois r	Beaujolais	Fleurie	Chusclan
Œufs durs mimosa	Saint-Nicolas-de-Bourgueil R	Côtes-de-Provence	Rully B	Irouleguy
Œufs en aspics	Vin de pays de l'Aude r	Rosé de Loire	Mâcon B	Vin du Bugey
Œufs en meurette	Bourgogne R	Gamay de Touraine	Chinon	Saint-Pourçain sur Sioule R
Œufs frits à la tomate	Côtes-de-Provence r	Côtes-du-Rhône r	Tavel	Bandol r
Œufs mollets florentine	Valençay R	Arbois R	Meursault	Beaujolais nouveau
Œufs pochés	Touraine-Mesland R	Rosé de Loire	Crémant de Bourgogne	Gewurztraminer
Œufs sur le plat au crabe	Muscadet de Sèvres-et-Maine B	Sylvaner	Montlouis	Fendant
Œufs sur le plat au lard	Bourgogne Aligoté B	Gris de Toul	Morgon	Pinot noir de la Côte de Toul

B : vin blanc r : vin rosé R : vin rouge

	Accord classique	Coup de cœur	Vin de rêve	Vin original
Omelette à l'espagnole	Coteaux du Languedoc R	Côtes-du-Rhône Villages r	Hermitage R	Rioja
Omelette au saumon fumé	Entre-deux-Mers B	Côtes-de-Provence B	Pouilly-sur-Loire	Riesling de la Moselle luxembourgeoise
Omelette aux foies de volaille	Juliénas R	Côtes-du-Rhône r	Régnié	Côtes-du-Rhône nouveau
Omelette aux morilles	Côtes du Jura r	Chignin	Arbois B	Vin jaune
Salade d'œufs durs	Gros-Plant du Pays nantais B	Vin de Savoie B	Riesling	Pinot noir d'Alsace
COQUILLAGES ET CRUSTACÉS				
Beignets de calamars, sauce tomate	Picpoul de Pinet B	Côtes-de-Provence B	Bandol r	Côtes-du-Rhône Cairanne B
Beignets de gambas, sauce tartare	Côtes de Duras B	Côtes-du-Rhône r	Gigondas r	Gamay Touraine
Blancs de seiche à l'ail	Gros-Plant B	Edelzwicker	Châteauneuf-du-Pape B	Clairette de Die
Calamars à l'encre	Côtes-de-Provence B	Côtes-du-Rhône Villages B	Lirac	Crémant de Die
Carpaccio de coquilles Saint-Jacques	Chablis Grand Cru	Anjou	Meursault Premier Cru	Riesling Renano-Frioul (Italie)
Choucroute d'huîtres au champagne	Champagne brut	Riesling	Champagne millésimé	Pinot noir d'Ottrott
Coquilles de langouste au curry	Pessac-Léognan B	Bourgogne r	Meursault	Rioja
Coquilles Saint-Jacques lutées aux agrumes	Gewurztraminer B	Coteaux champenois	Gewurztraminer Grand Cru	Moscato d'Asti (Italie)
Coquilles Saint-Jacques nantaise	Pouilly-sur-Loire B	Muscadet	Muscadet sur lie	Crémant de Loire
Crevettes à l'antillaise	Bandol r	Anjou r	Bonnezeaux	Anjou pétillant
Croustades d'écrevisses Nantua	Vin de Savoie B	Côtes-du-Rhône B	Condrieu	Seyssel mousseux
Cuisses de grenouilles à la provençale	Coteaux varois r	Côtes-de-Provence B	Palette B	Colli orientali del Friuli (Italie)
Écrevisses pattes rouges à la nage	Pouilly-Fuissé B	Graves B	Chablis Premier Cru	Châteauneuf-du-Pape B
Encornets farcis	Côtes-du-Rhône r	Bourgogne B	Anjou Gamay	Anjou-Villages r
Escargots à la bourguignonne	Bourgogne Aligoté B	Bourgogne r	Mâcon B	Chardonnay Vieilles Vignes
Escargots au vin blanc, à la choucroute	Pinot blanc	Edelzwicker	Tokay-Pinot gris Grand Cru	Crémant d'Alsace
Flan de persil aux escargots	Riesling B	Bordeaux B	Riesling Grand Cru	Vin de Savoie mousseux
Fricassée de grenouilles au cresson	Beaujolais B	Beaujolais-Villages	Morgon	Côtes de Meuse
Fricassée de homards au champagne	Champagne brut	Coteaux champenois	Champagne millésimé	Crémant de Loire
Fritto misto de coquillages, sauce rémoulade	Entre-deux-Mers B	Côtes-de-Provence B	Bellet B	Vin de Corse B
Gambas grillées au beurre d'anis	Côtes-de-Provence B	Bourgogne B	Cassis B	Vin blanc catalan
Homards à l'américaine	Chassagne-Montrachet B	Graves B	Puligny-Montrachet	Champagne brut
Homards grillés au beurre de corail	Condrieu B	Côtes-du-Rhône B	Château-Grillet	Château d'Y

B : vin blanc r : vin rosé R : vin rouge

	Accord classique	Coup de cœur	Vin de rêve	Vin original
Homards rôtis à la broche	Graves B	Bordeaux B	Grand Château Pessac-Léognan B	Anjou Gamay
Huîtres gratinées à la fondue de légumes	Montlouis B	Premières Côtes de Bordeaux	Pessac-Léognan B	Champagne r
Huîtres pochées à la vapeur d'algues	Muscadet de Sèvres-et-Maine sur lie	Côtes de Blaye B	Sancerre	Vouvray
Langoustes froides à la parisienne	Savigny-lès-Beaune B	Tokay-Pinot gris d'Alsace	Tokay Grand Cru	Champagne brut
Langoustes thermidor	Bâtard Montrachet B	Meursault	Chablis Grand Cru	Champagne rosé brut
Moules à la crème	Mâcon-Villages B	Côtes-de-Provence B	Anjou B	Rosé d'Anjou demi-sec
Moules au safran	Sainte-Foy-Bordeaux B	Côtes-du-Rhône B	Tavel	Saint-Pourçain sur Sioule
Moules farcies	Muscadet de Sèvres-et-Maine B	Bordeaux B	Mâcon B	Beaujolais B
Moules poulette	Vouvray B	Tokay-Pinot gris d'Alsace	Meursault	Crémant de Loire demi-sec
Poulpes braisés à l'ajaccienne	Ajaccio B	Entre-deux-Mers	Côtes-du-Rhône Chusclan B	Beaujolais R
Saint-Jacques grillées aux poivrons doux	Graves B	Sancerre B	Pouilly Fumé	Sancerre r
Timbale de grenouilles	Hermitage B	Edelzwicker	Reuilly B	Savennières sec
POISSONS				
Acras de morue	Graves de Vayres B	Vin de Corse B	Cassis	Blanc de Panadès (Espagne)
Anguilles à la poulette	Montravel B	Rosé de Loire	Saint-Aubin	Anjou rosé
Anguilles en matelote bordelaise	Bordeaux R	Bordeaux-Clairet	Haut-Médoc	Meursault
Anguilles frites au beurre d'anchois	Graves B	Bordeaux B	Graves	Minervois r
Bar braisé à l'oseille	Graves blanc sec	Vin de Corse B	Rully B	Bonnezeaux demi-sec
Bar en croûte	Pacherenc du Vic-Bihl B	Lirac r	Pouilly-Fuissé	Irouleguy B
Blanc de lotte au poivre vert	Chablis Premier Cru B	Riesling	Saint-Romain B	Champagne
Brandade de morue	Côtes-de-Provence r	Vin de pays des Sables du Golfe du Lion	Chablis	Pouilly Fumé
Brochet au beurre blanc	Chablis B	Bourgogne Aligoté	Riesling Grand Cru	Müller-Thurgau (Allemagne)
Cabillaud au four à la boulangère	Vin de Pays charentais B	Coteaux du Languedoc B	Pessac-Léognan B	Irouleguy B
Cabillaud en arlequinade de poivrons doux	Pinot noir d'Alsace r	Gaillac r	Lirac	Rosé de Valence (Espagne)
Cabillaud rôti	Côtes-de-Provence r	Bourgogne Aligoté	Tavel	Beaujolais R
Carpe à la juive	Saint-Péray B	Bourgogne Chardonnay	Meursault	Riesling « Yarden Galilée »
Carpe frite	Arbois B	Rosé de Provence	Bellet	Pouilly-Loché
Daurade au fenouil et aux aromates	Montlouis B	Mâcon B	Pessac-Léognan B	Anjou Gamay R
Daurade au four	Côtes-de-Provence B	Vin de Pays de l'Hérault B	Condrieu	Clairette de Bellegarde
Dos de sandre rôti au lard et aux lentilles	Pessac-Léognan B	Pinot noir d'Alsace	Saint-Véran	Champagne rosé
Éperlans frits, sauce rémoulade	Saint-Véran B	Edelzwicker	Sauvignon de Saint-Bris	Pinot noir
Escalopes d'esturgeon aux câpres	Pessac-Léognan B	Montlouis	Graves B	Château d'Y B sec

B : vin blanc　　r : vin rosé　　R : vin rouge

	Accord classique	Coup de cœur	Vin de rêve	Vin original
Filet de saumon à l'étuvée de légumes	Tokay-Pinot gris B	Bourgogne Chardonnay	Meursault	Chardonnay B
Filets de merlan à l'anglaise	Savoie Abymes B	Bourgogne B	Chablis	Coteaux champenois
Fricassée de morue biscaïenne	Vin de Corse r	Côtes-du-Rhône r	Tavel	Gamay de Touraine
Gigot de lotte à la tropézienne	Cassis B	Côtes-de-Provence B	Pessac-Léognan B	Champagne millésimé
Gratin de merlan aux champignons	Sylvaner	Bordeaux B	Graves Supérieur B	Pinot noir d'Alsace
Gratin de morue aux pommes de terre	Gaillac r	Entre-deux-Mers	Riesling Grand Cru	Médoc
Gratin de raie à la provençale	Côtes-de-Provence B	Côtes-de-Provence r	Collioure	Rioja rosé
Gratin de sandre aux nouilles	Jasnières B	Coteaux champenois	Pernand-Vergelesses	Champagne brut
Gratin de sole aux pâtissons	Sancerre B	Muscadet sur lie	Savennières sec	Coteaux du Loir r
Haddock aux épinards	Patrimonio B (Corse)	Sylvaner	Bourgogne r	Pinot noir d'Alsace
Haddock grillé à la hollandaise	Edelzwicker	Vin de Savoie	Mâcon	Beaujolais B
Harengs à la moutarde	Saint-Aubin B	Marsannay r	Hermitage B	Condrieu
Harengs grillés à la diable, sauce ravigote	Marsannay r	Bourgogne r	Pouilly-Fuissé	Gamay de Touraine
Joues de lotte en civet	Volnay R	Pinot noir d'Alsace	Saint-Estèphe	Crémant de Bordeaux
Lasagnes de saumon aux champignons	Petit Chablis B	Côtes-de-Provence r	Bellet B	Beaujolais
Lotte à l'américaine	Riesling Grand Cru	Côtes-du-Rhône B	Condrieu	Chardonnay de la Napa Valley (Californie)
Loup en papillotes	Bellet B	Vin de Savoie B	Seyssel B	Graves B
Loups grillés, beurre au basilic	Picpoul-de-Pinet B	Côtes-de-Provence B	Pouilly-Fuissé	Médoc
Maquereaux au vin blanc	Vin des Coteaux du Var B	Bourgogne Aligoté	Menetou-Salon B	Jurançon sec
Maquereaux en papillote aux noix	Côtes du Jura B	Coteaux du Languedoc B	Chablis	Vin jaune
Maquereaux gratinés aux câpres	Vin de Savoie B	Edelzwicker	Graves B	Blanquette de Limoux
Maquereaux pochés aux moules	Sylvaner	Bergerac B	Cassis	La Mancha sec (Espagne)
Matelote de brochet	Riesling	Muscadet	Riesling Grand Cru	Côte-de-Beaune R
Merlans en lorgnette	Bordeaux B	Bourgogne Aligoté	Montagny B	Coteaux champenois
Merlans frits en colère	Mâcon B	Sylvaner	Petit Chablis	Pinot noir d'Alsace
Morue en aïoli	Coteaux d'Aix-en-Provence B	Bourgogne B	Lirac	Côtes-de-Provence R
Mousseline de brochet aux crevettes	Premières Côtes de Bordeaux B	Côtes-du-Rhône B	Pessac-Léognan B	Champagne brut
Paupiettes de sole à la mexicaine	Gewurztraminer	Riesling	Riesling Grand Cru	Zinfandel (Mexique)
Paupiettes de sole au foie gras, sauce Chambertin	Gevrey-Chambertin R	Bourgogne R	Mercurey	Pomerol
Pavé de cabillaud aux anchois	Palette r	Bergerac sec	Pouilly-Fuissé	Côtes-de-Provence R

B : vin blanc r : vin rosé R : vin rouge

	Accord classique	Coup de cœur	Vin de rêve	Vin original
Petit ragoût de sole au concombre	Savennières B	Pinot blanc d'Alsace	Puligny-Montrachet	Beaujolais nouveau
Quenelles de brochet aux champignons	Côtes-du-Rhône B	Sylvaner	Hermitage B	Vin jaune
Quenelles de merlan, sauce Bonnefoy	Châtillon-en-Diois B	Beaujolais B	Pinot blanc d'Alsace	Chinon R
Raie au beurre noisette	Vouvray B	Muscadet	Sancerre	Beaujolais nouveau
Rôti de thon provençale	Coteaux varois r	Côtes-de-Provence B	Tavel	Côtes-de-Provence R
Rougets à l'italienne	Chianti r	Vin de Savoie r	Arbois	Valpolicella r (Vénétie)
Rougets de roche au basilic	Côtes-de-Provence B	Coteaux varois B	Cassis B	Coteaux du Cap Corse B
Rougets en escabèche	Cassis B	Côtes-de-Provence B	Sancerre	Quincy
Sandre braisé au champagne	Champagne brut	Coteaux champenois	Champagne millésimé	Crémant d'Alsace
Sardines farcies aux blettes	Coteaux du Languedoc La Clape B	Côtes-de-Provence r	Tavel	Vin de Corse Patrimonio
Sardines grillées	Minervois r	Coteaux du Languedoc B	Mâcon B	Blanquette de Limoux
Sardines niçoises aux fleurs de courgettes	Bellet B	Anjou Coteaux de la Loire	Savennières	Sansevero (Italie)
Saumon grillé aux poireaux frits, sauce Collioure	Collioure R	Bourgogne Aligoté	Meursault	Coteaux champenois
Saumon soufflé Joinville	Puligny-Montrachet B	Sauvignon de Saint-Bris	Chablis	Champagne brut
Sole belle meunière aux champignons	Montagny B	Tokay-Pinot gris	Saint-Romain B	Pinot noir R
Steaks de thon à l'indienne	Jurançon sec B	Bordeaux B	Pessac-Léognan r	Graves R
Suprêmes de sandre au genièvre à la choucroute	Tokay-Pinot gris B	Edelzwicker	Riesling Grand Cru	Crémant d'Alsace
Suprêmes de turbot poché aux huîtres	Menetou-Salon B	Muscadet	Champagne millésimé	Jasnières
Tronçons de turbot poché, sauce hollandaise	Rully B	Bordeaux B	Quincy B	Bergerac moelleux
Truites au safran et aux olives de Nyons	Châteauneuf-du-Pape B	Costières de Nîmes	Bonnezeaux sec	Gewurztraminer Grand Cru
Truites meunière	Sauvignon de Saint-Bris B	Riesling	Tokay Grand Cru	Beaujolais
Truites pochées, beurre fondu	Roussette de Savoie B	Sylvaner	Riesling	Pinot noir R
Truites rôties aux champignons sauvages	Pouilly-Vinzelle B	Bourgogne	Pouilly-Vinzelles	Gamay de Touraine
Turbotin farci au homard, sauce cardinal	Riesling Grand Cru	Saint-Véran	Cassis B	Saumur-Champigny r
VOLAILLES				
Canard à l'orange	Côtes du Jura r	Chinon	Pommard	Condrieu
Canard aux olives	Côtes de Duras R	Côtes-de-Provence R	Cassis R	Saint-Chinian r
Canette de Challans en serviette	Chinon R	Beaujolais	Morgon	Châteauneuf-du-Pape
Chapon farci au foie gras en pot-au-feu	Jurançon moelleux B	Rosé du Loir	Anjou R	Anjou demi-sec
Chapon truffé en croûte de sel	Pomerol R	Médoc Cru Bourgeois	Côte-Rôtie R	Champagne rosé

B : vin blanc r : vin rosé R : vin rouge

	Accord classique	Coup de cœur	Vin de rêve	Vin original
Chaud-froid de volaille à l'estragon	Auxey-Duresses B	Bourgogne B	Mâcon B	Crémant de Bourgogne
Coq au vin	Riesling Grand Cru B	Edelzwicker	Tokay Grand Cru	Arbois jaune
Dinde aux marrons	Pernand-Vergelesses R	Côtes-de-Beaune R	Beaune R	Crémant d'Alsace
Dinde farcie	Pécharmant R	Chinon	Bellet r	Zinfandel californien
Escalopes de dinde à la zurichoise	Bordeaux Côtes-de-Castillon R	Beaujolais	Fleurie	Weinland Pinot noir (Suisse)
Escalopes de volaille aux bananes frites	Jurançon demi-sec B	Rosé du Loir	Gamay de Touraine	Gewurztraminer Vendanges Tardives
Gigolettes de volaille aux morilles	Côtes du Jura jaune	Sylvaner	Corton-Charlemagne	Arbois
Lapin à la basquaise	Irouleguy B	Côtes-de-Provence B	Cassis R	Navarra espagnol
Lapin à la dijonnaise	Pinot noir r	Bourgogne R	Santenay	Gamay suisse
Magrets de canard aux olives	Canon Fronsac R	Buzet R	Saint-Émilion R	Moulin-à-Vent
Magrets de canard aux pamplemousses roses	Gigondas R	Cahors R	Madiran R	Gewurztraminer
Médaillons de lapin à la moutarde	Blagny R	Côtes-du-Rhône R	Bourgueil R	Marsannay
Oie farcie à la toulousaine	Côtes du Frontonnais R	Fitou R	Pécharmant R	Vin de Lavilledieu R
Oie rôtie au chou rouge	Mercurey R	Bourgogne R	Bourgogne Passetoutgrain	Pinot noir d'Alsace
Pigeons en cocotte à la bonne femme	Chorey-lès-Beaune R	Côte de Beaune R	Chinon R	Médoc Cru Bourgeois
Pigeons étuvés au sauternes	Sauternes B	Beaujolais	Château Rieussec	Savennières moelleux
Pintadeaux Vallée d'Auge	Puisseguin-Saint-Émilion R	Bordeaux R	Haut-Médoc	Cidre brut
Pintade en potée	Mercurey R	Pouilly-Fuissé B	Marcillac	Riesling
Poitrines de canard aux pruneaux	Buzet R	Pécharmant R	Pomerol	Champagne rosé
Poularde en vessie	Saint-Véran B	Beaujolais	Jurançon demi-sec	Gewurztraminer Vendanges Tardives
Poule au pot	Béarn r	Beaujolais	Juliénas	Gamay de Touraine
Poule au riz	Mâcon B	Bourgogne r	Irouleguy	Rosé d'Anjou demi-sec
Poulet aux fruits de mer	Sancerre B	Côtes-de-Provence B	Palette B	Beaujolais nouveau
Poulet aux oignons	Pinot blanc	Rosé d'Anjou sec	Bonnezeaux sec	Pinot noir d'Alsace
Poulet cocotte	Beaujolais-Villages R	Buzet	Fleurie	Pécharmant
Poulet en coque de sel	Saumur-Champigny R	Sancerre R	Chinon	Coteaux champenois Bouzy
Poulet grillé en crapaudine	Bourgogne Hautes-Côtes-de-Beaune R	Côtes de Bourg	Morgon	Médoc Cru Bourgeois
Poulet rôti	Bordeaux Supérieur R	Minervois R	Chinon	Coteaux champenois Bouzy
Poulet sauté au whisky	Givry R	Bourgogne R	Saint-Chinian R	Müller-Thurgau anglais
Poulet sauté aux champignons	Côtes de Duras R	Bordeaux Supérieur	Graves de Vayres	Côtes roannaises R
Poulet sauté chasseur	Bourgueil R	Fitou	Cornas	Bandol R
Poussins grillés crapaudine	Moulin-à-Vent R	Pinot noir d'Alsace	Faugères	Crémant d'Alsace
Poussins rôtis, sauce diable	Saint-Joseph R	Coteaux d'Aix-en-Provence R	Santenay	Pinot noir de la Napa Valley (Californie)
Râbles de lapin farcis au romarin et au chou	Bourgueil R	Coteaux du Languedoc R	Rully	Collioure

B : vin blanc r : vin rosé R : vin rouge

	Accord classique	Coup de cœur	Vin de rêve	Vin original
Suprême de pigeon et sa cuisse en crépinette	Moulis R	Arbois r	Givry	Madère
Suprêmes de volaille à la crème au porto	Saint-Romain B	Beaujolais R	Anjou demi-sec	Porto Vintage
Suprêmes de volaille viennoise	Riesling B	Edelzwicker	Tokay Grand Cru	Beaujolais nouveau
GIBIER				
Cailles aux raisins	Saint-Julien R	Côte-de-Beaune	Moulis	Jus de raisin rouge
Canard aux pêches	Bergerac R	Côtes-du-Rhône R	Cahors	Volnay
Civet de lièvre	Cornas R	Cheverny	Savigny-lès-Beaune	Vin de Corse Porto-Vecchio
Civet de sanglier	Châteauneuf-du-Pape R	Pinot noir d'Alsace	Côtes de Bourg	Vin du Bugey R
Côtelettes de marcassin Saint-Hubert	Châteauneuf-du-Pape R	Pinot noir d'Alsace	Mercurey	Côtes roannaises R
Épaule de chevreuil à la choucroute	Riesling B	Bourgogne r	Côte-de-Beaune	Rouge d'Ottrott (Alsace)
Faisan farci aux marrons	Pessac-Léognan R	Vacqueyras	Saint-Estèphe	Faugères
Gibelotte de lapin	Premières Côtes de Bordeaux R	Chablis	Rosé d'Anjou	Vouvray demi-sec
Gigue de chevreuil	Aloxe-Corton	Hautes-Côtes-de-Nuits	Châteauneuf-du-Pape	Lussac-Saint-Émilion
Noisettes de chevreuil	Nuits-Saint-Georges	Haut-Médoc	Margaux Premier Grand Cru	Ruchottes-Chambertin
Pigeons aux petits pois	Haut-Médoc R	Morgon	Pauillac	Côtes roannaises
Pintadeaux rôtis sur canapé	Moulis R	Bourgogne Passetoutgrain	Monthélie	Rioja
Râble de lièvre bourguignonne	Vosne-Romanée R	Bourgogne R	Rully	Collioure
Selle de chevreuil, sauce poivrade	Gigondas R	Bordeaux Supérieur	Haut-Médoc Cru Bourgeois	Corton R
BŒUF				
Bœuf à la ficelle	Côtes-de-Nuits-Villages R	Touraine r	Morgon	Côtes de Blaye
Bœuf aux oignons	Chiroubles R	Beaujolais-Villages	Côte-de-Beaune R	Corbières r
Bœuf bourguignon	Bourgogne Passetoutgrain R	Bourgogne R	Côtes-de-Nuits-Villages	Pinot noir d'Alsace
Bœuf mode	Côtes-du-Roussillon-Villages R	Côte-de-Beaune R	Rully	Criolla (Argentine)
Bœuf Strogonoff	Moulin-à-Vent R	Madiran	Clos-de-Vougeot	Kadarka (Hongrie)
Carbonade	Premières Côtes de Bordeaux R	Bordeaux R	Médoc	Tursan r
Chateaubriands maître d'hôtel	Morey-Saint-Denis R	Vosne-Romanée	Romanée-Saint-Vivant	Rosé des Riceys
Chili	Faugères R	Buzet	Nuits-Saint-Georges	Cabernet du Chili
Contre-filet rôti aux légumes nouveaux	Côtes de Duras R	Côtes-du-Rhône r	Hermitage R	Tarragone R (Espagne)
Côte de bœuf grillée, à la bordelaise	Haut-Médoc R	Bordeaux Supérieur R	Saint-Émilion	Cabernet-Sauvignon (Australie)
Daube niçoise	Côtes-de-Provence r	Côtes-de-Provence R	Palette r	País (Chili)
Entrecôtes au poivre	Savigny-lès-Beaune R	Béarn r	Chambolle-Musigny	Bouzy
Entrecôtes béarnaise	Madiran R	Haut-Médoc	Saint-Estèphe	Rouge d'Ottrott (Alsace)
Filet de bœuf en brioche	Saint-Émilion R	Côte-Rôtie	Saint-Émilion Grand Cru	Champagne rosé
Goulash	Rouge d'Ottrott R	Pécharmant R	Pauillac	Égri Bikavér (Hongrie)

B : vin blanc r : vin rosé R : vin rouge

	Accord classique	Coup de cœur	Vin de rêve	Vin original
Gras-double à la lyonnaise	Coteaux-du-Tricastin R	Beaujolais	Corbières	Vin jaune
Hachis Parmentier	Bordeaux-Clairet r	Beaujolais	Côte de Brouilly	Ajaccio r
Hamburgers	Côtes-du-Béarn r	Gamay de Touraine	Mâcon Supérieur	Gamay californien
Hochepot	Médoc R	Bordeaux Supérieur	Médoc Cru Bourgeois	Tavel
Langue de bœuf, sauce charcutière	Coteaux du Lyonnais	Beaujolais-Villages	Moulin-à-Vent	Côtes du Jura B
Onglet à l'échalote	Saumur-Champigny R	Saumur R	Vacqueyras	Rully r
Oxtail	Vin de Pays d'Oc R	Bordeaux Sauvignon	Crémant d'Alsace	Bellet r
Pot-au-feu	Beaujolais-Villages R	Côtes-du-Rhône R	Fleurie	Chinon
Ragoût de queue de bœuf	Bourgogne ou Bordeaux B	Côtes-de-Provence r	Gigondas	Côtes du Frontonnais r
Spaghettis bolognaise	Sangiovese di Romagna R	Bourgogne R	Côtes-de-Provence r	Lambrusco (Italie)
Steaks tartare	Bordeaux Supérieur R	Collioure	Côtes-de-Provence r	Pinot noir de Californie
Tournedos forestière	Fixin	Bordeaux Supérieur R	Saint-Émilion	Côtes roannaises R
Tournedos Rossini	Château Margaux	Côtes-de-Nuits-Villages	Richebourg	Barolo (Piémont)
VEAU				
Blanquette de veau	Rosé d'Anjou r	Bourgogne B	Jasnières	Vouvray demi-sec
Boulettes à la tomate	Gaillac r	Coteaux du Languedoc r	Cheverny	Valpolicella (Italie)
Cœur de veau braisé	Pinot noir r	Bordeaux-Clairet	Anjou	Madiran
Côtelettes de veau Pojarski	Côtes du Lubéron r	Beaujolais-Villages	Givry	Coteaux-du-Tricastin R
Côtes de veau aux petits pois	Pinot blanc	Graves R	Pessac-Léognan	Cabernet d'Anjou demi-sec
Côtes de veau aux 3 poivrons	Costières de Nîmes r	Bordeaux-Clairet	Saint-Émilion	Rioja Alta (Espagne)
Escalopes de veau à la moutarde	Crozes-Hermitage R	Marsannay r	Saint-Aubin	Gigondas
Escalopes de veau au jambon	Côtes-du-Rhône B	Bordeaux r	Graves	Côtes du Brulhois r
Escalopes de veau grenobloise	Vin de Savoie r	Chignin R	Apremont B	Gamay suisse
Escalopes panées	Corbières r	Saint-Nicolas-de-Bourgueil	Fleurie	Merlot r suisse
Escalopes viennoise	Savoie Gamay R	Côtes-du-Rhône	Pomerol	Blauer de Vienne R
Foie de veau aux oignons	Saint-Amour R	Lubéron r	Mercurey	Vacqueyras
Grenadins de veau piémontaise	Côte-de-Beaune-Villages R	Beaujolais Supérieur	Bellet	Barolo (Italie)
Noix de veau braisée	Morgon R	Bordeaux Supérieur R	Chinon	Crémant d'Alsace
Osso buco	Côtes du Jura r	Bourgogne Passetoutgrain	Chorey-lès-Beaune	Côte-de-Nuits
Paupiettes surprise	Montagny B	Mâcon R	Rully	Beaujolais B
Piccatas au banyuls	Banyuls R	Beaujolais R	Banyuls Grand Cru	« Rancio » du Languedoc
Poitrine de veau farcie	Lirac R	Arbois r	Côte-de-Beaune-Villages	Côtes d'Auvergne R
Ris de veau à la crème	Montagny B	Bourgogne Aligoté	Meursault	Jurançon demi-sec
Ris de veau braisés	Sancerre B	Chablis	Chablis Grand Cru	Tavel
Rognons de veau au porto	Volnay R	Quincy	Cabernet d'Anjou	Porto
Rognons de veau dijonnaise	Côte-de-Beaune-Villages R	Cahors	Côte-Rôtie	Madère
Sauté de veau au basilic	Bandol r	Côtes-du-Rhône R	Fitou	Trentino (Italie)
Sauté de veau marengo	Hermitage R	Régnié	Blagny R	Barbaresco R (Piémont)

B : vin blanc r : vin rosé R : vin rouge

	Accord classique	Coup de cœur	Vin de rêve	Vin original
Tendrons de veau à l'estragon	Chinon R	Côtes-de-Provence R	Palette r	Lirac
Tête de veau, sauce ravigote	Chiroubles R	Jurançon sec	Graves B	Riesling du Luxembourg
Tripes à la provençale	Cassis B	Pouilly Fumé	Bellet r	Rosato r (Vénétie)
Veau Orloff	Bourgogne r	Bourgogne Grand Ordinaire	Pomerol	Irouleguy
Veau thoné	Reuilly B	Beaujolais B	Cassis	Médoc
PORC				
Boudins noirs grillés	Côtes du Ventoux R	Beaujolais-Villages	Coteaux champenois r	Cidre brut
Choucroute	Riesling B	Sylvaner	Riesling Grand Cru	Bière
Côtes de porc à la moutarde	Saint-Émilion R	Beaujolais-Villages	Morgon	Côtes-du-Rhône nouveau
Côtes de porc à la normande	Mâcon B	Touraine B	Chinon	Cidre brut
Côtes de porc au bacon	Côtes-du-Rhône r	Côtes-de-Provence	Tavel	Gris de Toul
Côtes de porc au jambon	Clairette du Languedoc B	Rosé d'Anjou	Saumur-Champigny	Cabernet d'Anjou demi-sec
Côtes de porc charcutière	Givry R	Bourgogne R	Saint-Amour	Gamay de Touraine
Échine de porc aux fruits secs	Anjou-Villages R	Beaujolais	Beaune	Beaujolais B
Émincé de porc aux poivrons	Côtes du Ventoux R	Côtes-de-Provence R	Palette	Côtes-de-Provence B
Filet de porc à l'agenaise	Buzet R	Faugères	Pomerol	Champagne rosé
Haricots rouges à la saucisse	Coteaux du vendômois r	Bergerac R	Fitou	Bouzy Champagne
Palette de porc hongroise	Chinon R	Bordeaux R	Corbières	Kékfrankos (Hongrie)
Petit salé	Côtes de Toul R	Bourgogne Grand Ordinaire	Juliénas	Quincy r
Porc à la slave	Pinot noir r	Bordeaux R	Anjou Gamay	Prince de Nitra R (Slovaquie)
Porc en civet	Pinot noir R	Côte-de-Beaune R	Mercurey	Rouge d'Ottrott
Rôti de porc à l'alsacienne	Riesling	Edelzwicker	Riesling Grand Cru	Gewurztraminer
Saucisses de Montbéliard aux lentilles	Arbois r	Côtes du Jura R	Saint-Joseph	Côtes roannaises R
Travers de porc	Côtes roannaises R	Bourgogne Côte chalonnaise	Chinon	Crémant de Loire r
AGNEAU ET MOUTON				
Carré d'agneau	Volnay R	Haut-Médoc	Listrac	Beaujolais-Villages
Cassoulet	Cahors R	Madiran	Montagne-Saint-Émilion	Tursan r
Cervelles d'agneau à l'étouffée	Mâcon-Villages B	Côtes du Ventoux r	Saint-Péray B	Montlouis B
Chachlik	Sartène r (Corse)	Bourgogne R	Morgon	Toulag R (Maroc)
Chiche-kebab	Fitou R	Pécharmant	Mercurey	Berkane r (Maroc)
Côtelettes d'agneau Champvallon	Pauillac R	Bordeaux Supérieur	Haut-Médoc	Vin de Corse r
Côtes d'agneau à la provençale	Bandol R	Coteaux d'Aix et des Baux	Côte-Rôtie	Coteaux du Languedoc
Couscous	Gigondas R	Côtes-du-Rhône R	Fitou	Sidi-Brahim (Algérie)
Curry d'agneau à l'indienne	Saumur-Champigny R	Corbières	Lalande de Pomerol	Côtes-du-Roussillon

B : vin blanc r : vin rosé R : vin rouge

	Accord classique	Coup de cœur	Vin de rêve	Vin original
Épaule d'agneau rôtie à la sarriette	Chiroubles	Côtes-de-Provence R	Bellet R	Rosé de Mascara (Algérie)
Épaule farcie	Morgon R	Pinot noir d'Alsace	Côte-de-Beaune	Coteaux champenois Bouzy
Gigot bonne femme	Saumur R	Minervois	Pauillac	Côtes-du-Roussillon La Clape
Gigot rôti aux lingots	Minervois R	Pécharmant	Pomerol	Bandol r
Haricot de mouton	Côtes de Duras R	Gaillac R	Hermitage R	Gris du Maroc
Irish stew	Tokay-Pinot gris	Santenay	Crozes-Hermitage R	Côtes du Ventoux B
Mixed gril	Cassis R	Bordeaux r	Montagne-Saint-Émilion	Pinot noir de Californie
Moussaka	Côtes-de-Provence r	Côtes-du-Rhône r	Gigondas	Rapsani r (Grèce)
Mouton à l'ail	Mâcon Supérieur R	Côtes-de-Provence R	Lirac	Château Mornag r (Tunisie)
Mutton chop à la purée de haricots rouges	Cornas R	Bergerac	Médoc	Côtes roannaises
Pieds d'agneau, sauce poulette	Touraine B	Vin de Corse Patrimonio r	Lirac	Crémant de Loire
Tajine de mouton	Coteaux d'Ajaccio R	Côtes-du-Rhône Villages R	Vacqueyras	Châtillon-en-Diois
GARNITURES				
Asperges gratinées	Coteaux champenois B	Saint-Chinian r	Vin jaune	Monthélie r
Aubergines et courgettes à la provençale	Côtes-de-Provence R	Côtes-du-Rhône r	Lirac	Saint-Péray r
Bohémienne provençale	Bandol r	Beaujolais	Fleurie	Châtillon-en-Diois
Cardon à l'ancienne	Côtes-de-Provence R	Edelzwicker	Tavel	Rosé d'Anjou
Carottes braisées bourguignonne	Bourgogne Irancy R	Bourgogne R	Bourgogne Passetoutgrain	Bordeaux Supérieur
Carottes Vichy	Côtes du Forez R	Côtes-du-Rhône R	Beaujolais	Vichy
Choux de Bruxelles braisés	Arbois r	Sylvaner	Lirac	Pinot gris luxembourgeois
Concombres sautés	Entre-deux-Mers B	Muscadet	Blanquette de Limoux	Rioja espagnol
Courgettes à la crème	Coteaux d'Aix-en-Provence B	Gamay de Touraine	Bonnezeaux demi-sec	Rosé d'Anjou demi-sec
Crambes maritimes hollandaise	Bourgogne Aligoté B	Côtes-de-Provence B	Côtes de Bergerac sec	Rivaner luxembourgeois B
Crosnes du Japon au vert	Rosé de Loire	Arbois B	Côtes du Frontonnais	Beaujolais
Endives braisées	Sylvaner	Bourgogne Aligoté	Reuilly r	Gamay Touraine
Fonds d'artichauts à la florentine	Saumur-Champigny R	Bordeaux-Clairet	Touraine B	Pouilly-Loché
Fonds d'artichauts à l'italienne	Côtes-du-Vivarais r	Costières du Gard	Saint-Chinian	Colli Albani (Italie)
Fondue de poireaux	Edelzwicker	Pinot blanc	Tursan B	Pinot noir R d'Alsace
Fricassée d'artichauts Clamart	Bordeaux r	Vin de pays du Jardin de la France R	Madiran	Rouge d'Ottrott (Alsace)
Fricassée de pois gourmands	Pinot blanc sec	Muscadet sur lie	Cabernet de Saumur	Crémant de Limoux
Gratin dauphinois	Vin de Savoie B	Vin de Savoie Apremont	Crépy	Vin du Bugey
Gratin de blettes au vert	Côtes du Jura B	Mâcon Supérieur B	Pouilly-Fuissé	Minervois r
Haricots à la tourangelle	Saint-Nicolas-de-Bourgueil R	Pécharmant	Collioure	Merlot du Chili
Jardinière de légumes	Beaujolais-Villages R	Jurançon sec	Vouvray	Gris de Toul
Macaronis à la tomate	Coteaux-de-Pierrevert r	Côtes-du-Rhône R	Corbières r	Merlot de Vénétie (Italie)

B : vin blanc r : vin rosé R : vin rouge

	Accord classique	Coup de cœur	Vin de rêve	Vin original
Macaronis aux anchois	Côtes-de-Provence r	Coteaux varois B	Palette r	Chianti (Italie)
Pommes de terre à l'alsacienne	Sylvaner B	Edelzwicker	Tokay-Pinot gris	Crémant d'Alsace
Pommes de terre bordelaise	Bordeaux r	Faugères	Haut-Médoc	Madiran
Pommes de terre boulangère	Brouilly R	Pinot noir d'Alsace	Tokay-Pinot gris	Crémant d'Alsace
Pommes de terre en papillotes	Faugères r	Chinon	Bellet R	Bouzy
Pommes de terre normande	Graves B	Muscadet	Muscadet sur lie	Cidre
Potée de chou	Reuilly R	Riesling	Riesling Grand Cru	Navarra (Espagne)
Potée maraîchère	Côtes roannaises R	Montravel	Fitou	Fendant (Suisse)
Potée printanière	Vin de l'Orléanais (gris)	Jurançon sec	Tavel	Beaujolais-Villages
Radis roses aux petits oignons	Coteaux du Loir B	Béarn r	Côtes du Marmandais	Rully r
Ragoût de champignons sauvages	Sancerre R	Minervois B	Irouleguy	Vin jaune
Ratatouille	Côtes-de-Provence r	Coteaux d'Aix-en-Provence	Bellet	Castel del Monte r (Italie)
Risotto	Côtes-du-Roussillon R	Vin de Corse r	Lirac r	Fara r (Piémont)
Riz cantonais	Pinot noir d'Alsace r	Bourgogne	Marsannay B	Vin de Corse r
Riz créole	Edelzwicker B	Vin d'Alsace	Pinot blanc d'Alsace	Jurançon demi-sec
Riz en fête	Lirac r	Tursan	Tavel	Rosé de Provence
Riz pilaf	Touraine B	Vin de Corse B	Côtes de Bergerac	Rosé d'Anjou
Spaghettis à la carbonara	Chianti R	Rosé de Loire	Beaujolais	Vino Santo d'Italie
Spaghettis au basilic	Cassis B	Côtes-de-Provence B	Blanquette de Limoux	Blanc de Morgex et de la Salle (Italie)
Suprêmes d'asperges vertes	Sancerre B	Edelzwicker	Savennières	Condrieu
Tian d'épinards	Crépy B	Côtes-de-Provence r	Minervois	La Mancha (Castille)
DESSERTS				
Amandines	Rivesaltes	Crémant d'Alsace	Cerons	Crémant de Die
Babas au rhum	Barsac	Coteaux du Layon	Pineau des Charentes	Rhum
Banana split	Eau	/	/	/
Bavarois rubané	Coteaux du Layon	Premières Côtes de Bordeaux	Barsac	Champagne demi-sec
Biscuit roulé	Crémant d'Alsace	Muscat d'Alsace	Rasteau	Saint-Péray mousseux
Biscuits cuiller	Champagne sec brut	Saint-Péray mousseux	Condrieu	Muscat de Beaumes-de-Venise
Blanc-manger	Clairette de Bellegarde B	Clairette de Die	Muscat de Rivesaltes	Porto
Cake aux fruits confits	Clairette de Die r	Muscat d'Alsace	Gewurztraminer Vendanges Tardives	Blanquette de Limoux
Cake marbré	Étoile B	Vin mousseux du Jura	Sauternes	Champagne
Cassate	Eau	/	/	/
Charlotte aux pommes	Touraine demi-sec	Anjou mousseux	Bonnezeaux	Cidre doux
Charlottes aux fruits rouges	Côtes du Jura B	Sainte-Croix-du-Mont	Barsac	Ratafia de Champagne
Chaussons aux pommes	Monbazillac B	Saumur pétillant	Crémant de la Loire	Pommeau de Normandie
Chinois	Muscat de Rivesaltes B	Crémant de Bourgogne	Rivesaltes	Tokay Vendanges Tardives

B : vin blanc r : vin rosé R : vin rouge

	Accord classique	Coup de cœur	Vin de rêve	Vin original
Chocolat glacé	Banyuls R	Rivesaltes	Maury	Porto Vintage
Choux à la crème	Crémant Champagne	Saumur mousseux	Clairette du Languedoc	Côtes de Bordeaux Saintes-Macaire
Cigarettes	Champagne brut ou demi-sec	Vin pétillant du Jura	Crémant de Bourgogne	Crémant d'Alsace
Conversations	Vouvray mousseux B	Vin de Savoie Ayze mousseux	Loupiac	Arbois mousseux
Crèmes caramel	Rivesaltes	Cerons	Sauternes	Muscat de Lunel
Crêpes flambées au Grand Marnier	Étoile demi-sec r	Crémant de Loire	Champagne demi-sec	Grand Marnier
Éclairs	Côtes de Bergerac moelleux	Crémant	Champagne rosé	Cerons
Forêt-noire	Crémant d'Alsace demi-sec	Coteaux du Layon	Maury	Beerenauslese (Allemagne)
Galette des rois	Crémant de Die	Crémant de Bourgogne	Champagne	/
Gâteau ambassadeur	Gewurztraminer B	Vouvray	Clairette de Die	Vin de Paille du Jura
Gâteau aux pêches	Muscat de Rivesaltes	Banyuls	Champagne	Pétillant de pêche
Gâteau chocolat	Maury	Montlouis	Clairette de Bellegarde	Maury rancio
Glace à la menthe	Peppermint	/	/	/
Glace au chocolat	Eau	/	/	/
Glace Plombières	Eau	/	/	/
Glace vanille	Eau	/	/	/
Granité à l'eau-de-vie	Eau ou kirsch	/	/	/
Jalousie aux poires	Vouvray B	Côtes de Bordeaux Saintes-Macaire	Cerons	Pétillant de poire
Kougelhopf	Muscat d'Alsace B	Gewurztraminer Vendanges Tardives	Crémant d'Alsace	Gewurztraminer Sélection de Grains Nobles
Langues-de-chat	Crémant d'Alsace B	Sainte-Foy-Bordeaux	Clairette de Die	Graves moelleux
Linzertorte	Champagne brut r	Clairette du Languedoc	Gewurztraminer Sélection de Grains Nobles	Crémant d'Alsace
Macarons coco	Crémant de Bordeaux	Cerons	Anjou pétillant	Malibu
Madeleines	Crémant d'Alsace B	Crémant de Bourgogne	Crémant de Bordeaux	Crémant de Die
Mille-feuille	Clairette de Die	Sainte-Croix-du-Mont	Crémant de Loire	Macvin du Jura
Moka	Champagne brut	Crémant	Champagne demi-sec	Clairette de Die
Œufs à la neige	Clairette de Die B	Muscat de Frontignan	Loupiac	Champagne demi-sec
Omelette norvégienne	Champagne sec	Crémant d'Alsace	Sainte-Croix-du-Mont	Grand Marnier
Oursins	Crémant de Bourgogne	Clairette de Bellegarde	Saussignac	Vin de Savoie Ayze Pétillant
Pain de Gênes	Crémant de Loire B	Jurançon	Clairette du Languedoc	Côtes du Jura mousseux
Paris-Brest	Loupiac B	Saint-Péray mousseux	Sainte-Foy-Bordeaux	Graves liquoreux
Pêches Melba	Sainte-Croix-du-Mont B	Rasteau	Clairette de Die	Pétillant de pêche
Petites brioches	Crémant de Loire B	Savennières	Crémant de Loire demi-sec	Crémant de Cramant
Poires Belle-Hélène	Pineau des Charentes B	Crémant de Loire	Champagne	Maury
Puits d'amour	Saint-Péray mousseux B	Monbazillac	Sauternes	Quarts-de-Chaume
Quatre-quarts	Barsac B	Anjou mousseux	Gaillac mousseux	Champagne
Religieuses	Coteaux du Layon B	Clairette de Die	Crémant	Graves de Vayres
Riz au lait	Jurançon B	Graves de Vayres	Côtes de Bergerac moelleux	Vin de Paille du Jura
Riz en couronne	Blanquette de Limoux B	Muscat de Beaumes-de-Venise	Vouvray	Clairette de Die Tradition

B : vin blanc r : vin rosé R : vin rouge

	Accord classique	Coup de cœur	Vin de rêve	Vin original
Rochers aux amandes	Champagne demi-sec	Crémant de Bordeaux	Coteaux du Layon	Pacherenc du Vic-Bihl
Sablés	Crémant de Champagne	Anjou pétillant	Muscat de Rivesaltes	Vin de Savoie mousseux
Saint-honoré	Muscat de Beaumes-de-Venise	Montlouis	Haut-Montravel moelleux	Champagne
Savarin	Pineau des Charentes r	Cerons	Champagne	/
Sorbet au muscat	Eau	/	/	/
Sorbet au sauternes	/	/	/	Sauternes
Sorbet citron	Eau	/	/	/
Sorbet framboise	Eau	/	/	/
Soufflés glacés au marasquin	Kirsch ou marasquin	/	/	Pétillant de cerise
Soufflés glacés au rhum	Blanquette de Limoux mousseux	/	/	/
Strudel aux pommes	Crémant d'Alsace	Gewurztraminer	Muscat d'Alsace Vendanges Tardives	Sauternes
Tarte au citron	Champagne demi-sec	Sainte-Croix-du-Mont	Clairette du Languedoc	Muscat de Rivesaltes
Tarte au fromage blanc	Blanquette de Limoux mousseux	Muscat d'Alsace	Crémant d'Alsace	Gewurztraminer Vendanges Tardives
Tarte aux fruits	Pétillant de pêche	Crémant de Die	Champagne	Loupiac
Tarte aux groseilles	Champagne demi-sec r	Vouvray	Maury	Anjou pétillant r
Tarte aux poires et aux amandes	Saussignac B	Blanquette de Limoux	Crémant de Die	Rasteau
Tarte aux pommes à l'alsacienne	Gewurztraminer Vendanges Tardives B	Crémant d'Alsace	Muscat d'Alsace Vendanges Tardives	Crémant de Bourgogne
Tarte aux prunes	Haut-Montravel B	Crémant de Bordeaux	Jurançon moelleux	Vouvray
Tarte Tatin	Vin de Paille B	Saint-Péray mousseux	Savennières	Champagne
Tuiles aux amandes	Crémant d'Alsace	Saumur mousseux	Montlouis	Champagne

B : vin blanc r : vin rosé R : vin rouge

BIEN RECEVOIR

En règle générale, le déjeuner se prend à 13 h ou 13 h 30, et le dîner intervient vers 20 h 30 ou 21 h. Ces heures peuvent être plus tardives, suivant les circonstances, et notamment dans le Midi où on tend à s'aligner sur les horaires méditerranéens, tels que les pratique l'Espagne, entre autres.

Une réception se prévoit. Qu'il s'agisse d'un déjeuner ou d'un dîner, d'un buffet ou d'un cocktail, d'un apéritif ou d'un goûter, d'un brunch ou d'un souper, l'accueil a ses règles, auxquelles on ne saurait échapper.

Tout commence par l'invitation, plus ou moins « guindée » selon qu'elle est destinée à des parents, des amis ou de simples relations, professionnelles ou autres, ces personnes ayant été, bien évidemment, sélectionnées en fonction de leurs éventuelles affinités et de façon que leur mise en contact puisse générer une atmosphère chaleureuse. Mieux vaut organiser plusieurs repas sympathiques qu'une immense tablée autour de laquelle le courant ne passera pas !

Lancée quinze à vingt jours à l'avance dans le cas d'une invitation formelle et seulement huit jours à l'avance dans le cas d'une réunion à caractère plus intime, l'invitation est faite le plus souvent par téléphone. Le recours à la lettre, voire au carton imprimé, n'intervient que pour les repas cérémonieux et les célébrations diverses ; il convient alors d'y indiquer, avec la date, l'heure et la nature de la réception, la tenue vestimentaire qu'elle implique, ainsi que de fournir des informations précises sur l'accès au lieu de la réunion.

Le cas le plus courant est, donc, celui du déjeuner ou du dîner.

Le jour est arrivé, le repas est prêt, la table est dressée, les divers éléments du service de l'apéritif sont préparés là où les convives vont d'abord se réunir, on a veillé à éliminer toute odeur de cuisine et à raviver l'air ambiant, sans excès de parfum toutefois... La maîtresse de maison et/ou le maître de maison accueillent bientôt leurs invités, avec la plus grande cordialité, et les invitent à se débarrasser de leurs manteaux, leurs vestes ou leurs imperméables et des accessoires susceptibles de les encombrer. Puis ils les présentent aux personnes déjà arrivées.

Lorsque les présentations sont formelles, il convient de respecter la règle suivante : on présente un homme à une femme (sauf s'il s'agit d'un homme âgé), une personne jeune à une personne plus âgée qu'elle, une jeune fille à une femme mariée, une personne moins importante socialement à une personne plus importante. Pour chaque invité, il est recommandé, après avoir décliné son identité et éventuellement son titre, de livrer quelques informations complémentaires destinées à faciliter l'instauration d'un dialogue au cours de la réception.

À partir de ce moment et tout au long de la réception, la tâche des hôtes va être de créer ou d'entretenir des liens de communication entre les convives, de porter intérêt à chacun, d'animer la conversation ou de la relancer lorsqu'elle s'étire, et d'empêcher que ne se créent des petits groupes, susceptibles de nuire à l'homogénéité de la réunion. Ils doivent accorder une attention particulière aux personnes isolées et à celles qu'ils souhaitent mettre à l'honneur ou qu'ils reçoivent pour la première fois. Ils doivent aussi éviter de se mettre en valeur, en s'effaçant devant leurs invités. En un mot, les convives doivent être à l'aise et éprouver une sensation de bien-être.

PRIMORDIAL : UN PLAT CHAUD

Ne pas oublier le chauffe-plat, qui doit être placé au centre de la table... Cet ustensile n'exclut pas que les assiettes soient préchauffées — il existe à cet effet des chauffe-assiettes électriques en tissu peu onéreux — ni que plats et saucières soient chauffés, avant d'y dresser les préparations chaudes et d'y verser les sauces. Rien de plus désagréable qu'un excellent apprêt chaud qui tiédit au contact de l'assiette et est consommé froid, lorsque tous les convives se sont servis !

Tout le monde doit manger en même temps. C'est la raison pour laquelle, lorsque le nombre des convives est supérieur à dix, mieux vaut répartir la préparation en deux plats. Certains convives, servis en dernier, ne seront ainsi pas défavorisés parce que le plat a refroidi pendant son service.

Une exception toutefois à la nécessité de disposer d'assiettes chaudes : quelques rares mets chauds, comme les œufs brouillés, exigent d'être servis dans des assiettes tièdes, voire froides.

UN SERVICE PARTICULIER : LES CRUSTACÉS ET LES FRUITS DE MER

Cuits au court-bouillon et servis froids avec une sauce mayonnaise, les crustacés peuvent provoquer une gêne chez les convives si on ne prend soin d'en faciliter la consommation, soit en les coupant, soit en les décortiquant totalement.

S'il s'agit de crustacés en sauce, du type homard ou gambas à l'américaine, il ne faut pas oublier de prévoir un rince-doigts et une seconde serviette de table par personne ou, tout simplement, cette sorte de serviette-bavette que fournissent à leurs clients certains restaurants du littoral. Il faut aussi penser au « casse-noix » pour briser la carapace des pinces et aux « fourchettes » à crustacés, longues tiges minces à bout fourchu, qui permettent d'atteindre la chair, autrement inaccessible.

LE PLAN DE TABLE ET SES RÈGLES

Le plan de table peut être « bousculé » lors d'un repas entre amis, mais en toutes autres circonstances, il exige d'être dressé avec le plus grand soin, car le code des bienséances est fort précis à son égard !

Premier point important : les places d'honneur, autour desquelles le plan de table s'organise. Elles reviennent, le plus souvent, au maître et à la maîtresse de maison. L'usage à la française veut qu'ils occupent les places du milieu de la table, face à face, alors que, suivant la pratique à l'anglaise, leur sont réservées les places situées aux deux extrémités de la table. Il est toutefois des cas où ces places d'honneur sont attribuées à des convives :

— les ecclésiastiques, quel que soit leur rang ;

— de hauts personnages, quand le repas est donné à leur intention ;

— les « protagonistes » d'un repas de première communion, de fiançailles, de mariage, d'anniversaire...

Autres cas particuliers, enfin : pour un repas d'affaires, le maître de maison préside la table avec l'homme ou la femme mis à l'honneur.

Les places d'honneur ainsi définies, il convient de répartir correctement les invités, en ayant à l'esprit que la place de droite est plus honorifique que celle de gauche, que plus les places sont éloignées des hôtes, moins elles sont honorifiques, et qu'il convient de placer hommes et femmes en alternance. L'attribution des places se fait donc soit en fonction de la supériorité de l'âge (notamment, à l'occasion de repas sans cérémonie), soit selon la qualité et la hiérarchie des titres (militaires, par exemple).

À cela, il faut ajouter que :

— les femmes suivent le rang de leur mari ;

— à âge égal, un invité a la priorité sur un parent ;

— grands-parents et beaux-parents viennent après les invités de marque ;

— entre parents, c'est généralement l'âge qui prévaut, et non le degré de parenté ;

— jusqu'à 35 ans, les gens mariés ont le pas sur les célibataires ;

— une personne veuve a priorité sur une personne divorcée ;

— du côté des hôtes, la grand-mère remplace la mère absente et le grand-père remplace le père absent ;

— les autres membres de la famille et les enfants occupent les dernières places.

Il arrive aussi que le repas soit organisé par une seule personne. Deux possibilités s'offrent à celle-ci. Soit elle préside la table (à la française ou à l'anglaise) et place face à elle le convive qu'elle souhaite honorer, soit elle préside la table seule et place autant de convives sur son côté gauche que sur son côté droit.

Enfin, si le repas se fait par petites tables (de quatre ou six couverts chacune), les hôtes se partagent les invités d'honneur et répartissent équitablement les autres invités. Cela est fréquent pour les mariages. Une table est alors présidée par le père du marié et la mère de la mariée, une autre par le père de la mariée et la mère du marié, une autre par des grands-parents... Quant aux mariés, ils sont installés à une table centrale, avec le service d'honneur.

Compte tenu de la complexité du plan de table, il est d'usage, lorsque le nombre de convives est important, de placer un petit carton près de chaque couvert, avec mention du nom de la personne à laquelle la place revient.

Quel service ?

Généralement, le service relève de la maîtresse de maison qui dresse le plat à la cuisine et, soit le fait circuler à la ronde, permettant ainsi à chaque convive de se servir, soit le dépose au centre de la table et sert, elle-même, ses invités. Ce service a l'avantage d'être rapide et convivial. Mais il est des occasions plus solennelles... Le service est alors effectué « à la française », par une ou plusieurs personnes, que la maîtresse de maison fait intervenir en les appelant à l'aide d'une clochette ou d'une sonnette placée sous la table.

UN SERVICE À TABLE HARMONIEUX

Il est de règle, l'apéritif achevé, de conduire jusqu'à la salle de bains les invités qui souhaitent se laver les mains. Il est alors temps de passer à table...

Les hôtes placent leurs convives, suivant le plan prévu. Outre le rôle relationnel que nous avons vu précédemment, ils doivent veiller à ce que les invités ne manquent de rien et, à moins que le service ne soit confié à un personnel spécifique, s'assurer qu'ils disposent de pain, de vin, d'eau...

Tablier blanc ou veste blanche sont de rigueur pour le personnel. De même, les plats sont présentés sur des serviettes blanches pliées.

Ce type de service observe des règles bien précises :

— le plat est présenté, successivement, à la femme qui se trouve à la droite du maître de maison, aux autres femmes suivant leur placement à table, à la maîtresse de maison, puis aux hommes, suivant la même règle de préséance, le maître de maison étant servi en dernier ;

— le plat est présenté au convive par la gauche. Le convive se sert avec le couvert de service posé sur le plat, devant lui ;

— le maître de maison goûte le vin, puis le service s'aligne sur celui des plats et on complète le verre du maître de maison en dernier lieu. Une seule différence : le vin est servi par la droite ;

— en ce qui concerne le changement des assiettes, la personne de service retire l'assiette sale par la droite et dépose l'assiette propre par la gauche. Attention, les invités ne doivent pas rester sans assiette devant eux ! L'assiette propre est garnie, si besoin est, d'une fourchette et d'un couteau ;

— pour un dîner, les assiettes à potage sont retirées, une à une, avec la cuillère qu'elles contiennent, et l'assiette plate prévue pour le plat, qui se trouvait sous l'assiette à potage, reste sur la table ;

— dans le cas de certains mets, pour lesquels le savoir-vivre permet l'usage des doigts (fruits de mer, crustacés, cailles...), un rince-doigts, en faïence, porcelaine, cristal ou métal, est placé à la disposition de chaque convive. Il s'agit d'une coupelle remplie d'eau tiède et garnie d'une fine rondelle de citron vert, de feuilles de menthe, de pétales de rose... Chacun s'y rince les doigts après dégustation ;

— la salade verte est, de préférence, servie à part, sur une assiette à entremets qu'on place à gauche, au-dessus de l'assiette à pain s'il y en a une, ou dans un « croissant à salade » qui épouse le bord de l'assiette, à gauche. Une fourchette à entremets est placée à côté de la salade pour permettre de la manger ;

— au moment de servir le fromage, on retire les assiettes sales ainsi que tout ce qui n'a plus d'utilité sur la table (chauffe-plat...), puis on place devant chaque convive une assiette à dessert, garnie d'une fourchette et d'un couteau à entremets ;

— la dégustation du fromage achevée, on retire la salière, la poivrière, la corbeille à pain et les assiettes à pain (s'il y en a), on débarrasse la table des miettes de pain puis on remplace l'assiette à fromage par une assiette à dessert propre, les couverts de rechange étant présentés sur une assiette garnie d'une serviette ;

— outre le service du dessert, il est de bon ton de disposer au centre de la table une corbeille de fruits joliment arrangée, invitant les convives à une rafraîchissante dégustation ;

— éventuellement, un cendrier est mis à la disposition des convives au moment du service du fromage.

Les convives ne quittent la table que lorsque la maîtresse de maison donne le signal, en se levant et en les invitant à s'asseoir plus confortablement dans des fauteuils, pour prendre le café.

UNE VIGILANCE SANS FAILLE

Bien recevoir n'est pas chose simple...

S'il faut rendre ses convives heureux, à force d'incessantes et chaleureuses attentions, il faut aussi savoir faire face à l'imprévu et résoudre rapidement les petits problèmes qui peuvent se poser. Un des convives a un enfant en bas âge, s'arranger pour disposer d'une chaise-bébé. La tablée compte des enfants, prévoir des coussins à leur intention. Un invité est accompagné de son chien, lui proposer de l'eau ou une nourriture pour l'animal. Au cours de la réception, l'odeur de tabac s'accentue, la faire disparaître rapidement en ayant recours à des bougies parfumées « antitabac » ou à des écorces d'orange ou de citron que l'on fait brûler dans une coupelle placée sur un radiateur. Plus ennuyeux, l'un des hôtes ou le serveur renverse de la sauce ou du vin sur le vêtement d'un invité, une seule solution : proposer à cette personne de prendre en charge le nettoyage chez le teinturier. Un invité perd un objet au cours de la réception, il convient de l'assurer de faire tout son possible pour retrouver l'objet en question.

La vigilance des hôtes est donc mise à rude épreuve. Et cela d'autant plus qu'ils ne doivent créer aucun embarras chez leurs invités, ni heurter leur susceptibilité. Éviter d'insister pour forcer un invité à boire ou à manger ; il se peut que pour des raisons de régime ou de goût, il ne boive pas d'alcool ou ne puisse consommer certains mets. Éviter aussi de s'extasier sur le cadeau d'un convive en présence de personnes dont le présent est plus modeste ou qui sont venus « les mains vides », mettre sans ostentation les fleurs dans un vase, remercier discrètement les invités de façon à ne pas gêner les autres...

UNE PRÉSENTATION ATTRAYANTE

Quel que soit le degré de solennité du repas, la mise en appétit vient presque autant de la présentation des plats que de leur qualité. Un mets dressé négligemment perd grande partie de sa saveur... Pourtant, il est aisé d'y remédier en suivant certains préceptes :

— choisir le plat approprié. Il est long pour une pièce longue (poisson, long rôti, par exemple), rond pour une pièce ronde ou courte, creux pour un apprêt en sauce. Pour des hors-d'œuvre, il prend forme de coupelle, ravier, saladier... Pour une préparation domestique traditionnelle (bœuf en daube, blanquette de veau...), il peut être une rustique terrine en grès. Pour un gratin, il reste le plat de cuisson. De même que pour un poisson mariné, il demeure le plat qui a servi à la marinade. Bref, le contenant doit s'harmoniser avec le contenu.

Une règle importante : toute grosse pièce doit être présentée entière. Elle est ensuite découpée par la personne chargée du service ou par la maîtresse de maison. Cette découpe se fait généralement à la cuisine, pour plus de facilité ;

— garnir le plat avec goût et modération. Si on fait chevaucher les éléments d'une préparation sans sauce, cette présentation doit être évitée pour un apprêt nappé de sauce. Il ne faut pas trop remplir le plat, sous peine d'en rendre le service peu aisé. Enfin, certains apprêts demandent que le plat soit habillé d'un papier dentelle, d'une serviette pliée... C'est le cas des poissons pochés servis froids, des asperges nature, des pommes de terre à l'anglaise, des œufs à la coque et des mets frits. De même, une chiffonnade de salade verte constitue un joli support pour diverses entrées froides (tomates mimosa, pâté, foie gras...) ;

— équilibrer les divers éléments du plat. La garniture ne doit pas empiéter sur la pièce de viande ou le poisson qu'elle accompagne. Pour éviter ce risque, il est préférable, lorsqu'elle est abondante, de la servir à part, dans un légumier ;

— décorer le plat selon son goût, en tenant compte des formes et des couleurs. La couleur des mets aura été considérée, d'ailleurs, au moment de la composition des menus. Ainsi, penser à panacher les salades pour en rehausser les couleurs, ou si la garniture du plat principal est composée de plusieurs purées, veiller au choix de leurs couleurs pour qu'elles n'engendrent pas la monotonie.

De plus, pour une présentation soignée, accompagner les mets de cresson, de persil, d'olives, de rondelles de tomates ou d'œufs durs, de tomates cerise, d'œufs de caille, de condiments divers, de citrons ou d'oranges historiés ou cannelés... Et pour un repas raffiné, penser aux papillotes pour garnir un manche à gigot, des manches de brochettes... La présentation y gagne en esthétique.

L'ART DU MENU

Un menu ne se compose pas à la légère. Au quotidien, il relève d'une gestion astucieuse. Budget disponible, temps à consacrer à la cuisine, exigences d'une alimentation équilibrée suivant les activités de chacun, nécessité d'une nourriture harmonieuse qui participe à la convivialité familiale...

Il convient donc de prévoir un plan de repas pour une semaine entière, afin qu'ils soient bien construits, variés, et que les adultes comme les enfants prennent plaisir à les déguster. Cela permet d'organiser les achats et de concevoir la préparation culinaire de la façon la plus rationnelle possible.

Tout menu est, bien évidemment, conçu en fonction des produits que l'on trouve sur le marché en cette période de l'année — la gastronomie estivale est différente de celle de l'hiver. Il tient aussi compte des éventuels restes de la veille et de la possibilité de les accommoder, pour éviter le gaspillage.

Recevoir des convives pour un déjeuner ou un dîner suppose la prise en considération d'autres critères. En premier lieu, le type de repas prévu (déjeuner ou dîner, repas informel ou cérémonieux) conditionne le choix des plats. Par exemple : un dîner comporte des mets plus légers qu'un déjeuner. Mais sur l'inévitable toile de fond des possibilités financières, interviennent aussi le nombre d'invités, la durée maximale du repas selon qu'il s'agit d'un repas d'affaires, d'une réception officielle, d'une rencontre amicale... , son propre savoir-faire culinaire — il faut se limiter à des apprêts que l'on sait cuisiner et que l'on ne risque pas de rater —, sans oublier que la maîtresse de maison doit être disponible pour ses invités.

De plus, il est indispensable, pour sélectionner les recettes, de garder en mémoire les refus gastronomiques des personnes que l'on a déjà reçues (pour des raisons de goût, de santé ou de religion) et les menus qui leur ont été précédemment servis. À cette fin, il est utile de consigner sur un carnet un petit rapport sur chaque réception donnée. Ainsi seront évités doublons et impairs.

Enfin, il est préférable, à moins que l'on ait connaissance de la prédilection des invités pour ces plats, d'éviter les mets trop typés, comme les préparations à base d'ail, d'escargots, de cuisses de grenouilles, voire de certains abats, et d'écarter également les mets très exotiques, qui risqueraient de déplaire à des palais peu habitués.

Quant au choix des recettes proprement dit, il répond à quelques principes visant à une ordonnance heureuse. Quel que soit le nombre de plats, la composition du menu doit aller crescendo, d'un plat léger jusqu'au plat de résistance, pour se conclure par une douceur. Elle doit associer aliments cuits et crus de manière équilibrée, ne pas faire se succéder des plats de même nature — par exemple une terrine de volaille et une volaille apprêtée en plat principal —, ne pas proposer des plats relevant d'un même mode de cuisson et ne pas comporter, successivement, deux sauces de même couleur. En outre, il faut veiller à ce que, d'un plat l'autre, les garnitures soient variées.

Autant de facteurs qui, s'ils sont respectés, contribueront à la réussite de la réception...

MENU D'UN DÉJEUNER

— Entrée froide ou chaude

Pour un déjeuner cérémonieux, l'entrée froide est suivie d'une entrée chaude, qui peut être à base de poisson si le plat principal est à base de viande.

— Plat principal, avec garniture

— Salade

— Plateau de fromages

— Dessert

Dans le cas d'un grand repas où 2 entremets sont prévus, veiller que l'un d'eux soit chaud.

MENU D'UN DÎNER

— Entrée froide ou chaude, ou potage

Le potage est choisi suivant le type de dîner ; il est chaud ou froid, suivant la saison, mais attention, pour un dîner cérémonieux, il est suivi d'une entrée et, dans ce cas, il doit être chaud.

— Plat principal, avec garniture

— Salade

— Plateau de fromages

— Dessert

DES MENUS DE CIRCONSTANCES

Certaines occasions ne se plient pas à la succession traditionnelle des plats. Ainsi en est-il du repas organisé autour d'une fondue ou d'une raclette (voir p. 52-53) ou de celui qui adopte la formule du plat unique (couscous, bouillabaisse, paëlla, choucroute, etc.). Dans ce second cas, le menu se limite au plat, à une salade verte (facultatif), au plateau de fromages et à un dessert léger (glace, fruits rafraîchis, par exemple).

D'autres circonstances ont leurs exigences quant à la nature de certains plats. Un dîner formel débute le plus souvent par un consommé froid ou un potage velouté. L'entremets d'un repas cérémonieux est, de préférence, glacé ou semi-glacé (glace, sorbet, parfait, crème, etc.). Un menu de mariage traditionnel se conclut sur la pièce montée. Il en va de même pour un repas de communion.

D'AUTRES CONSEILS

- Si vous n'êtes pas sûr de la ponctualité de vos invités, ne prévoyez pas des préparations qui ne peuvent pas attendre, du type soufflé, par exemple.

- Si le plat principal choisi est de courte cuisson, n'entamez celle-ci que lorsque vos convives sont arrivés ; elle se fera pendant la consommation du hors-d'œuvre ou de l'entrée et, éventuellement, aura empiété sur le temps consacré à l'apéritif.

- Pour composer harmonieusement votre plateau de fromages qui, pour mériter ce nom, doit compter au moins trois fromages, n'associez pas des variétés au hasard et tenez compte des saisons de production. On s'accorde généralement à considérer que :

— trois fromages = 1 pâte molle à croûte fleurie + 1 pâte pressée cuite + 1 pâte persillée ;

— quatre fromages = plateau trois fromages + 1 fromage fondu ;

— cinq fromages = plateau quatre fromages + 1 pâte molle à croûte lavée ;

— six fromages = plateau cinq fromages + 1 fromage de chèvre ;

— sept fromages = plateau six fromages + 1 pâte pressée non cuite.

- Le vin s'aligne à la fois sur la composition du menu et sur le goût de chacun. On ne sert pas n'importe quel vin avec un poisson ou avec une viande, ni avec une entrée ou avec un entremets. Et si aujourd'hui les vins rouges ne sont plus limités aux plats de viande et aux fromages, il est néanmoins important de savoir, quels que soient ses moyens financiers, les règles « hiérarchiques » qu'il faut observer :

— un vin blanc précède toujours un vin rouge ;

— un vin léger précède toujours un vin corsé ;

— un vin sec se sert avant un vin doux ; ce vin doux ou moelleux, servi avec le dessert, peut également précéder le repas comme apéritif ;

— un vin jeune se sert avant un vin vieux ;

— un vin de Bordeaux se sert avant un vin de Bourgogne.

À PARTIR D'UN VIN...

VIN	Couleurs	1ère suggestion	2e suggestion	3e suggestion
EDELZWICKER	B	Avocats farcis au crabe	Truite pochée	Soupe de poissons
RIESLING	B	Soufflé au fromage	Suprêmes de sandre au genièvre à la choucroute	Escargots au vin blanc, à la choucroute
CRÉMANT D'ALSACE	B	Choucroute d'huîtres au champagne	Kouglof	Forêt-noire
CHAMPAGNE ROSÉ	r	Paupiettes de sole au foie gras, sauce Chambertin	Tournedos Rossini	Grenadins de veau piémontaise
CHAMPAGNE BRUT MILLÉSIMÉ	B	Langoustes thermidor	Sandre braisé au Champagne	Homards grillés au beurre de corail
BOURGOGNE	R	Rissoles au jambon	Lapin à la dijonnaise	Ragoût de queue de bœuf
BOURGOGNE ALIGOTÉ	B	Tarte aux poireaux	Merlans frits en colère	Escargots à la bourguignonne
CHABLIS	B	Turbotin farci au homard, sauce cardinal	Gougère bourguignonne	Langoustes froides à la parisienne
GEVREY-CHAMBERTIN	R	Pigeons en cocotte à la bonne femme	Entrecôtes au poivre	Carré d'agneau
CÔTE-DE-BEAUNE-VILLAGES	R	Joues de lotte en civet	Langue de bœuf, sauce charcutière	Râble de lièvre bourguignonne
MÂCON-VILLAGES	B	Salade de riz sauvage à la truite fumée	Truites rôties aux champignons sauvages	Merlans en lorgnette
POUILLY-FUISSÉ	B	Chaussons aux asperges et aux grenouilles	Gratin de sandre aux nouilles	Saumon soufflé Joinville
MÂCON	R	Pizza napolitaine	Bœuf à la ficelle	Escalopes viennoise
MERCUREY	R	Rognons de veau dijonnaise	Oie rôtie au chou rouge	Chateaubriands maître d'hôtel
BEAUJOLAIS	R	Saucisson en brioche	Poulet sauté chasseur	Travers de porc
MORGON	R	Tournedos forestière	Poussins grillés crapaudine	Veau Orloff
CHÂTEAU-CHALON	J	Omelette aux morilles	Maquereaux en papillotes aux noix	Gigolettes de volaille aux morilles
VIN DE SAVOIE	B	Crêpes au jambon	Quenelles de brochet aux champignons	Écrevisses pattes rouges à la nage
CÔTES-DU-RHÔNE	R	Pâté en croûte au canard	Poulet grillé en crapaudine	Bœuf mode
CHÂTEAUNEUF-DU-PAPE	R	Poussins rôtis, sauce diable	Bœuf Strogonoff	Civet de sanglier
LIRAC	r	Harengs grillés à la diable, sauce ravigote	Veau thoné	Moussaka
TAVEL	r	Cabillaud en arlequinade de poivrons doux	Poulet cocotte	Sauté de veau au basilic
GIGONDAS	R	Steaks tartare	Magrets de canard aux pamplemousses roses	Escalopes panées

B : vin blanc r : vin rosé R : vin rouge

VIN	Couleurs	1ère suggestion	2e suggestion	3e suggestion
CÔTES-DE-PROVENCE	r	Rôti de thon provençale	Cœur de veau braisé	Porc à la slave
CASSIS	B	Bar en croûte	Rougets de roche au basilic	Timbale de grenouilles
CORBIÈRES	r	Pizza napolitaine	Poule au pot	Hachis Parmentier
MINERVOIS	r	Cabillaud rôti	Gigot rôti aux lingots	Osso buco
FAUGÈRES	R	Poulet en coque de sel	Rognons de veau au Porto	Émincé de porc aux poivrons
FITOU	R	Boudins noirs grillés	Gigue de chevreuil	Chiche-kebab
MUSCAT DE RIVESALTES	B	Sorbet au muscat	Gâteau aux pêches	Crèmes caramel
BERGERAC SEC	B	Acras de morue	Lasagnes de saumon aux champignons	Beignets de gambas, sauce tartare
CAHORS	R	Tendrons de veau à l'estragon	Haricot de mouton	Magrets de canard aux olives
MADIRAN	R	Salade de magret de canard fumé	Dinde farcie	Poulet sauté au whisky
JURANÇON MOELLEUX	B	Riz au lait	Éclairs	Piccatas au Banyuls
MUSCADET DE SÈVRES-ET-MAINE	B	Œufs sur le plat au crabe	Filets de merlan à l'anglaise	Moules farcies
ANJOU GAMAY	R	Cervelles d'agneau à l'étouffée	Canette de Challans en serviette	Échine de porc aux fruits secs
ROSÉ DE LOIRE	r	Gnocchis à la parisienne	Canard aux pêches	Hamburgers
QUARTS-DE-CHAUME	B	Bavarois rubané	Religieuses	Tarte Tatin
CHINON	R	Mixed gril	Poulet sauté aux champignons	Onglet à l'échalote
VOUVRAY	B	Salade du pêcheur	Raie au beurre noisette	Blancs de seiche à l'ail
SANCERRE	B	Blanc de lotte au poivre vert	Suprêmes de turbot poché aux huîtres	Coquilles Saint-Jacques nantaise
BORDEAUX SUPÉRIEUR	R	Lapin à la basquaise	Hochepot	Porc en civet
HAUT-MÉDOC	R	Gigot bonne femme	Côtelettes d'agneau Champvallon	Côtelettes de veau Pojarski
GRAVES	R	Suprême de pigeon et sa cuisse en crépinette	Côte de bœuf grillée, à la bordelaise	Cailles aux raisins
PESSAC-LÉOGNAN	B	Assiette scandinave	Escalopes d'esturgeon aux câpres	Huîtres gratinées à la fondue de légumes
SAUTERNES	B	Pigeons étuvés au sauternes	Sorbet au sauternes	Babas au rhum
ENTRE-DEUX-MERS	B	Éperlans frits, sauce rémoulade	Harengs à la moutarde	Huîtres pochées à la vapeur d'algues
PREMIÈRES CÔTES DE BLAYE	R	Escalopes de dinde à la zurichoise	Tripes à la provençale	Mutton chop à la purée de haricots rouges
SAINT-ÉMILION	R	Pintadeaux vallée d'Auge	Filet de bœuf en brioche	Faisan farci aux marrons
POMEROL	R	Râble de lapin farci au romarin et au chou	Côtes de porc au bacon	Contre-filet rôti aux légumes nouveaux
FRONSAC	R	Dinde aux marrons	Carbonade	Spaghettis bolognaise

B : vin blanc r : vin rosé R : vin rouge

UNE TABLE
ACCUEILLANTE ET BIEN DRESSÉE

Un bon dîner mérite quelques soins de présentation pour que la fête soit complète.

Plus les invités sont nombreux, plus il vous faudra, à l'avance, prévoir l'organisation matérielle et penser à la décoration de la table, avec le souci du bien-être de chacun.

Une règle d'or : pas de surcharge et de l'harmonie dans les couleurs.

D'ABORD LE MOBILIER

Dès que le nombre des convives devient un peu important, on est souvent confronté à un problème de mobilier.

La table sera-t-elle assez grande ? Combien faut-il mettre de rallonges ? Pour trouver la réponse, sachez que l'on compte au minimum 60 cm par personne. Une astuce consiste à réserver la place d'une assiette entre chaque couvert pour trouver le bon espacement. Des plateaux sur tréteaux donnent quelquefois une bonne solution : jetez dessus des draps blancs qui tomberont jusqu'à terre et tenez compte des tréteaux pour placer les assiettes. La veille, faites un essayage avec les chaises pour vous éviter toute mauvaise surprise le jour J.

Prévoyez une table roulante afin d'évacuer rapidement la vaisselle vers la cuisine et une desserte — dessus de bahut, table étroite — où vous disposerez les assiettes et les couverts de rechange.

Mais, pour une assemblée plus nombreuse, plongez dans les pages jaunes de l'annuaire, rubrique « location de matériel pour réceptions ». Outre le mobilier, vous y trouverez tout ce qu'il vous faut, de la flûte à champagne à la piste de danse. Et pourquoi pas une grande tente pour recevoir dans le jardin sans risquer l'ondée.

NAPPES, SETS ET SERVIETTES

Nouvelles matières et nouvelles techniques ont considérablement ouvert l'éventail des possibilités en matière d'habillage de la table, du plus éphémère au plus traditionnel. Les nappes et les serviettes de papier se parent maintenant de motifs et de couleurs au même titre que les plus jolies toiles et il ne faut pas manquer d'en tirer le miraculeux parti décoratif qu'elles offrent à petit prix, pour des repas sans cérémonial. Il existe aussi des nappes non tissées qui supportent quelques lavages légers.

Pratiques dans les ambiances rustiques, les toiles cirées ou enduites se parent de beaux décors et certaines acceptent même un petit tour en lave-linge.

Les fibres synthétiques ont généré des textiles très faciles à laver et ne nécessitant quelquefois pas ou peu de repassage : ainsi, les serviettes en polyester pur ou mélangé au coton.

Reste enfin le beau service de lin, de métis ou de coton, damassé, brodé ou imprimé. Celui-là ne sort pas tous les jours car son entretien réclame du temps et du savoir-faire. Mais c'est un vrai plaisir et rien ne remplace le confort de dîner sur une nappe de tissu et de disposer de grandes serviettes de table.

Comment repasser une grande nappe ?

Une seule solution pour obtenir un bon résultat sur lin ou coton : il faut humecter (pas tremper !) le linge la veille du repassage pour donner à l'eau le temps de se diffuser uniformément dans toute la nappe ; s'il fait chaud, laissez-la dans un sac en plastique.

Si vous disposez d'une grande table, garnissez-la d'une couverture épaisse et d'un drap pour le repassage. Sinon, placez la table à repasser au pied d'un lit (protégé éventuellement par un drap). Pliez la nappe en deux envers contre envers pour travailler sur une demi-largeur, bords bien superposés. Commencez le repassage et faites glisser la nappe au fur et à mesure sur le « support ». Quand la première face est terminée, pliez-la en deux pour repasser la moitié de la seconde face et ainsi de suite jusqu'au format de rangement. Le linge doit être sec et froid pour partir dans l'armoire et attendre les prochaines agapes.

Dentelles et broderies se repassent sur l'envers afin de ne pas écraser leurs reliefs, en jouant de la pointe du fer sur la toile. Mais sur les dentelles, évitez la pointe qui pourrait accrocher et préférez la semelle. Pour le reste, continuez sur l'endroit.

S.O.S. taches

Si la bougie a coulé sur la nappe, grattez délicatement avec l'ongle ou une lame pour ôter le surplus et repassez à fer doux en plaçant un papier absorbant blanc (buvard, papier de soie...) de chaque côté du tissu. Renouvelez l'opération en changeant les papiers jusqu'à disparition de la tache. S'il subsiste une trace de gras, saupoudrez-la de terre de Sommières : elle absorbe rapidement les graisses et ne laisse aucune marque après brossage. Elle est donc excellente contre les taches d'huile ou de beurre.

Jamais de sel (qui fixe les couleurs) sur du vin rouge. Tamponnez avec du papier absorbant pour « boire » le maximum, mouillez... au vin blanc et rincez à l'eau le plus vite possible.

Lavez la bière à l'eau tiède mais aussi les taches de sucre (sirop, confiture...). Tamponnez les taches de fruit avec de l'alcool et rincez à l'eau claire. Rinçage à l'eau froide également pour le café ou le thé, mais c'est de l'éther qu'il faut sur les traces de rouge à lèvres, avant le lessivage des textiles naturels (ou de l'eau oxygénée à 12 volumes après le lavage des synthétiques).

On peut amorcer la disparition des taches en les frottant à sec avec du savon de Marseille quelques heures avant le lavage. Protégez les services à broderies ou dentelles du tambour du lave-linge en les glissant dans un sac de toile de coton (ou une taie d'oreiller) fermé par un cordon bien noué. Au sortir de la machine, examinez le linge à la lumière du jour. S'il reste des traces sur les toiles blanches de lin et/ou de coton, essayez l'eau de Javel avec les précautions d'usage : à moitié coupée d'eau claire et sur tissu humide, tamponnez à l'aide d'un coton-tige. Surveillez l'endroit ainsi traité pour rincer dès que la trace a disparu.

Dans tous les cas, ne laissez pas une tache sécher et s'incruster dans les fibres du tissu, mais traitez-la le plus rapidement possible.

DISPOSITION DU COUVERT

Recouvrez la table d'un molleton épais, à défaut d'une couverture, bien tendu pour effacer les plis qui apparaîtraient sous la nappe. Cet indispensable petit matelas protège la table, gomme le raccord d'éventuelles rallonges et apporte une sensation de confort. Centrez la nappe par-dessus, en lissant du plat de la main du centre vers les bords pour atténuer les traces de pliage. Mieux, vous pouvez les effacer au fer à repasser, sans vapeur ni humidité pour préserver le bois de la table.

Depuis quelques années, les assiettes de présentation connaissent un franc succès. D'un grand diamètre, elles mettent en valeur les différentes assiettes du service de table. Placez dessus la première assiette.

Le nombre de couverts dépend directement du menu, notamment par la présence de poisson ou de potage. À droite de l'assiette, posez dans l'ordre : le couteau offrant le tranchant de sa lame tourné vers l'assiette, puis le couteau du couvert à poisson, puis la cuillère à soupe. À gauche, la fourchette puis la fourchette du couvert à poisson. À la française, cuillère à soupe et fourchette se présentent pointes posées sur la nappe.

Les porte-couteaux sont un peu passés de mode, bien que leur utilité soit toujours entière : on y pose la pointe du couteau sans risque de tacher la nappe.

Les verres s'alignent derrière l'assiette. Vous en placerez trois au maximum, de gauche à droite : le verre à eau, le verre à vin rouge, le verre à vin blanc.

RELIEFS ET MIETTES

Brossez les miettes avant le dessert, soit avec des instruments appropriés — brosse et petite pelle –, soit simplement avec une serviette repliée en rouleau poussant les miettes dans le creux de la main.

On peut aussi prévoir dans un repas non officiel des napperons de papier-dentelle sous chaque assiette à dessert pour rafraîchir la place de chaque convive, quand il n'y a pas d'assiette de présentation.

Banissez systématiquement la « poubelle de table ». C'est un objet parfaitement laid qui n'a pas sa place ici. En fonction du menu, des sauces et des restes éventuels, vous avez prévu les changements d'assiette nécessaires. À défaut, dans un repas sans cérémonie, faites circuler une jolie casserole en terre, par exemple, pour faire disparaître les déchets des assiettes.

FUMEUR, NON-FUMEUR...

La correction élémentaire vis-à-vis de la maîtresse de maison veut que l'on ne fume pas à table. La vue d'un cendrier qui se remplit de mégots est loin d'être appétissante et dépare la décoration de la table ; la fumée malmène nos papilles gustatives qui font leur travail à moitié. Quant aux odeurs de tabac, elles gênent certaines personnes et nuisent à celles que dégagent les préparations culinaires. Un grand chef faisait d'ailleurs, sans qu'on la lui demande, apporter l'addition à la table d'une personne qui allumait une cigarette avant la fin du repas.

Il est cependant toléré que l'on fume entre fromage et dessert, avec le feu vert de la maîtresse de maison. Dans ce cas, disposez plusieurs cendriers de petite taille et surveillez-les pour les vider s'il le faut, à la cuisine, dans un grand pot de terre par exemple, jamais à la hâte dans la poubelle.

LA DISTRIBUTION DES PLACES

En 3 points, la règle de base se retient aisément :

— le maître et la maîtresse de maison se placent face à face, au centre ou aux extrémités de la table, et président le repas ;

— le maître de maison prend à sa droite la femme « invitée d'honneur n° 1 » et à sa gauche la femme « invitée d'honneur n° 2 ».

— la maîtresse de maison prend à sa droite l'homme « invité d'honneur n° 1 » et à sa gauche l'homme « invité d'honneur n° 2 ».

Suivant qu'il s'agit d'un repas officiel, d'affaires, de famille ou d'amis, la qualité d' « invité(e) d'honneur » est déterminée par le rang social, la hiérarchie, l'âge, le degré de parenté ou d'amitié...

On complète le tour de table en évitant, quand cela est possible, de placer deux hommes ou deux femmes côte à côte.

Rien n'est plus désagréable pour des invités que de rester debout près de la table, sans savoir à quelle chaise se vouer. Afin d'éviter ce moment de flottement, vous avez deux solutions : les places sont indiquées de vive voix par le maître ou la maîtresse de maison lorsque le nombre des convives est restreint, soit par des marque-places qui suppriment toute hésitation et contribuent à la décoration de votre table.

Tout prêts ou à inventer : les marque-places

Dans les papeteries ou dans les carteries, vous trouverez différents modèles sur lesquels il vous suffira de noter le nom de chaque convive, d'une belle écriture sobre, à l'encre noire, ou plus fantaisiste, avec un feutre doré ou de couleur.

Un simple bristol fait également l'affaire. Vous l'ornerez d'une décoration : un petit chromo à coller, un motif stylisé découpé sur la tranche d'une pomme de terre utilisée comme un tampon avec un peu de gouache, étoiles et lettres dorées de planche-transfert. Ou encore, découpez une forme stylisée dans un carton léger qui vous servira de patron pour tracer son contour autant de fois que de convives, sur un papier à dessin de couleurs. Si vous n'êtes pas un as du crayon, recopiez sur calque un motif imprimé ou relevez les lignes des petits emporte-pièces utilisés en pâtisserie. La saison ou le style du dîner vous donnera des idées : cœur rose ou rouge pour un tête-à-tête en amoureux, sapin vert pour Noël, poussin jaune à Pâques...

Enfin, si vous avez du temps et la plume inspirée, composez, à l'occasion d'un dîner entre amis, deux ou trois lignes personnalisées autour de chaque prénom.

Pour présenter les marque-places : vous les trouez avec une perforeuse pour glisser un bolduc que vous nouerez autour de la serviette, vous pliez et collez une languette de bristol à l'arrière ou vous les posez sur la serviette.

PRÉSENTATION DES SERVIETTES

De façon classique, la serviette est posée à plat ou simplement repliée en triangle sur l'assiette. S'il s'agit de linge ancien portant un chiffre, le pliage doit placer cette broderie en valeur. Et même sans broderie, ces serviettes de grande dimension seraient mal venues ailleurs, alors que les tailles plus actuelles se présentent également dans le verre à eau.

Il existe de nombreux pliages, plus ou moins savants, dont voici le plus simple : pliez la serviette en deux puis en deux pour obtenir un carré, puis sur la diagonale, pointes en haut ; rabattez la première pointe sur la base du triangle, puis les trois suivantes l'une après l'autre en les décalant légèrement. Pour une présentation dans l'assiette, repliez complètement les pointes droite et gauche afin d'obtenir un carré au centre duquel vous glisserez un petit pain. Pour disposer dans le verre à eau, retournez la préparation face contre table et roulez les pointes droite et gauche bien serrées vers le centre.

DÎNER AUX CHANDELLES

Sur la table, les bougies ajoutent un agrément à l'ensemble du décor, à condition de bien les employer.

La lumière qu'elles diffusent, flatteuse et confidentielle, n'éclaire pas suffisamment et, même en cas de dîner d'amoureux, prévoyez un éclairage complémentaire car il est primordial d'y voir clair dans son assiette.

Les bougies ne doivent gêner ni le service, ni les convives par leur nombre ou leur hauteur. Si vous manquez de bougeoirs, collez les bougies sur une petite assiette que vous garnirez ensuite avec des billes de verre, des grains de riz ou une mini-couronne de feuilles, en évitant les matières inflammables. Ou déposez dans des coupes remplies d'eau pétales de fleurs et petites bougies flottantes ; le verre est du meilleur effet.

À l'extérieur, les photophores, qui protègent la flamme des courants d'air, sont indispensables.

Pour bien moucher les bougies, c'est-à-dire les éteindre sans qu'elles fument, pincer rapidement la mèche entre le pouce et l'index préalablement mouillés.

DES FLEURS SUR LA TABLE

Le nombre des couverts, la grandeur et la forme de la table, déterminent le nombre et la place des bouquets. Dans tous les cas, ils resteront discrets dans leurs parfums, leurs volumes et leurs hauteurs, pour ne pas gêner les invités, ni dominer les plats dont la place doit être prévue.

Sur une longue table rectangulaire, disposez suivant l'axe central soit une série de petits bouquets, soit des compositions très basses formant un chemin de table. Les petits bouquets peuvent être d'une grande simplicité, quelques fleurs et un soupçon de feuillage disposés dans un petit vase ; à défaut, utilisez des pièces dont vous n'aurez pas besoin sur la table : coupe à glace, coupe à champagne, ramequin... en veillant à leur stabilité.

La décoration ne doit pas être source de contrariétés au cours de repas.

Bien maquillée, la tricherie est de mise : des petits pots de verre utilitaires dans une vannerie ou une céramique, par exemple.

Sur une table ronde, et si la place disponible l'autorise, placez des mini-bouquets individuels. Quelle que soit sa forme, la table trouve son point d'honneur en son centre avec une composition florale basse si elle reste en place au cours du repas. Un bloc-mousse de fleuriste vous aidera à piquer et à orienter convenablement les fleurs et le feuillage pour former un volume élégant que vous observerez sur tous ses côtés pour l'équilibrer.

LA CUISINE CONVIVIALE

C'est la cuisine « à table » qui évite à la maîtresse de maison la confection du repas et qui fait intervenir les convives pour la cuisson des mets. C'est une rencontre gourmande et chaleureuse autour d'une formule traditionnelle ou originale. Fondue au fromage, raclette et fondue bourguignonne ont longtemps constitué les seules possibilités pour ce mode gastronomique. Aujourd'hui, les ingrédients se sont diversifiés. Poissons, petits crustacés, légumes et fruits ont inspiré des fondues.

Les appareils de cuisson destinés à être placés au centre de la table se sont mutlipliés. On peut faire des grillades et des brochettes, des crêpes et des gaufres... Ainsi sont rendus possibles des déjeuners ou dîners « à thème », prévus ou impromptus qui, pour n'exiger que peu de préparation, n'en sont pas moins fort conviviaux.

Nous nous limiterons ici aux trois grandes « recettes » initiales.

LA FONDUE AU FROMAGE

Originaire de Suisse romande, la fondue au fromage est devenue l'un des mets favoris de la Savoie et de la Franche-Comté. Côté suisse, les pâtes dures (emmental et gruyère) apportent une note traditionnelle, tandis que les pâtes mi-dures, voire molles, telles que le vacherin fribourgeois, l'appenzell, le tilsit suisse ou le fromage à raclette du Valais, donnent à la préparation une onctuosité très agréable. Côté français, la fondue choisit, au sein de la famille des pâtes pressées cuites (ou pâtes dures), le beaufort, le comté et l'emmental français.

La préparation à base de fromage est contenue dans un récipient en terre ou en fonte émaillée (caquelon) placé sur un réchaud à alcool, à flamme réglable. Chacun pique un gros dé de pain au bout d'une fourchette à fondue, pourvue de longues dents effilées, le plonge dans le caquelon et brasse la fondue jusqu'à ce que le pain en soit bien enrobé. Et ainsi de suite... jusqu'à épuisement de la préparation.

Pour bien réussir la fondue, il convient de respecter quelques principes :

— prévoir de 120 à 200 g de fromage par personne ;

— compter de 150 à 200 g de pain par personne et choisir un pain pas trop frais, à belle croûte, de façon à le couper facilement en dés comportant pour la plupart un morceau croustillant ;

— n'incorporer le vin que modérément au début ; mieux vaut être contraint d'en rajouter, si besoin est ;

— ne pas oublier la fécule de maïs car c'est à elle que la fondue doit d'être liée et crémeuse ;

— éventuellement, ajouter beurre ou crème pour accentuer l'onctuosité ;

— veiller que, tout au long du repas, la cuisson se fasse doucement et que la préparation soit toujours parfaitement liée ;

— ne pas oublier de bien remuer le contenu du caquelon chaque fois qu'un morceau de pain va y être plongé ;

— rallonger la fondue, si nécessaire, en relevant la flamme du réchaud au moment d'ajouter un peu de fromage râpé et du vin blanc, tout en remuant avec la spatule en bois ;

— lorsque le caquelon est vide et que n'y subsiste que la croûte, qui a attaché pendant la cuisson, flamber au kirsch ce « croûton » et l'offrir aux amateurs.

PLAT TRADITIONNEL VALAISAN : LA RACLETTE

Il existe deux procédés pour chauffer le fromage et en faire délicieusement fondre la pâte.

Le premier, proche de la tradition, consiste à placer une demi-meule de fromage sous une rampe à infra-rouges et à racler, au fur et à mesure, la surface amollie, avec le dos de la lame d'un couteau ou une « raclette » en bois appropriée, de façon à récupérer cette crème sur une assiette chaude et à la consommer aussitôt.

La seconde méthode, plus récente, utilise un « four à raclette » composé d'un appareil central chauffant et de petites coupelles qui s'y encastrent. Dans celles-ci sont déposées des tranches de fromage, de 5 mm d'épaisseur environ. Chaque convive alimente ainsi la coupelle qui lui est réservée, la place dans l'élément four (2 à 3 minutes) et, lorsque le fromage rissole, la sort pour une dégustation immédiate.

La raclette utilise une pâte mi-dure, au goût relevé, véritable produit du Valais qui, seul, a droit à l'appellation « fromage à raclette du Valais ». Cependant, on trouve à l'heure actuelle dans le commerce des « fromages à raclette » fabriqués à partir de lait pasteurisé légèrement écrémé et qui sont apparus pour répondre à une demande que l'authentique fromage valaisan ne suffit plus à satisfaire. Pour une bonne utilisation du fromage, il est conseillé :

— de ne pas en retirer la croûte, même s'il s'avère nécessaire de nettoyer celle-ci, en la grattant légèrement ;

— de le placer quelques heures au réfrigérateur avant emploi ;

— de compter environ 300 g de fromage par personne.

POUR LES AMATEURS DE VIANDE : LA FONDUE BOURGUIGNONNE

Si les fondues à viande sont aujourd'hui multiples, elles restent néanmoins fidèles au principe de base qu'a imposé la fondue bourguignonne, une fondue qui n'a, en fait, de bourguignon que le nom, car elle nous vient également de Suisse.

Un réchaud à alcool est posé au centre de la table et, sur ce réchaud, est placé un poêlon rempli d'huile à moitié. Chaque convive pique un petit cube de viande au bout d'une fourchette spéciale, à long manche, et le trempe dans l'huile chaude. Lorsque la viande est cuite selon son goût (bleue, saignante ou à point), il dépose le morceau dans l'une des cases de l'assiette compartimentée qui est placée devant lui et qu'il a garnie avec les différentes sauces, les condiments et les salades servis en même temps. Afin de ne pas se brûler, il déguste la viande avec une autre fourchette, celle-ci normale, après lui avoir associé l'élément de son choix.

Pour une parfaite réussite, la fondue bourguignonne doit employer une viande de bœuf de qualité. Si le filet est la partie la plus tendre de l'animal, le contre-filet et le rumsteck, tout aussi fondants, seront plus savoureux. Il faut prévoir 300 g par personne et découper la viande en cubes de 2 à 3 cm de section. Sa présentation dans un plat creux peut être rendue appétissante par l'adjonction de feuilles de laurier, de brins de thym ou de branches de persil.

En ce qui concerne l'huile, il est préférable qu'elle soit neutre. L'huile d'arachide est donc recommandée en raison de sa grande stabilité à la chaleur. Toutefois, d'aucuns peuvent lui préférer l'huile d'olive qui, elle aussi, supporte bien la friture. Mieux vaut alors s'assurer du goût de ses invités ! Quel que soit le corps gras choisi, il ne sera que meilleur s'il est aromatisé. Il peut l'être à l'avance : il est facile de parfumer l'huile en introduisant dans la bouteille gousse d'ail, échalotes, noix de muscade, brins de thym, feuilles de basilic ou de laurier... Mais cet ajout peut être effectué au moment de chauffer l'huile dans le poêlon, sur le feu de la cuisinière, avant de placer celui-ci sur le réchaud. L'arôme sera simplement plus ténu.

Fondue neuchâteloise

Pour 4 personnes

Préparation : 15 min
Cuisson : 10 min

---

1 gousse d'ail
600 g de gruyère
200 g d'emmental
4 cuil. à café de fécule de maïs
35 cl de vin blanc sec (de Neuchâtel, de préférence)
1 cuil. à café de jus de citron
1 verre à liqueur de kirsch
Noix de muscade râpée
Poivre de Cayenne
Poivre blanc du moulin
Pain taillé en dés.

Peler la gousse d'ail et la couper en deux. En frotter l'intérieur du caquelon.

Râper le gruyère et l'emmental, puis le mettre dans le caquelon. Ajouter la fécule. Bien mélanger. Verser ensuite le vin blanc et le jus de citron.

Faire chauffer, sur feu doux, sans cesser de remuer avec une spatule en bois, jusqu'à ce que le fromage soit fondu. Incorporer le kirsch. Additionner d'une pincée de noix de muscade. Relever avec une pincée de poivre de Cayenne et un peu de poivre.

Servir aussitôt.

Fondue savoyarde

Pour 4 personnes

Préparation : 15 min
Cuisson : 10 min

---

1 gousse d'ail
30 g de beurre
800 g de fromage (composés à parts égales d'emmental, de beaufort et de comté)
25 à 30 cl de vin blanc sec
Poivre blanc du moulin
1 verre à liqueur de kirsch
Pain taillé en dés.

Peler la gousse d'ail et la couper en deux. En frotter l'intérieur du caquelon. Beurrer légèrement le fond de celui-ci.

Émincer les fromages en lamelles puis les mettre dans le caquelon. Verser dessus le vin blanc. Laisser fondre, sur feu doux, sans cesser de remuer, avec une spatule en bois, jusqu'à obtention d'une « crème parfaitement homogène ».

Poivrer. Incorporer le kirsch une fois que le caquelon est placé sur le réchaud, au milieu de la table.

Il est conseillé d'utiliser du beaufort de deux meules différentes : un vieux salé et un plus jeune fruité.

La fondue savoyarde peut être additionnée de noix de muscade râpée. De même, il n'est pas interdit de délayer une pointe de fécule de maïs dans le kirsch, comme pour les fondues suisses.

EN ACCOMPAGNEMENT...

Compte tenu que la fondue au fromage se suffit à elle-même, il est conseillé de la faire précéder seulement de fines tranches de jambon cru ou de viande séchée des Grisons, de l'accompagner de petits oignons ou de cornichons au vinaigre et de la faire suivre d'une salade verte croquante (romaine, chicorée, trévise...) puis d'un dessert léger, du type « compote », ou d'une salade de fruits rafraîchis ou encore d'un sorbet.

La boisson recommandée est le thé ou le vin blanc sec, avec une préférence pour le même vin que celui utilisé dans la fondue, bien évidemment un vin choisi au sein de la production locale. En Savoie, un Crépy sec et parfumé, un Chignin frais et léger, un Seyssel au bouquet d'iris... Sans oublier les vins fruités et gouleyants que sont l'Apremont, l'Abymes ou le Montmélian. Mais il faut savoir que boire trop de vin en cours de fondue peut rendre la digestion difficile. Ainsi explique-t-on l'usage, au cœur du repas, du « coup du milieu », une sorte de « trou normand », avec un verre à liqueur de kirsch (ou de l'alcool blanc employé dans la fondue). La fondue y gagne en digestibilité... et en animation.

En ce qui concerne la raclette, il convient de prévoir un moulin à poivre et un pot de paprika sur la table. En outre, cette préparation exige d'être accompagnée de petits oignons et de cornichons au vinaigre, de pommes de terre en robe de chambre bien chaudes, de fines tranches de jambon fumé ou de viande des Grisons, et éventuellement de concombre au sel.

Il est également recommandé de boire peu de vin, pour des raisons de digestibilité. Néanmoins, un vin blanc sec et pétillant du Valais peut être choisi, tout comme un vin de Savoie (Apremont, Crépy, Roussette, par exemple), si le verre d'eau-de-vie ne suffit pas.

LES SAUCES FROIDES DE LA FONDUE

Les sauces ont presque autant d'importance que la viande. La sauce mayonnaise en est le point de départ. Il convient d'en confectionner une assez grande quantité et de veiller à ce qu'elle soit bien ferme afin de pouvoir l'enrichir sans problème.

Divisée en plusieurs « portions », elle sera améliorée comme suit :

— **sauce à l'échalote** : lui incorporer 2 échalotes hachées menu et cuites dans un peu de vin blanc sec ;

— **sauce andalouse** : lui incorporer 2 poivrons (rouge et vert), taillés en fines lanières. Ajouter une pincée de poivre de Cayenne et une cuillerée à café de purée de tomates cuites ;

— **sauce au paprika** : lui incorporer un peu de paprika, de façon qu'elle se teinte en orangé, une pincée de poivre de Cayenne, quelques gouttes de cognac et quelques câpres ;

— **sauce aurore** : lui incorporer 2 cuillerées à café de concentré de tomates, un filet de sauce Worcestershire, quelques gouttes de cognac (ou de whisky) et une pincée de poivre blanc du moulin ;

— **sauce mousseuse** : incorporer délicatement à 6 cuillerées à soupe de sauce mayonnaise 2 cuillerées à soupe de crème fouettée. Ajouter un peu de jus de citron ;

— **sauce rémoulade** : hacher finement 2 ou 3 échalotes, 2 filets d'anchois, 1 poignée de câpres, 5 ou 6 cornichons, ainsi qu'un peu de persil plat. Mélanger tous ces ingrédients à la sauce mayonnaise ;

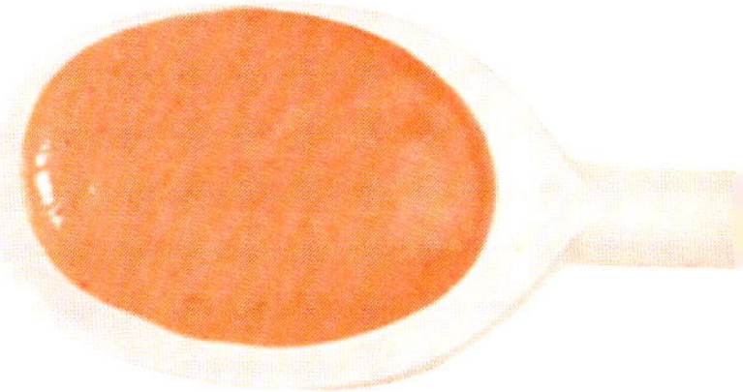

— **sauce tartare** : hacher très finement persil, cerfeuil, estragon et ciboulette. Mélanger ces herbes à la sauce mayonnaise. Ajouter une pointe d'ail écrasé, des câpres et des cornichons hachés, ainsi qu'une cuillerée à café de moutarde forte.

Et, pour boire avec cette succulente fondue : un Bourgogne, un Beaujolais ou, à la rigueur, un Côtes-du-Rhône de type Gigondas.

ÉQUIVALENCES POIDS/MESURES

INGRÉDIENTS	cuil. à café rase	cuil. à soupe rase	cuil. à soupe très bombée	verre à moutarde
Farine	5 g	10 g	20 g	100 g
Fécule	4 g	8 g	15 g	100 g
Sucre semoule	6 g	15 g	30 g	200 g
Thé	3 g	6 g	12 g	-
Sel	5 g	15 g	30 g	280 g
Riz	5 g	15 g	27 g	200 g
Cacao	4 g	7 g	16 g	100 g
Eau - Lait	8 g	15 g	-	200 g
Huile	6 g	12 g	-	160 g
Beurre	-	15 g	30 g	-
Chapelure	4 g	8 g	20 g	90 g
Semoule	6 g	15 g	22 g	170 g

ÉQUIVALENCES THERMOSTAT/DEGRÉS

Thermostat 1	:	50 °C	:	très doux ou minimum
Thermostat 2	:	80 °C	:	très doux
Thermostat 3	:	100 °C	:	doux
Thermostat 4	:	120 °C	:	doux
Thermostat 5	:	150 °C	:	moyen
Thermostat 6	:	180 °C	:	moyen
Thermostat 7	:	210 °C	:	chaud
Thermostat 8	:	240 °C	:	chaud
Thermostat 9	:	270 °C	:	très chaud
Thermostat 10	:	300 °C	:	très chaud ou maximum

CONTENANCE

Tasse à café	1 dl	10 cl	**6 cuillerées à soupe**	1 dl	10 cl
Tasse à thé	1,5 dl	15 cl	**Verre classique**	2 dl	20 cl
Tasse à déjeuner	2 à 2,5 dl	20 à 25 cl	**Pot de yaourt**	1,5 dl	15 cl

PRÉPARATIONS DE BASE

Marinade crue

Pour 2 l

Préparation : 20 min

---

1 carotte
1 petite branche de céleri
1 oignon
2 échalotes
2 gousses d'ail
Quelques queues de persil
2 branches de thym
2 feuilles de laurier
Quelques grains de poivre
1 clou de girofle
2 baies de genièvre
2 bouteilles de vin rouge
3 dl de vinaigre
2 dl d'huile.

Éplucher les légumes. Les émincer, sauf l'ail.

Prévoir un plat en porcelaine, en terre ou en verre, de la taille de la pièce à faire mariner. Après avoir déposé la viande assaisonnée, répartir sur cette dernière les légumes et les aromates.

Arroser avec le vin, le vinaigre et l'huile.

Laisser mariner au frais en retournant régulièrement la viande.

Attention, n'utilisez pas de récipient métallique et ne salez pas votre marinade !

Une variante : la marinade cuite

Faire dorer à l'huile les ingrédients indiqués dans la recette ci-dessus. Déglacer avec 1,5 l de vin rouge ou blanc et 2 dl de vinaigre. Laisser cuire 30 minutes. Verser la marinade froide sur la pièce de viande.

Fond brun de veau

Pour 2 l environ

Préparation : 20 min
Cuisson : 4 h

---

1 kg d'os de veau
300 g de jarret
150 g de carottes
150 g de poireaux
2 oignons
2 gousses d'ail
50 g de concentré de tomate
1 dl de vin blanc
Thym, laurier
Persil
5 grains de poivre
1 clou de girofle
Huile.

Concasser ou faire concasser les os de veau. Les faire colorer dans une grosse cocotte, à feu vif, pendant 5 minutes. Ajouter le jarret. Poursuivre la cuisson 5 minutes.

Éplucher les légumes. Les couper en rondelles. Les ajouter aux os et les laisser suer 5 minutes avec le concentré de tomate.

Déglacer avec le vin blanc. Le laisser s'évaporer. Ajouter 4 l d'eau froide, le bouquet garni, le poivre, le clou de girofle. Laisser cuire à feu doux pendant 4 heures en écumant régulièrement, surtout au début.

Passer le fond à travers un chinois dans un récipient propre en écrasant un peu les os et les légumes.

Réserver au frais.
Dégraisser le lendemain.

Vous pouvez conserver votre fond en le congelant dans de petits récipients. Après les avoir démoulés, vous conserverez les cubes dans un sac plastique. Vous pourrez les ajouter tels quels dans une sauce, une poêle à déglacer, des légumes...

Glace de viande

Pour 4 dl

Préparation : 5 min
Cuisson : 2 h

1,5 l de fond brun (p. 58).

Remettre le fond brun dégraissé à réduire sur feu doux en remuant régulièrement. Laisser réduire jusqu'à obtenir 4 dl de liquide onctueux. Passer au chinois étamine.

La glace de gibier et celle de volaille se réalisent de la même façon, en utilisant du fond de gibier ou de volaille.

La demi-glace se prépare de la même façon, mais on arrêtera la réduction à 6 dl.

Fond de gibier

Pour 1,5 à 2 l

Préparation : 20 min
Cuisson : 4 h

1,500 kg d'os de gibier (chevreuil, sanglier)
300 g de parures et de bas morceaux
200 g de carottes
200 g de poireaux
2 oignons
2 gousses d'ail
1 dl de vin blanc
4 grains de coriandre
2 clous de girofle
6 grains de poivre
Huile.

Casser les os en morceaux moyens. Éplucher et couper les légumes.

Faire revenir les os et les parures dans un peu d'huile. Lorsqu'ils sont colorés, ajouter les légumes. Remuer et laisser cuire 5 minutes.

Déglacer au vin blanc. Laisser s'évaporer.

Mouiller avec 3 l d'eau. Ajouter les épices. Porter à ébullition et laisser cuire en remuant et en écumant souvent pendant 3 heures 30 minutes.

Passer au chinois dans un récipient propre. Réserver au frais. Dégraisser le lendemain.

Le bouquet garni, un trésor de saveur

Discret, il n'apparaît jamais à table. Pourtant, son apport est indispensable dans d'innombrables plats. Composé d'aromates divers, il délivre à la cuisson les saveurs les plus fines, ces dernières venant renforcer le goût de la sauce, du plat, du fond... Sa composition est variable mais reste toujours très simple : au minimum 1 branche de thym, 1 feuille de laurier et un peu de persil (ce sont les queues qui donnent le plus de goût), le tout savamment ficelé. D'aucuns y ajoutent du vert de poireau, 1 petite branche de céleri, 1 branche d'estragon ou de sauge. Ce grand discret sait s'adapter à toutes les situations.

Fond blanc de volaille

Pour 1,5 à 2 l

Préparation : 20 min
Cuisson : 2 h 30 min

1,500 kg d'abattis de volaille (cou, aileron, pattes, carcasse...)
200 g de carottes
100 g de poireau
1 branche de céleri
2 oignons
Thym
Laurier
Persil
Huile
1 dl de vin blanc sec
Quelques grains de coriandre
Quelques grains de poivre.

Vérifier que les abattis soient bien nettoyés, les couper en morceaux.

Éplucher et couper les légumes en morceaux.

Ficeler le thym, le laurier et le persil.

Faire revenir les abattis avec les légumes pendant quelques minutes sans les faire colorer. Déglacer avec le vin blanc. Le laisser s'évaporer à feu vif.

Verser 3 l d'eau froide. Remuer. Porter à ébullition. Écumer puis laisser cuire à feu doux pendant 2 heures en remuant et en écumant de temps en temps si nécessaire.

Passer au chinois dans un récipient propre. Le réserver au frais et dégraisser le fond le lendemain.

Conseil chrono

Un truc pour les gens pressés ou les sauces improvisées au dernier moment : utilisez les bouillons en tablettes et les fonds ou autres fumets déshydratés vendus dans le commerce. Vous disposerez ainsi en un clin d'œil d'une base pouvant être cuisinée, assaisonnée, épaissie à volonté.

Fumet de poisson

Pour 3 l environ

Préparation : 20 min
Cuisson : 50 min

1,500 kg de parures et d'arêtes de poissons (sole, turbot, lotte, limande...)
200 g de carottes
100 g de poireaux
1 gros oignon
2 échalotes
1 dl de vin blanc
1 bouquet garni
2 tranches de citron
4 grains de poivre
Huile.

Rincer et nettoyer les parures de poissons à l'eau claire.

Éplucher et couper les légumes en rondelles.

Faire revenir ces légumes dans un peu d'huile, sans les colorer. Ajouter les parures de poissons et les laisser cuire 5 minutes en remuant.

Déglacer avec le vin blanc puis 2,5 l d'eau. Déposer le bouquet garni et le citron. Laisser cuire pendant 40 minutes.

Passer au chinois dans un récipient propre. Réserver au réfrigérateur. Dégraisser le lendemain.

VARIANTES :

Suivant la même recette, on peut réaliser un fumet de crustacés. Il suffit de remplacer les parures de poissons par des petits crustacés (étrilles, crevettes...), des plus gros en morceaux (araignées, tourteaux...) ou des carapaces, pinces, têtes ou autres parures. Il suffira d'ajouter 50 g de concentré de tomate et de flamber le tout au cognac avant de déglacer au vin blanc.

Presser soigneusement les légumes et les carapaces contenus dans le chinois afin de recueillir tous les sucs.

Dégraissage express

Nous ne disposons pas toujours du temps suffisant pour laisser un fond, du fumet, voire un bouillon, pendant 1 nuit au frais afin de le dégraisser le lendemain. Si cette méthode est très simple et très efficace — il suffit de recueillir la couche de graisse solidifiée qui s'est formée à la surface —, d'autres, plus rapides, peuvent également être utilisées :

- dégraisser soigneusement la surface à l'aide d'une cuillère à soupe ou d'une petite louche en l'immergeant juste sous la graisse ;
- déposer des feuilles de papier ménage à la surface. Les retirer lorsqu'elles sont imbibées de graisse.

Court-bouillon

Pour 3 l

Préparation : 10 min
Cuisson : 20 min

2 carottes
1 poireau
1 branche de céleri
2 oignons
1 bouquet garni
2 tranches de citron
1 l de vin blanc sec
Sel, poivre en grains.

Éplucher et émincer les légumes. Les rassembler dans une casserole avec les épices. Ajouter 2 l d'eau et le citron. Porter à ébullition.

Ajouter le vin blanc. Laisser cuire 15 minutes à feu doux.

Gelée

Pour 9 dl environ

Préparation : 30 min
Cuisson : 5 min
Repos : 20 min

5 feuilles de gélatine
2 blancs d'œufs
1 blanc de poireau
1 l de fond, de bouillon ou de fumet.

Faire ramollir les feuilles de gélatine dans un peu d'eau froide.

Battre les blancs d'œufs avec 1 dl d'eau froide, dans une casserole. Ajouter le poireau émincé et, tout en continuant de remuer, verser le fond ou le bouillon.

Incorporer les feuilles de gélatine égouttées.

Porter à ébullition puis laisser de côté pendant 20 minutes.

Filtrer la préparation à travers un chinois garni d'une fine gaze.

On peut aromatiser ces gelées avec du sauternes, du banyuls, du muscat (1 dl par litre)..., remplacer le fond ou le fumet par de l'eau-de-vie, du sirop, de la pulpe de fruit...

Comment lier ?

Épaissir, rendre onctueux, rectifier la consistance, tous ces termes désignent la même opération : la liaison d'un liquide qui, après cette opération, changera d'appellation ; le jus deviendra sauce, le bouillon velouté...

Si le beurre manié et le roux restent les plus employés, il en existe d'autres :

- la **fécule** ou la **farine** délayée dans un peu d'eau froide. On l'ajoute dans le liquide bouillant en fouettant. Très rapide, c'est un bon dépannage.
- la **crème fraîche** : on l'incorpore en dernier puis on porte le tout à ébullition. L'ensemble va épaissir. Attention, les crèmes allégées ne conviennent pas !
- les **jaunes d'œufs** : ils sont généralement battus avec un peu de crème fraîche froide avant d'être ajoutés dans le liquide chaud, en remuant. La sauce est liée lorsqu'elle nappe la spatule. Attention : cette sauce ne doit pas bouillir !
- le **beurre frais** : l'incorporer froid, en un seul morceau que l'on fera fondre doucement en tournant, ou en parcelles que l'on incorpore en fouettant. Cette liaison se fait au dernier moment.
- la **réduction** : c'est la technique la plus simple. Le liquide est laissé sur feu doux. L'eau s'évaporant, la sauce épaissit. C'est cette méthode qui transforme le fond en glace.
- le **sang** : c'est la liaison traditionnelle des gibiers. On ajoute tout d'abord un filet de vinaigre dans le sang pour lui éviter de coaguler. On y incorpore souvent également le foie, les poumons et le cœur hachés de l'animal. Le tout est versé dans la sauce, sur feu doux. Attention : ne pas faire bouillir la sauce. On compte 3 dl de sang pour 1 l de sauce à lier.

Beurre manié

Pour 100 g

Préparation : 5 min

50 g de beurre
50 g de farine.

Travailler les deux ingrédients jusqu'à obtenir une pâte homogène.

Permet la liaison rapide de sauces et peut se stocker quelques jours au frais.

Roux

Pour 100 g

Préparation : 5 min
Cuisson : 5 min

50 g de beurre
50 g de farine.

Faire fondre doucement le beurre dans une casserole. Ajouter la farine lorsqu'il est fondu.

Cuire en remuant quelques instants à feu doux, sans que le mélange ne prenne couleur.

Le résultat obtenu est un roux blanc utilisé pour lier les sauces blanches. Suivant la couleur du roux, blanc, blond ou brun, il sera utilisé pour des sauces brunes, des veloutés, en fonction des recettes.

Velouté

Pour 1 l

Préparation : 5 min
Cuisson : 20 min

---

40 g de beurre
40 g de farine
1 l de fumet (p. 60), de fond (p. 58)
Sel, poivre.

Travailler le beurre et la farine jusqu'à obtenir une pâte homogène.

Porter le fumet à ébullition. Y dissoudre le beurre manié au fouet. Laisser mijoter pendant 20 minutes. Assaisonner.

Duxelles

Pour 300 g

Préparation : 15 min
Cuisson : 10 min

---

500 g de champignons de Paris
1 oignon
2 échalotes
40 g de beurre
Persil
Sel, poivre.

Couper le pied terreux des champignons. Les nettoyer puis les hacher. Éplucher l'oignon et les échalotes. Les émincer finement.

Faire fondre le beurre sans le laisser prendre couleur. Y faire revenir l'oignon et les échalotes 2 à 3 minutes en remuant. Ajouter les champignons. Faire évaporer l'eau de végétation à feu vif.

Ajouter le persil haché. Réserver.

Tomates concassées

Pour 1 kg

Préparation : 20 min
Cuisson : 35 min

---

1 branche de thym
2 feuilles de laurier
Quelques queues de persil
2 ou 3 feuilles de sauge
2 kg de tomates
1 oignon
5 cl d'huile d'olive
2 gousses d'ail
1 cuil. à soupe rase de sucre
Sel, poivre.

Préparer le bouquet garni.

Plonger les tomates dans l'eau bouillante pendant quelques secondes. Les placer dans l'eau froide. Retirer la peau. Les couper en deux. Les presser pour extraire toutes les graines. Les hacher grossièrement.

Éplucher et émincer l'oignon. Le faire revenir dans l'huile d'olive sans le laisser prendre couleur. Ajouter les tomates, l'ail écrasé, le sucre et tous les aromates. Laisser cuire à feu doux 30 minutes en remuant de temps en temps.

Retirer le bouquet garni. Réserver au frais jusqu'à utilisation.

Pour gagner un peu de temps, on peut utiliser des tomates au naturel. Il faudra tout de même prendre soin de bien retirer les pépins.

Farce à gratin

Pour 700 g environ

Préparation : 20 min
Cuisson : 10 min

---

300 g de lard gras frais
500 g de foies de volaille
80 g d'échalotes
1 verre de cognac
1 pointe de muscade en poudre
1 verre de cognac
Sel, poivre.

Couper le lard en dés et les mettre à fondre dans une poêle. Y faire sauter les foies après les avoir débarrassés du fiel. Incorporer les échalotes émincées.

Flamber au cognac.

Cette opération doit être rapidement menée, à feu vif, afin de colorer les foies en les gardant saignants à l'intérieur.

Les égoutter. Les hacher et les passer au tamis ou les mixer.

On doit obtenir une farce bien lisse. Assaisonner.

Couvrir et réserver au frais jusqu'à utilisation.

Les beurres composés

Les principes de préparation sont les mêmes pour tous les beurres composés.

Utiliser un bon beurre, le ramollir en le travaillant jusqu'à ce qu'il ait la consistance d'une pommade et lui adjoindre la garniture prévue. Le réserver au frais tel quel ou le rouler serré dans du papier aluminium ou sulfurisé. Il sera alors aisé de le découper en rondelles et d'utiliser celles-ci en remplacement d'une sauce, simplement posées sur une grillade qu'elles parfumeront agréablement.

Afin de gagner du temps, on peut utiliser un mixer pour les préparer.

Beurre de cerfeuil

Pour 250 g

Préparation : 10 min

1 gros bouquet de cerfeuil
1 belle échalote
200 g de beurre
Sel, poivre.

Émincer très finement le cerfeuil et l'échalote. Les incorporer au beurre. Assaisonner. Bien travailler le tout.

Beurre d'escargots

Pour 250 g

Préparation : 10 min

Quelques brins de persil
4 gousses d'ail
2 échalotes
200 g de beurre
Sel, poivre.

Hacher le persil, l'ail et les échalotes très finement. Les incorporer au beurre, ainsi que l'assaisonnement. Bien travailler le tout.

Beurre d'anchois

Pour 250 g

Préparation : 10 min

100 g d'anchois au sel
200 g de beurre
1 cuil. de jus de citron
Poivre moulu.

Dessaler les anchois. Enlever les arêtes et les peaux. Les piler puis incorporer le beurre, le jus de citron et le poivre.

Beurre de crevettes

Pour 300 g

Préparation : 10 min

150 g de crevettes non décortiquées
1 cuil. à café de jus de citron
200 g de beurre
Sel, poivre.

Mixer les crevettes, le citron et l'assaisonnement. Les passer au tamis. Travailler le tout avec le beurre ramolli.

Beurre maître d'hôtel

Pour 250 g

Préparation : 10 min

200 g de beurre
3 grosses cuil. de persil haché
1 cuil. à soupe de jus de citron
1 pointe de moutarde (facultatif)
Sel, poivre.

Travailler le beurre ramolli avec le persil, le jus de citron, le sel et le poivre.

On peut également y ajouter un peu de moutarde.

Aïoli

Pour 3 dl

Préparation : 20 min

5 gousses d'ail
1 jaune d'œuf
3 dl d'huile d'olive
1/2 citron
Sel, poivre.

Éplucher puis écraser les gousses d'ail. Incorporer le jaune d'œuf. On doit obtenir une pommade bien lisse. Assaisonner.

Ajouter l'huile en filet, comme pour une mayonnaise.

Détendre l'aïoli de temps en temps avec un peu de jus de citron.

Beurre blanc

Pour 3 dl

Préparation : 15 min
Cuisson : 10 min

4 échalotes grises
1 dl de vinaigre
250 g de beurre
Sel, poivre.

Éplucher puis émincer finement les échalotes. Les rassembler dans une casserole avec 1 dl d'eau et le vinaigre. Faire réduire à feu vif jusqu'à ce qu'il ne reste plus que 2 cuillerées à soupe de liquide.

Incorporer le beurre très froid coupé en morceaux en remuant sans arrêt.

La sauce doit épaissir. La retirer du feu et l'assaisonner.

Mayonnaise

Pour 3 dl

Préparation : 5 min

1 jaune d'œuf
1 cuil. à café de moutarde
2,5 dl d'huile
1 cuil. à soupe de vinaigre
Sel, poivre.

Mélanger le jaune d'œuf et la moutarde. Assaisonner. Incorporer l'huile en filet, tout en fouettant.

À la fin, ajouter le vinaigre pour détendre la mayonnaise.

Si, en cours de préparation, la mayonnaise venait à se séparer, il existe deux solutions pour la rattraper :

- battre un nouveau jaune d'œuf et de la moutarde. Incorporer la mayonnaise tournée comme on l'aurait fait avec de l'huile ;

- ajouter quelques gouttes d'eau chaude dans la mayonnaise tournée. Fouetter.

Sauce américaine

Pour 4 dl environ

Préparation : 20 min
Cuisson : 45 min

---

1 homard
5 cl d'huile d'olive
2 carottes
1/2 poireau
2 tomates bien mûres
2 oignons
1 gousse d'ail
1 dl de cognac
3 dl de vin blanc sec
2 dl de fumet de poisson (p. 60)
50 g de glace de viande (p. 59)
1 bouquet garni
150 g de beurre
Cayenne
Sel, poivre.

Séparer la tête du corps du homard. Le couper en 2. Supprimer les parties non comestibles. Réserver les intestins. Briser les pinces.

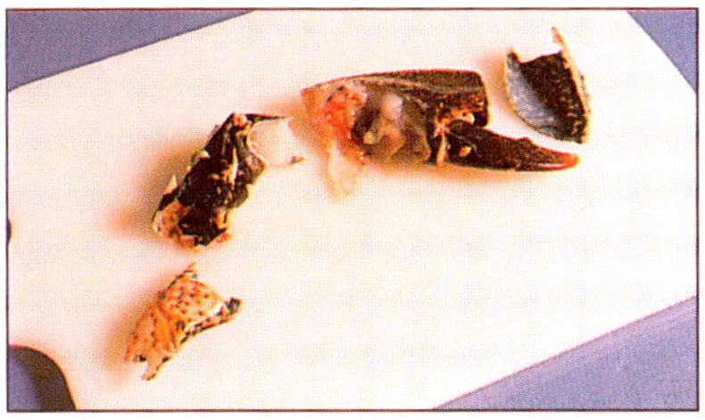

Faire chauffer l'huile dans une sauteuse. Y ajouter les morceaux de homard. Dès qu'ils sont rouge foncé, ajouter les légumes épluchés et coupés en morceaux.

Laisser revenir quelques minutes. Flamber au cognac. Mouiller avec le vin blanc et le fumet. Remuer pour bien décoller tous les sucs.

Ajouter la glace et le bouquet garni. Couvrir et laisser cuire à feu doux 30 minutes.

Retirer et réserver la chair du homard.

Faire réduire la cuisson. La lier avec les intestins du homard hachés avec 50 g de beurre.

Passer la sauce au chinois en appuyant pour extraire tous les sucs.

Ajouter le reste du beurre en morceaux. Vérifier l'assaisonnement qui doit être assez soutenu.

Sauce barbecue

Pour 8 dl environ

Préparation : 20 min
Cuisson : 15 min

---

2 poivrons verts
3 oignons
3 gousses d'ail
4 cuil. à soupe de concentré de tomate
5 cl d'huile d'olive
1 bouquet garni
1,5 dl de ketchup
1,5 dl de vinaigre de vin
Le jus d'1 citron
50 g de moutarde forte
2 cuil. à soupe de cassonade
1 pincée de cayenne.

Rassembler tous les légumes épluchés et coupés en morceaux avec le concentré de tomate, l'huile, le bouquet garni et 1 verre d'eau, dans une casserole. Couvrir et cuire 10 minutes à feu doux.

Mixer le coulis.

Ajouter le reste des ingrédients. Chauffer à feu doux sans laisser bouillir.

Sauce béarnaise

Pour 300 g

Préparation : 10 min
Cuisson : 15 min

---

300 g de beurre
1 bouquet d'estragon et de cerfeuil
1 dl de vin blanc sec
1 dl de vinaigre d'alcool blanc
2 échalotes
3 jaunes d'œufs
Sel, poivre.

Clarifier le beurre : faire fondre le beurre à feu très doux. Il va se décomposer en 3 parties : l'écume à la surface, que l'on jette, le beurre clarifié, c'est celui qui nous intéresse, et un dépôt blanchâtre, la caséine et le petit lait.

Après avoir éliminé l'écume, verser doucement le beurre clarifié dans un récipient en s'arrêtant avant le petit-lait. Réserver.

Hacher l'estragon et le cerfeuil. En réserver l'équivalent d'1 cuillerée à soupe. Mettre le reste dans une casserole avec le vin, le vinaigre, le poivre et les échalotes émincées. Faire réduire des 2/3 à feu vif.

Passer au chinois dans une casserole propre. Ajouter les jaunes d'œufs et battre au bain-marie jusqu'à ce que le mélange épaississe.

Hors du feu, ajouter le beurre en filet et monter la sauce comme s'il s'agissait d'une mayonnaise. Assaisonner et ajouter les herbes réservées.

Sauce Bercy

Pour 1/2 l

Préparation : 20 min
Cuisson : 30 min

6 dl de fumet de poisson (p.60)
40 g de beurre manié (p. 61)
2 échalotes
80 g de beurre
2 dl de vin blanc sec
Le jus d'1/2 citron
1 petit bouquet de persil
Sel, poivre.

Réserver 2 dl de fumet de poisson. Porter le reste à ébullition. Le lier avec le beurre manié.

Émincer les échalotes. Les faire fondre dans 20 g de beurre. Ajouter le fumet et le vin blanc. Porter à ébullition et laisser réduire jusqu'à obtention de 1,5 dl de liquide.

Ajouter le velouté, le jus de citron et le persil haché. Incorporer le reste de beurre bien froid coupé en morceaux.

Rectifier l'assaisonnement.

Sauce Béchamel

Pour 1/2 l

Préparation : 5 min
Cuisson : 5 min

50 g de beurre
50 g de farine
5 dl de lait
Muscade
Sel, poivre.

Faire fondre le beurre dans une casserole sans le laisser prendre couleur. Ajouter la farine en remuant. Laisser cuire quelques instants.

Ajouter le lait froid en remuant et continuer jusqu'à ce que le mélange épaississe. Assaisonner.

Sauce espagnole

Pour 1 l

Préparation : 15 min
Cuisson : 3 h

2 carottes
2 oignons
150 g de lard
1 verre de vin blanc sec
2 l de fond de veau brun (p. 58)
120 g de roux brun (p. 61)
6 tomates fraîches
2 dl de concentré de tomate
1 bouquet garni.

Éplucher et couper les carottes et les oignons.

Détailler le lard en cubes. Les faire fondre dans une casserole. Ajouter les carottes et les oignons.

Vider l'excès de graisse.

Déglacer avec le vin blanc. Ajouter le fond, le bouquet garni, puis lier avec le roux. Bien mélanger. Laisser cuire 2 heures.

Écumer et dégraisser. Ajouter les tomates pelées et épépinées et le concentré.

Mélanger. Poursuivre la cuisson 1 heure.

Passer la sauce au chinois.

Sauce diable

Pour 3 dl

Préparation : 10 min
Cuisson : 40 min

5 dl de fond de veau brun (p. 58)
4 échalotes
20 g de beurre
1 dl de vin blanc sec
1 cuil. à café de Worcestershire sauce
Cayenne.

Faire réduire le fond de moitié, à feu vif.

Pendant ce temps, émincer les échalotes puis les faire revenir dans le beurre, sans les faire colorer. Mouiller avec le vin blanc. Laisser sur feu vif jusqu'à ce qu'il ne reste presque rien.

Ajouter le fond de veau. Poursuivre la cuisson 10 minutes. Incorporer la Worcestershire sauce et le cayenne.

Sauce choron

Pour 7 dl

Préparation : 2 min

200 g de sauce tomate très réduite (p. 69)
5 dl de sauce béarnaise (p. 65)
Sel, poivre.

Incorporer la sauce tomate tiède à la béarnaise terminée. Rectifier l'assaisonnement.

Sauce genevoise

Pour 8 dl

Préparation : 25 min
Cuisson : 40 min

100 g d'oignons
100 g de carottes
80 g de beurre
1/2 l de vin rouge
1 l de sauce espagnole (p. 66)
1/4 l de fumet de poisson (p. 60)
2 anchois
Sel, poivre.

Faire revenir les oignons et les carottes émincés au beurre. Ajouter 1/4 l de vin rouge. Faire réduire de moitié à feu vif.

Ajouter la sauce espagnole, réduire de moitié. Ajouter le vin restant et le fumet. Faire épaissir à feu vif.

Monter la sauce au beurre. Ajouter les anchois pilés. Passer au chinois. Vérifier l'assaisonnement.

Sauce gribiche

Pour 3 dl

Préparation : 15 min

2 œufs durs
1,5 dl d'huile
5 cl de vinaigre
Quelques fines herbes
20 g de câpres
40 g de cornichons
Sel, poivre.

Couper les œufs. Récupérer les jaunes et les écraser jusqu'à obtenir une pâte fine.

Monter la sauce en ajoutant l'huile en filet, comme s'il s'agissait d'une mayonnaise. Assaisonner et détendre avec le vinaigre.

Hacher les fines herbes, les câpres et les cornichons. Les ajouter à la sauce, ainsi que le blanc d'œuf en lanières.

Sauce hollandaise

Pour 1/2 l

Préparation : 20 min
Cuisson : 10 min

300 g de beurre
5 cl de vinaigre
3 jaunes d'œufs
Le jus d'1/2 citron
Poivre.

Clarifier le beurre (voir Sauce béarnaise p. 65).

Rassembler le vinaigre, la même quantité d'eau et une pincée de poivre. Faire réduire presque complètement.

Ajouter les jaunes d'œufs et cuire à feu doux jusqu'à ce que le mélange épaississe.

Retirer la casserole du feu. Incorporer le beurre clarifié en filet en fouettant, comme s'il s'agissait d'une mayonnaise. Si le mélange devient trop épais, le détendre avec 1 cuillerée à soupe d'eau de temps en temps.

Assaisonner la sauce puis la passer au chinois. Incorporer le jus de citron.

Sauce Mornay

Pour 6 dl

Préparation : 2 min
Cuisson : 2 min

5 dl de sauce Béchamel (p. 66)
60 g de gruyère râpé
2 dl de crème fraîche épaisse.

Incorporer à la sauce Béchamel encore chaude le gruyère râpé puis la crème.

Faire chauffer à feu très doux.

Sauce Périgueux

Pour 4 dl

Préparation : 5 min
Cuisson : 40 min

6 dl de fond de veau (p. 58)
15 cl de porto
5 cl d'armagnac
30 g de pelures de truffes
30 g de beurre
Sel, poivre.

Faire réduire le fond de veau de moitié à feu vif. Faire de même avec le porto et l'armagnac.

Rassembler les deux préparations. Ajouter les pelures de truffes. Assaisonner et laisser chauffer à feu très doux pendant 10 minutes.

Monter la sauce au beurre au dernier moment.

Sauce poivrade

Pour 5 dl

Préparation : 15 min
Cuisson : 30 min

2 gros oignons
1 carotte
1 branche de céleri
5 cl d'huile
1 dl de vinaigre
1/2 l de marinade du gibier à accompagner
1 l de sauce espagnole (p. 66)
40 g de beurre
Sel, poivre.

Éplucher et émincer les légumes. Les faire revenir dans l'huile. Déglacer avec le vinaigre et la marinade. Faire cuire à feu vif jusqu'à ce que le mélange ait réduit des 2/3.

Ajouter la sauce espagnole. Poursuivre la cuisson pour faire réduire de moitié.

Passer au chinois dans une casserole propre. Monter la sauce au beurre. Rectifier l'assaisonnement.

Sauce raifort

Pour 1,5 l environ

Préparation : 5 min
Cuisson : 5 min

1 l de fumet de poisson (p. 60)
100 g de beurre manié (p. 61)
1,5 dl de crème fraîche épaisse
100 g de raifort en conserve
5 cl de vinaigre de vin
1 jaune d'œuf
Sel, poivre.

Porter le fumet à ébullition. Le lier en incorporant le beurre manié. Laisser cuire quelques instants.

Incorporer la crème, le raifort et le vinaigre. Vérifier l'assaisonnement.

Hors du feu, incorporer le jaune d'œuf.

Réserver la sauce au bain-marie.

Sauce rouille

Pour 3 dl

Préparation : 10 min

2 gousses d'ail
1/2 cuil. à café de purée de piments
1 pincée de gros sel
50 g de mie de pain ou de pomme de terre cuite
1 dl d'huile d'olive
1 dl de bouillon de poisson
1 pincée de safran.

Éplucher les gousses d'ail. Les piler avec le piment et le sel. Lorsque le mélange est bien lisse, ajouter la mie de pain trempée dans de l'eau et essorée ou la pomme de terre écrasée.

Monter à l'huile en la versant en filet. Continuer avec le bouillon et éventuellement avec le safran.

Sauce poulette

Pour 4 dl

Préparation : 10 min
Cuisson : 20 min

2 dl de bouillon de veau
2 dl de jus de cuisson de champignons
30 g de roux
Le jus d'1 citron
Sel, poivre.

Porter le bouillon et le jus de cuisson des champignons à ébullition. Incorporer le roux en fouettant. Laisser cuire 20 minutes.

Passer la sauce au chinois, ajouter le jus de citron et assaisonner.

Sauce ravigote

Pour 3 dl

Préparation : 3 min

40 g d'oignon
40 g de câpres
Un petit bouquet d'herbes (persil, cerfeuil, estragon, ciboulette...)
2 dl de vinaigrette (p. 69).

Hacher l'oignon, les câpres et les fines herbes.

Ajouter le tout à la vinaigrette.

Sauce rémoulade

Pour 3 dl

Préparation : 10 min

30 g de câpres
30 g de cornichons
Un peu de cerfeuil et d'estragon
2 dl de sauce mayonnaise (p. 64)
Sel, poivre.

Hacher finement les câpres, les cornichons et les fines herbes. Incorporer le tout à la mayonnaise.

Rectifier l'assaisonnement si nécessaire.

Sauce tomate

Pour 5 dl

Préparation : 15 min
Cuisson : 1 h

1,500 kg de tomates fraîches
5 cl d'huile d'olive
2 oignons
3 gousses d'ail
1 gros bouquet garni
2 carottes
Sel, poivre.

Couper les tomates en deux. Les presser pour en extraire les pépins.

Verser l'huile dans une grande casserole. Y faire fondre les oignons et l'ail hachés. Ajouter les tomates, le bouquet garni, les carottes épluchées et coupées en rondelles, et l'assaisonnement.

Laisser cuire à feu doux pendant 20 minutes. Passer le tout au moulin à légumes. Poursuivre la cuisson 30 minutes. Vérifier l'assaisonnement.

Sauce tartare

Pour 2 dl

Préparation : 10 min

1 jaune d'œuf dur
1 cuil. à café de moutarde
1 dl d'huile
1 cuil. à soupe de vinaigre
1 oignon
1 petit fagot de ciboulette
Sel, poivre.

Écraser l'œuf et la moutarde. Incorporer l'huile en filet, comme s'il s'agissait d'une mayonnaise.

Ajouter le vinaigre. Rectifier l'assaisonnement.

Incorporer l'oignon et la ciboulette très finement ciselée.

Sauce yaourt

Pour 3 dl

Préparation : 5 min

250 g de yaourt nature
2 échalotes
1/2 gousse d'ail
Le jus d'1/2 citron
1 pointe de piment vert
Paprika
Sel, poivre.

Battre les yaourts. Incorporer les échalotes et l'ail émincés très finement, puis le jus de citron, le piment ciselé et le paprika. Assaisonner.

Réserver au frais.

Vinaigrette

Pour 6 dl

Préparation : 2 min

1 dl de vinaigre
10 g de sel
5 g de poivre
3 dl d'huile.

Dissoudre le sel dans le vinaigre. Ajouter le poivre puis l'huile.

On peut varier les huiles, utiliser des vinaigres de toutes sortes, employer de la moutarde, des fines herbes, des oignons, de l'ail...

LES DÉCORS SALÉS

AILE DE PIGEON

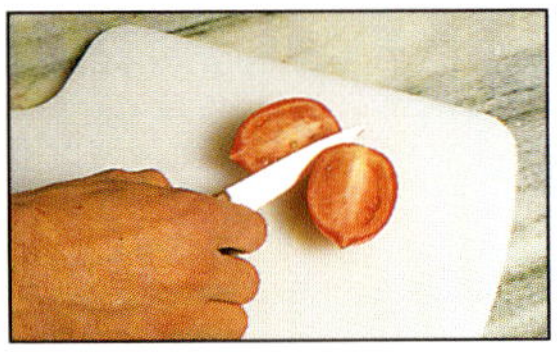

Couper une tomate bien ferme en deux.

Découper des quartiers de plus en plus fins. Les décaler.

ROSE

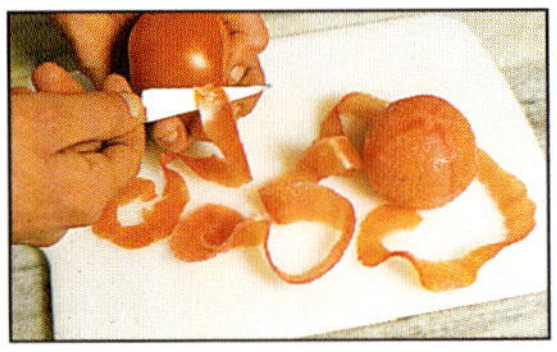

Découper la peau à l'aide d'un petit couteau très aiguisé.

L'enrouler soigneusement sur elle-même.

CHAMPIGNON

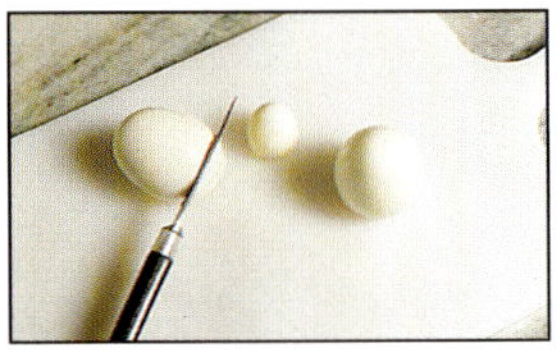

Couper la base de l'œuf. Le placer debout.

Placer le dessous d'une tomate. Décorer avec de la mayonnaise.

FLEURONS

Abaisser la pâte feuilletée. Découper des demi-lunes.

Les rayer à la fourchette puis les dorer. Cuire au four.

FAGOTS

La réalisation de ces fagots est très simple. Pour les réussir, il faut choisir des légumes de taille identique et d'une qualité irréprochable (asperges, haricots, ciboulette...), puis les maintenir par un lien : vert de poireau, légume découpé à l'emporte-pièce, ciboule...

CAROTTES

Découper des tronçons de carotte en 6. Arrondir les angles. Cuire à l'eau. Refroidir et lustrer à la gelée. Décorer d'aneth.

LÉGUMES FARCIS

Couper des tronçons. Les canneler.

Les évider. Arrondir le bas. Les blanchir puis les refroidir dans de l'eau froide.

On peut également découper des formes à l'emporte-pièce dans des tranches de légume.

Les garnir de chair à saucisse, de perles ou de billes de légumes, de crevettes, d'un demi-œuf de caille.

RIZ

Huiler légèrement un ramequin. Y tasser le riz. Le démouler sur l'assiette.

Procéder de même avec une cuillère à glace. Rouler éventuellement les boules obtenues dans du sésame, du persil haché...

CITRON

Entailler le citron depuis le haut pour former l'anse.

Historier les côtés. Les détacher. Couper un peu la base pour le rendre stable.

FLEURON LÉGUME

Découper une tranche de légume (potiron, navets, concombres...).

Y découper la tête et la queue du poisson.

LES DÉCORS SUCRÉS

COUPE VÉGÉTALE

Les coupes réalisées en fruits (oranges, pamplemousses, ananas, noix de coco, melon, pastèque...) peuvent être décorées suivant votre goût et le thème du repas. Après avoir découpé un couvercle, historié ou non, il faudra creuser l'intérieur. La chair peut être récupérée pour être mêlée à une salade de fruits ou conservée pour un usage ultérieur. La garniture sera choisie colorée et variée : petits fruits entiers, gros fruits découpés, boules de glace...

CHOCOLAT

***Feuilles** : choisir des feuilles bien découpées et sèches. Les tremper dans du chocolat.*

Laisser refroidir. Décoller avec précaution. Réserver au frais.

***Dents de loup** : étaler une bande de chocolat d'une dizaine de centimètres de large.*

Laisser refroidir. Avant que le chocolat ne durcisse complètement, découper des triangles.

***Palmier** : réaliser un cornet en papier sulfurisé. Le remplir de chocolat tempéré.*

Dessiner le motif choisi sur une feuille de papier sulfurisé. Laisser refroidir. Décoller soigneusement.

PÂTE D'AMANDES

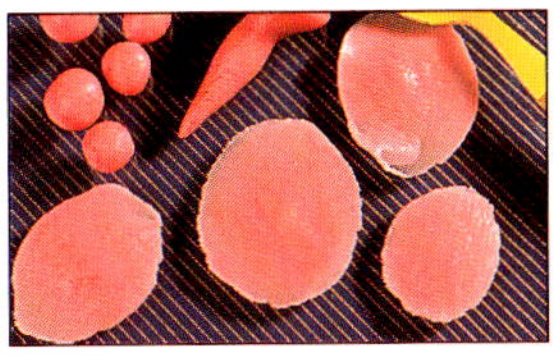

Rose *: façonner des billes de pâte d'amandes. Les étaler à la cuillère.*

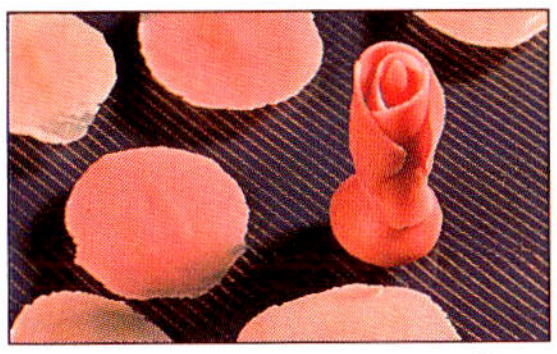

Les assembler autour d'un cône central en les décalant légèrement.

Œillet *: étaler un boudin de pâte d'amandes. Écraser un des bords avec une cuillère.*

Décoller à la spatule. L'enrouler sur lui-même de façon irrégulière.

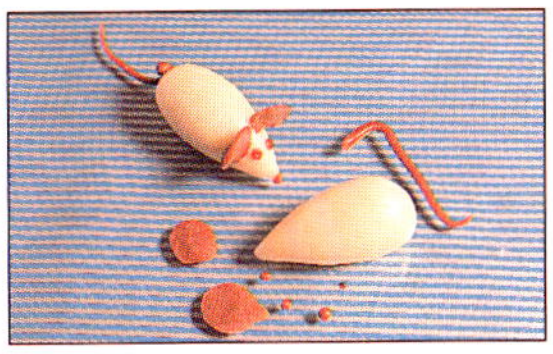

Souris *: rouler une boule en l'allongeant pour obtenir le corps. Façonner les oreilles, la queue et les yeux.*

Suivant le même principe et avec un peu de patience, on peut réaliser de nombreux animaux.

Pour un goûter d'enfants, un décor clown.

FOND D'ASSIETTE

À l'aide d'un cornet rempli de crème au beurre, tracer un cercle excentré.

Garnir le centre de fruits, de meringue et d'un palmier. Entourer le tout de crème anglaise.

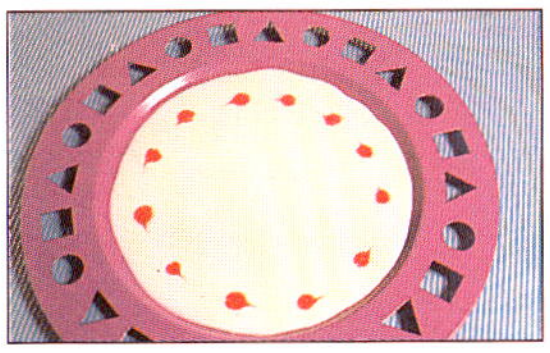

Laisser tomber goutte après goutte de façon régulière. Les « couper » avec la pointe d'un couteau.

Tracer des courbes harmonieuses. Alterner les couleurs des crèmes et les coulis.

Pâte à brioche

Pour 600 g

Préparation : 30 min
Repos : 1 h

12 g de levure de boulanger
1 dl de lait
2 œufs
300 g de farine
50 g de beurre
1 pincée de sel.

Délayer la levure dans un peu de lait tiède.

Rassembler les œufs, la farine et le sel. Pétrir puis ajouter le lait. Travailler la pâte jusqu'à ce qu'elle se détache du plan de travail.

Incorporer le beurre ramolli et pétrir à nouveau la pâte énergiquement. Rassembler en boule. Laisser lever dans un endroit tiède. La pâte doit doubler de volume.

La tapoter pour lui faire reprendre son volume initial. La remettre à lever, mais dans un endroit frais, pour la raffermir.

La pâte est prête à être utilisée.

Pâte à crêpes

Pour 1 l

Préparation : 10 min

5 œufs
250 g de farine
7,5 dl de lait
5 cl d'huile
1 pincée de sel.

Mélanger vigoureusement les œufs, le sel et la farine, pour obtenir un mélange lisse. Incorporer peu à peu le lait en continuant de remuer.

Passer au chinois. Incorporer l'huile.

La pâte peut se préparer à l'aide d'un moulin à légumes électrique.

Pâte à frire

Pour 1 l

Préparation : 10 min
Repos : 1 h

5 œufs
4 g de sel
400 g de farine
5 dl de bière ou d'eau
5 cl d'huile.

Travailler 3 œufs et le sel. Ajouter peu à peu la farine. Incorporer un peu d'eau ou de bière régulièrement afin que la pâte conserve la consistance d'une pâte à crêpes.

Bien nettoyer les bords du récipient. Verser l'huile à la surface. Couvrir et réserver 1 heure au frais.

Au moment de l'utiliser, la battre pour mélanger l'huile et incorporer délicatement les 2 blancs d'œufs montés en neige.

Pâte à choux

Pour 400 g

Préparation : 40 min
Cuisson : 10 min

1 pincée de sel
60 g de beurre
125 g de farine
3 ou 4 œufs.

Porter 25 cl d'eau à ébullition avec le sel et le beurre coupé en dés. Dès que le beurre est fondu, retirer la casserole du feu et ajouter la farine d'un coup. Travailler énergiquement à l'aide d'une spatule en bois.

Remettre sur le feu pour dessécher la pâte : elle doit se décoller des parois de la casserole et de la cuillère.

Retirer la casserole du feu. Verser la pâte dans un récipient propre. Incorporer les 3 premiers œufs un par un. Battre le quatrième et l'ajouter peu à peu. La pâte doit être assez souple sans couler pour autant.

Pâte à nouilles

Pour 500 g

Préparation : 5 min
Repos : 1 h

3 œufs
300 g de farine
1 pincée de sel.

Battre les œufs. Les mélanger avec la farine, 1 cuillerée à soupe d'eau et le sel. Travailler la pâte. La diviser en quatre.

Laisser reposer 1 heure au frais, chaque pâton emballé dans un morceau de film étirable.

Pâte à pâtés

Pour 1 kg

Préparation : 10 min
Repos : 12 h

100 g de beurre
100 g de saindoux
4 œufs
500 g de farine
10 g de sel.

Travailler le beurre ramolli et le saindoux. Incorporer peu à peu 1,5 dl d'eau, les jaunes d'œufs, la farine et le sel. Bien travailler l'ensemble.

Rassembler en boule. Emballer dans du papier film et laisser reposer 12 heures au frais.

Pâte brisée

Pour 350 g

Préparation : 10 min

200 g de farine
4 g de sel
100 g de beurre.

Disposer la farine et le sel en fontaine. Ajouter le beurre en petits cubes. Émietter le tout du bout des doigts jusqu'à obtenir du sable.

Verser 5 cl d'eau. Travailler la pâte rapidement. Former une boule. L'emballer et la réserver si nécessaire.

Le temps de cuisson est de 10 à 15 minutes à 240 °C (th. 8) environ pour un fond de tarte et de 40 minutes à 210 °C (th. 7), pour une tarte garnie.

Pâte sablée

Pour 600 g

Préparation : 10 min
Repos : 1 h

3 œufs
150 g de beurre
125 g de sucre semoule
Quelques gouttes d'extrait de vanille
250 g de farine
1 pincée de levure chimique
1 pincée de sel.

Travailler les 3 jaunes d'œufs avec le beurre, le sucre et l'extrait de vanille. On doit obtenir un mélange homogène. L'émietter dans la farine tamisée avec la levure.

Fraiser la pâte deux ou trois fois. Rassembler en boule. Couvrir d'un film plastique et laisser raffermir 1 heure au frais.

Pâte sucrée

Pour 600 g

Préparation : 10 min
Repos : 1 h

250 g de farine
1 pincée de levure chimique
125 g de beurre
125 g de sucre glace
2 œufs
1 pincée de sel.

Mélanger la farine avec le sel et la levure. Incorporer le beurre en morceaux. On doit obtenir un mélange sableux.

Ajouter le sucre glace en mélangeant du bout des doigts puis adjoindre rapidement 1 œuf entier et 1 jaune.

Rassembler en boule. Fraiser la pâte deux ou trois fois.

Placer la pâte enveloppée dans une feuille plastique au frais pendant 1 heure pour la laisser se raffermir.

Pâte feuilletée

Pour 650 g

Préparation : 1 h
Cuisson : 10 min
Repos : 1 h 40 min

6 g de sel
300 g de farine
225 g de beurre.

Travailler 150 g d'eau, le sel et la farine. On obtient une pâte molle : la détrempe. La rassembler en boule. L'inciser en croix. La laisser reposer 10 minutes au frais, emballée dans du papier film ou dans un sac plastique.

Pendant ce temps, ramollir le beurre. Former un carré d'environ 15 x 15 cm.

Étaler la détrempe en carré. Poser le beurre. L'enfermer soigneusement dans la pâte.

Étaler la pâte en longueur en conservant la largeur initiale. La plier en trois. La faire pivoter d'un quart de tour.

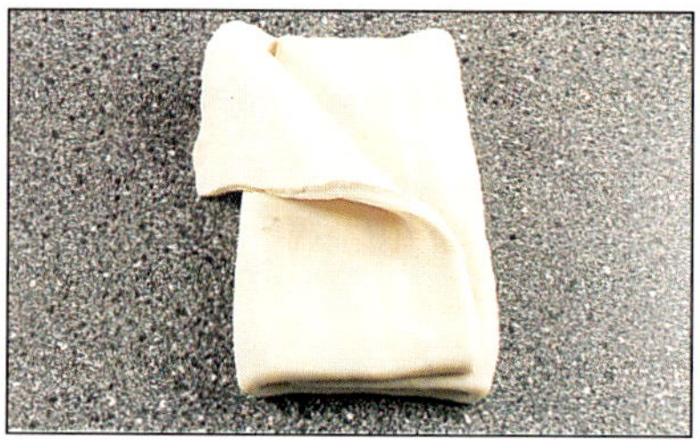

Abaisser à nouveau. Plier. Laisser reposer au frais 30 minutes.

Répéter deux fois les mêmes opérations. La pâte est prête à être utilisée.

La cuisson des pièces se fait sur plaque humide à 200 °C (th. 6-7).

Génoise

Pour 1 pièce

Préparation : 20 min
Cuisson : 35 min

Pour le moule :
30 g de beurre
30 g de farine.

4 œufs
125 g de sucre
125 g de farine.

Beurrer et fariner soigneusement un moule à génoise de 22 cm de diamètre. Le réserver au frais.

Fouetter les œufs et le sucre au bain-marie, jusqu'à ce que le mélange atteigne 40 °C. Continuer de fouetter jusqu'à complet refroidissement.

Incorporer délicatement et progressivement la farine tamisée.

Verser la pâte dans le moule.

Enfourner et cuire à 180 °C (th. 6), 30 minutes environ. La génoise est cuite lorsqu'elle se décolle de la paroi du moule et qu'elle crisse sous une légère pression du doigt.

Démouler et laisser refroidir sur une grille.

Caramel

Pour 200 g

Préparation : 10 min

200 g de sucre semoule.

Dissoudre entièrement le sucre dans 2 cl d'eau. Porter le tout sur le feu et ne plus remuer dès que l'ébullition est atteinte.

Surveiller attentivement la couleur. Réduire le feu dès que le mélange commence à dorer. Attention, la température du caramel est alors de 170 °C.

Lorsqu'il a atteint la couleur souhaitée, le retirer du feu et ajouter 4 cl d'eau en plusieurs fois, en remuant, pour stopper la cuisson.

Ganache garniture

Pour 500 g

Préparation : 30 min
Cuisson : 5 min

10 cl de lait
5 cl de crème fraîche liquide
375 g de chocolat de couverture.

Porter à ébullition le lait et la crème. Les retirer du feu.

Y ajouter le chocolat haché. Le faire fondre en remuant avec un fouet. Laisser refroidir et prendre.

Réchauffer un peu et remuer énergiquement pour blanchir le mélange et l'alléger.

Ganache glaçage

Pour 300 g

Préparation : 10 min
Cuisson : 5 min

250 g de chocolat de couverture ou de très bon chocolat
125 g de beurre.

Hacher grossièrement le chocolat et le mettre à fondre avec le beurre, au bain-marie.

Bien mélanger à la spatule.

Meringue ordinaire

Pour 400 g

Préparation : 10 min

4 blancs d'œufs
250 g de sucre semoule
40 g de sucre glace.

Battre les blancs d'œufs en neige. Ajouter 50 g de sucre semoule avant qu'ils ne soient complètement montés. Fouetter énergiquement pour rendre l'appareil bien ferme.

Incorporer délicatement le reste de sucre semoule.

Dresser la meringue suivant les indications de la recette. Saupoudrer de sucre glace avant d'enfourner.

Meringue italienne

Pour 400 g

Préparation : 10 min
Cuisson : 5 min

250 g de sucre
4 blancs d'œufs.

Réunir 6 cl d'eau et le sucre dans une petite casserole. Porter à ébullition et faire cuire jusqu'au "petit boulé" : un peu de sucre cuit placé dans l'eau froide est assez consistant pour que l'on puisse en faire une petite boule.

Monter les blancs en neige aux 2/3. Verser le sirop en filet sur ces derniers en continuant de battre l'ensemble jusqu'à complet refroidissement.

Meringue suisse

Pour 400 g

Préparation : 10 min
Cuisson : 5 min

4 blancs d'œufs
250 g de sucre semoule.

Battre les blancs d'œufs et le sucre au bain-marie jusqu'à ce que le mélange épaississe et atteigne 60 °C.

Hors du feu, continuer à fouetter jusqu'à complet refroidissement. La meringue doit être bien ferme.

Masse à fourrer

Pour 400 g

Préparation : 10 min

150 g de sucre semoule
1 œuf
80 g d'amandes ou de noisettes en poudre
1/2 cuil. à café de cannelle en poudre
80 g de gâteaux secs écrasés
Un peu de lait
1 citron
Quelques gouttes d'extrait d'amande amère.

Travailler le sucre avec l'œuf. Ajouter les amandes, la cannelle, les biscuits écrasés et, si nécessaire, un peu de lait.

Incorporer le zeste du citron râpé et l'arôme. On doit obtenir une préparation souple mais qui ne coule pas.

Crème d'amandes

Pour 375 g

Préparation : 10 min

75 g d'amandes en poudre
75 g de sucre glace
1 cl de rhum
60 g de beurre
1 gros œuf
120 g de crème pâtissière (p. 79).

Rassembler les amandes, le sucre, le rhum et le beurre en pommade. Fouetter.

Incorporer l'œuf puis la crème pâtissière. Mélanger délicatement.

Sirop de base

Pour 2 dl

Préparation : 3 min
Cuisson : 3 min

120 g de sucre
5 cl d'alcool ou arôme au choix.

Porter 1 dl d'eau et le sucre à ébullition. Laisser cuire 3 minutes.

Retirer du feu et ajouter l'alcool ou l'arôme choisi.

Crème au beurre

Pour 700 g

Préparation : 15 min
Cuisson : 5 min

300 g de beurre
200 g de sucre
6 œufs
Arôme (extrait de café, cacao, praliné...).

Faire ramollir le beurre. Le travailler vigoureusement pour obtenir la consistance d'une pommade.

Rassembler 1 dl d'eau et le sucre dans une casserole propre. Porter à ébullition et laisser bouillir 1 minute.

Pendant ce temps, réunir 4 œufs entiers et 2 jaunes. Verser le sucre en filet sur les œufs en fouettant l'ensemble jusqu'à complet refroidissement.

Ajouter 1/4 de cet appareil dans le beurre. Mélanger pour obtenir un mélange homogène. Continuer de même avec le reste du beurre.

Aromatiser selon le goût.

Crème anglaise

Pour 7 dl

Préparation : 5 min
Cuisson : 5 min

5 dl de lait
1/2 gousse de vanille
4 œufs
125 g de sucre.

Porter le lait à ébullition avec la gousse de vanille fendue dans la longueur.

Travailler rapidement les jaunes d'œufs avec le sucre. Verser une partie du lait bouillant. Ôter la gousse de vanille. Remuer pour bien tout dissoudre et reverser l'ensemble dans la casserole.

Chauffer à feu doux en remuant sans arrêt à l'aide d'une cuillère en bois jusqu'à ce que le mélange épaississe.

Passer la crème au chinois dans un récipient propre et froid.

Crème pâtissière

Pour 7 dl

Préparation : 5 min
Cuisson : 5 min

5 dl de lait
1 gousse de vanille
2 œufs
100 g de sucre
40 g de farine.

Porter le lait à ébullition avec la gousse de vanille fendue sur toute sa longueur.

Mélanger rapidement les œufs et le sucre. Ajouter la farine et bien mélanger. Ajouter une partie du lait bouillant. Bien dissoudre le mélange sucre-œufs-farine.

Reverser l'ensemble dans le reste du lait après avoir enlevé la gousse de vanille. Porter à ébullition en remuant jusqu'à ce que la crème ait épaissi.

La verser dans un récipient propre.

Coulis de fruits rouges

Pour 6 dl

Préparation : 20 min

500 g de fruits rouges : framboises, fraises, groseilles...
350 g de sucre semoule.

Rassembler les fruits et le sucre dans une casserole. Chauffer à feu doux, en remuant.

Dès que les fruits ont éclaté, les passer au moulin à légumes muni de la grille fine ou au tamis.

Réserver au frais.

Sauce à l'orange

4 personnes

Préparation : 10 min
Cuisson : 30 min

4 oranges sanguines
1/2 citron vert
150 g de sucre semoule
1 sachet de sucre vanillé.

Couper grossièrement les oranges épluchées et le citron. Les faire cuire avec les sucres et 1/4 l d'eau pendant 30 minutes.

Mixer le tout. Passer au chinois.

On peut réaliser la même chose avec d'autres agrumes : pamplemousse, mandarine... et parfumer cette sauce avec un alcool (rhum, triple-sec...).

Coulis de chocolat

Pour 6 dl

Préparation : 10 min
Cuisson : 5 min

200 g de chocolat noir de très bonne qualité
4 dl de crème fraîche liquide.

Hacher le chocolat de couverture.

Porter à ébullition 2 dl de crème. La verser sur le chocolat. Ajouter le reste de crème quand le chocolat est fondu.

Conserver au réfrigérateur après refroidissement.

Suivant le même principe, on peut bien entendu réaliser des coulis de chocolat blanc, au lait...

Coulis de pêche

Pour 7 dl

Préparation : 15 min
Cuisson : 10 min

500 g de sucre semoule
500 g de pêches fraîches.

Porter 1 l d'eau et le sucre à ébullition. Y faire cuire les pêches mondées.

Les égoutter en conservant le sirop.

Passer les pêches au mixer en ajoutant le sirop peu à peu jusqu'à obtenir la consistance voulue.

On peut également utiliser des pêches en conserve. Dans ce cas, procéder de la même façon en réchauffant les fruits avant de les passer au mixer.

Sauce au caramel

Pour 6 dl

Préparation : 10 min
Cuisson : 10 min

1/2 l de lait
5 jaunes d'œufs
50 g de sucre.

Caramel :
100 g de sucre.

Porter le lait à ébullition.

Préparer le caramel : faire fondre le sucre dissous avec 3 cl d'eau. Enlever le mélange du feu dès qu'il devient cuivré. Verser à nouveau 3 cl d'eau en remuant, puis ajouter le lait.

Travailler les jaunes d'œufs et le sucre. Verser la moitié du lait au caramel. Mélanger. Ajouter le tout dans la casserole avec le reste du lait et faire cuire à feu doux en remuant comme s'il s'agissait d'une crème anglaise.

LE GUIDE DES BONNES QUANTITÉS

Lorsqu'il faut préparer un repas pour un nombre de personnes plus important qu'à l'accoutumée, la rédaction de la liste des ingrédients à se procurer ou à prévoir se transforme bien souvent en casse-tête. De peur de ne pas en prévoir assez, on en rajoute un peu, on arrondit au kilo supérieur, et l'on se retrouve avec un coût élevé et une quantité de restes phénoménale.
Ce petit guide ne prétend pas vous édicter de règles strictes et immuables, mais simplement vous indiquer un ordre de grandeur que vous modifierez en fonction de vos convives et du type de repas (anniversaire d'enfants, dîner d'affaires, repas entre amis...).

QUELQUES IDÉES DE GRAMMAGE

	Par personne
• **Hors-d'œuvre :**	
— Légumes et crudités :	
Artichauts vinaigrette	200 g
Carottes râpées, céleri rémoulade	100 g
Champignons à la grecque	120 g
Chou-fleur vinaigrette	150 g
Flageolets en salade (poids sec)	40 g
Lentilles en salade (poids sec)	40 g
Macédoine de légumes surgelés	70 g
Pamplemousse	1/2 pièce
Poireaux vinaigrette	120 g
Radis	1 botte/3 pers.
Œuf en gelée ou mayonnaise	1 pièce
Œuf à la russe	1/2 pièce + macédoine
Salade de betteraves rouges cuites	100 g
Salade de chou rouge	120 g
Salade de tomates	100 g
Salade de concombres	80 g
— Charcuterie :	
Andouille de Vire	60 g
Cervelas en salade	80 g
Fromage de tête	60 g
Galantine	50 g
Hure de porc	50 g
Mortadelle	40 g
Mousse de foie	50 g
Museau de bœuf	40 g
Museau de porc pressé	40 g
Noix de bacon	30 g
Pâté de campagne	50 g
Rillettes	40 g
Salami	40 g
Saucisson d'Arles	40 g
Saucisson à l'ail	40 g
— Produit de la mer :	
Anchois — 2 filets	10 g
pommes huile	180 g
Crevettes grises	50 g
Filets de hareng	40 g
pommes huile	180 g
Filets de maquereaux au vin blanc	40 g
Maquereaux frais marinés — 2 filets	150 g
Moules rémoulade	1/4 l
Poisson frais mayonnaise	90 g
Rollmops	1/3 pièce
Sardines	40 g
Thon	35 g

• **Plat principal :**	
— Rôtis :	
Bœuf, veau, mouton, agneau	200 g cru, avec os
Porc	120 g cru, net paré
— Grillades :	
Steak, escalope, foie, steak haché, entrecôte	110 g cru, net paré
— Côtes :	
Veau, mouton, porc	160 g cru, avec côte
— Volailles :	
Poulet entier, prêt à cuire	250 g, poids brut
Lapin	280 g, poids brut
Canard entier, prêt à cuire	300 g, poids brut
— Poissons :	
Filets	130 g cru, poids net
Darne	150 g cru, poids net
Pièces (merlan, maquereau, hareng)	200 g cru, poids net
— Sautés :	
Bœuf, veau, mouton, porc	200 g cru, avec os
— Saucisses :	
Toulouse, Montbéliard, Francfort (2 pièces)	100 g cru
Andouillettes, boudin	110 g cru

• **Légumes :**	*crus frais*	*cuits*
Pommes de terre anglaise	300 g	200 g
Pommes de terre purée	300 g	200 g
Pommes de terre rissolées	280 g	180 g
Pommes de terre frites	280 g	180 g
Carottes	300 g	200 g
Choux	300 g	200 g
Choux de Bruxelles	280 g	200 g
Chou-fleur	400 g	200 g
Épinards	300 g	150 g
Endives	300 g	180 g
Petits pois	360 g	180 g
Salade verte	200 g	110 g
Jardinière de légumes	350 g	180 g

• **Fromage :**	
Bleu, brie, camembert, cantal, édam, Saint-Marcellin, Saint-Nectaire, tomme de Savoie	30 g
Coulommiers, carré de l'Est, pont-l'évêque	40 g
Fromage blanc	80 g
Demi-sel	1
Petit-suisse	2

COCKTAILS

LES COCKTAILS

ÉLABORATION DES COCKTAILS

Au shaker *: remplir la timbale de glaçons aux 2 tiers. Vider le surplus d'eau.*

Ajouter les ingrédients. Fermer. Secouer énergiquement 5 à 6 secondes.

Verser dans le verre en retenant la glace.

Au verre à mélange*: remplir le verre de glaçons aux 2 tiers. Verser les ingrédients.*

Frapper en couvrant avec la passoire.

Servir en passant pour retenir la glace.

Directement dans le verre *: remplir le verre à moitié de glace.*

Verser les ingrédients comme indiqué dans la recette.

Remuer à l'aide de la cuillère à mélange.

DÉCORATION

Tremper le haut du verre dans du blanc d'œuf, du sirop ou une liqueur colorée, voire du jus de citron.

Passer le bord dans du sucre, du cacao, du café, de la cassonade, de la noix de coco râpée ou du sel.

***Fruits**: découper des tranches ou des demi-tranches de 5 mm d'épaisseur. Les entailler et les fixer sur le rebord.*

Réaliser des brochettes avec des fruits mais aussi des légumes. Alterner les couleurs.

***Dégradés** : remplir le verre à moitié de glace pilée.*

Verser le cocktail puis un trait de sirop très coloré. Ne pas remuer.

***À étage** : verser les alcools, du plus lourd au plus léger,*

en les faisant couler doucement sur le dos d'une cuillère.

LES GLAÇONS

Les glaçons traditionnels seront rincés à l'eau froide avant d'être servis, afin qu'ils retrouvent leur limpidité.
L'eau utilisée pour la fabrication des glaçons peut être colorée (sirop, colorants alimentaires). Les bacs à glaçons seront garnis de petits fruits ou de tranches de fruits plus gros.
Des sachets spéciaux sont commercialisés pour réaliser des glaçons ronds.

PETIT DICTIONNAIRE DU BAR

After-dinners : tous les mélanges digestifs, généralement servis après les repas.

Bitters : c'est le terme générique pour les mélanges aromatiques de saveur amère. Il existe les bitters d'apéritif (Amer Picon, Campari, Fernet Branca) et les bitters concentrés (angostura, Underberg).

Brandy : c'est l'appellation anglaise des eaux-de-vie, plus particulièrement des eaux-de-vie de vin.

Cobbler : servi en général dans un tumbler avec de la glace et des fruits de saison.

Cordial : synonyme de liqueur aux États-Unis.

Cream sherry : c'est la variété la plus douce des xérès.

Crème : ce terme désigne toutes les liqueurs ayant plus de 400 g de sucre par litre. Attention ! Ne pas confondre avec la crème utilisée dans certaines liqueurs (liqueurs à crème).

Cup : se confectionne dans un « cup », récipient spécial. On y ajoute généralement des fruits de saison et de la glace. On le sert dans le verre approprié : verre à champagne, à vin, tumbler...

Egg-nog ou **milk-shake** : à base de jaune d'œuf ou de lait.

Fizz : au shaker, sur glace. Verser le contenu dans un tumbler. Finir avec de l'eau pétillante ou du soda.

Flip : au shaker. À base de jaune d'œuf et d'un spiritueux au choix. Saupoudrer de noix de muscade râpée.

Flotter : remplir un verre old-fashioned ou un verre haut et étroit aux 2 tiers d'eau pétillante bien glacée. Verser sans mélanger un spiritueux au choix.

Frappée : boisson servie en principe comme « after-dinner » dans un verre rempli de glace pilée.

Frozen : boisson glacée confectionnée à l'aide du mixer ou du shaker. Utiliser de la glace pilée très fine servie en totalité avec le mélange. Se consomme lentement avec des pailles.

Highball : servi dans un grand tumbler sur glace. Remplir d'eau naturelle, d'eau gazeuse, de tonic, de soda au cola, de ginger ale...

Juleps : cocktail à l'eau aromatisé avec de la menthe fraîche écrasée et servi avec de la glace pilée. Garnir de feuilles de menthe fraîche.

Liqueur : c'est le terme générique qui désigne les boissons alcoolisées non fermentées que l'on obtient en mélangeant de l'alcool (eau-de-vie ou alcool neutre), du sucre (sirop de sucre ou parfois miel) et des aromates (fruits, plantes ou essences). Leur teneur moyenne en alcool est de 40 °, mais on en trouve de 16 à 60 °. C'est leur teneur en sucre qui les fait paraître moins fortes.

Mistelle : moût de raisin auquel on ajoute de l'alcool pour arrêter la fermentation (pineau des Charentes).

Old-fashioned : déposer un petit morceau de sucre dans le verre old-fashioned. Ajouter un trait d'angostura bitter et un peu d'eau gazeuse. Dissoudre le tout. Ajouter le spiritueux choisi et de la glace pilée.

On the rocks : verser directement le spiritueux choisi sur des morceaux de glace. Déguster lentement pendant que la glace fond.

Punch : se prépare dans un verre individuel ou dans un « bowl » spécial pour plusieurs personnes. C'est une boisson à base de rhum et de fruits, idéale pour les « parties » et qui décore avantageusement un buffet. Les cups et les sangrias sont de la famille des « punch-bowls ».

Rafraîchi : se dit d'un liquide froid mais non glacé. Les bouteilles que l'on désire rafraîchir peuvent être laissées quelques heures dans un réfrigérateur.

Rainbow : (pousse-café). Préparation très délicate à réaliser. Elle consiste à superposer des liquides de densité, de couleur et de degré différents, en faisant très attention qu'ils ne se mélangent pas.

Sauce anglaise : c'est la Worcestershire sauce.

Soft drink : toutes les boissons et les mélanges sans alcool.

Sour : se confectionne au shaker. C'est un short drink à base de lime ou de citron vert et de sucre.

Spiritueux : nom générique donné aux boissons alcoolisées contenant un alcool distillé.

Triple-sec : le triple-sec est aussi appelé curaçao. De nombreux liquoristes élaborent des triples-secs.

Vermouth : c'est un apéritif à base de vin. On distingue le vermouth italien et le vermouth français, plus sec. Qu'ils soient blancs ou rouges, ils sont préparés à partir d'alcool, de plantes aromatiques, de vin et de sucre ou de mistelle.

Wine cup : mélange à base de vin, de porto ou de sherry. Se prépare dans un cup ou directement dans le verre. Se consomme chaud ou froid.

Alexandra

1 personne

Préparation : 5 min

4 cl de cognac
2 cl de crème fraîche
2 cl de crème de cacao brun.

Remplir la partie basse du shaker aux deux tiers de glaçons. Verser les ingrédients. Secouer énergiquement.

Servir dans un verre à cocktail, saupoudrer d'un peu de noix de muscade râpée.

Americano

1 personne

Préparation : 2 min

4 cl de vermouth rouge
2 cl de vermouth amer
Le zeste d'1 citron
1 tranche d'orange.

Déposer 2 glaçons dans le verre. Verser les alcools.

Déposer le ruban de zeste de citron et l'orange.

Bloody Mary

1 personne

Préparation : 2 min

6 cl de jus de tomate
3 cl de vodka
1 trait de jus de citron
1 trait de Tabasco
1 trait d'angostura
1 pointe de sel de céleri.

Verser tous les ingrédients dans un tumbler, sur quelques glaçons. Remuer.

Ajouter éventuellement une tranche de citron.

Décorer d'une petite branche de céleri.

Daïquiri

1 personne

Préparation : 5 min

4 cl de rhum blanc
2 cl de jus de citron
1 cl de sirop de sucre.

Remplir de glaçons, aux deux tiers, la partie basse du shaker. Y verser les ingrédients. Secouer fortement.

Servir dans un verre à cocktail décoré de tranches de citron vert et de citron jaune.

Dolce vita

1 personne

Préparation : 5 min

3 cl de gin
1,5 cl d'amaretto
2 cl de bitter italien rouge.

Verser tous les ingrédients dans un verre à mélange, avec de la glace. Remuer.

Remplir un verre à cocktail givré et décoré d'1 tranche d'orange.

Dry Martini

1 personne

Préparation : 3 min

5 cl de gin
1 cl de vermouth sec.

Rassembler les alcools dans un verre à mélange rempli de glace aux deux tiers. Remuer.

Passer et servir dans un verre old-fashioned décoré d'1 zeste de citron.

Egg-nog

1 personne

Préparation : 5 min
Cuisson : 2 min

1 dl de lait
3 cl de rhum
2 cl de Cointreau
1 jaune d'œuf
Cannelle en poudre.

Faire chauffer le lait. Le verser, dès qu'il est bouillant, sur le reste des ingrédients.

Servir très chaud.

Gin fizz

1 personne

Préparation : 5 min

5 cl de gin
Le jus d'1 citron
10 g de sucre
Soda.

Verser le gin, le citron et le sucre dans la timbale d'un shaker rempli aux deux tiers de glace. Frapper.

Servir dans un tumbler, sans glace. Compléter avec du soda.

Toutes les eaux-de-vie conviennent pour confectionner un fizz.

Manhattan

1 personne

Préparation : 3 min

4 cl de whisky
2 cl de vermouth rouge
1 trait d'angostura.

Remplir à moitié de glace le verre à mélange. Y verser les ingrédients. Remuer.

Servir dans un verre à cocktail.

Décorer d'1 cerise à l'eau-de-vie.

Margarita

1 personne

Préparation : 2 min

4 cl de tequila
2 cl de triple-sec
Le jus d'1/2 citron.

Frapper les ingrédients au shaker.

Servir dans un verre à cocktail givré, avec du blanc d'œuf et du sel fin.

À L'HEURE DE L'APÉRITIF

Instaurer un climat chaleureux, tel est l'objet de l'apéritif, moment convivial par excellence. Traditionnellement, il précède le repas et, de ce fait, est destiné à ouvrir l'appétit ; il ne doit être accompagné que d'amuse-gueules légers. En revanche, si comme cela se pratique de plus en plus à l'heure actuelle, il constitue une réception en soi — invitation impromptue autour d'un verre qui se prolonge ou « apéritif dînatoire » prévu à l'avance —, son « menu » doit être plus important et plus varié ; il se rapproche, en quelque sorte, de l'esprit du buffet.

Quelle que soit la situation, il convient de disposer d'un éventail d'apéritifs et d'alcools pouvant répondre à la diversité des goûts des convives. Ainsi, offrirez-vous :

— un **vin de liqueur**, ou **Vin Doux Naturel** (15 à 22 °). Au choix : un vin de muscat du Roussillon ou du Vaucluse, un pineau des Charentes, un marsala, un xérès ou, mieux encore, un excellent porto.

Le service se fait dans un verre à pied, de taille moyenne, dont la forme légèrement arrondie retient l'arôme. Le vin blanc (généralement sec) se boit à 8-10 °C ; il séjournera 1 heure au réfrigérateur, à cette fin, car les glaçons sont prohibés ! Le vin rouge (doux et fruité) se boit à 13 °C environ. Toutefois, un porto rouge se sert généralement à température ambiante. Si certains le préfèrent frais, cela n'est acceptable que pour les vins courants (Ruby ou Tawny).

Vous allez servir un bon vin avec votre repas ou avec votre entrée, pourquoi ne pas en proposer un verre en guise d'apéritif ?

— un **apéritif à base de vin**. Ce sera un vermouth (15 à 18 °) servi frais dans un verre de petite taille (agrémenté d'un zeste de citron) ou présenté dans un verre plus grand (versé sur deux glaçons et assorti d'un zeste de citron). Ce peut être aussi un quinquina (16-17 °) qui se boit frais et nature, dans un verre à madère, ou un bitter ou amer (plus de 20 °), qui se consomme dans un verre haut, versé sur deux glaçons, allongé avec du soda et complété par une tranche d'orange. Le bitter à la gentiane (16 °) se boit soit nature, à température ambiante ou sur deux glaçons, soit allongé d'eau (plate ou gazeuse) et additionné d'une rondelle de citron.

— un **spiritueux anisé**, d'une plus grande teneur alcoolique (40 à 45 °), comme l'anisette, l'ouzo ou le pastis. Il se sert dans un verre haut, allongé d'eau glacée ; les glaçons sont à éviter pour les anis incolores, qu'ils décomposent.

— un **whisky**, qu'il s'agisse d'un whisky écossais (blended ou pur malt), d'un whiskey irlandais ou d'un bourbon whiskey américain. Cet alcool de grain se boit dans un verre transparent, à bord fin et à fond épais. Lorsqu'il est jeune et qu'il ne s'agit pas de pur malt, il peut être allongé d'un peu d'eau, plate de préférence, et rafraîchi avec des glaçons.

— et éventuellement une autre **eau-de-vie apéritive** telle que le gin ou la vodka. Le premier est bu en long drink, allongé d'un tonic ou d'un bitter, avec ou sans glace. La seconde se boit frappée (la bouteille est entreposée au réfrigérateur), dans des petits verres spécifiques qui contiennent 1,5 cl d'alcool.

Enfin, il faut aussi penser aux convives qui ne boivent pas d'alcool, adultes ou enfants, et donc prévoir divers sodas aux extraits végétaux, des jus de fruits (agrumes, ananas, fruits exotiques...), des sirops, de l'eau gazeuse et, éventuellement, une liqueur anisée sans alcool.

Le service en est simple. Les bouteilles ont été entreposées au réfrigérateur. Seule exception : le jus de tomates qui se sert très frais, dans un verre haut, avec un glaçon et un zeste de citron, et qui est accompagné de sel de céleri, de Tabasco et de sauce Worcestershire pour son assaisonnement (suivant le goût de chacun).

DES LONG-DRINKS RÉUSSIS

Les glaçons peuvent être attrayants soit par leur forme — ils peuvent être moulés en cœurs, en losanges... —, soit par le « petit rien » autour duquel ils se sont formés, dans le bac à glaçons (feuille de menthe, grain de café, zeste de citron ou d'orange, groseille, baie de cassis...), ou par leur couleur : quelques gouttes de grenadine, de sirop de citron ou de menthe donnent à l'eau une jolie teinte acidulée.

Il est conseillé de rafraîchir le verre vide en le faisant séjourner, une demi-heure environ, au réfrigérateur, avant de l'utiliser.

Il est également recommandé de givrer le bord du verre. Pour cela, retourner le verre sur une soucoupe contenant un peu d'eau, ou de jus de citron ou, mieux encore, un sirop de fruits coloré, puis procéder de même sur une soucoupe contenant du sucre en poudre. Entreposer ensuite le verre au freezer pendant 10 minutes.

Enfin, la décoration du verre a son importance. Une rondelle d'orange ou de citron vert, incisée à demi et placée à cheval sur le bord du verre, un petit bouquet de menthe verte fraîche, posé sur le bord du verre, une petite brochette réunissant cerise confite, dés d'ananas, zeste de citron, grains de raisin... posée sur le verre... Il faut peu de chose pour faire joli !

POUR GRIGNOTER...

Le choix des amuse-gueules relève de la fantaisie de chacun. Il en existe une multitude en vente dans le commerce, qu'il suffit de répartir dans des récipients de présentation : biscuits salés de toutes sortes, chips, fruits secs salés (cacahuètes, amandes, noix de cajou, pistaches...), olives (noires et vertes, farcies ou non), cubes de fromage pour apéritif, tomates cerise. Pour certains, la préparation est minime.

Les saucisses et boudins de cocktail sont pochés quelques minutes dans une eau frémissante. Même chose pour les œufs de caille que l'on accompagne, une fois durcis, d'une coupelle de sel. Quant au saucisson et au chorizo, ils sont détaillés en fines rondelles pour être servis.

Très appréciés aussi, les jeunes radis, les bâtonnets de carottes, les fines rondelles de radis noir, les petits tronçons de céleri branche et les petits bouquets de chou-fleur sont présentés avec une sauce mayonnaise agrémentée d'un peu de concentré de tomate et rehaussée de quelques gouttes de cognac, dans laquelle chacun trempera les légumes, selon son gré.

Enfin, pour un apéritif-dîner, les canapés sont les bienvenus, de toutes saveurs et de toutes couleurs.

Une présentation hérisson

Vous ne voulez plus disposer vos éternels gâteaux secs et autres cubes de fromage dans des ramequins ou sur de petits plateaux, vous ne disposez que de peu de temps, et vous voulez présenter quelque chose de joli. La solution : le hérisson.

Vous avez besoin d'une miche de pain (ou d'un pamplemousse, une pastèque, un ananas, un chou...) comme base, d'un paquet de piques en bois et d'une garniture au choix.

Piquez sur chaque pique en bois un élément de votre apéritif, cube de fromage, légume, crevettes..., en alternant les formes, les goûts et les couleurs.

Perroquet

1 personne ✕ ○

Préparation : 2 min

4 cl de liqueur anisée
1 trait de sirop de menthe.

Servir directement dans le verre, avec un peu de glace.

Pick me up

1 personne ✕ ○○○

Préparation : 5 min

1 cl de triple-sec
1 cl de cognac
1 trait de jus de citron
1 trait de grenadine
Champagne.

Secouer au shaker avec de la glace, le triple-sec, le cognac, le citron et la grenadine.

Servir dans une coupe. Compléter avec du champagne.

Piña Colada

1 personne ✕ ○○

Préparation : 5 min

5 cl de jus d'ananas
2,5 cl de rhum blanc
1,5 cl de liqueur de coco
1 cl de crème fraîche liquide.

Remplir la timbale du shaker aux deux tiers de glaçons. Y verser tous les ingrédients. Secouer.

Servir sur de la glace, dans un tumbler décoré de morceaux d'ananas et de noix de coco.

S'il est préparé pour plusieurs personnes, on peut le servir dans 1 ananas ou 1 noix de coco creusés.

Pithos beach

1 personne

Préparation : 2 min

Le jus d'1/2 pamplemousse
Le jus d'1/2 orange
2 cl de vodka
1 cl de liqueur de framboise.

Rassembler tous les ingrédients dans un shaker. Ajouter de la glace. Secouer.

Servir dans un verre à cocktail.

Porto flip

1 personne

Préparation : 5 min

4 cl de porto rouge
2 cl de cognac
1 jaune d'œuf
10 g de sucre.

Verser dans la timbale du shaker, avec quelques glaçons, le porto, le cognac, l'œuf et le sucre. Frapper énergiquement.

Servir dans un verre à cocktail, saupoudré d'un peu de noix de muscade râpée.

Prestige

1 personne

Préparation : 2 min

2 cl d'eau-de-vie de poire
2 cl de jus de poire
1 cl de crème de mûres.

Rassembler tous les ingrédients dans le shaker. Secouer.

Servir dans un verre à cocktail décoré de tranches de poires.

Planteur punch

1 personne

Préparation : 2 min

6 cl de rhum
2 cl de jus de citron vert
2 cl de jus d'orange
1 cl de jus d'ananas.

Verser tous les ingrédients directement dans un tumbler garni de glace.

Décorer de citron.

Sangria

10 personnes

Préparation : 15 min
Macération : 1 h

1,5 l de vin rouge
100 g de sucre
2 dl de cognac
1 dl de triple-sec
4 oranges
2 citrons
Soda.

Rassembler dans une grande coupe le vin, le sucre, les alcools, les oranges et les citrons coupés en fines tranches. Laisser macérer 1 heure.

Avant de servir, compléter avec du soda.

On peut utiliser les fruits disponibles suivant la saison : fraises, pêches, framboises...

Screw driver

1 personne

Préparation : 2 min

4 cl de vodka
6 cl de jus d'orange.

Verser les ingrédients dans un tumbler, sur de la glace. Bien remuer.

Servir.

Tequila sunrise

1 personne

Préparation : 2 min

6 cl de jus d'orange
4 cl de tequila
Sirop de grenadine.

Verser le jus d'orange et la tequila dans un tumbler, sur des glaçons.

Verser 1 trait de grenadine.

Servir avec une paille.

Tom Collins

1 personne

Préparation : 2 min

6 cl de gin
2 cl de sirop de sucre de canne
Soda.

Verser le gin et le sirop dans un tumbler, sur quelques glaçons. Compléter avec du soda.

ENTRÉES

Crème glacée vichyssoise

C'est un potage rafraîchissant à servir en été.

Servir un SAINT-POURÇAIN SUR SIOULE, vin rosé à base de gamay et de pinot noir, avec cette crème.

Température : 8 °C.

6 personnes

Préparation : 20 min
Cuisson : 45 min
Repos : 4 h

500 g de blancs de poireaux
500 g de pommes de terre
50 g de beurre
25 cl de crème fraîche épaisse
1 cuil. à soupe de cerfeuil ciselé
Sel
Muscade.

Nettoyer et éplucher les légumes.

Couper très finement les blancs de poireaux. Les faire étuver doucement pendant 15 minutes dans le beurre chaud, sans laisser colorer. Mouiller avec 1,5 l d'eau froide. Saler. Ajouter les pommes de terre coupées en morceaux. Laisser cuire doucement pendant 30 minutes.

Passer au moulin à légumes muni de la grille la plus fine. Assaisonner de sel et de muscade. Ajouter la crème. Bien mélanger et laisser refroidir complètement.

Servir glacé, saupoudré de cerfeuil.

Gaspacho

Servir cette spécialité andalouse glacée, accompagnée des tranches de pain grillées.

COTEAUX DU LANGUEDOC. La fraîcheur du potage et la proximité de l'Andalousie nous guident tout naturellement vers ce vin rosé sec et frais.

Température : 8 °C.

6 personnes

Préparation : 30 min
Cuisson : 2 min
Repos : 2 à 3 h

800 g de tomates mûres à point
800 g de concombre
50 g de poivron doux vert
50 g de poivron doux rouge
3 gousses d'ail
30 g d'échalote
1 dl d'huile d'olive
1 kg de glaçons
1 cuil. à café de cerfeuil concassé
12 tranches de baguette de pain
Sel, poivre.

Monder les tomates. Les couper en deux et les épépiner.

Éplucher le concombre. Le couper en deux, retirer les graines.

Couper les tomates et le concombre en très petits dés. Les réunir dans un saladier. Saler. Laisser dégorger au frais pendant 1 heure.

Couper les poivrons en très petits dés. Réserver.

Piler ensemble l'ail et l'échalote. Monter avec l'huile d'olive.

Ajouter les glaçons dans le mélange tomate-concombre. Laisser fondre doucement.

1 heure avant de servir, ajouter le mélange ail-échalote-huile d'olive. Laisser infuser. Saupoudrer de cerfeuil.

Bortsch aux légumes

6 personnes

Préparation : 30 min
Cuisson : 40 min
Macération : 10 min

300 g de pommes de terre
300 g de chou blanc
100 g de carottes
150 g d'oignons
5 cl d'huile d'arachide
1 feuille de laurier
30 g de concentré de tomate
500 g de betteraves rouges cuites
5 cl de vinaigre de vin
10 g de sucre semoule
1 dl de crème fraîche épaisse
10 g de persil haché
10 g d'aneth haché
Sel, poivre noir en grains.

Nettoyer et éplucher les légumes. Couper séparément les pommes de terre en petits cubes et le chou en julienne courte.

Faire bouillir 2 l d'eau dans une marmite assez grande, saler légèrement, ajouter les pommes de terre. Faire repartir l'ébullition. Ajouter les choux. Laisser mijoter à couvert pendant 20 minutes.

Couper les carottes et les oignons en "paysanne", les faire étuver dans une poêle avec l'huile chaude, sans les laisser colorer. Ajouter quelques grains de poivre écrasés, la feuille de laurier fragmentée et le concentré de tomate. Mélanger et laisser étuver ensemble 5 minutes.

Éplucher les betteraves, les râper finement, ajouter le vinaigre et le sucre. Laisser macérer 10 minutes.

Quand les pommes de terre et le chou sont cuits, verser la "poêlée" de légumes dans la marmite. Donner un bouillon, ajouter les betteraves rouges. Porter rapidement à ébullition. Au premier bouillon, arrêter la cuisson. Rectifier l'assaisonnement si nécessaire (salé, sucré, acide et amer).

Porter sur table accompagné de la crème et des fines herbes, chaque convive en ajoutera dans son assiette selon son goût.

Cette soupe roborative est d'origine russe. Les ingrédients de base sont la betterave, la pomme de terre, le chou. Les légumes sont émincés régulièrement afin d'obtenir une cuisson homogène. 1 kg de bœuf peut être ajouté avec les légumes, transformant ce potage en plat complet.

MÂCON-VILLAGES, un vin blanc sec et fruité qui escortera ce plat.

Température : 10 °C.

Bouillon maraîcher

6 personnes

Préparation : 15 min
Cuisson : 1 h

Les légumes peuvent être réservés pour une consommation ultérieure.

300 g de carottes
150 g de navets
300 g de poireaux
1 laitue
80 g de céleri en branche
1 gousse d'ail
1 branche de cerfeuil
100 g de vermicelles
Sel, poivre.

CÔTES DU JURA blanc. Associez la fraîcheur des légumes à la typicité des vins des côtes du Jura.

Température : 10 °C.

Éplucher et rincer les légumes. Les couper en petits morceaux. Les cuire avec le cerfeuil dans 2 l d'eau, à petite ébullition, sans couvrir. Saler modérément.

Passer le bouillon à la passoire fine.

Le laisser frémir 5 minutes avec les vermicelles.

Servir bien chaud, saupoudré de quelques pluches de cerfeuil.

Crème Choisy

6 personnes

Préparation : 15 min
Cuisson : 45 min

Cette crème peut être accompagnée de petits croûtons frits au beurre.

1 laitue
60 g de beurre
60 g de farine
2 l de bouillon de volaille
20 cl de crème fraîche
Muscade
Cerfeuil
Sel.

Un CHINON rouge jeune sera adapté à ce potage.

Température : 12 °C.

Nettoyer et laver soigneusement la laitue. Réserver 2 belles feuilles vertes, couper le reste en petits morceaux.

Faire fondre 50 g de beurre dans une casserole. Y faire étuver la laitue coupée en remuant constamment. Saupoudrer avec la farine. Cuire quelques instants. Mouiller avec le bouillon. Faire partir l'ébullition et laisser cuire doucement pendant 20 minutes.

Couper les 2 feuilles de laitue en lanières fines. Les faire étuver dans le reste de beurre.

Passer le potage à la passoire fine en pressant fortement. Ajouter la crème. Rectifier l'assaisonnement avec le sel et la muscade. Garnir avec les lanières de laitue et le cerfeuil.

Servir très chaud.

Consommé arlequin

6 personnes

Préparation : 1 h
Cuisson : 2 h 45 min

Bouillon :
300 g de viande maigre (bœuf, volaille)
100 g de carottes
100 g de poireaux
100 g de céleri branche
1 gros oignon
2 clous de girofle.

Clarification :
500 g de viande maigre hachée (bœuf, volaille)
80 g de carottes
80 g de poireaux
2 blancs d'œufs.

Garniture :
80 g de carottes
80 g de haricots verts
80 g de poivron rouge
20 g de beurre
Pluches de cerfeuil.

Préparer le bouillon. Couper la viande en petits morceaux.

Éplucher et nettoyer les légumes. Piquer l'oignon des clous de girofle. Émincer les autres légumes. Couvrir de 3 l d'eau. Porter à ébullition. Écumer. Laisser cuire 1 heure. Passer. Réserver au frais.

Clarifier le bouillon : hacher la viande. Éplucher et émincer finement les légumes. Les mélanger avec les blancs d'œufs au fond d'une casserole. Verser le bouillon refroidi. Porter doucement à ébullition. Laisser frémir 1 heure 30 minutes.

Passer le consommé à travers un chinois garni d'un linge humide.

Éplucher et découper en petits cubes les carottes, les haricots et le poivron de la garniture. Les étuver à couvert, 10 minutes à feu doux, avec le beurre. Les répartir au fond de la soupière.

Verser le consommé très chaud. Parsemer de pluches de cerfeuil et servir aussitôt.

Variantes

C'est une recette de consommé parmi tant d'autres. Différentes viandes peuvent être utilisées, voire du poisson.
La garniture peut comprendre d'autres légumes mais aussi des vermicelles, du tapioca, des dés de jambon...
La viande de bouillon sera réservée et utilisée pour un autre plat (hachis Parmentier, farce...).
Vous pouvez préparer du consommé à partir d'un bouillon de pot-au-feu.

BOURGOGNE blanc, vin sec.

Température : 10 °C.

Gratinée à l'oignon

6 personnes

Préparation : 15 min
Cuisson : 45 min

500 g de gros oignons
50 g de beurre
30 g de farine
1,5 l de bouillon de volaille
25 cl de vin blanc
6 tranches de pain
75 g de gruyère râpé
Sel, poivre.

Un BEAUJOLAIS, servi frais à 10 °C, soutiendra la saveur de ce plat.

Éplucher les oignons, les couper le plus finement possible. Les faire étuver dans le beurre chaud en les laissant colorer légèrement, sans cesser de remuer, pendant environ 10 minutes.

Saupoudrer avec la farine. Mouiller avec le bouillon et le vin blanc. Bien délayer et laisser cuire doucement pendant 30 minutes. Rectifier l'assaisonnement.

Faire griller les tranches de pain. Les disposer dans une soupière ou, mieux encore, dans 6 bols de service allant au four.

Répartir le gruyère râpé sur le pain. Verser dessus la soupe bouillante.

Gratiner sous le gril du four. Servir aussitôt.

Potage aux légumes crus

Accompagner ce potage de tranches de pain de campagne grillées, frottées à l'ail et aspergées de quelques gouttes d'huile d'olive.

6 personnes

Préparation : 20 min

300 g de carottes
100 g de céleri-rave
250 g de tomates
1 concombre
5 cl d'huile d'olive
50 g de persil
Sel, poivre.

Un CÔTES-DE-PROVENCE blanc sec, sans agressivité bien au contraire, escortera ce potage.
Température : 8 °C.

Éplucher et nettoyer les légumes. Monder les tomates. Épépiner le concombre et les tomates.

Couper tous les légumes en petits morceaux, les mettre dans le bol d'un mixer. Faire tourner à grande vitesse en ajoutant progressivement 2 l d'eau bouillante. Saler, poivrer. Ajouter l'huile d'olive. Saupoudrer de persil haché.

Servir sans attendre.

Potage parisien

6 personnes

Préparation : 20 min
Cuisson : 50 min

500 g de poireaux
400 g de pommes de terre
60 g de beurre
100 g de crème fraîche
Sel.

Un VIN DE PAYS DU JARDIN DE LA FRANCE rouge et léger. À servir frais sur ce potage.
Température : 12 °C.

Éplucher et nettoyer les légumes.

Émincer les poireaux très finement.

Faire fondre le beurre dans une casserole assez grande. Y faire étuver les poireaux, en remuant constamment, sans les laisser colorer, pendant 10 minutes. Saler. Mouiller avec 2 l d'eau. Laisser cuire à petits bouillons pendant 10 minutes encore.

Couper les pommes de terre très finement. Les ajouter aux poireaux et laisser cuire le tout 20 minutes.

Incorporer la crème fraîche et servir aussitôt.

Potage Saint-Germain

6 personnes ✕ ○

Préparation : 20 min
Cuisson : 1 h 30 min

500 g de pois cassés
100 g de poireaux
80 g d'oignons
60 g de beurre
2 l de bouillon de volaille
1 gousse d'ail
1 bouquet garni
1 clou de girofle
80 g de lard salé
20 cl de crème fraîche
150 g de croûtons frits
Sel.

Servir un BERGERAC sec, à boire jeune, pour accompagner ce potage.

Température : 8 °C.

Tremper ou laver, suivant l'origine, les pois cassés. Les blanchir si nécessaire. Les égoutter.

Éplucher, laver les poireaux et les oignons. Les couper finement, les faire suer dans la moitié du beurre. Ajouter les pois cassés. Mouiller avec le bouillon. Faire partir l'ébullition. Ajouter l'ail, le bouquet garni et le clou de girofle. Couvrir et laisser cuire doucement 1 heure.

Couper le lard en petits bâtonnets. Les faire rissoler dans le reste de beurre. Les réserver.

Lorsque les pois sont cuits, retirer le bouquet garni et le clou de girofle. Passer le reste au moulin à légumes muni d'une grille fine.

Remettre le potage dans la casserole. Donner un bouillon. Mettre à point avec la crème. Saler. Garnir avec les lardons.

Servir très chaud, accompagné des croûtons frits.

Soupe à la tomate

6 personnes ✕ ○

Préparation : 10 min
Cuisson : 45 min

80 g d'oignon
5 cl d'huile d'olive
800 g de tomates mûres à point
50 g de céleri branche
2 gousses d'ail
1 pincée de sucre
200 g de pommes de terre
1 cuil. à café de basilic haché
Sel.

Servir un SAINT-VÉRAN, vin blanc sec, avec ce plat.

Température : 8 °C.

Éplucher l'oignon, le couper en tranches minces. Les faire fondre dans l'huile d'olive chaude.

Ajouter les tomates coupées en quartiers, le céleri, les gousses d'ail dégermées. Mouiller avec 1,5 l d'eau. Saler. Adjoindre le sucre. Faire partir l'ébullition et laisser cuire doucement pendant 20 minutes.

Ajouter alors les pommes de terre épluchées et coupées en morceaux. Finir de cuire.

Passer au moulin à légumes, grille fine. Rectifier l'assaisonnement.

Servir très chaud en saupoudrant de basilic haché.

Soupe de légumes

6 personnes

Préparation : 30 min
Cuisson : 1 h

50 g de lard salé
50 g d'oignon
300 g de poireaux
150 g de chou vert
200 g de carottes
100 g de navets
250 g de pommes de terre
50 g de haricots verts
30 g de petits pois écossés
30 g de beurre
Sel.

Couper le lard en petits bâtonnets, les faire rissoler légèrement dans le beurre.

Tailler tous les légumes épluchés en petits morceaux les plus fins possible et les ajouter aux lardons dans l'ordre suivant :

- oignon et poireaux ; laisser étuver pendant 5 minutes en remuant ;
- chou vert, puis carottes et navets ; les laisser étuver pendant 5 minutes encore, sans cesser de remuer.

Mouiller avec 2 l d'eau. Saler. Faire partir l'ébullition et laisser cuire doucement pendant 20 minutes.

Ajouter alors les pommes de terre finement coupées, les haricots verts tronçonnés et les petits pois. Laisser cuire encore 20 minutes.

Servir bouillant, accompagné, suivant les goûts, de croûtons de pain grillés et de gruyère râpé.

Le PINOT NOIR d'Alsace, vin fruité et typique, accompagnera ce plat.

Température : 8 °C.

Soupe de potiron "à la coque"

6 personnes

Préparation : 10 min
Cuisson : 1 h 30 min

1 belle courge "muscade" mûre à point (environ 3 kg)
75 cl de lait
75 cl de crème fraîche liquide
150 g de pain de mie
5 cl d'huile d'arachide
20 g de beurre
80 g de gruyère râpé
Muscade
Sel, poivre.

Laver et brosser la courge, en couper le sommet de façon à obtenir l'aspect d'une soupière. Retirer soigneusement toutes les graines et les filaments. Saler et poivrer l'intérieur. Verser dans la cavité le lait et la crème. Poser dessus le couvercle. Le maintenir avec quelques piques en bois pour assurer une fermeture correcte.

Cuire au four préchauffé à 200 °C (th. 6-7), pendant 1 heure 30 minutes.

Couper des croûtons de 1 cm de côté dans le pain de mie. Les faire dorer dans le mélange d'huile et de beurre chaud.

Au terme de la cuisson, retirer le couvercle de la courge. Mélanger la pulpe cuite en purée avec la crème et le lait pour obtenir un mélange crémeux. Rectifier l'assaisonnement si nécessaire.

Porter à table, tel quel, accompagné des croûtons frits et du gruyère râpé.

La douceur du potiron et le léger moelleux du CÔTES-DE-PROVENCE blanc s'uniront parfaitement.

Température : 8 °C.

Soupe de poissons

6 personnes

Préparation : 40 min
Cuisson : 1 h

200 g de rouget grondin
200 g de rascasse
200 g de vive
1 tronçon de congre de 200 g
200 g de merlan
100 g d'oignons
100 g de poireaux
500 g de tomates
50 g d'ail
1 dl d'huile d'olive
Safran en poudre
Graines de fenouil
Sel, poivre.

Rouille :
1,5 dl de mayonnaise à l'huile d'olive (p. 64)
5 gousses d'ail
1 petit piment rouge.

Nettoyer et habiller tous les poissons. Les laver, les couper en morceaux.

Éplucher les oignons et les poireaux. Les couper en petits morceaux. Couper les tomates en quartiers. Éplucher et écraser l'ail.

Chauffer l'huile dans une casserole assez grande. Y faire étuver les oignons et les poireaux. Ajouter les morceaux de poissons. Étuver encore. Adjoindre les tomates, l'ail, le safran et le fenouil. Mouiller avec 2 l d'eau. Saler, poivrer. Laisser cuire doucement pendant 45 minutes.

Retirer alors les plus grosses arêtes. Passer la soupe au moulin à légumes, à la grille fine, pour éliminer toutes les arêtes.

Confectionner une rouille : éplucher l'ail. L'écraser puis l'émincer très finement. Écraser le piment, l'incorporer à la mayonnaise.

Servir très chaud, accompagné de la rouille.

Une suggestion de garniture

Frotter de fines tranches de pain à l'ail, les asperger d'un peu d'huile d'olive. Les servir avec du fromage râpé.

Un BANDOL rosé, souple et gouleyant, accompagnera ce plat à base de poisson.

Température : 8 °C.

Soupe garbure

6 personnes

Préparation : 30 min
Cuisson : 1 h

100 g d'oignons
150 g de poireau
250 g de chou vert
100 g de carottes
100 g de navets
60 g de beurre
100 g de lard salé
250 g de pommes de terre
12 tranches de baguette
Sel.

Éplucher et nettoyer tous les légumes. Couper finement les oignons, le poireau, le chou, les carottes et les navets. Les faire étuver dans le beurre. Mouiller avec 2 l d'eau. Ajouter le morceau de lard. Saler. Laisser cuire pendant 15 minutes.

Ajouter les pommes de terre coupées en morceaux. Cuire 30 minutes sans couvercle.

Retirer le morceau de lard. Le couper en petits cubes, les réserver.

Passer le potage au moulin à légumes, à la grille fine. Récupérer un peu de purée qui reste en-dessous de la grille. Tartiner les tranches de pain avec cette purée. Les faire sécher sous le gril du four.

Vérifier l'assaisonnement du potage, ajouter les lardons.

Servir très chaud, en présentant les croûtons de pain aux légumes à part.

Un vin du Sud-Ouest, un BERGERAC sec et nerveux, pour accompagner ce potage.

Température : 8 °C.

Velouté d'asperges

6 personnes

Préparation : 15 min
Cuisson : 30 min

1 kg d'asperges
60 g de beurre
60 g de farine
Muscade
20 cl de crème fraîche
Cerfeuil
Sel.

Éplucher les asperges, les mettre en cuisson dans 2 l d'eau salée.

Confectionner un roux avec le beurre et la farine.

Égoutter les asperges. Garder l'eau de cuisson. Séparer les pointes des tiges. Réserver les pointes.

Verser l'eau de cuisson sur le roux. Bien délayer. Ajouter les tiges coupées en morceaux. Laisser cuire 5 minutes.

Passer à la passoire fine en pressant fortement. Assaisonner d'une pointe de muscade râpée. Ajouter la crème. Saler si nécessaire. Garnir avec les pointes d'asperges réservées et quelques pluches de cerfeuil.

Servir très chaud.

Lorsque l'on prépare une grande quantité d'asperges, pour les consommer en hors-d'œuvre ou en légumes, l'eau de cuisson peut être réservée pour réaliser cet excellent potage. En utilisant des asperges vertes, violettes, ou blanches, le potage sera différent, en goût et en couleur.

Un MUSCAT d'Alsace très aromatique soulignera à merveille la douceur des asperges.

Température : 8 °C.

L'AUTOCUISEUR

Quelle taille choisir ?

Les fabricants proposent des autocuiseurs de capacités différentes afin que chacun puisse trouver celui qui lui convient. Un seul conseil : acheter un autocuiseur d'une capacité légèrement supérieure à celle conseillée pour le nombre de personnes de votre famille.

2/3 pers.	*4 à 6 l*
4/5 pers.	*7 à 8 l*
Plus de 5 pers.	*8 à 10 l*

Quelques conseils

— Vérifier régulièrement le bon fonctionnement de la soupape de sécurité.
— Ne pas placer l'autocuiseur vide et fermé sur le feu.
— Revisser le couvercle de l'autocuiseur si de la vapeur s'échappe par le tour.
— Pour cuire du riz, des féculents et des laitages, ne remplir l'appareil qu'au tiers de sa capacité pour éviter que l'écume de cuisson obstrue les soupapes.

Il est défini par une norme AFNOR comme suit : « Tout récipient, casserole ou marmite, de contenance nominale inférieure à 25 l permettant de cuire les aliments en vase clos, à une ou des températures déterminées nettement supérieures à la température d'ébullition de l'eau, sans toutefois dépasser 125 °C ». C'est l'autocuiseur, tel que nous le connaissons tous, présent couramment dans nos cuisines depuis les années 1950 et qui équipe actuellement plus de trois foyers sur quatre.

UN PEU DE THÉORIE

De forme ronde ou allongée, les autocuiseurs sont réalisés en aluminium, en aluminium laqué, en acier émaillé ou en acier inoxydable.

Quel que soit le matériau employé, il doit être neutre, ne pas altérer les denrées que l'on fait cuire et être facile à nettoyer.

Le choix de la forme dépendra surtout de ce que vous cuisinez le plus, la forme ovale correspondant surtout aux pièces de viande ou aux volailles.

Votre autocuiseur étant fermé (après y avoir bien entendu versé un peu d'eau), vous le placez sur le feu. L'eau va s'échauffer jusqu'à se transformer en vapeur qui commencera à s'échapper par la soupape. La vapeur a chassé l'air de l'autocuiseur, évitant ainsi tout risque d'oxydation pour les vitamines des aliments en train de cuire. C'est lorsque ce stade est atteint que la soupape chuchote. Le temps de cuisson indiqué dans la recette est à prendre en compte à partir de ce moment-là. L'intensité de la flamme ou de la plaque est diminuée et la cuisson se poursuit à feu doux. Ce mijotage est important car il permet les économies d'énergie et empêche les ingrédients d'attacher.

Dès que le temps de cuisson est écoulé, il faut immédiatement laisser sortir toute la vapeur. Lorsque tout sifflement a cessé, ouvrir le couvercle.

DE SOLIDES ATOUTS

À condition de respecter quelques précautions (respect de la durée de cuisson, utiliser peu de liquide, couper le moins possible les fruits et les légumes), la cuisson à l'autocuiseur vous offrira tous ses avantages dont les principaux sont :

— la cuisson est rapide — l'aliment est donc exposé peu de temps à la chaleur — préservant un maximum d'éléments nutritifs ;
— le peu de liquide nécessaire à la cuisson limite les pertes de nutriments par dissolution ;
— la cuisson se fait dans un milieu clos, à l'abri de l'air, réduisant au maximum l'oxydation de la vitamine C.

UN OUTIL MULTICUISSON

- **À l'eau** :

Cette cuisson est employée pour les crustacés, les poissons (c'est rare), le bœuf, le veau, le mouton et le porc (morceaux de 2ᵉ et 3ᵉ catégorie), les charcuteries (jambon, saucisses), la volaille, les abats, les fruits et les légumes.

L'aliment à cuire est placé dans l'autocuiseur rempli d'eau chaude ou froide suivant le cas, le couvercle est fermé hermétiquement et le tout est placé à feu vif jusqu'à ce que la soupape chuchote. Le feu est baissé et la cuisson commence. À la fin, évacuer la vapeur puis ouvrir le couvercle.

- **À la vapeur** :

L'aliment est cuit par la chaleur de la vapeur. Il n'est pas en contact avec l'eau, c'est donc un mode de cuisson très intéressant du point de vue nutritionnel. Une petite quantité d'eau suffit.

Cette cuisson est particulièrement adaptée aux légumes, mais aussi à certains fruits frais.

- **À l'étouffée** :

Les aliments cuisent doucement dans un peu de matière grasse, à couvert. C'est l'eau contenue dans les ingrédients qui va former la vapeur.

En pratique, après avoir fait revenir les aliments dans un peu de matière grasse, il faut ajouter la garniture et, si nécessaire, un peu de liquide (eau, vin, bouillon). La cuisson se poursuit couvercle fermé et dès que la soupape chuchote, le feu est réduit au minimum tout en maintenant la pression.

La cuisson à l'étouffée est à utiliser pour les viandes de 2e et 3e catégorie, les légumes frais, la volaille et certains poissons peu fragiles.

- **En sauce** :

C'est le domaine des ragoûts, cuisson proche de celle à l'étouffée. La principale différence réside dans le fait que la viande est détaillée et mise à cuire avec une sauce.

Cette cuisson est pratique et facile à réaliser. Attention toutefois à respecter soigneusement les temps de cuisson et la quantité de liquide indiqués dans la recette.

La cuisson en sauce convient particulièrement aux poissons, aux abats, à la volaille, au gibier et aux viandes de 3e catégorie.

- **Rôti** :

C'est une cuisson rapide, qui s'effectue sans vapeur et sans liquide de cuisson.

L'aliment est rôti dans un peu de matière grasse, directement dans l'autocuiseur. Dès qu'il est doré, le couvercle est fermé hermétiquement. Il faut être très attentif car le dégagement de la vapeur est très faible.

TROIS CONSIGNES

— **Surveillez vos aromates !**

Ayez la main légère. La cuisson en autocuiseur, donc en vase clos, concentre les parfums de l'aliment et de sa garniture. Vous pouvez à peu près diviser par deux les quantités habituellement employées.

— **Pas trop de liquide !**

Vous n'emploierez environ que la moitié des quantités habituelles. Le liquide versé au départ se retrouvera intégralement à la fin, il n'y a aucune évaporation durant la cuisson. Il peut, par contre, s'enrichir de l'eau de constitution de certains aliments. Une sauce un peu courte peut s'allonger, sans nuire à sa qualité ; l'inverse n'est guère possible.

— **Surveillez le chrono !**

La cuisson étant rapide, les temps de cuisson sont précis, à la minute près. Quelques minutes en moins et votre aliment reste croquant, une ou deux minutes supplémentaires et vous risquez d'obtenir de la purée.

Les temps de cuisson traditionnels sont généralement divisés par trois pour obtenir la durée en autocuiseur.
Exemple : des courgettes cuites à l'eau nécessitent 15 minutes de cuisson dans une casserole et 5 minutes en autocuiseur.

LE MICRO-ONDES

Le choix de l'appareil dépend essentiellement de la puissance restituée : c'est la puissance électrique effectivement disponible après déduction de la consommation d'énergie nécessaire pour le fonctionnement de l'appareil (minuterie, éclairage, plateau tournant...). Plus cette puissance restituée est élevée, plus le temps de préparation culinaire est limité.

UNE HISTOIRE D'ONDES

C'est le dernier né des appareils de cuisine. De plus en plus répandu, il correspond parfaitement aux nouveaux modes d'alimentation : décongeler, réchauffer.

Le courant électrique qui alimente l'appareil est transformé en courant haute tension, transformé à son tour par le magnétron en ondes électromagnétiques, les micro-ondes. Elles se répandent dans une enceinte à parois métalliques, appelée, à tort, four.

Ces ondes ont une particularité : elles pénètrent tous les matériaux non métalliques et font remuer les molécules d'eau qu'elles rencontrent, provoquant ainsi un échauffement de l'aliment.

La répartition de ces ondes n'étant pas homogène, les fabricants ont inventé différents systèmes pour atténuer ce défaut — le plus efficace étant le plateau tournant — qui permettent de faire passer tout l'aliment sous le faisceau d'ondes.

DES AVANTAGES

Ces appareils sont très utiles en « fours » d'appoint. Ils permettent la décongélation, le réchauffage des liquides et des aliments préparés. Ils peuvent aussi être utilisés pour la cuisson des denrées comme les poissons, les volailles...

Les fours à micro-ondes combinés, en intégrant plusieurs modes de cuisson simultanés, permettent de véritables préparations culinaires. Le gain de temps et l'encombrement réduit de ces fours sont leurs principaux atouts. Les modèles électroniques possèdent un départ différé, la possibilité de mémoriser des programmes de décongélation, de cuisson, suivant le poids et la nature des aliments... jusqu'à l'enchaînement de plusieurs modes de cuisson.

Ces appareils permettent également de cuisiner rapidement pour faire face à des invités inattendus, de réchauffer l'assiette du retardataire, de préparer des plats sans aucune matière grasse en préservant la saveur de chaque ingrédient.

CHOIX DU MATÉRIEL

Il existe un choix de plus en plus large de matériel spécifiquement conçu pour le micro-ondes : plats en résine de synthèse, barquettes, cloches à assiette, plats spéciaux vapeur, plats brunisseurs, et même autocuiseurs.

Vous n'avez pas besoin de tout cela pour cuisiner, mais sachez néanmoins qu'un plat brunisseur et un plat spécial vapeur avec un couvercle adapté vous rendront bien des services.

Pour le reste, vous pouvez toujours vous débrouiller avec votre vaisselle habituelle, tout en sachant qu'il faudra éviter les plastiques souples, les récipients en mélaminé, en bois ou comportant des filets dorés ou argentés.

Il faudra proscrire de votre enceinte à micro-ondes tous les matériaux métalliques ainsi que le papier aluminium.

Darne de cabillaud

4 personnes

Préparation : 15 min
Ut. M.O. : 15 min
Repos : 3 min

1 kg d'oseille
15 g de farine
50 g de beurre
1/4 l de crème fraîche liquide
4 tranches de cabillaud
Sel, poivre.

Travailler la farine et 20 g de beurre.

Mettre un morceau de beurre avec l'oseille dans un saladier. Couvrir. Cuire 3 minutes puissance maximum. Mélanger. Ne pas couvrir. Cuire 3 minutes puissance maximum. Égoutter.

Ajouter la crème. Assaisonner.

Chauffer 5 minutes le plat brunisseur. Ajouter les tranches de cabillaud beurrées au pinceau. Ne pas couvrir. Cuire 1 minute puissance maximum. Retourner les tranches. Ne pas couvrir. Cuire 1 minute puissance maximum.

Ajouter l'oseille. Couvrir et cuire 3 minutes puissance maximum. Ajouter le beurre préparé. Ne pas couvrir. Cuire 1 minute puissance maximum. Laisser reposer 1 minute.

Ris de veau aux champignons

4 personnes

Préparation : 10 min
Ut. M.O. : 32 min
Trempage : 6 h

2 grosses pommes de ris de veau
1 cuillerée de vinaigre
60 g de beurre
2 échalotes
1 verre de vin blanc
400 g de champignons au choix
1/2 l de crème liquide
Sel, poivre.

Faire tremper les ris de veau à l'eau froide avec le vinaigre et du gros sel pendant 6 heures au réfrigérateur.

Verser un peu d'eau dans le fond d'un plat à vapeur. Poser les ris sur le panier. Couvrir et faire cuire 6 minutes à puissance maximale. Attendre 5 minutes et nettoyer les ris de veau. Enlever toute la peau et les parties grasses en essayant de les conserver entiers.

Faire chauffer 5 minutes le plat brunisseur. Enduire les ris de beurre fondu. Les poser sur un côté du plat et faire cuire 2 minutes à puissance maximale sans couvrir. Les retourner sur l'autre côté du plat.

Verser sur les ris l'échalote finement hachée et faire cuire encore 2 minutes sans couvrir.

Ajouter le vin blanc. Retourner les ris de veau. Saler, poivrer et faire cuire 3 minutes à puissance maximale sans couvrir.

Ajouter les champignons émincés et la crème. Couvrir et faire cuire 5 minutes à puissance moyenne. Ôter les ris de veau et les mettre dans le plat de service. Couvrir et tenir au chaud.

Faire cuire la sauce 4 minutes sans couvrir, à puissance maximale. En napper les ris de veau.

Médaillons de veau

4 personnes

Préparation : 30 min
Ut. M.O. : 20 min
Repos : 3 min

20 g d'épinards
8 médaillons de veau
Huile
40 g de beure
30 g d'échalote
150 g de champignons au naturel
2 dl de fond brun (p. 58)
Sel, poivre.

Nettoyer les épinards. Les cuire 30 secondes à l'eau bouillante. Les égoutter.

Préchauffer une cocotte brunisseuse 5 minutes. Y faire rissoler les médaillons huilés et assaisonnés. Cuire 1 minute. Retourner. Cuire 1 minute.

Retirer les médaillons. Ajouter le beurre, l'échalote ciselée, les champignons. Couvrir.

Cuire 3 minutes. Mélanger. Cuire 3 minutes à découvert. Retirer les champignons. Ajouter le fond brun. Cuire 2 minutes.

Dresser les médaillons avec les champignons.

Décorer avec les feuilles d'épinard. Les dresser dans une cocotte.

Napper de sauce. Couvrir. Cuire 3 minutes. Laisser reposer 3 minutes.

Abricots Condé

4 personnes

Préparation : 15 min
Ut. M.O. : 26 min

100 g de riz
1/2 l de lait
2 œufs
50 g de sucre
4 oreillons d'abricots au sirop
15 g d'angélique
8 bigarreaux confits.

Mettre le riz dans un saladier. Le couvrir d'eau froide. Couvrir et cuire 5 minutes. Égoutter et rincer le riz.

Mettre le lait dans un saladier. Porter à ébullition. Ajouter le riz. Mélanger. Couvrir et cuire 5 minutes. Mélanger. Cuire la même durée. Ajouter les jaunes d'œufs et le sucre. Cuire 2 minutes.

Répartir cet appareil dans 4 ramequins. Laisser refroidir.

Récupérer dans un saladier une partie du jus contenu dans la boîte d'abricots et le faire réduire environ 5 minutes.

Démouler le riz. Disposer harmonieusement les abricots émincés sur le dessus. Napper de sirop. Décorer avec l'angélique et les bigarreaux.

Aspic de filets de truite aux légumes nouveaux

6 personnes

Préparation : 1 h
Cuisson : 45 min
Repos : 6 h

6 filets de truite de 120 à 150 g pièce
100 g de blancs de poireaux
150 g de carottes nouvelles
100 g de pois mange-tout
100 g de petits oignons nouveaux blancs
100 g de haricots verts
50 g de petits pois écossés
30 g d'ail
Thym, laurier
1 clou de girofle
8 feuilles de gélatine
Ciboulette
Persil plat
Sel, poivre.

Laver les filets de truite, les éponger, les réserver.

Éplucher, trier, laver et sécher tous les légumes. Couper les blancs de poireaux en tronçons de 2 à 3 cm de long. Diviser les carottes dans leur longueur en 2 ou en 4 morceaux selon leur grosseur.

Faire bouillir 1 l d'eau salée. Y faire cuire séparément et successivement tous les légumes en les gardant croquants. Les sortir dès qu'ils sont à point, à l'aide d'une écumoire. Les plonger immédiatement dans une grande quantité d'eau très froide pour arrêter leur cuisson.

Les égoutter très soigneusement, les éponger, les réserver au frais.

Dans l'eau de cuisson des légumes, ajouter l'ail écrasé, le thym, le laurier et le clou de girofle. Laisser frémir 10 minutes. Y faire pocher les filets de truite pendant 4 minutes. Les égoutter, les laisser refroidir.

Ramollir les feuilles de gélatine dans de l'eau froide, les égoutter, les presser, les ajouter au bouillon chaud. Bien laisser dissoudre sans remuer. Rectifier l'assaisonnement. Passer l'ensemble au travers d'un chinois fin en veillant à ne pas troubler le liquide. Laisser refroidir.

Laver la ciboulette et le persil. Les égoutter, les sécher, les hacher.

Montage de l'aspic : dans un saladier (ou une terrine) qui aura été mis à refroidir, verser une couche de bouillon froid encore liquide. Parsemer de ciboulette et de persil. Ranger joliment les filets de truite alternés avec les légumes. Couler progressivement le bouillon pour qu'il recouvre l'ensemble. Mettre au réfrigérateur pour 6 heures au moins.

Au moment du service, plonger rapidement le saladier (ou la terrine) dans de l'eau très chaude, essuyer le récipient, s'assurer que l'aspic se décolle de son moule en glissant tout autour la lame d'un petit couteau. Démouler prestement sur un plat.

Servir très frais, accompagné de salade mêlée selon le goût (mesclun à l'huile d'olive par exemple).

Mariage entre la fraîcheur et les nuances du RIESLING, vin blanc sec d'Alsace, et les légumes nouveaux.

Température : 8 °C.

Assiette scandinave

6 personnes

Préparation : 25 min

---

100 g d'anguille fumée
1 hareng fumé
1 truite fumée (ou l'équivalent en filets de truite fumée)
100 g de saumon fumé
100 g de flétan fumé
30 g d'œufs de saumon (ou à défaut d'œufs de lump)
12 crevettes bouquet
2 citrons
Aneth
Pain au choix.

Sauce :
25 cl de crème fraîche liquide
Ciboulette
Aneth
Le jus d'1 citron
Sel, poivre.

Lever les filets d'anguille, de hareng et de truite fumée, si cela est nécessaire. Les couper en nombre de portions nécessaires (tous ces poissons peuvent être achetés en filets).

Répartir harmonieusement, sur des assiettes, les morceaux de poisson, les œufs de saumon et les crevettes. Décorer de demi-citrons et de feuilles d'aneth.

Confection de la sauce : fouetter la crème bien froide. Saler, poivrer, Quand elle est bien ferme, y ajouter la ciboulette et l'aneth hachés (il faut en mettre suffisamment pour que la crème prenne la couleur verte). Compléter avec le jus de citron. Servir à part, en saucière.

Présenter à part des tranches de pain de campagne grillées, du pain de seigle, des toasts...

La liste des poissons fumés entrant dans cette composition n'est pas limitative, d'autres poissons fumés se prêtent fort bien à cette préparation.

Klein-Hubert

Un SANCERRE blanc, sec, fruité et acidulé, séduira, avec élégance, ce mets.

Température : 8 °C.

Avocats farcis au crabe

6 personnes

Préparation : 20 min

3 avocats mûrs à point
1 citron
150 g de chair de crabe cuite
5 cl de cognac
50 g de crevettes cuites décortiquées
1/4 l de mayonnaise (p. 64)
1 cœur de laitue
Sel, poivre.

Couper les avocats en 2 dans la longueur. Retirer le noyau. Arroser la chair de jus de citron pour qu'elle ne noircisse pas.

Émietter la chair de crabe. L'arroser de cognac. Y mélanger les crevettes et la mayonnaise. Vérifier l'assaisonnement.

Couper la laitue en chiffonnade, la disposer sur un plat de service (ou sur assiettes).

Garnir chaque demi-avocat avec la préparation au crabe. Les poser sur la chiffonnade.

Servir frais.

Un QUINCY blanc sec et fruité, vif et distingué, escortera sans complexe ce mets.

Température : 8 °C.

Œufs en gelée

6 personnes

Préparation : 30 min
Cuisson : 15 min
Repos : 12 h

6 œufs extrafrais
1 dl de vinaigre blanc
5 dl de gelée
Cerfeuil
150 g de saumon fumé en tranches
100 g de mâche
Vinaigrette (p. 69).

Pocher les œufs un à un en les faisant glisser délicatement dans de l'eau frémissante vinaigrée. Les laisser cuire 3 minutes. Les retirer avec précaution et les refroidir dans de l'eau glacée. Les égoutter soigneusement, les ébarber pour leur donner une forme régulière, les laisser éponger sur un papier absorbant.

Refroidir 6 ramequins, de préférence en verre, dans de la glace pilée.

Faire fondre la gelée sans trop la faire chauffer. Elle doit se liquéfier mais rester froide. Couler de la gelée dans les ramequins. Laisser prendre au fond et autour une pellicule d'1/2 cm.

Décorer le fond des ramequins d'une pluche de cerfeuil et d'un morceau de saumon fumé découpé en disque, en losange... selon le goût. Disposer une bande de saumon fumé autour, à l'intérieur des ramequins. Mettre 1 œuf dans chacun, délicatement. Couler la gelée. Laisser prendre au froid.

Pour démouler, tremper les ramequins quelques secondes dans de l'eau bouillante et les retourner sur des assiettes ou sur un plat. Décorer avec la salade de mâche assaisonnée.

À l'envers !

Lors de la préparation de vos aspics, pensez qu'ils seront servis retournés... Il faut prévoir le décor en conséquence, c'est-à-dire le monter à l'envers. C'est une entrée très pratique car, en variant les ingrédients, vous pouvez changer les goûts et les saveurs : jambon cru ou cuit, mousse de foie gras, macédoine... De plus, vous pouvez aisément la préparer à l'avance.
L'aspic peut être préparé à partir de gelée déshydratée reconstituée avec de l'eau, ou achetée déjà toute prête. Dans ce dernier cas, il ne reste qu'à la faire fondre à feu doux.

PINOT BLANC, vin blanc sec et franc d'Alsace. En accord avec les œufs, il constitue un juste milieu dans la gamme des vins d'Alsace.

Température : 8 °C.

Légumes à la grecque

6 personnes

Préparation : 1 h
Cuisson : 45 min

200 g d'oignons hachés
30 g d'ail écrasé
1 l de vin blanc
Le jus de 3 citrons
2 dl d'huile d'olive
Coriandre en grains
Anis étoilé
Thym, laurier
6 fonds d'artichauts
1 courgette moyenne
250 g de petits oignons grelots
1 cuil. à café de concentré de tomate
400 g de champignons de Paris
300 g de chou-fleur
Safran
Sel, poivre en grains.

Réunir dans une casserole l'oignon, l'ail, le vin blanc, le jus de citron, l'huile d'olive, le poivre, la coriandre, l'anis, le thym et le laurier. Saler et cuire pendant 20 minutes. Passer cette cuisson à la passoire fine.

Couper les fonds d'artichauts en petits quartiers. Les disposer dans une petite casserole. Les mouiller juste à hauteur avec de la cuisson. Couvrir et cuire.

Couper la courgette en tronçons puis en quartiers. Retirer les graines. La disposer dans une petite casserole. Mouiller avec de la cuisson. Cuire vivement.

Éplucher les petits oignons, les mettre dans une casserole avec le concentré de tomate et juste assez de cuisson pour les couvrir. Cuire vivement.

Nettoyer les champignons. Les laver soigneusement, les sécher, les cuire rapidement avec juste assez de cuisson.

Diviser le chou-fleur en petits bouquets. Les cuire avec de la cuisson et du safran.

Lorsque tous les légumes sont cuits, les égoutter, les dresser séparément dans des raviers. Faire réduire à feu vif toutes les cuissons à l'état de sirop. Verser sur les légumes et laisser refroidir avant de servir.

PETIT CHABLIS. Ce vin blanc sec et minéral du vignoble de l'Yonne prendra du relief sur ce plat légèrement acidulé.

Température : 8 °C.

Pâté en croûte au canard

10 personnes

Préparation : 1 h 15 min
Cuisson : 1 h 15 min
Repos : 12 h

---

1 canard de 1,800 kg à 2 kg
5 cl d'huile
150 g de foies de volaille
300 g d'échine maigre de porc
200 g de lard gras
Sel épicé
5 cl de cognac
1 boîte de 30 g de morceaux de truffe (facultatif)
400 g de pâte à pâté (p. 75)
1 œuf
1/4 l de gelée
5 cl de porto
Sel, poivre.

Désosser entièrement le canard.

Couper les aiguillettes en lanières, les faire raidir rapidement dans un peu d'huile chaude. Les saler, les poivrer, les réserver.

Hacher toute la chair du canard, les foies de volaille, le maigre de porc et le lard gras à la grille moyenne. Assaisonner de sel épicé (à raison de 15 g par kilo de farce). Ajouter le cognac et les morceaux de truffe avec leur jus. Bien malaxer.

Étaler les deux tiers de la pâte à pâté. Foncer un moule rectangulaire. Laisser dépasser la pâte sur 2 cm du bord, tout autour du moule. Remplir le moule à moitié de farce. Poser dessus les lanières d'aiguillettes. Recouvrir entièrement avec le reste de farce.

Étaler le tiers de la pâte restante pour former le couvercle du pâté. Souder soigneusement en utilisant l'œuf battu. Dorer et décorer le dessus. Pratiquer une cheminée avec un morceau de papier sulfurisé.

Enfourner dans un four préchauffé à 220 °C (th. 7-8). Laisser cuire environ 1 heure. Penser à diminuer la chaleur à 180 °C (th. 6) dès que la pâte est bien colorée. Laisser refroidir le pâté jusqu'au lendemain.

Fondre la gelée sans la faire chauffer. Ajouter le porto. Couler cette gelée dans le pâté par la cheminée.

Remettre au froid pour 2 à 3 heures.

Couper de belles tranches en utilisant un couteau-scie et les dresser sur un plat de service.

Accompagner de petits cornichons au vinaigre ou de cerises à l'aigre-doux.

CÔTES-DU-RHÔNE-VILLAGES. Ce vin rouge corpulent et agréable, dégusté jeune, enchantera ce mets.

Température : 14 °C.

Salade de fonds d'artichauts aux blettes

6 personnes ✕ ○

Préparation : 40 min
Cuisson : 15 min
Marinade : 20 min

6 fonds d'artichauts surgelés
Le jus d'1 citron
200 g de feuilles de blettes
5 cl de vinaigre de vin blanc
1 dl d'huile d'olive
30 g d'échalote
Sel, poivre.

Cuire les fonds d'artichauts encore gelés dans de l'eau bouillante salée additionnée du jus de citron. Les laisser tiédir dans l'eau de cuisson.

Nettoyer les blettes, retirer les tiges. Les laver soigneusement, les égoutter et les sécher sans presser. Couper les plus grandes feuilles en deux.

Confectionner une vinaigrette avec le vinaigre, du sel, du poivre et l'huile d'olive. Y adjoindre l'échalote hachée finement. Mélanger les blettes dans cette sauce. Les y laisser mariner 20 minutes.

Égoutter les fonds d'artichauts, les couper en tranches. Les dresser en rosace sur 6 assiettes de service. Poser au centre 1 bouquet de blettes.

Servir sans attendre.

On peut réaliser cette salade en remplaçant les feuilles de blettes par de jeunes épinards.

COTEAUX D'ANCENIS. Ce vin rosé, léger et frais, du Pays nantais, accompagnera ce plat.

Température : 8 °C.

Salade de haricots verts forestière

6 personnes ✕ ○

Préparation : 10 min
Cuisson : 5 min

1 boîte 4/4 de haricots verts extrafins au naturel
1 boîte 4/4 de champignons émincés au naturel
100 g de lard fumé
80 g d'oignon
1 cuil. à soupe de moutarde
1 cuil. à soupe de vinaigre de vin
3 cuil. à soupe d'huile
1 cuil. à soupe de persil haché
Sel, poivre.

Ouvrir la boîte de haricots, égoutter et rincer le contenu.

Ouvrir la boîte de champignons, les égoutter soigneusement.

Couper le lard en petits bâtonnets réguliers.

Hacher l'oignon finement.

Confectionner une vinaigrette avec la moutarde, du sel, du poivre, le vinaigre et l'huile.

Dans une poêle antiadhésive, faire rissoler les lardons dans leur graisse. Ajouter les champignons. Les faire sauter ensemble pendant quelques instants.

Assaisonner les haricots verts avec la vinaigrette. Mélanger soigneusement. Dresser dans un saladier ou sur des assiettes. Répartir dessus les champignons aux lardons. Saupoudrer avec l'oignon et le persil. Servir sans attendre.

La fraîcheur du MÂCON-VILLAGES s'accordera avec ce plat.

Température : 8 °C.

MADIRAN. Ce vin corsé connu, de la région du Sud-Ouest, s'accommodera à cette spécialité régionale.

Température : 16 °C.

Salade de magret de canard fumé

4 personnes

Préparation : 45 min
Repos : 2 h

1 magret de canard fumé
1 petite truffe fraîche
200 g de foie gras de canard
5 cl de muscat de Beaumes-de-Venise
100 g de mâche
1 cœur de frisée bien blanc
1/2 botte de radis roses
2 cl de vinaigre de xérès
5 cl d'huile d'arachide
Sel, poivre du moulin.

Émincer le magret en très fines tranches. Les réserver au froid pendant au moins 2 heures.

Hacher finement la truffe. La mélanger avec le foie gras. Ajouter le muscat de Beaumes-de-Venise. Mettre au froid.

Nettoyer soigneusement la mâche, supprimer le pied sableux. Trier la frisée. Laver les salades dans plusieurs eaux. Bien égoutter. Sécher.

Nettoyer les radis. En conserver quelques-uns avec une partie de leurs fanes pour le décor. Couper les autres en rondelles. Saler légèrement. Réserver.

Retirer le maximum de gras des tranches de magret. Les couper en deux transversalement. Les étaler sur une planche, les poivrer de quelques tours de moulin. Déposer sur chaque morceau une belle noisette de foie gras. Enrouler la tranche de magret autour. Mettre au froid.

Confectionner une vinaigrette avec le vinaigre, du sel, du poivre et l'huile. Assaisonner la salade. Y mélanger les rondelles de radis.

Sur des assiettes de service ou sur un plat, dresser un lit de salade. Disposer dessus et autour des "coussinets" de magret au foie gras. Décorer de quelques radis.

Servir frais.

CABERNET d'ANJOU, vin demi-sec, un des meilleurs rosés français, à boire jeune et frais, en accompagnement de ce plat.

Température : 8 °C.

Salade de melon marocaine

6 personnes

Préparation : 30 min

1 melon d'eau
1 botte de radis roses
2 oignons nouveaux avec leur tige
1/2 cuil. à café de harissa
1 dl d'huile d'olive
1 bouquet de menthe fraîche
Sel, poivre.

Couper le melon en deux, retirer les graines. Récupérer la chair, la couper en dés ou, mieux, se servir d'une cuillère à pommes parisiennes pour en faire des petites boules.

Nettoyer les radis, les couper en fines tranches.

Émincer les oignons finement avec leur tige.

Dans un saladier, délayer la harissa avec l'huile. Y mêler tous les éléments. Saler, poivrer si nécessaire.

Garnir une demi-écorce de melon avec cette préparation. Décorer de feuilles de menthe.

Servir bien frais.

Salade de pissenlit à la truite fumée

4 personnes

Préparation : 35 min
Cuisson : 5 min

2 truites fumées (ou l'équivalent en filets de truite fumée)
300 g de pissenlit bien blanc (Barbe-de-Capucin)
200 g de pain de mie
1 carotte
3 cl de vinaigre de vin vieux
5 cl d'huile de noisette
5 cl d'huile d'arachide
30 g de beurre
Persil plat
Sel, poivre.

Couper les filets de truite en bâtonnets de 8 cm de long sur 1 cm de large environ. Les disposer sur une plaque allant au four.

Trier et laver soigneusement le pissenlit. L'égoutter, le sécher.

Retirer la croûte du pain. Détailler la mie en cubes de 1 cm.

Découper la carotte épluchée en rondelles. Les blanchir. Les rafraîchir.

Confectionner une vinaigrette avec du sel, du poivre, le vinaigre, l'huile de noisette et l'huile d'arachide. En assaisonner le pissenlit.

Glisser les bâtonnets de filet de truite sous le gril du four au plus chaud pendant 1 à 2 minutes.

Faire chauffer le beurre dans une poêle. Y faire dorer les croûtons sur tous les côtés.

Disposer le pissenlit assaisonné sur des assiettes de service. Répartir dessus les bâtonnets de truite très chauds et les croûtons brûlants. Parsemer de persil juste concassé.

Servir sans attendre.

SYLVANER, vin blanc sec et vif d'Alsace. Cette salade agréable saura flatter le discret fruité du Sylvaner.

Température : 8 °C.

Salade de pleurotes aux foies de volaille

6 personnes

Préparation : 30 min
Cuisson : 30 min

800 g de pleurotes
30 g de beurre
250 g de foies de volaille
1 gousse d'ail
30 g d'échalote hachée
2 dl de vinaigre de vin vieux
5 cl d'huile d'olive
2 cl d'huile d'arachide
1 cuil. à soupe de persil plat haché
Sel, poivre.

BROUILLY, vin rouge léger et souple du Beaujolais. Le vin approprié pour un plat léger.

Température : 14 °C.

Nettoyer et trier soigneusement les pleurotes. Les couper en morceaux réguliers. Les faire cuire dans une grande poêle avec le beurre chaud. Saler, poivrer. Laisser évaporer toute l'eau de végétation. Les verser dans un saladier quand ils sont cuits.

Nettoyer soigneusement les foies de volaille et retirer toutes les traces de fiel qui donneraient un goût amer. Couper en lanières.

Écraser l'ail. L'ajouter, avec l'échalote hachée, aux pleurotes tièdes. Assaisonner avec le vinaigre et l'huile d'olive. Bien mélanger.

Chauffer vivement l'huile d'arachide dans une poêle. Y faire sauter rapidement les foies de volaille, à feu vif. Assaisonner.

Lorsqu'ils sont bien dorés, les verser d'un coup sur les pleurotes, avec leur jus. Mélanger. Saupoudrer de persil haché.

Servir sans attendre.

Salade de riz sauvage à la truite fumée

4 personnes

Préparation : 25 min
Cuisson : 20 min
Macération : 2 h

200 g de riz sauvage
1 citron jaune
1 citron vert
1 dl d'huile d'olive
1 botte de radis roses
1 truite fumée (ou l'équivalent en filets de truite fumée)
1 petit melon
Coriandre fraîche
Sel, poivre.

Mettre le riz à cuire dans de l'eau bouillante salée. L'égoutter dès qu'il est cuit, sans le refroidir.

Confectionner la sauce d'assaisonnement en mélangeant le jus des 2 citrons, du sel, du poivre et l'huile d'olive. S'en servir pour assaisonner le riz encore chaud. Laisser macérer 2 heures environ.

Nettoyer les radis. Retirer les fanes. Les laver, les couper en rondelles. Les saler légèrement. Les réserver au frais.

Lever les filets de truite si cela est nécessaire. Les couper en carrés de 2 cm environ. Les réserver au frais.

Couper le melon en deux. Retirer les graines. Diviser la chair en cubes ou, mieux, la retirer à l'aide d'une cuillère spéciale dite "cuillère à pommes parisiennes" pour faire des boules. Réserver la chair au frais.

Lorsque le riz est bien imprégné de sauce, et refroidi, ajouter en mélangeant les morceaux de truite fumée, les radis et le melon. Mélanger soigneusement. Parsemer avec les feuilles de coriandre grossièrement hachées.

COSTIÈRES DE NÎMES. Servir ce vin rosé frais avec cette salade comprenant du poisson fumé.

Température : 8 °C.

Salade des îles

6 personnes

Préparation : 20 min
Cuisson : 20 min

50 g de riz brun
3 ananas Victoria
1 citron vert
150 g de chair de crabe
1 cœur de laitue
1/4 l de mayonnaise (p. 64)
1 cuil. à soupe de ketchup
6 grosses crevettes
1 cuil. à soupe de basilic frais concassé
Sel, poivre.

Cuire le riz à l'eau bouillante salée. Le rafraîchir, l'égoutter.

Couper les ananas en deux dans le sens de la longueur. Retirer la chair, la tailler en cubes. Verser dessus le jus de citron.

Émietter la chair de crabe. Couper la laitue en chiffonnade.

Réunir tous les éléments dans un saladier. Mélanger soigneusement. Assaisonner de mayonnaise et de ketchup.

Garnir les demi-écorces d'ananas. Décorer avec les crevettes et le basilic.

Servir bien frais.

Servir un BANDOL rosé, apprécié pour sa fraîcheur et son fruité, avec ce plat exotique.

Température : 8 °C.

Salade mexicaine

6 personnes

Préparation : 30 min
Cuisson : 5 min
Repos : 2 h

400 g de tomates
1 avocat mûr à point
2 citrons verts
1 dl d'huile d'olive
1 gousse d'ail
Piment de Cayenne moulu
250 g de haricots rouges cuits
1 boîte 4/4 de maïs en grains au naturel
100 g de poivron vert
100 g de poivron rouge
100 g d'oignon blanc
1 cuil. à soupe de persil plat haché
100 g d'olives noires dénoyautées
Sel, poivre.

Ébouillanter les tomates pendant 10 secondes. Les rafraîchir, les éplucher, les couper en 2 pour retirer les graines. Les découper en petits dés.

Éplucher l'avocat. Retirer le noyau. Réduire la pulpe en pâte en l'écrasant avec une fourchette. Ajouter le jus des citrons, l'huile d'olive et l'ail écrasé. Saler, poivrer modérément. Relever au piment de Cayenne.

Égoutter soigneusement les haricots et le maïs.

Couper les poivrons en petits dés. Émincer finement l'oignon blanc.

Réunir tous les éléments dans un saladier. Mélanger soigneusement. Laisser reposer au frais pendant 2 heures.

Décorer de persil et d'olives noires.

Un vin vif et brillant, le TAVEL, conviendra parfaitement à ce type de salade.

Température : 8 °C.

Taboulé

6 personnes

Préparation : 30 min
Cuisson : 5 min
Repos : 2 h

500 g de tomates
1 poivron rouge
1 poivron vert
Le jus de 2 citrons jaunes
Le jus d'1 citron vert
2 dl d'huile d'olive
2 gousses d'ail
1 cuil. à soupe de persil haché
1 cuil. à soupe de basilic haché
1 cuil. à soupe de menthe fraîche hachée
500 g de semoule à couscous moyenne
100 g d'olives noires
Sel, poivre.

Monder et épépiner les tomates. Les découper en petits dés.

Laver les poivrons, les sécher. Retirer les graines, découper les poivrons en petits dés.

Dans un grand saladier, verser le jus des 3 citrons. Ajouter l'huile, l'ail écrasé, les fines herbes et la semoule. Mélanger très soigneusement pour que toutes les graines de couscous s'imprègnent bien. Assaisonner. Ajouter les tomates et les poivrons.

Laisser reposer au frais pendant 2 heures en remuant régulièrement pour égrainer la semoule.

Servir, décoré avec les olives noires et des feuilles de menthe fraîche.

Un CÔTES DU JURA blanc, vin typé et aromatique, supportera les différents ingrédients de ce plat.

Température : 8 °C.

Salade du pêcheur

6 personnes

Préparation : 30 min
Cuisson : 20 min

200 g d'endives
200 g de trévise
200 g de mâche
300 g de moules d'Espagne
1 dl de vin blanc
100 g de filet de sole
2 dl d'huile d'arachide
6 gambas
6 coquilles Saint-Jacques
0,5 dl de vinaigre de vin blanc
1 cuil. à soupe de persil et de ciboulette hachés
Sel, poivre.

Nettoyer les salades, les laver, les égoutter, les mélanger.

Laver les moules, les gratter, les cuire avec le vin blanc. Les décoquiller.

Couper le filet de sole en lanières.

Chauffer 1 dl d'huile dans une poêle. Y faire sauter les lanières de sole, les gambas, les coquilles Saint-Jacques. Saler, poivrer.

Réaliser une vinaigrette avec le reste d'huile, le vinaigre et le sel. Assaisonner les salades.

Dresser sur assiette. Répartir dessus, équitablement, les poissons et les coquillages chauds. Saupoudrer avec les fines herbes. Servir sans attendre.

Un GRAVES blanc ayant une grande finesse de bouquet s'entendra parfaitement avec ce plat.

Température : 8 °C.

Beignets de crevettes

6 personnes

Préparation : 20 min
Cuisson : 20 min
Repos : 2 h

36 crevettes « bouquet »
Le jus d'1 citron
1 cuil. à soupe de persil haché
200 g de farine
5 cl d'huile d'arachide
1 œuf entier + 3 blancs
15 cl de bière blonde
Sel, poivre.

Pour un produit de la mer, un vin de proximité, un COTEAUX D'AIX-EN-PROVENCE blanc, sec et fruité.

Température : 8 °C.

Décortiquer les queues de crevettes en conservant les têtes ; les faire mariner au frais pendant 1 heure avec le jus de citron et le persil haché, en les retournant de temps en temps.

Travailler ensemble la farine, l'huile, du sel, l'œuf entier et la bière pour obtenir une pâte lisse et souple. La laisser reposer 1 heure dans un endroit tiède.

Monter les blancs en neige ferme. Les incorporer avec soin à la pâte.

Égoutter les crevettes, les tremper dans la pâte à frire et les plonger aussitôt dans une friture à 160 °C. Laisser cuire. Retourner.

Égoutter. Déposer sur un papier absorbant.

Servir très chaud, accompagné d'une sauce rémoulade (p. 68).

Beignets soufflés au fromage

Cette préparation est idéale pour utiliser des morceaux de fromage qui ne seraient plus présentables sur un plateau.

6 personnes

Préparation : 20 min
Cuisson : 30 min

125 g de beurre
250 g de farine
6 œufs
100 g de gruyère râpé
100 g de roquefort
100 g de pont-l'évêque
Sel, poivre.

POUILLY-LOCHÉ, vin blanc plaisant du Mâconnais. Un blanc sec et souple pour un plat à base de fromage.

Température : 8 °C.

Porter 1/2 l d'eau à ébullition avec le beurre divisé en petits morceaux, du sel et du poivre. Quand le beurre est fondu, verser la farine d'un seul coup, hors du feu. Mélanger vigoureusement. Laisser tiédir. Ajouter les œufs un à un en remuant.

Diviser cette pâte en 3 parties. Dans l'une, ajouter le gruyère râpé, dans la seconde le roquefort émietté, dans la troisième le pont-l'évêque coupé en petits cubes.

Faire chauffer de l'huile de friture. Prélever des boules de pâte de la taille d'une noix avec une cuillère et les faire glisser dans la friture. Procéder par ordre, sans mélanger les fromages. Ne pas mettre trop de beignets à la fois, ils doublent de volume en cuisant.

Lorsqu'ils sont bien dorés, les retirer et les égoutter sur un papier absorbant. Servir très chaud.

Chaussons aux asperges et aux grenouilles

6 personnes

Préparation : 45 min
Cuisson : 50 min

---

1 kg d'asperges vertes
6 douzaines de cuisses de grenouille
1 dl de vin blanc sec
1 cuil. à soupe d'échalote hachée
20 cl de crème fraîche épaisse
1 cuil. à café de cerfeuil concassé
400 g de pâte feuilletée (p. 76)
1 œuf
200 g de beurre
Sel, poivre.

Éplucher, laver et cuire les asperges à l'eau bouillante salée. Les tenir fermes, les égoutter, les rafraîchir.

Cuire les cuisses de grenouille avec le vin blanc et les échalotes. Saler, poivrer. Égoutter la cuisson, la réserver.

Désosser les cuisses de grenouille.

Tronçonner les asperges. Les mélanger avec la chair des grenouilles. Ajouter la moitié de la crème fraîche et le cerfeuil. Rectifier l'assaisonnement.

Étaler la pâte feuilletée, la couper en 6 rectangles de 15 cm sur 20 cm. Poser au centre la préparation aux asperges. Replier la pâte feuilletée, souder à l'œuf battu, dorer le dessus et décorer de quelques rayures.

Cuire à four chaud, à 220 °C (th. 7-8), pendant 30 minutes.

Faire réduire le jus de cuisson des grenouilles avec le restant de crème. Ajouter le beurre en petits morceaux en fouettant. Saler, poivrer. Servir ce beurre blanc avec les chaussons.

MEURSAULT, vin blanc sec avec une pointe de moelleux, de la Côte-de-Beaune. Il mettra en valeur la douceur de ce plat.

Température : 8 °C.

Gougère bourguignonne

6 personnes

Préparation : 20 min
Cuisson : 35 min

60 g de beurre
125 g de farine
4 œufs
80 g de gruyère
Muscade
Sel, poivre.

PETIT CHABLIS, vin blanc sec et souple du vignoble de l'Yonne. Un accord régional idéal entre ce vin et la gougère.

Température : 8 °C.

Porter 2,5 dl d'eau, le sel et le beurre, à ébullition. Lorsque le beurre est fondu, retirer la casserole du feu et y verser la farine d'un seul coup. Remuer énergiquement. Remettre sur le feu sans cesser de remuer pour faire dessécher la masse jusqu'à ce qu'elle se décolle des parois de la casserole. Verser cette masse dans un saladier. Laisser tiédir un peu.

Ajouter 3 œufs un à un en veillant à bien incorporer chaque œuf avant d'ajouter le suivant. Casser le quatrième œuf dans un bol, le battre avec une fourchette. En verser seulement la moitié dans la pâte.

Couper le gruyère en petits cubes. Les ajouter dans la pâte. Assaisonner de poivre et de muscade.

Sur une plaque légèrement graissée, déposer soit à l'aide d'une cuillère, soit à l'aide d'une poche munie d'une douille, de petits tas de pâte de la grosseur d'une noix en les espaçant suffisamment. Dorer au pinceau avec le demi-œuf réservé. Marquer à la fourchette.

Glisser la plaque dans le four préchauffé à 250 °C (th. 8-9). Laisser cuire 20 à 25 minutes jusqu'à l'obtention d'une belle couleur dorée.

Servir chaud, à l'apéritif.

Pâté pantin

6 personnes

Préparation : 20 min
Cuisson : 45 min
Repos : 15 min

2 échalotes
10 g de beurre
100 g de noix de veau dénervée
250 g de chair à saucisse
1 cuil. à café de persil, de cerfeuil et d'estragon hachés
1 cl de madère
1 cl de cognac
2 œufs
50 g de farine
400 g de pâte feuilletée (p. 76)
Quatre-épices
Sel, poivre.

Faire étuver les échalotes hachées dans le beurre chaud. Les laisser refroidir.

Couper la noix de veau en lanières grosses comme 1 doigt.

Mélanger la chair à saucisse avec les fines herbes, le madère, le cognac, l'échalote et 1 œuf. Assaisonner.

Fariner le plan de travail. Étaler les deux tiers de la pâte en un rectangle de 20 x 30 cm. Poser dessus la moitié de la chair à saucisse, dans le sens de la longueur. Ranger les lanières de noix de veau. Recouvrir de farce. Remonter les bords de pâte tout autour de la farce.

Étaler le reste de pâte pour qu'il forme un couvercle. Battre l'œuf restant. S'en servir pour souder le couvercle et pour dorer toute la surface.

Former un décor en rayant la pâte avec une fourchette. Laisser reposer 15 minutes au frais.

Dorer une nouvelle fois avant de cuire au four à 200-220 °C (th. 6-7), pendant 35 à 40 minutes.

Servir bien chaud, accompagné d'une salade verte croquante bien assaisonnée.

Un VIN DE PAYS DE L'HÉRAULT conviendra tout à fait à ce plat.

Température : 14 °C.

Un rouge de Vénétie aux arômes flatteurs dont la pointe d'amertume se mariera avec cette pizza.

Température : 14 °C.

Pizza royale

6 personnes

Préparation : 20 min
Cuisson : 30 min

400 g de pâte à pain
4 cl d'huile d'olive
400 g de tomates
200 g de jambon en un seul morceau
2 fonds d'artichauts
20 olives noires
120 g de mozzarella
Origan
Parmesan
Sel, poivre.

Abaisser la pâte. La badigeonner d'huile d'olive.

Émincer finement les tomates. Les disposer sur la pâte, des bords vers le centre, en les faisant légèrement se chevaucher. Répartir le jambon et les fonds d'artichauts émincés, les olives noires et la mozzarella en cubes. Assaisonner. Saupoudrer d'origan et de parmesan. Arroser d'un filet d'huile d'olive.

Enfourner et cuire à 200 °C (th. 6-7), pendant 30 minutes.

Une bonne pâte

Vous pouvez commander la pâte à pain chez votre boulanger ou l'acheter surgelée. Toutefois, si vous disposez d'un peu de temps, voici comment faire : délayer 12 g de levure dans un peu de lait puis un peu de farine. Laisser lever. Incorporer 1 œuf battu et 4 cl d'huile. Mélanger le tout à 200 g de farine. Pétrir vigoureusement. Couvrir. Laisser lever.

Pizza napolitaine

6 personnes

Préparation : 20 min
Cuisson : 30 min

2 gousses d'ail
2 gros oignons
1 dl d'huile d'olive
500 g de tomates fraîches bien mûres
1 bouquet garni
400 g de pâte à pain
18 filets d'anchois à l'huile
20 olives noires
100 g de mozzarella
Origan
Sel, poivre.

Éplucher et émincer l'ail et l'oignon. Les faire fondre à feu doux dans la moitié de l'huile d'olive.

Monder les tomates. Les couper en deux, les épépiner puis les hacher grossièrement. Les ajouter dans la casserole, ainsi que le bouquet garni, du sel et du poivre. Laisser mijoter 15 minutes.

Étaler la pâte à pain. Étaler la sauce tomate tiédie. Répartir les anchois, les olives noires et la mozzarella. Saupoudrer d'origan.

Verser le reste d'huile d'olive en un mince filet.

Cuire au four à 260 °C (th.8-9), pendant 15 minutes.

Un CÔTES-DE-PROVENCE rouge, jeune et puissant, pour accompagner cette pizza. À servir frais.

Température : 14 °C.

Pizza aux moules et au fenouil

6 personnes

Préparation : 30 min
Cuisson : 20 min

150 g de fenouil frais (bulbe)
1 dl d'huile d'olive
150 g de moules au naturel
400 g de pâte à pain
150 g de tomate concassée
100 g d'olives noires
150 g de mozzarella râpée
1 cuil. à soupe d'herbes de Provence
Sel, poivre.

Nettoyer le bulbe du fenouil, l'émincer finement. Le faire étuver complètement dans un peu d'huile d'olive. Le réserver.

Égoutter les moules.

Étaler la pâte en un grand disque de 35 cm de diamètre. La poser sur la plaque du four. Garnir avec la tomate concassée, le fenouil étuvé et les moules. Saler et poivrer si nécessaire. Répartir les olives et le fromage râpé. Saupoudrer des herbes de Provence. Arroser d'un filet d'huile d'olive.

Cuire à four bien chaud, à 250-280 °C (th. 8-9), pendant 10 minutes.

Servir aussitôt.

Un COTEAUX D'AIX-EN-PROVENCE fruité, plein de rondeur, pour ce mets.

Température : 8 °C.

COTEAUX VAROIS, vin rosé frais et sec du vignoble provençal. Le dernier-né des A.O.C. pour ce plat très parfumé.

Température : 8 °C.

Quiche au fenouil

6 personnes

Préparation : 30 min
Cuisson : 45 min
Repos : 2 h

400 g de pâte brisée salée (p. 75).

Garniture :
2 bulbes de fenouil
150 g de gouda frais râpé
3 œufs
2 dl de lait
2 dl de crème fraîche liquide
Sel, poivre
Muscade.

Étaler la pâte brisée régulièrement. En foncer un moule à tarte de 24 cm de diamètre légèrement huilé. Piquer le fond à l'aide d'une fourchette pour éviter que la pâte ne gonfle pendant la cuisson.

Nettoyer les bulbes de fenouil : supprimer les tiges vertes et les grosses côtes fibreuses extérieures, les laver soigneusement, les égoutter. Les émincer très finement.

Mélanger les deux tiers du gouda avec le fenouil. En garnir le fond de pâte.

Fouetter les œufs avec le lait et la crème. Assaisonner de sel, de poivre et de muscade râpée. Verser ce flan sur le fenouil. Répartir dessus le reste du gouda râpé.

Cuire au four à chaleur soutenue à 240 °C (th. 8), pendant 10 minutes. Baisser la température de cuisson à 200 °C (th. 6-7) et terminer la cuisson pendant 35 minutes.

Servir chaud ou tiède.

Quiche lorraine

6 personnes

Préparation : 30 min
Cuisson : 35 min

Pâte brisée :
175 g de farine
70 g de beurre
1 jaune d'œuf
Sel.

80 g de lard fumé
50 g de gruyère
1 dl de lait
25 cl de crème fraîche
3 œufs
Muscade
Sel, poivre.

GRIS DE TOUL, vin sec de Lorraine. Mariage de raison entre un plat et un vin régional.

Température : 8 °C.

Préparer la pâte brisée (p. 75).

Étaler la pâte brisée. Garnir un moule à tarte de 24 cm de diamètre. Piquer légèrement la pâte.

Couper le lard en bâtonnets. Les blanchir. Les faire rissoler rapidement dans une poêle, sans ajouter de corps gras. Les ranger sur le fond de pâte. Répartir le gruyère coupé en très fines tranches, le sel, le poivre et la muscade.

Mélanger soigneusement le lait, la crème et les œufs. Verser sur la quiche.

Cuire au four à 220-240 °C (th. 7-8), pendant 30 minutes.

Servir aussitôt.

LE PAIN

UN ALIMENT DE BASE ET POURTANT SI PRÉCIEUX

Le pain était autrefois bien plus qu'un aliment d'accompagnement de plats succulents tels que ceux dont la recette figure dans cet ouvrage. En effet, lorsque l'on remonte le temps, nos boulangers se prennent à rêver à propos de la consommation de nos anciens.

Jugez-en par vous-même. Sous la troisième République, la présidence du Général Mac Mahon voit nos compatriotes consommer en moyenne 600 g de pain par jour et par personne, contre 400 g sous Poincaré et plus que 300 g à l'arrivée du Maréchal Pétain à la tête de l'État.

Il est à noter par ailleurs que ce ne sont pas les guerres ni les crises qui infléchissent l'appétit panaire des Français puisque, pendant ces périodes de restriction, on assiste à la consommation de pain de moindre qualité, mais la quantité pondérale ne varie guère.

La chute infernale ne s'arrête d'ailleurs pas là puisque nous sommes aujourd'hui arrivés à des taux de 150 g par jour et par personne. Ceci constitue une erreur importante du point de vue nutritionnel. En effet, les apports recommandés quotidiennement, et ce d'un avis unanime, sont de 350 g pour un homme et de 200 g pour une femme.

En résumé, si nous nous laissons tenter par une conclusion hâtive, nous pouvons affirmer que nous souffrons de malnutrition.

Il est prouvé que de tels comportements alimentaires ont un impact direct sur notre santé car, contrairement à bon nombre d'idées reçues, le pain apporte non seulement des vitamines B1, B2, B6, PP et E, mais aussi du fer, du phosphore, du magnésium et du calcium. Il est très pauvre en matières grasses : moins de 1 %. Les glucides qu'il contient sont des molécules complexes, les amidons, qui sont assimilés lentement par l'organisme et apportent donc une précieuse source d'énergie longue durée ! Ceci expliquant d'ailleurs la sensation durable de satiété procurée par l'ensemble des dérivés céréaliers à forte teneur en amidon.

Enfin, il est utile de rappeler le rôle fondamental des fibres contenues dans le pain comme agents régulateurs du transit intestinal.

Le seul produit qui, réglementairement, répond à la dénomination de pain, est issu de farines dites panifiables. Cette particularité tient à la richesse plus ou moins forte de certaines céréales en un composé particulier : le gluten. Ainsi, les farines de maïs et de riz n'en contiennent pas, on en retrouve peu dans les dérivés de l'avoine, alors qu'au contraire, le blé est très riche en ce type de composé protidique.

La farine ainsi obtenue est blanche, les différentes colorations que l'on rencontre sont le fruit de délicates incorporations de farines de seigle, d'orge, de sarrasin, caractérisant nos pains élaborés selon des recettes ancestrales.

Les pains complets sont fabriqués à partir de farines qui n'ont pas été séparées de leur petit son, la richesse en fibres de ces pains est alors renforcée.

Traditionnellement, nous avons tous à l'esprit l'image du boulanger de Pagnol, véritable maître du pain, œuvrant en apprenti sorcier dans son fournil pendant que tout le monde se laisse bercer dans les bras de Morphée.

Le célèbre levain, trésor inestimable de l'artisan, résulte en fait d'un processus complexe comportant la transformation enzymatique d'une partie des amidons en sucres rapides sous l'action d'enzymes naturelles contenues dans la farine. S'ensuit une fermentation alcoolique des sucres, produisant des bulles de gaz carbonique (levée) et d'alcool éthylique qui s'évapore à la cuisson. Ce sont des levures naturelles proches de la levure de bière qui produisent cette fermentation.

Le levain est une petite quantité de cette pâte dont on laisse la fermentation se poursuivre jusqu'à ce qu'elle soit aigrie, et que l'on incorpore à la pâte du lendemain pour l'enrichir en levures tout en lui communiquant une saveur particulière.

Le facteur temps est aujourd'hui une composante importante de la sacro-sainte rentabilité des systèmes de production. Le facteur courage qui caractérisait nos boulangers n'est plus d'actualité et se trouve sérieusement remis en cause par l'avancée implacable des techniques au service du confort de l'homme au travail. Ainsi sont nées la mécanisation du pétrissage qui évite quelques litres de sueur quotidienne, la panification sans processus de fermentation à base de levure chimique qui limite le temps de travail, la cuisson en four électrique rotatif avec programme de chauffe régulée qui dispense de la corvée de bois et de la surveillance...

La surgélation contribue aussi aujourd'hui à faciliter la production panaire.

Ces technologies ont permis l'avènement de l'ère du pain industriel.

Savez-vous qu'il est, de nos jours, grâce à ces procédés, possible de trouver à toute heure du jour, du pain frais encore chaud chez son boulanger, avec tout le plaisir de l'odorat et de la vue du pain qui dore derrière la porte vitrée du four ?

Les pâtons (quantité calibrée de pâte prête à cuire) surgelés sont actuellement d'usage généralisé, avec des qualités variables mais grandement améliorées eu égard à ce qui se faisait ne serait-ce qu'il y a une dizaine d'années.

Les forces vives de la boulagnerie traditionnelle protègent un savoir-faire qui doit perdurer à juste titre, et la qualification Pain de France existe aujourd'hui.

Cet aliment si simple en apparence est plein d'une infinie richesse et nous conclurons notre propos en conseillant fortement à nos lecteurs de varier les plaisirs sans hésitation et de partir à la découverte des pains spéciaux qui sont une richesse de notre terroir et que nos maîtres artisans ne cessent de réinventer.

Nous nous permettons quelques suggestions culinaires d'associations judicieuses afin de mieux apprécier et de redécouvrir un produit par trop banalisé :

— **Pain aux noix** et ravioles drômoises à la crème.
— **Pain de seigle** et foie gras de canard gascon.
— **Pain au cidre** et gelée de pomme normande.
— **Pain de méteil aux noisettes et aux noix** nappé de beurre, de miel, et accompagné de vin nouveau.
— **Pain à l'oignon et au lard** avec une soupe auvergnate.

Et, pour finir, un phénomène de mode :
— **Pain italien fourré** et servi chaud.

Un impatient

Un soufflé s'attend mais n'attend pas. Cependant, si vous ne savez pas exactement à quelle heure le servir, voici un petit truc : préparez votre appareil à soufflé à l'avance. Beurrez votre moule et préchauffez votre four. Au moment voulu, il ne vous restera plus qu'à monter vos blancs d'œufs en neige, et à les incorporer. Le temps de boire un apéritif, et tout le monde sera à table 30 minutes plus tard lorsque vous l'apporterez, doré et gonflé !

VIN DE SAVOIE APREMONT, vin blanc sec et floral. La Savoie, région des fromages, a su produire les vins nécessaires à leur accompagnement.

Température : 8 °C.

Soufflé au fromage

6 personnes

Préparation : 20 min
Cuisson : 45 min

100 g de beurre
80 g de farine
3/4 l de lait
5 œufs
100 g de gruyère râpé
Sel, poivre
Muscade.

Confectionner un roux avec 80 g de beurre et la farine. Mouiller avec le lait. Bien mélanger au fouet pour éviter tout grumeau. Laisser cuire 3 à 4 minutes. Saler, poivrer, muscader. Ajouter un à un 3 jaunes d'œufs en remuant énergiquement. Laisser refroidir.

Avec le beurre restant, beurrer grassement un moule à soufflé. Saupoudrer le fond et les parois avec 20 g de gruyère râpé.

Ajouter dans la préparation encore tiède le reste de gruyère râpé et les 2 jaunes d'œufs restants.

Monter les blancs en neige très ferme, les incorporer délicatement dans la préparation au fromage. Verser le tout dans le moule. Lisser le dessus.

Cuire à four moyen, à 180 °C (th. 6), pendant environ 30 minutes. Servir immédiatement.

Un ARBOIS, et pourquoi pas un ARBOIS PUPILLIN réputé pour ses rosés, à accorder à ce soufflé.

Température : 10 °C.

Soufflé florentine

4 personnes

Préparation : 20 min
Cuisson : 45 min

200 g d'épinards cuits
100 g de beurre
80 g de farine
1/2 l de lait
5 œufs
50 g de gruyère râpé
Sel, poivre
Muscade.

Presser soigneusement les épinards pour bien les égoutter. Les hacher grossièrement au couteau.

Confectionner un roux avec 80 g de beurre et la farine. Mouiller avec le lait. Bien mélanger au fouet pour éviter tout grumeau. Laisser cuire 3 à 4 minutes. Ajouter les épinards. Saler, poivrer, muscader. Ajouter un à un 3 jaunes d'œufs en remuant énergiquement. Laisser refroidir.

Avec le beurre restant, beurrer grassement un moule à soufflé. Saupoudrer le fond et les parois avec 20 g de gruyère râpé.

Ajouter dans la préparation encore tiède le reste de gruyère râpé et 2 jaunes d'œufs.

Monter les blancs en neige très ferme. Les incorporer délicatement dans la préparation aux épinards. Verser le tout dans le moule. Lisser le dessus.

Cuire à four moyen, à 180 °C (th. 6), pendant environ 30 minutes.

Servir sans attendre.

Saucisson en brioche

6 personnes

Préparation : 50 min
Cuisson : 50 min
Repos : 3 h

10 g de levure de boulanger
250 g de farine
4 œufs
100 g de beurre
1 saucisson lyonnais à cuire de 500 g
3 dl de sauce Périgueux (p. 67)
Sel
Sucre en poudre.

Délayer la levure dans un peu d'eau tiède. Mélanger la farine, 3 œufs, 1 pincée de sel et 1 pincée de sucre. Pétrir vigoureusement. Incorporer le beurre ramolli et travailler le tout énergiquement jusqu'à ce que la pâte se décolle bien de la terrine et des mains.

Laisser reposer et lever, recouvert d'un linge, dans un endroit tiède, pendant 2 heures. Cette pâte va doubler de volume.

Piquer le saucisson de quelques coups de fourchette. Le faire pocher à l'eau juste frémissante pendant 30 minutes. Retirer la peau. Le laisser refroidir.

Rompre la pâte. L'étaler au rouleau. En envelopper entièrement le saucisson. Dorer à l'œuf battu. Souder la pâte et décorer le dessus avec des motifs réalisés dans les chutes de pâte. Remettre au tiède pendant 1 heure pour laisser la pâte pousser à nouveau.

Dorer à l'œuf battu. Enfourner à 220 °C (th. 7-8), pendant 20 minutes.

Servir chaud, coupé en tranches, accompagné de la sauce Périgueux.

Un BEAUJOLAIS rouge léger, pour une spécialité lyonnaise, « un des trois fleuves qui coulent à Lyon », les deux autres étant le Rhône et la Saône.

Température : 14 °C.

Tarte aux poireaux

6 personnes

Préparation : 30 min
Cuisson : 45 min

500 g de poireaux
50 g de beurre
3 œufs
2 dl de lait
2 dl de crème
60 g de mimolette râpée
400 g de pâte brisée (p. 75)
Sel, poivre.

BOURGOGNE blanc, vin blanc sec et franc. Une appellation générique pour un plat simple et bon marché.

Température : 8 °C.

Nettoyer, laver et égoutter les poireaux. Ne garder que le blanc et les feuilles vert tendre. Les émincer très finement.

Étuver entièrement les poireaux au beurre, sans les laisser colorer. Refroidir. Ajouter les œufs, le lait, la crème et la mimolette. Saler modérément (le fromage est salé) et poivrer. Mélanger.

Étaler la pâte brisée. En garnir un moule à tarte de 24 cm de diamètre. Piquer légèrement la pâte.

Verser l'appareil aux poireaux sur la pâte.

Cuire au four à 220-240 °C (th. 7-8), pendant 30 minutes environ. Servir aussitôt cuit.

Tarte aux oignons

6 personnes

Préparation : 30 min
Cuisson : 35 min
Repos : 2 h

Pâte :
1 dl d'huile d'olive
1 jaune d'œuf
250 g de farine
1/2 paquet de levure chimique
Sel.

Garniture :
800 g de gros oignons
3 cl d'huile d'olive
50 g de filets d'anchois
30 g de farine
1 dl de lait
1 dl de crème fraîche
50 g de parmesan râpé
3 œufs
Sel, poivre.

Un CÔTES-DE-PROVENCE blanc, caractérisé par un certain moelleux, pour accompagner la douceur des oignons.

Température : 8 °C.

Mélanger l'huile, le jaune d'œuf et 5 cl d'eau tiède.

Mettre en fontaine la farine, la levure chimique et le sel. Ajouter le mélange d'huile/jaune d'œuf. Travailler rapidement de façon à obtenir une pâte homogène et assez ferme. Couvrir d'un linge ou d'une feuille de plastique alimentaire et laisser reposer au réfrigérateur pendant 2 heures au moins (cette pâte gagne à être préparée la veille).

Éplucher les oignons, les émincer finement.

Faire chauffer l'huile dans une poêle. Y laisser fondre les filets d'anchois. Ajouter les oignons. Laisser compoter en remuant fréquemment. Ne pas laisser prendre couleur.

Saupoudrer les oignons de farine. Mouiller avec le lait et la crème. Ajouter le parmesan. Remuer soigneusement. Assaisonner de poivre, éventuellement de sel (attention aux anchois). Verser cette préparation dans une terrine. Laisser tiédir.

Étaler la pâte régulièrement. En foncer un moule à tarte de 24 cm de diamètre.

Ajouter les œufs aux oignons. Mélanger énergiquement. Verser cet appareil sur le fond de pâte. Mettre à cuire dans un four préchauffé à 220 °C (th. 7-8), et laisser cuire pendant 25 minutes.

Cette tarte se sert chaude ou tiède.

ŒUFS

LES ŒUFS

Qu'y a-t-il dans un œuf ?

— Une coquille calcaire, poreuse, perméable. Les teintes différentes des coquilles proviennent des races, de l'alimentation des oiseaux, non de la qualité. La coquille représente 10 % du poids.

— Une membrane coquillière : elle constitue la chambre à air qui prend du volume au fur et à mesure que l'œuf vieillit.

— Le blanc ou albumine : 55 % de poids.

— Le jaune ou vitellus : 35 % du poids.

La dénomination ŒUF sans autre indication est réservée aux œufs de poule. Tout œuf provenant d'un autre animal est obligatoirement suivi du nom de cet animal : œuf de caille, œuf de tortue...

En cuisine, les œufs de cane ne sont pas utilisés (pas plus que ceux provenant d'espèces protégées). Le blanc des œufs de cane ne « monte » pas en neige et il peut être la cause d'empoisonnements.

UNE STRICTE SURVEILLANCE

Les œufs, du poulailler à la casserole du consommateur, vont être inspectés, jaugés, pesés, examinés.

Tout d'abord, la coquille qui devra être propre, intacte, non fêlée et non lavée. En passant 1 œuf devant une source de lumière vive, on va pouvoir mirer :

— la poche d'air, de 4 à 6 mm d'épaisseur pour un œuf frais ; elle ne cessera de croître au fil des jours ;

— le jaune, bien centré au milieu du blanc.

On cassera certains œufs afin de vérifier l'apparence du blanc et du jaune. Ce dernier doit être bien bombé, ferme et brillant. Le blanc doit être dense et ne pas se liquéfier.

Les œufs seront ensuite calibrés et triés mécaniquement puis numérotés de 1 (entre 70 et 75 g) à 7 (poids inférieur à 45 g). Les derniers sont réservés à l'industrie agroalimentaire. Les plus vendus sont ceux des catégories 3 (50 à 65 g) et 4 (55 à 60 g), utilisés dans les recettes.

UN CLASSEMENT, DES APPELLATIONS

D'après des normes valables pour l'ensemble de la C.E.E., les œufs sont classés en 3 catégories de qualité : A, B et C :

— classe A : ce sont les meilleurs et les seuls qui puissent être commercialisés ;

— classe B : réservés à l'industrie agroalimentaire, ils sont de moins bonne qualité ;

— classe C : ils sont déclassés et servent à la fabrication des ovoproduits (œufs en poudre, liquides, surgelés, blancs d'œufs en briques, jaunes d'œufs concentrés).

Les œufs sont encore classés en extrafrais ou en frais. Les œufs extrafrais ont moins de 8 jours. Cette qualité est indiquée sur le paquet par une bandelette rouge « extrafrais » que le commerçant ôtera le soir du 7e jour. Ils seront alors vendus comme « œufs frais ».

De retour chez vous, conservez les œufs dans leur emballage d'origine, à l'abri de la lumière et des odeurs, à une température de 5 à 15 °C.

Appellation	Nbre /pers.	Temps de cuisson	Mode de cuisson
À la coque	2	2 à 3 min	À l'eau bouillante salée.
Mollet	2	5 à 6 min	À l'eau bouillante salée. Refroidir, écaler, réchauffer à l'utilisation si nécessaire (en sauce ou en aspic).
Dur	2	10 min	À l'eau bouillante salée. Refroidir. Écaler et servir réchauffé avec des sauces ou froid avec une mayonnaise, ou mimosa.
Poché	2	3 min	À l'eau bouillante vinaigrée non salée.
Frit	2	5 min	Dans l'huile brûlante, en les formant à l'aide d'une cuillère en bois. Servir avec du lard, du bacon, des saucisses.
Au plat	2	4 à 5 min	Cuire doucement dans un plat à œufs légèrement beurré.
À la poêle	2	4 à 5 min	Même principe que les œufs au plat. Les glisser avec précaution de la poêle à l'assiette.
Cocotte	2	3 min	Cuire au bain-marie dans un ramequin beurré. Servir avec un cordon de sauce ou de crème réduite.
Moulé	2	5 à 6 min	Cuire comme les œufs cocotte. Servir démoulé.
Brouillé	3	5 à 10 min	Beurrer une casserole. Y casser les œufs. Les remuer sans arrêt avec une cuillère en bois. Stopper la cuisson avec de la crème fraîche. Garnir selon la recette.
Omelette	3	5 min	Battre les œufs assaisonnés, les verser dans le beurre chaud et remuer pour obtenir une cuisson régulière. La garniture peut être cuite avec ou posée après.

Œufs cocotte à l'indienne

4 personnes

Préparation : 10 min
Cuisson : 15 min

1/2 poivron rouge
100 g de crevettes décortiquées
60 g de beurre
3 dl de crème fraîche épaisse
Curry
4 œufs
Sel, poivre.

Couper le poivron en petits dés. Faire de même avec les crevettes si elles sont grosses.

Faire fondre 20 g de beurre dans une petite poêle. Y cuire 5 minutes les crevettes et les poivrons. Verser la crème. Assaisonner. Ajouter le curry. Laisser un peu refroidir.

En napper le fond de 4 ramequins beurrés.

Casser 1 œuf dans chacun. Couvrir avec le reste de crème.

Cuire au bain-marie au four à 180 °C (th. 6), 10 minutes environ.

Servir aussitôt.

Le fruité du PINOT NOIR d'Alsace accompagnera le mélange crevettes, curry, poivron.

Température : 8 °C.

Œufs cocotte au curry

4 personnes

Préparation : 5 min
Cuisson : 15 min

50 g de beurre
3 dl de crème fraîche épaisse
4 œufs
Curry
Cerfeuil
Sel, poivre.

Beurrer 4 ramequins en porcelaine à feu. Déposer 1 cuillerée à soupe de crème fraîche. Casser 1 œuf dans chacun en prenant soin de ne pas crever le jaune. Assaisonner. Saupoudrer de curry et de cerfeuil haché. Recouvrir avec le reste de crème.

Les déposer dans une plaque à bords assez hauts. Verser de l'eau bouillante aux deux tiers. Enfourner à 180 °C (th. 6), pendant 10 à 15 minutes suivant le degré de cuisson désiré. Servir aussitôt.

Un ANJOU demi-sec, fin et parfumé, pour se marier aux arômes de curry.

Température : 8 °C.

Œufs à la coque

BEAUJOLAIS. Ce rouge léger, à boire frais, accompagnera agréablement ce plat.

Température : 10 °C.

4 personnes

Préparation : 5 min
Cuisson : 2 min

4 tranches de pain
60 g de beurre
Quelques fines herbes
4 œufs
Sel.

Faire chauffer de l'eau salée.

Griller les tranches de pain. Les laisser légèrement refroidir. Les beurrer, les saupoudrer des fines herbes hachées puis les couper en languettes.

Plonger les œufs à l'aide d'une écumoire dans l'eau bouillante. Compter 2 à 3 minutes de cuisson dès la reprise de l'ébullition.

Les sortir aussitôt, les déposer dans les coquetiers et les servir avec le pain.

Œufs pochés

4 personnes

Préparation : 5 min
Cuisson : 2 min

5 cl de vinaigre
4 œufs
4 tranches de pain de mie
50 g de beurre
2 dl de sauce Béchamel (p. 66), béarnaise (p. 65), hollandaise (p. 67), tomate (p. 69)
Sel.

Un TOURAINE-MESLAND à la robe foncée et aux arômes de fruits, ne dépareillera pas ce plat.

Température : 14 °C.

Porter 1 l d'eau à ébullition avec le vinaigre. Cuire les œufs deux par deux : casser 1 œuf dans une tasse. Le faire glisser dans l'eau vinaigrée frémissante. À l'aide d'une écumoire, ramener le blanc sur l'œuf afin d'obtenir une forme régulière.

Les sortir après 2 minutes de cuisson. Les disposer sur une grille recouverte d'un torchon propre. Procéder de même pour les 2 suivants.

Les servir aussitôt sur les tranches de pain frites au beurre. Napper de la sauce choisie et servir aussitôt.

Œufs sur le plat au crabe

4 personnes

Préparation : 5 min
Cuisson : 5 min

1 petite boîte de crabe
30 g de beurre
1 cuil. à café de persil haché
4 œufs
Sel, poivre.

MUSCADET DE SÈVRES-ET-MAINE, vin blanc sec et élégant du Pays nantais. La jeunesse et la fraîcheur de ce vin ne s'opposeront aucunement à ce plat.

Température : 8 °C.

Faire revenir le crabe dans le beurre chaud pendant 5 minutes. Ajouter le persil.

Casser les œufs avec précaution. Assaisonner. Laisser cuire à feu moyen 5 minutes environ.

Œufs en meurette

4 personnes

Préparation : 25 min
Cuisson : 35 min

5 dl de bon vin rouge
5 dl de bouillon
1 oignon
1 gousse d'ail
1 bouquet garni
4 tranches de pain de campagne
8 fines tranches de lard fumé
8 œufs
30 g de beurre
30 g de farine.

Réunir le vin et le bouillon dans une casserole avec l'oignon et l'ail émincés, ainsi que le bouquet garni. Porter à ébullition et laisser mijoter 20 minutes.

Griller les tranches de pain. Passer les tranches de lard à la poêle. Réserver au chaud.

Passer le jus de cuisson. Le remettre sur feu doux. Il ne doit que frémir. Y pocher les œufs deux par deux, pendant 3 minutes. Les réserver au chaud.

Passer le jus de cuisson au chinois.

Faire fondre le beurre. Ajouter la farine. Laisser cuire quelques instants. Mouiller avec le jus de cuisson en remuant. Cuire 5 minutes à petit feu.

Répartir 2 tranches de lard par croûte. Disposer 2 œufs. Napper d'un peu de sauce et servir le reste en saucière.

Pour une spécialité régionale, un BOURGOGNE rouge fruité et fin.

Température : 16 °C.

Œufs sur le plat au lard

4 personnes

Préparation : 5 min
Cuisson : 5 min

8 fines tranches de lard fumé
30 g de beurre
4 œufs
Sel, poivre.

Faire raidir les tranches de lard à la poêle avec le beurre.

Casser les œufs en prenant garde de ne pas crever le jaune, sur les tranches. Saler très légèrement (le lard est déjà très salé) et poivrer.

Laisser cuire à feu doux 5 minutes environ. Le blanc doit être opaque et le jaune chaud.

Un BOURGOGNE ALIGOTÉ, vin blanc sec, pour un plat tout simple.

Température : 8 °C.

Œufs frits à la tomate

4 personnes

Préparation : 15 min
Cuisson : 5 min

300 g de tomates
1 oignon
1 dl d'huile
1 pincée de marjolaine
4 œufs
4 tranches de pain
Persil
Sel, poivre.

Un CÔTES-DE-PROVENCE, vin rosé, tout en rondeur, pour accompagner ce mets.

Température : 8 °C.

Plonger les tomates dans de l'eau bouillante 15 secondes. Les passer dans l'eau froide puis les éplucher. Les couper en deux. Enlever les pépins en les pressant. Les hacher grossièrement.

Éplucher et émincer l'oignon. faire revenir l'oignon et la tomate avec un peu d'huile et la marjolaine dans une petite poêle. Assaisonner. Réserver au chaud.

Faire chauffer l'huile. Casser 1 œuf dans une tasse et le faire glisser doucement dans l'huile. Dès que le blanc commence à prendre, le ramener sur le jaune. Cuire environ 3 minutes. Le réserver au chaud. Procéder de même avec les 3 autres.

Disposer 1 œuf sur 1 tranche de pain grillée. Répartir la tomate sur chacun. Saupoudrer de persil haché.

Omelette à l'espagnole

4 personnes

Préparation : 15 min
Cuisson : 15 min

200 g de tomates
3 oignons
1 gousse d'ail
60 g de beurre
Thym en poudre
100 g de poivron
5 cl d'huile
8 œufs
Persil
Sel, poivre.

COTEAUX DU LANGUEDOC, vin rouge généreux et plaisant. La puissance aromatique des vins du Languedoc rappelle le caractère méditerranéen de la garniture.

Température : 16 °C.

Tremper les tomates dans l'eau bouillante quelques secondes puis les refroidir à l'eau fraîche. Les éplucher, les couper en deux et les épépiner.

Éplucher 1 oignon et l'ail. Les émincer.

Faire revenir les tomates grossièrement hachées dans 20 g de beurre avec l'ail, l'oignon et le thym, pendant 5 minutes. Réserver.

Émincer finement les 2 oignons épluchés et le poivron. Les faire cuire à feu doux 10 minutes dans l'huile.

Casser les œufs, les assaisonner. Les battre avec la tomate et le poivron. Faire cuire l'omelette dans 20 g de beurre bien chaud.

La rouler et la dresser dans le plat de service. Lustrer avec le reste de beurre fondu. Décorer d'un bouquet de persil.

Omelette au saumon fumé

4 personnes

Préparation : 5 min
Cuisson : 5 min
Repos : 30 min

8 œufs
150 g de saumon fumé
Quelques brins de cerfeuil
20 g de beurre
Sel, poivre.

Battre les œufs avec 5 cl d'eau. Couper le saumon en fines lanières. Les ajouter aux œufs avec le cerfeuil haché. Laisser reposer au frais 30 minutes.

Faire fondre doucement le beurre dans une petite poêle. Verser les œufs. Assaisonner. Répartir la garniture régulièrement et faire cuire l'omelette.

ENTRE-DEUX-MERS, vin blanc sec et bouqueté du Bordelais. Le fruité et la fraîcheur ne ce vin ne dépareilleront pas ce plat.

Température : 8 °C.

Omelette aux foies de volaille

4 personnes

Préparation : 20 min
Cuisson : 15 min

150 g de foies de volaille
5 cl d'huile
1 échalote
80 g de beurre
3 cl de cognac
1 dl de fond de veau (p. 58)
8 œufs
Persil
Sel, poivre.

Parer les foies de volaille. Les escaloper puis les faire revenir dans l'huile chaude. Les égoutter et les assaisonner. Les faire sauter avec l'échalote hachée dans 40 g de beurre. Flamber avec le cognac. Réserver les foies. Ajouter le fond dans la poêle. Bien remuer en raclant le fond.

Monter la sauce avec le reste de beurre coupé en morceaux.

Incorporer les foies de volaille. Réserver au chaud. Attention, ne plus faire bouillir.

Battre les œufs avec 5 cl d'eau, un peu de sel et de poivre. Cuire l'omelette. La plier en deux et la dresser dans le plat de service. L'entourer avec les foies. Décorer de quelques bouquets de persil.

Un JULIÉNAS développant un goût de raisin frais s'exprimera sur ce plat.

Température : 14 °C.

Omelette aux morilles

4 personnes

Préparation : 10 min
Cuisson : 10 min
Trempage : 5 min

30 g de morilles déshydratées
2 échalotes
40 g de beurre
8 œufs
Sel, poivre.

Faire tremper les morilles 5 minutes dans un bol d'eau bouillante. Les nettoyer, les couper en 2 ou en 4, selon la grosseur.

Les faire revenir avec les échalotes hachées dans le beurre, pendant 5 minutes.

Battre les œufs avec 5 cl d'eau. Assaisonner.

Les verser dans la poêle et cuire l'omelette à feu vif.

Les arômes de sous-bois des CÔTES DU JURA, rosé fin, frais, sec et typé, rappelleront le lieu de prédilection des morilles.

Température : 8 °C.

Œufs brouillés, pointes d'asperges

4 personnes ✕ ○○

Préparation : 20 min
Cuisson : 20 min

PINOT BLANC d'Alsace, vin sec et souple. Finesse du cépage pinot blanc associée à la fraîcheur des pointes d'asperges.

Température : 8 °C.

400 g de pointes d'asperges (vertes si possible)
100 g de beurre
4 tranches de pain
10 œufs
50 g de crème fraîche
Sel, poivre.

Nettoyer et parer les pointes d'asperges. Les cuire environ 10 minutes à l'eau bouillante salée. Les égoutter et les plonger dans de l'eau froide.

Faire fondre 60 g de beurre dans une casserole à feu très doux. Y ajouter les pointes d'asperges égouttées. Laisser chauffer tout doucement.

Griller les tranches de pain. Les réserver au chaud.

Casser les œufs dans une casserole. Ajouter le beurre restant et l'assaisonnement. Les cuire au bain-marie ou dans une casserole à fond épais placée sur feu doux. Remuer constamment en raclant le fond, jusqu'à ce qu'ils deviennent crémeux. Ajouter la crème, remuer, ôter la casserole du feu.

Répartir les œufs sur les toasts chauds. Disposer les asperges et servir aussitôt.

Œufs brouillés à l'oseille

4 personnes ✕ ○

Préparation : 10 min
Cuisson : 15 min

SAINT-VÉRAN, vin blanc sec et légèrement bouqueté du Mâconnais. Mariage du bouquet du vin et de la pointe d'acidité de l'oseille.

Température : 8 à 10 °C.

150 g d'oseille
30 g de beurre
60 g de crème fraîche épaisse
8 œufs
Sel, poivre.

Trier, laver et équeuter l'oseille. La hacher grossièrement.

Faire fondre le beurre à feu doux dans une poêle. Ajouter l'oseille. Laisser cuire le temps que l'eau s'évapore.

Ajouter la crème fraîche. Saler, poivrer. Laisser réduire quelques minutes.

Casser les œufs, les battre puis les ajouter à l'oseille. Faire cuire sur feu doux en remuant sans arrêt avec une spatule en bois.

Œufs mollets florentine

5 personnes

Préparation : 25 min
Cuisson : 30 min

1 kg d'épinards
10 œufs
130 g de beurre
40 g de farine
5 dl de lait
50 g de crème fraîche
100 g de gruyère râpé
Sel, poivre, muscade.

Trier, nettoyer et équeuter les épinards. Les faire cuire dans une grande quantité d'eau bouillante salée, de 8 à 10 minutes.

Les rafraîchir, les égoutter puis les presser pour en extraire toute l'eau. Les hacher grossièrement.

Cuire les œufs à l'eau bouillante salée 6 minutes dès la reprise de l'ébullition. Les plonger dans l'eau froide puis les écaler avec précaution.

Répartir les épinards dans un plat beurré allant au four. Déposer les œufs.

Faire fondre 50 g de beurre. Ajouter la farine. Cuire quelques instants, verser le lait et laisser épaissir en remuant. Assaisonner. Ajouter la crème et 50 g de gruyère râpé.

Napper les épinards. Disposer quelques noisettes de beurre, le reste de gruyère, et passer au four à 180° C (th. 6), pendant 10 minutes.

Un VALENÇAY, vin méconnu du Centre, pour s'unir à ce plat.

Température : 12 °C.

Œufs durs à la tripe

4 personnes

Préparation : 20 min
Cuisson : 30 min

6 œufs
1 gros oignon
50 g de beurre
40 g de farine
5 dl de lait
Persil
Sel, poivre, muscade.

Faire cuire les œufs à l'eau bouillante salée pendant 12 minutes. Dès qu'ils sont cuits, les plonger dans l'eau froide.

Éplucher et émincer l'oignon. Le faire cuire avec 10 g de beurre sans le laisser colorer.

Faire fondre le reste de beurre dans une casserole. Ajouter la farine. Remuer et laisser cuire quelques instants. Verser le lait et faire épaissir à feu doux en remuant. Assaisonner. Ajouter un peu de muscade râpée et l'oignon. Poursuivre la cuisson 5 minutes.

Écaler les œufs. Les couper en rondelles et les incorporer à la béchamel. Servir bien chaud tel quel, sur des toasts ou dans des tartelettes, saupoudré d'un peu de persil haché.

CÔTES DU BRULHOIS, vin rosé sec et généreux du Sud-Ouest.
Un V.D.Q.S. plein de qualités à découvrir pour accompagner ce plat.

Température : 8 °C.

Œufs durs mimosa

4 personnes

Préparation : 15 min
Cuisson : 12 min

7 œufs
1 cuil. à café de moutarde
1 dl d'huile
Persil
1 poignée de mesclun
Sel, poivre.

Un SAINT-NICOLAS-DE-BOURGUEIL jeune et frais pour accompagner les œufs.

Température : 12 °C.

Cuire 6 œufs pendant 12 minutes à l'eau bouillante salée. Les plonger dans l'eau froide. Laisser refroidir.

Mélanger le jaune d'œuf restant et la moutarde. Assaisonner. Incorporer l'huile en filet tout en remuant. Ajouter le persil haché.

Couper les œufs écalés en deux. Réserver 1 jaune. Hacher les autres et les mélanger à la mayonnaise. En garnir les blancs à l'aide d'une petite cuillère ou d'une poche munie d'une grosse douille cannelée. Les disposer sur un plat garni de mesclun. Saupoudrer le tout du dernier jaune haché.

Salade d'œufs durs

4 personnes

Préparation : 10 min
Cuisson : 5 min

8 œufs
5 cl d'huile
5 cl de vinaigre
1 cuil. à soupe de moutarde
1 oignon
2 gousses d'ail
Persil
Cerfeuil
Sel, ,poivre.

Le V.D.Q.S. le plus connu du Pays nantais, le GROS-PLANT, sec et vif.

Température : 8 °C.

Faire cuire les œufs 12 minutes à l'eau bouillante salée. Les refroidir puis les écaler.

Mélanger l'huile, le vinaigre et la moutarde. Assaisonner. Éplucher et émincer l'oignon et l'ail. Les ajouter à la vinaigrette.

Couper les œufs en rondelles. Émincer les fines herbes. Mélanger avec le tout. Rectifier l'assaisonnement.

COQUILLAGES ET CRUSTACÉS

LES COQUILLAGES

*La **conchyliculture** désigne l'ensemble des cultures de coquillages comestibles.*

Plus particulièrement, on désigne par :

*— **ostréiculture** l'élevage des huîtres,*

*— **mytiliculture** l'élevage des moules,*

*— **pectiniculture** celui des coquilles Saint-Jacques.*

Les coquillages sont un cadeau de la mer. Délicieux et riches en minéraux, ils se cachent le plus souvent derrière une épaisse coquille. Malgré tout, ils se détériorent rapidement dès qu'ils sont hors de l'eau, ce qui impose de réduire au maximum le temps entre le ramassage et la consommation.

DES CONTRÔLES STRICTS :

Avant leur commercialisation, tous les produits conchylicoles doivent subir une série de traitements à la suite desquels ils sont conditionnés.

Les établissements de conditionnement et d'expédition sont agréés par l'état. Les coquillages entièrement propres sont triés par grosseur et emballés ; les huîtres, les coquilles Saint-Jacques... sont placées valves inférieures en dessous.

Sur chaque emballage (bourriches, sacs, paniers...) l'expéditeur doit agrafer une étiquette de salubrité portant son numéro d'établissement agréé et la date de conditionnement. Cette étiquette, d'un modèle très précis, doit rester en place jusqu'à l'état de vente au consommateur. Une seconde étiquette commerciale spécifie la provenance, la catégorie, la variété, le poids ou le nombre de coquillages et le nom du destinataire.

L'étiquette de salubrité, obligatoire sur chaque colis, atteste des bonnes conditions sanitaires dans lesquelles les coquillages ont été préparés pour la consommation.

- **Conservation des coquillages** :

Les conditions et la rapidité des transports modernes permettent aujourd'hui de consommer les fruits de mer toute l'année, en tout point du territoire.

Tous les coquillages peuvent être facilement conservés chez soi, à la simple condition de les disposer à plat, valve inférieure en dessous, dans un endroit frais, aéré, à l'abri du soleil, si possible entre 5 et 15 °C, ou dans la partie basse du réfrigérateur.

- **Consommation des coquillages** :

Les fruits de mer consommés crus sont consommés vivants. Ils doivent être ouverts juste avant leur consommation.

Les bivalves crus vivants sont durs à ouvrir, leur muscle verrou tient bon, un bon couteau à huîtres est nécessaire. Le manipuler avec précaution.

Il est conseillé de disposer les coquillages, aussitôt ouverts, sur un lit de glace pilée pour améliorer leur saveur et les caler.

Traditionnellement, le plateau de fruits de mer est accompagné de pain de seigle, de beurre salé ou demi-sel, de quartiers de citron et de vinaigre à l'échalote.

CARACTÉRISTIQUES DE FRAÎCHEUR

Groupe	Coquillages vivants	Coquillages morts non consommables
Bivalves	— Coquille fermée ou se referme au choc.	— Coquille ouverte ou ne se refermant pas.
	— Coquille pleine de liquide clair.	— Coquille dépourvue de liquide ou juste un peu de liquide trouble.
	— Elle est lourde et rend un son mat. Saint-Jacques et pétoncles peuvent survivre plusieurs jours la coquille ouverte.	— Légère, le son est clair, elle « sonne creux ».
	— Après ouverture, rétraction du bord du manteau à la piqûre ou à l'acide.	— Pas de rétraction du manteau.
	— Odeur agréable.	— Odeur désagréable (putréfaction, vase, mazout).
Univalves	— Coquille lourde, animal parfois visible.	— Coquille légère.
	— Odeur agréable.	— Odeur très désagréable.

LES CRUSTACÉS

ACHAT

● **Animaux achetés vivants** :

— Choisir des animaux vigoureux, bien vivants.

— À taille égale, préférer les sujets les plus lourds.

— En dehors de la période de reproduction, les femelles sont meilleures. On les différencie des mâles par la plus grande largeur des nageoires qui garnissent la face interne de la queue (les femelles y fixent les œufs lors de la ponte). Les nageoires des mâles sont étroites.

— La carapace doit être solide, résistante, couverte de parasites : c'est signe que l'animal ne vient pas de muer. Pendant la mue et juste après, l'animal est affaibli, il est maigre.

— Un homard doit être bleu foncé, le plus foncé possible : c'est signe qu'il a été pêché dans des eaux très foides, il est de bonne qualité.

— Éliminer systématiquement les crabes faibles (ils « bavent » en faisant des bulles ou de la mousse : ils se vident) et les crabes morts : leur dégradation est rapide, ils peuvent devenir toxiques.

En dehors des lieux de pêche et des zones côtières, il est excessivement difficile de se procurer des langoustines et des crevettes vivantes.

Les langoustes, les homards et les tourteaux peuvent vivre plusieurs jours hors de l'eau, maintenus au frais dans de la sciure de bois humide.

● **Animaux achetés morts** :

À part les langoustines commercialisées crues dans de la glace en caissettes, les autres crustacés sont vendus cuits entiers, en morceaux (la queue), décortiqués, réfrigérés ou surgelés.

AVANT DE LES MANGER...

● **Préparations** :

Avant cuisson, les crustacés sont traités par les procédés habituels :

Entiers :

— laver à l'eau courante, brosser si nécessaire ;

— châtrer les écrevisses pour retirer l'intestin ;

— la queue des langoustines (ou des homards) destinées à être servies « en belle vue » est attachée solidement bien à plat, sur une planchette.

En morceaux :

— diviser homards et langoustes en deux, dans le sens de la longueur, pour griller ;

— couper en tronçons pour la cuisson à l'américaine, par exemple.

Toujours bien récupérer le corail et les parties crémeuses du coffre des homards (les femelles langoustes en renferment parfois) pour les ajouter ensuite à la sauce.

Millimètre par millimètre

Les crustacés grandissent lentement. Savez-vous qu'il faut 5 ans à un homard pour qu'il atteigne 12 cm et 30 ans pour qu'il pèse 1 kg ?

PRINCIPALES UTILISATIONS CULINAIRES ET TEMPS DE CUISSON

	Américaine	Bisque	Frire (beignets)	Pocher	Griller	Temps de cuisson
Crevettes grises				x		à l'eau bouillante : 1 à 2 min
Crevettes roses		x	x	x		à l'eau bouillante : 1 à 2 min
Crevettes bouquet			x	x		à l'eau bouillante : 4 min ; grillées : 3 min + 3 min
Crevettes royales			x	x		à l'eau bouillante : 4 min ; grillées : 3 min + 3 min
Scampis			x	x	x	à l'eau bouillante : 4 min ; grillés : 3 min + 3 min
Gambas					x	à l'eau bouillante : 4 min ; grillées : 3 min + 3 min
Langouste	x	x		x	x	au court-bouillon : 5 min pour 500 g ; grillée : 6 min
Langoustines	x	x	x	x		à l'eau bouillante : 4 min ; grillées : 3 min + 3 min
Homard	x	x		x	x	au court-bouillon : 5 min pour 500 g ; grillé : 6 min
Araignée de mer				x		au court-bouillon : 10 min pour 500 g ; grillée : 8 min
Crabe royal			x	x		au court-bouillon : 10 min pour 500 g ; grillé : 8 min
Étrilles		x				au court-bouillon : 8 min ; grillées : 6 min
Tourteau				x		au court-bouillon : 10 min pour 500 g ; grillé : 8 min
Écrevisse	x	x		x		au court-bouillon : 8 min

Plateau de fruits de mer

Dressé avec soin, il se compose en fonction de ce qu'il y a de disponible sur le marché. Un impératif, la fraîcheur.

Vous choisirez de préférence un grand plat rond que vous garnirez d'algues et de glace pilée. Vous disposerez, en les alternant, des huîtres, des oursins, des coques, des praires, des clams, des crevettes, de la langouste, des langoustines, du crabe, le tout décoré de citron et de persil.

Ce plateau, servi avec du vinaigre à l'échalote et du jus de citron, ne doit pas attendre.

Escargots à la bourguignonne

6 personnes

Préparation : 20 min
Cuisson : 5 min

250 g de beurre
6 douzaines d'escargots de conserve
1 cuil. à soupe de pastis
1 échalote
2 gousses d'ail
1 botte de persil haché
Sel, poivre.

Les caractères fruités et acidulés du BOURGOGNE ALIGOTÉ resteront en harmonie avec ce plat.

Température : 10 °C.

Ramollir le beurre à température ambiante.

Nettoyer soigneusement les escargots. Retirer les parties qui ne sont pas comestibles. Bien les égoutter.

Arroser les escargots avec le pastis. Laisser s'imprégner.

Malaxer le beurre avec l'échalote, l'ail et le persil hachés. Saler, poivrer.

Utiliser soit des coquilles, soit des plats spéciaux. Mettre une petite quantité de beurre au fond. Poser dessus 1 escargot. Garnir la cavité avec assez de beurre.

Mettre à four très chaud, position gril, environ 5 minutes.

Servir aussitôt que le beurre est mousseux.

Escargots au vin blanc, à la choucroute

6 personnes

Préparation : 20 min
Cuisson : 15 min

6 douzaines d'escargots en conserve
30 g de beurre
1 échalote hachée
30 g de farine
3 dl de vin blanc
2,5 dl de crème fraîche épaisse
Quelques graines de cumin écrasées
500 g de choucroute cuite
1 cuil. à soupe de ciboulette hachée
Sel, poivre.

Rondeur et délicatesse du PINOT BLANC, un vin blanc sec et frais d'Alsace, s'opposant à la pointe d'acidité de la choucroute.

Température : 8 °C.

Égoutter les escargots. Supprimer les parties qui ne sont pas comestibles.

Chauffer le beurre. Y étuver l'échalote. Ajouter les escargots. Saupoudrer de farine. Mouiller avec le vin blanc. Bien remuer. Cuire doucement pendant 5 minutes. Ajouter la crème et le cumin. Saler, poivrer.

Chauffer la choucroute, la dresser en couronne sur des assiettes chaudes. Déposer les escargots au centre. Napper de sauce. Saupoudrer de ciboulette hachée.

Servir très chaud.

Cuisses de grenouilles à la provençale

6 personnes

Préparation : 20 min
Cuisson : 25 min

72 paires de cuisses de grenouilles
80 g de farine
1 dl d'huile
100 g de beurre
1 tomate épluchée coupée en petits dés
4 gousses d'ail hachées
2 cuil. à soupe de persil haché
Sel, poivre.

Éponger les cuisses de grenouilles. Les saler, les poivrer. Les rouler dans la farine.

Faire sauter les grenouilles en plusieurs fois dans une grande poêle avec l'huile chaude. Les retirer au fur et à mesure sur un papier absorbant quand elles sont cuites et dorées.

Nettoyer la poêle. Y mettre le beurre. Quand il est mousseux, ajouter les grenouilles, la pulpe de tomate, l'ail et le persil. Faire sauter quelques instants.

Dresser dans un légumier.

Servir aussitôt.

Verte, rousse ou agile

La grenouille verte : c'est la plus répandue et la meilleure. On la capture à l'état sauvage dans toute l'Europe mais aussi en Asie et en Afrique du Nord. Seules les cuisses sont commercialisées, dépecées, séparées du corps, soit fraîches, soit surgelées au poids.
La grenouille rousse et la grenouille agile : de moins bonne qualité, il est impossible de les distinguer de la grenouille verte quand elles ne sont pas vendues vivantes.

Un COTEAUX VAROIS rosé, plein de rondeur et de finesse, pour ce plat provençal.

Température : 8 °C.

Carpaccio de coquilles Saint-Jacques

6 personnes

Préparation : 30 min
Macération : 2 h

30 belles noix de Saint-Jacques
2 citrons verts
1 citron
2 dl d'huile d'olive
300 g de mâche
1 bouquet d'aneth
Sel, poivre.

Couper les noix de Saint-Jacques en tranches régulières. Les ranger dans un plat creux.

Râper très finement le zeste d'1 citron vert. Ajouter le jus des 3 citrons, l'huile. Saler et poivrer. Verser sur les escalopes de Saint-Jacques. Laisser macérer 2 heures au frais.

Dresser la mâche en bouquet au centre de 6 assiettes. Ranger les escalopes de Saint-Jacques tout autour, en rosace.

Verser la marinade sur les Saint-Jacques et sur la salade. Décorer de brins d'aneth.

Servir bien frais.

Pour ce plat tout en finesse et en puissance, un très grand vin de Bourgogne : un CHABLIS GRAND CRU.

Température : 10 °C.

Coquilles Saint-Jacques lutées aux agrumes

6 personnes

Préparation : 45 min
Cuisson : 8 min

1 pamplemousse rose
1 orange
1 citron
30 belles noix de Saint-Jacques
20 g de beurre
300 g de farine
Sel, poivre.

Utiliser des cassolettes en porcelaine avec leur couvercle.

Peler à vif le pamplemousse, l'orange et le citron. Découper soigneusement les quartiers en supprimant toutes les membranes et les pépins. Recueillir le jus.

Nettoyer, éponger, saler et poivrer les noix de Saint-Jacques.

Répartir les quartiers d'agrumes dans les cassolettes. Saler, poivrer. Poser dessus les noix de Saint-Jacques. Arroser avec le jus recueilli. Répartir le beurre en petits morceaux.

Confectionner une pâte un peu molle avec la farine et 2 dl d'eau froide. S'en servir pour souder hermétiquement les couvercles sur les cassolettes.

Mettre à four très chaud, à 250-280 °C (th. 8-9), pendant 8 minutes.

Servir brûlant, tel quel, accompagné de riz nature.

Le GEWURZTRAMINER, vin blanc parfumé et épicé d'Alsace, développera ses arômes de fruits en harmonie avec les agrumes.

Température : 8 °C.

Coquilles Saint-Jacques nantaise

6 personnes

Préparation : 1 h
Cuisson : 50 min

18 belles huîtres
1 l de moules
50 g d'échalote hachée
1 dl de vin blanc sec
600 g de noix de coquilles Saint-Jacques
1 dl de fumet de poisson (p. 60)
100 g de beurre
30 g de farine
25 cl de crème fraîche épaisse
Sel, poivre.

Faire ouvrir les huîtres au four. Recueillir l'eau, la filtrer. Récupérer soigneusement les huîtres pochées.

Nettoyer les moules. Les faire ouvrir avec la moitié de l'échalote et la moitié du vin blanc. Poivrer, saler modérément. Décortiquer les moules. Filtrer le liquide de cuisson.

Pocher les noix de Saint-Jacques avec le reste d'échalote, le fumet et le reste du vin blanc. Saler, poivrer.

Confectionner un roux avec 30 g de beurre et la farine. Mouiller avec le jus des huîtres et les liquides de cuisson des moules et des Saint-Jacques. Bien mélanger. Ajouter la crème. Monter au beurre. Rectifier l'assaisonnement.

Dresser les Saint-Jacques dans leur coquille (ou dans des plats à gratin). Les entourer de moules et d'huîtres. Napper de sauce. Faire glacer vivement sous le gril du four.

Servir aussitôt.

Un POUILLY-SUR-LOIRE jeune, fruité et fringant, pour un plat tout en élégance.

Température : 8 °C.

Saint-Jacques grillées aux poivrons doux

6 personnes

Préparation : 30 min
Cuisson : 20 min
Repos : 30 min

30 belles noix de Saint-Jacques
10 cl d'huile d'olive
3 poivrons (1 rouge, 1 vert, 1 jaune)
100 g de beurre
Sel, poivre.

Nettoyer et éponger les noix de Saint-Jacques. Les arroser de 5 cl d'huile d'olive. Les réserver au frais.

Nettoyer et retirer les graines des poivrons. Les couper en julienne assez fine. Étuver complètement les poivrons à l'huile d'olive. Les saler, les poivrer. Laisser reposer à couvert.

Assaisonner les Saint-Jacques. Les griller vivement, soit sous le gril du four, soit sur un bon lit de braises. Les laisser cuire 2 minutes de chaque côté.

Recueillir le jus rendu par les poivrons. Le faire bouillir vivement. Le monter au beurre. Assaisonner.

Dresser un bouquet de poivrons au centre des assiettes. Entourer avec les Saint-Jacques. Arroser avec le beurre de poivrons.

Servir très chaud.

GRAVES blanc, vin sec et délicat du Bordelais. La classe des Graves charmera ce plat à base de noix de Saint-Jacques.

Température : 8 °C.

Un MONTLOUIS blanc sec, un des plus célèbres vins de Touraine, pour s'exprimer sur la douceur de ce mets.

Température : 8 °C.

Huîtres gratinées à la fondue de légumes

6 personnes

Préparation : 45 min
Cuisson : 25 min

50 g de carotte
50 g de céleri en branche
50 g de blancs de poireaux
150 g de beurre
36 belles huîtres
30 g d'échalote hachée
1 dl de crème fraîche épaisse
Le jus d'1/2 citron
Sucre semoule
Sel, poivre.

Tailler la carotte, le céleri et le poireau en fine julienne. Les faire étuver avec 20 g de beurre, un peu de sel, du poivre et 1 pincée de sucre.

Ouvrir les huîtres. Les décoquiller. Les recueillir dans une casserole, avec leur jus. Rincer les coquilles.

Faire réduire l'échalote hachée avec 2 cuillerées de jus d'huître. Ajouter la crème. Réduire de moitié. Monter au beurre. Aciduler avec le jus de citron. Poivrer. Attention, le jus d'huître est fortement salé.

Faire pocher les huîtres dans leur eau pendant 30 secondes.

Chauffer les coquilles. Mettre dans chacune un peu de julienne étuvée. Poser 1 huître pochée dessus. Napper avec la sauce.

Passer quelques instants sous le gril du four.

Servir très chaud.

Le fruité et la fraîcheur du MUSCADET DE SÈVRES-ET-MAINE SUR LIE, légèrement perlant, s'allieront aux arômes du plat.

Température : 8 °C.

Huîtres pochées à la vapeur d'algues

6 personnes

Préparation : 45 min
Cuisson : 10 min

Algues fraîches (varech)
36 belles huîtres n° 2
30 g d'échalote hachée
150 g de beurre
Poivre.

Répartir les algues dans le fond de 6 paniers en osier avec leur couvercle.

Ouvrir soigneusement les huîtres. Conserver la moitié de leur eau. La filtrer dans une casserole.

Disposer les huîtres sur les algues, dans les paniers.

Ajouter les échalotes hachées dans le jus d'huître. Faire réduire de moitié. Poivrer. Monter au beurre en fouettant. Attention, le jus d'huître est fortement salé.

Faire chauffer les huîtres à la vapeur. Verser un peu de beurre fondu sur chacune avant de servir bien chaud.

Choucroute d'huîtres au champagne

6 personnes

Préparation : 40 min
Cuisson : 30 min

---

36 belles huîtres
1/2 bouteille de champagne
3 jaunes d'œufs
150 g de beurre clarifié (voir Sauce béarnaise p. 65)
Paprika
500 g de choucroute cuite au vin blanc
Sel, poivre.

Ouvrir les huîtres, les décoquiller.

Pocher les huîtres dans un quart de bouteille de champagne pendant 30 secondes.

Faire réduire le reste du champagne de moitié. Ajouter les jaunes d'œufs. Monter à feu doux pour obtenir un mélange mousseux. Incorporer petit à petit le beurre clarifié en fouettant. Saler, poivrer, relever d'une pincée de paprika.

Chauffer la choucroute. La dresser en dôme sur des assiettes chaudes. Disposer les huîtres pochées en rosace sur le haut de la choucroute. Napper les huîtres avec la sauce.

Glisser quelques instants sous le gril du four pour colorer légèrement.

Servir sans attendre.

Accordons le plat avec le vin entrant dans sa composition, un CHAMPAGNE BRUT. On peut aussi essayer un COTEAUX CHAMPENOIS.

Température : 8 °C.

Moules marinière

Procéder de la même façon. Dès que les moules sont toutes ouvertes, les réserver au chaud. Faire réduire le jus de cuisson. Ajouter du persil haché et le jus d'1/2 citron. Poivrer. Incorporer 60 g de beurre. Servir bien chaud.

Moules à la crème

6 personnes

Préparation : 45 min
Cuisson : 20 min

7,5 l de moules
150 g d'oignons
20 g d'échalote
80 g de beurre
1 dl de vin blanc
50 g de farine
2 dl de crème fraîche épaisse
2 cuil. à soupe de persil haché
Sel, poivre.

Nettoyer, gratter et laver les moules dans plusieurs eaux. Les égoutter.

Étuver les oignons et l'échalote hachés dans 30 g de beurre. Verser dessus les moules et le vin blanc. Cuire à couvert pendant 5 minutes jusqu'à ce que les moules soient toutes ouvertes.

Égoutter les moules. Filtrer le jus de cuisson.

Confectionner un roux avec le reste de beurre et la farine. Mouiller avec 1/2 l de jus de cuisson. Ajouter la crème. Saler si nécessaire (les moules sont naturellement salées). Poivrer. Ajouter le persil haché.

Décoquiller les moules. Les tenir au chaud dans un légumier. Verser dessus la sauce chaude.

Servir sans attendre, accompagné de nouilles par exemple.

Un blanc sec et rond, un MÂCON-VILLAGES, à associer à ce plat légèrement crémé.

Température : 10 °C.

Moules au safran

6 personnes

Préparation : 45 min
Cuisson : 10 min

7,5 l de moules
1 oignon
30 g de beurre
1 dl de vin blanc sec
2 g de safran (en filaments, de préférence)
1 gousse d'ail hachée
1 bottillon de persil haché
2 dl de crème fraîche épaisse
Sel, poivre.

Nettoyer, gratter et laver les moules dans plusieurs eaux. Les égoutter.

Faire étuver l'oignon émincé avec le beurre. Mouiller avec le vin blanc. Ajouter le safran, l'ail, les moules, le persil. Cuire à couvert jusqu'à ouverture de toutes les moules.

Égoutter les moules. Retirer une coquille sur deux. Les ranger au fur et à mesure dans un ou plusieurs légumiers.

Réduire la cuisson à feu vif d'environ un bon tiers. Lier avec la crème. Assaisonner de poivre et d'un peu de sel si nécessaire (les moules sont naturellement salées). Verser la sauce sur les moules.

Servir bien chaud.

Choisir un SAINTE-FOY-BORDEAUX jeune et sec, qui mettra son fruité en valeur sur ce plat.

Température : 8 °C.

Moules farcies

6 personnes

Préparation : 30 min
Cuisson : 10 min

250 g de beurre
6 douzaines de grosses moules
1 échalote
2 gousses d'ail
1 botte de persil haché
1 cuil. à soupe de pastis
Sel, poivre.

Ramollir le beurre à température ambiante.

Faire ouvrir les moules dans une marmite. Les décoquiller. Ne conserver qu'une seule coquille par moule.

Malaxer le beurre avec l'échalote et l'ail hachés, le persil, le pastis. Saler et poivrer.

Disposer 1 moule par coquille. Farcir avec le beurre. Les disposer au fur et à mesure sur des plats allant au four.

Les mettre à four très chaud, position gril, environ 5 minutes.

Servir aussitôt que le beurre est mousseux.

Un MUSCADET DE SÈVRES-ET-MAINE jeune, fin et délicat, pour s'unir à ce plat.

Température : 8 °C.

Fritto misto de coquillages, sauce rémoulade

6 personnes

Préparation : 15 min
Cuisson : 15 min
Marinade : 2 h

6 citrons
2 dl d'huile d'olive
1 bottillon de persil haché
250 g de moules cuites décortiquées
18 huîtres pochées décortiquées
18 bulots pochés décortiqués
6 noix de Saint-Jacques
12 palourdes pochées décortiquées
400 g de pâte à frire (voir Beignets de gambas p. 162)
Sauce rémoulade (p. 68).

Préparer une marinade avec le jus de 2 citrons, l'huile d'olive et le persil. Y plonger les coquillages. Les laisser mariner pendant 2 heures.

Plonger un à un les coquillages dans la pâte à l'aide d'une fourchette. Les faire glisser dans une bassine de friture très chaude. Les cuire, les retourner, les égoutter sur un papier absorbant.

Les dresser en pyramide sur un plat de service. Décorer de demi-tranches de citron cannelé.

Servir chaud accompagné de la sauce rémoulade en saucière.

Le fruité et la fraîcheur de l'ENTRE-DEUX-MERS, vin blanc sec et frais du Bordelais, combleront ce plat à base de coquillages.

Température : 8 °C.

La grande famille

Ces appellations désignent le même animal. Il appartient à la famille des décapodes (10 bras) et prend parfois le nom de calmar ou de supion. Il vit au large. La seiche, proche parente, séjourne près des côtes, contient un os et mesure de 25 à 30 cm. La pieuvre et le poulpe, quant à eux, sont des octopodes. Leurs 8 bras sont munis de ventouses et ils ne possèdent pas de coquille interne.

Encornets farcis

6 personnes

Préparation : 45 min
Cuisson : 1 h

---

6 encornets de taille moyenne
200 g de riz long
100 g d'oignons hachés
10 cl d'huile d'olive
1 g de safran
50 cl de fumet de poisson (p. 60)
Thym, laurier
25 cl de vin blanc
500 g de tomates pelées, épépinées et concassées
Basilic
Sel, poivre
Cayenne.

Nettoyer les encornets (voir p. 158). Ne pas conserver l'encre.

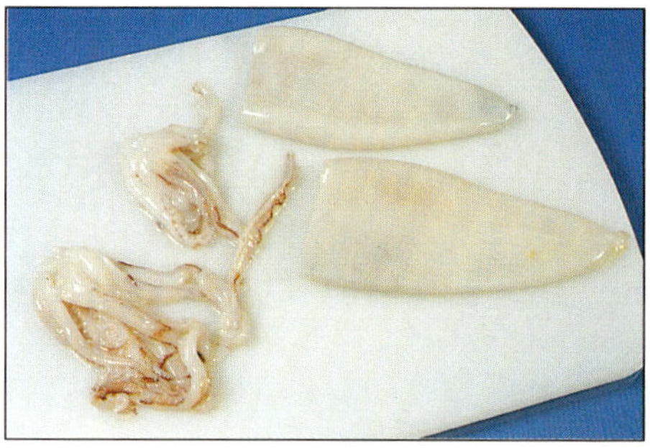

Tronçonner les tentacules. Réserver les corps entiers.

Cuire le riz pilaf avec les oignons étuvés dans 5 cl d'huile d'olive, le safran, le fumet de poisson, du thym, du laurier, du sel et du poivre. Cuire au four à 180 °C (th. 6) pendant 17 minutes.

Quand le riz est cuit, ajouter les tronçons de tentacules. Laisser tiédir.

Farcir les corps des encornets avec le riz. Les maintenir fermés à l'aide de piques en bois.

Les disposer dans un plat creux huilé allant au four. Verser dessus le vin blanc et les tomates. Saler, poivrer. Relever d'une pointe de cayenne.

Cuire à four modéré, à 180-200 °C (th. 6-7), pendant 40 minutes. Saupoudrer de basilic fraîchement haché.

Servir aussitôt.

Un plat du soleil, un vin du soleil : un CÔTES-DU-RHÔNE rosé et très agréable.

Température : 8 °C.

Blancs de seiche à l'ail

6 personnes

Préparation : 30 min
Cuisson : 45 min

1 kg de blancs de seiche nettoyés
10 cl d'huile d'olive
25 cl de vin blanc
Thym, laurier
100 g de beurre
50 g de persil haché
20 g d'ail haché
Le jus d'1/2 citron
Sel, poivre.

Couper les blancs de seiche en lanières, les faire sauter à l'huile. Saler, poivrer. Mouiller avec le vin. Ajouter du thym et du laurier. Cuire à couvert pendant 30 minutes. Vérifier la cuisson, la seiche est parfois coriace.

Malaxer le beurre, le persil, l'ail et le jus de citron. Saler, poivrer.

Égoutter la seiche. Ranger les lanières dans un plat creux allant au four. Répartir dessus le beurre. Passer à four très chaud.

Servir dès que le beurre est mousseux.

Un V.D.Q.S. très connu, sec et vif, le GROS-PLANT du Pays nantais, pour flatter ce plat.

Température : 8 °C.

Beignets de calamars, sauce tomate

6 personnes

Préparation : 20 min
Cuisson : 30 min
Marinade : 2 h

2 dl d'huile d'olive
5 citrons
1 cuil. à soupe de persil haché
Laurier, thym
1 kg de calamars nettoyés
500 g de pâte à frire à la bière (p. 74)
1 bottillon de persil frisé
5 dl de sauce tomate (p. 69)
Sel, poivre.

Servir un PICPOUL DE PINET, vin blanc sec des coteaux du Languedoc.

Température : 8 °C.

Préparer une marinade en mélangeant l'huile, le jus de 2 citrons, le persil, 1 feuille de laurier et 1 brindille de thym.

Couper les calamars en anneaux, les plonger dans la marinade. Les y laisser pendant 2 heures.

Sortir les calamars, les éponger, les saler et les poivrer. Les plonger un à un dans la pâte à frire. Utiliser une fourchette pour les faire glisser dans la friture chaude (160 °C). Les cuire, les retourner, les retirer quand la pâte est dorée et bien gonflée. Les égoutter sur un papier absorbant. Procéder en plusieurs fois.

Dresser les beignets sur un plat décoré de demi-citrons historiés et de bouquets de persil.

Servir bien chaud accompagné de la sauce tomate en saucière.

Calamars à l'encre

6 personnes

Préparation : 45 min
Cuisson : 45 min

1,600 kg de calamars
5 cl d'huile d'olive
50 g d'échalote hachée
1/2 bouteille de vin blanc sec
30 g d'ail haché
Thym, laurier
100 g de beurre
40 g de farine
Sel, poivre.

Un CÔTES-DE-PROVENCE blanc, sec et fruité, se mariera parfaitement avec ce produit de la mer.

Température : 8 °C.

Nettoyer soigneusement les calamars. Retirer les poches à encre avec précaution. Arracher les tentacules, la tête et les entrailles du corps. Supprimer le cartilage logé dans le corps.

Enlever les entrailles, la tête et le bec corné. Couper les corps en morceaux, tronçonner les tentacules.

Chauffer l'huile dans une cocotte. Y faire revenir les morceaux de calamars. Saler, poivrer. Ajouter l'échalote. Laisser étuver quelques instants. Mouiller avec le vin blanc. Adjoindre l'ail, le thym, le laurier. Cuire à couvert pendant 30 minutes. Vérifier la cuisson, la chair doit être tendre.

Travailler le beurre en pommade avec la farine. Exprimer dessus l'encre (sépia) au travers d'une passoire fine. Bien mélanger.

Retirer les morceaux de calamars dans un légumier en les égouttant. Les tenir au chaud.

Incorporer le beurre manié à l'encre dans le fond de cuisson. Rectifier l'assaisonnement. Passer sur le calamar.

Servir très chaud.

Poulpes braisés à l'ajaccienne

6 personnes

Préparation : 30 min
Cuisson : 1 h 45 min

2 petits poulpes de 800 g pièce
500 g de tomates
2 gousses d'ail
150 g d'oignons
5 cl d'huile d'olive
1/2 l de vin blanc sec
Thym, laurier
1 cuil. de persil haché
Sel, poivre.

Retirer le bec cornu, les yeux, la poche à encre et la partie ventrale. Battre les poulpes longuement et énergiquement, avec un morceau de bois (ou un rouleau à pâtisserie), pour attendrir la chair qui est très coriace. Couper les tentacules en tronçons et le reste du corps en morceaux.

Ébouillanter les tomates, les monder, retirer les pépins. Les concasser.

Hacher l'ail et les oignons.

Chauffer l'huile dans une cocotte. Y faire revenir les morceaux de poulpe. Ajouter les oignons. Mouiller avec le vin blanc. Cuire doucement, à couvert, pendant 15 minutes.

Ajouter l'ail, les tomates concassées, le thym et le laurier. Saler et poivrer. Cuire encore pendant 1 heure à 1 heure 30 minutes. Vérifier la tendreté des morceaux.

Rectifier l'assaisonnement. Saupoudrer de persil haché. Servir bien chaud.

Battez le poulpe

Le temps de cuisson est fonction de la vigueur du battage.
Les ménagères corses ajoutent dans la marmite un morceau de liège (ou un bouchon) qui, en cuisant avec le poulpe, est sensé "absorber" la dureté de la chair. Ce morceau de liège est retiré avant le service et la pratique donne de bons résultats.

Un AJACCIO blanc sec pour un plat de la mer, spécialité de cette ville.

Température : 8 °C.

Crevettes à l'antillaise

6 personnes

Préparation : 20 min
Cuisson : 10 min
Marinade : 1 h

36 belles crevettes décortiquées
10 cl d'huile d'olive
10 cl de rhum ambré
2 tranches d'ananas au sirop
Sel, poivre.

Choisir un BANDOL rosé, jeune, plein de caractère, à la saveur légèrement poivrée, pour ce plat.

Température : 8 °C.

Laisser les crevettes mariner dans un mélange d'huile d'olive et de 5 cl de rhum pendant 1 heure.

Couper les tranches d'ananas en petits quartiers.

Égoutter les crevettes. Les embrocher (sur 6 brochettes en bois) en alternant avec les quartiers d'ananas. Saler, poivrer.

Faire griller les brochettes à bonne chaleur soit sous le gril du four, soit sur un bon lit de braises.

Dresser les brochettes bien grillées sur un plat. Arroser avec le rhum restant. Flamber en portant à table.

Croustades d'écrevisses Nantua

6 personnes

Préparation : 1 h
Cuisson : 45 min

36 belles écrevisses cuites
50 g de carottes
30 g de céleri
30 g de blancs de poireaux
30 g de beurre
20 g d'échalote hachée
20 g de farine
2,5 dl de fumet de poisson (p. 60)
200 g de tomates mûres à point
300 g de champignons de Paris
1 citron
2,5 dl de crème fraîche épaisse
6 croûtes feuilletées
Sel, poivre.

VIN DE SAVOIE blanc, vin frais et ample, un accord idéal pour ce plat régional.

Température : 8 °C.

Décortiquer les écrevisses. Réserver les queues. Concasser les carapaces.

Couper les carottes, le céleri et les poireaux en petits dés. Les étuver au beurre, avec les carapaces. Ajouter l'échalote. Saupoudrer de farine. Mouiller avec le fumet. Adjoindre les tomates coupées en quartiers. Cuire doucement pendant 30 minutes en remuant. Saler, poivrer.

Nettoyer les champignons, les couper en quartiers. Les cuire rapidement avec le jus du citron. Saler, poivrer.

Passer la sauce à la passoire fine en pressant fortement pour exprimer tout le jus. Faire bouillir. Ajouter la crème. Assaisonner.

Mélanger les queues d'écrevisses et les champignons. Les faire chauffer avec la sauce.

Garnir les croûtes de bouchées bien chaudes en répartissant équitablement les écrevisses. Servir sans attendre.

Écrevisses pattes rouges à la nage

6 personnes

Préparation : 30 min
Cuisson : 45 min

36 à 48 belles écrevisses
50 g de carottes
50 g de blancs de poireaux
50 g de céleri en branche
20 g d'échalote grise hachée
30 g d'oignon haché
2,5 dl de vin blanc sec
1 brindille de thym
1 feuille de laurier
Quelques tiges de persil
150 g de beurre
Sel, poivre.

Laver et châtrer les écrevisses : les maintenir par le coffre sans se faire pincer, prendre fermement la nageoire centrale de la queue entre le pouce et l'index. Imprimer une torsion en tirant en même temps pour retirer le boyau.

Couper tous les légumes en fine julienne. Les réunir dans une casserole assez grande. Ajouter l'échalote et l'oignon. Mouiller avec le vin blanc et autant d'eau. Saler, poivrer. Ajouter le thym, le laurier et les tiges de persil. Faire cuire vivement pendant 30 minutes.

Plonger d'un coup les écrevisses dans le court-bouillon à ébullition. Laisser cuire 4 minutes.

Retirer les écrevisses dans un plat de service creux. Les tenir au chaud.

Laisser réduire vivement le liquide de cuisson d'un tiers. Lui incorporer le beurre sur feu vif. Rectifier l'assaisonnement. Verser sur les écrevisses. Servir tel quel.

Ne pas oublier de prévoir soit des "bavettes", soit des tabliers pour les convives, des rince-doigts et des assiettes pour déposer les carapaces décortiquées.

Le POUILLY-FUISSÉ, vin blanc sec et tendre du Mâconnais, très fin, s'entendra parfaitement avec ce plat.

Température : 10 °C.

Les gambas appartiennent à la famille des crevettes. Ces grands crustacés sont pêchés dans les eaux profondes de la Méditerranée ou de l'Atlantique.

Beignets de gambas, sauce tartare

6 personnes

Préparation : 40 min
Cuisson : 20 min
Marinade : 1 h

36 gambas crues
1 citron
10 cl d'huile d'olive
200 g de farine
5 cl d'huile d'arachide
1 œuf entier + 3 blancs
15 cl de bière blonde
Persil
Sauce tartare (p. 69)
Sel, poivre.

Décortiquer les gambas sans détacher la queue de la tête. Les ranger dans un plat creux. Les arroser avec le jus de citron et l'huile d'olive. Les laisser mariner 1 heure en les retournant de temps en temps.

Travailler ensemble la farine, l'huile d'arachide, du sel, l'œuf entier et la bière, pour obtenir une pâte lisse et souple. La laisser reposer dans un endroit tiède pendant 1 heure.

Monter les blancs en neige ferme. Les incorporer avec soin à la pâte.

Égoutter les gambas. Les assaisonner. Plonger la queue dans la pâte à frire et les cuire aussitôt dans une friture à 160 °C. Les retourner, les retirer quand elles sont bien dorées. Les égoutter, les laisser égoutter sur un papier absorbant.

Les dresser en buisson sur un plat garni d'une serviette pliée. Décorer de bouquets de persil.

Présenter la sauce tartare en saucière en même temps.

Servir un CÔTES DE DURAS blanc, plaisant, fin et distingué, pour charmer ce plat.

Température : 8 °C.

Gambas grillées au beurre d'anis

6 personnes

Préparation : 20 min
Cuisson : 10 min
Marinade : 1 h

36 belles gambas
10 cl d'huile d'olive
10 cl d'apéritif anisé
1 cuil. à café de grains d'anis
150 g de beurre
1 cuil. à café d'aneth haché
Sel, poivre.

Laisser mariner les gambas décortiquées dans un mélange d'huile d'olive et de 5 cl d'apéritif anisé.

Réduire l'anis en poudre. Le mélanger avec le beurre en pommade, le reste d'apéritif anisé et l'aneth haché. Saler, poivrer.

Éponger les gambas, les faire griller, soit sous le gril du four, soit sur un bon lit de braises. Saler, poivrer.

Présenter les gambas bien grillées accompagnées du beurre à l'anis.

On peut flamber les gambas à l'anis au moment de les porter à table.

Mariage provençal entre un CÔTES-DE-PROVENCE blanc sec et les saveurs anisées du plat.

Température : 10 °C.

Fricassée de homards au champagne

6 personnes

Préparation : 30 min
Cuisson : 20 min

3 beaux homards cuits de 500 à 600 g pièce
50 g de beurre
2 dl de champagne
1 dl de fumet de poisson (p. 60)
20 g de farine
2,5 dl de crème fraîche épaisse
400 g de champignons cuits en quartiers
1 cuil. à café d'estragon haché
Sel, poivre, cayenne.

Décortiquer soigneusement les homards. Recueillir toute la chair des pinces et des pattes. Couper les queues en médaillons.

Chauffer 30 g de beurre dans une grande sauteuse. Y ajouter toute la chair de homard. Laisser étuver quelques minutes.

Mouiller avec le champagne et le fumet de poisson. Laisser frémir 5 minutes.

Confectionner un roux avec le beurre restant et la farine. Mouiller avec le champagne et le fumet qui ont chauffé le homard. Cuire quelques instants. Ajouter la crème. Assaisonner.

Chauffer les champignons avec le homard. Verser dessus la sauce bien chaude. Saupoudrer d'estragon haché.

Servir sans attendre.

Pour un grand crustacé, un grand vin : un CHAMPAGNE BRUT, et pourquoi pas, millésimé.

Température : 8 °C.

Homards à l'américaine

C'est un crustacé marin vivant dans les eaux froides. Il pèse en général de 300 à 500 g. Lors de l'achat, vérifiez qu'il soit bien vivant et non mutilé. Les meilleurs homards proviennent de Bretagne. Devenant de plus en plus rares, ils sont importés d'Écosse, de Jersey et d'Irlande. Le Canada produit des homards d'élevage de qualité correcte.

6 personnes

Préparation : 30 min
Cuisson : 40 min

---

3 beaux homards vivants de 600 g pièce
80 g de beurre
5 cl de cognac
30 g d'échalote grise hachée
2 gousses d'ail écrasées
300 g de pulpe de tomate
2,5 dl de fumet de poisson (p. 60)
1 cuil. de cerfeuil et d'estragon hachés
Sel, poivre
Cayenne.

Tronçonner la queue des homards. Couper le coffre en deux. Récupérer soigneusement le corail et les parties crémeuses. Fendre les pinces d'un coup de couteau.

Faire chauffer 30 g de beurre dans une sauteuse. Y faire revenir vivement les morceaux de homard jusqu'à ce qu'ils prennent une belle coloration rouge vif.

Verser le cognac, flamber.

Ajouter l'échalote et l'ail. Étuver quelques instants. Adjoindre la pulpe de tomate. Mouiller avec le fumet de poisson. Assaisonner. Cuire à couvert pendant 15 minutes.

Malaxer le corail avec le reste de beurre en pommade.

Retirer les morceaux de homard quand ils sont cuits. Les dresser dans un plat creux. Les tenir au chaud.

Lier le fond de cuisson avec le beurre au corail. Bien mélanger. Faire chauffer sans bouillir.

Passer à la passoire fine sur les morceaux de homard. Saupoudrer avec les fines herbes hachées.

Servir sans attendre.

CHASSAGNE-MONTRACHET, vin blanc sec et racé à la grande persistance aromatique de la Côte-de-Beaune. Un grand vin blanc de Bourgogne pour un plat raffiné.

Température : 12 °C.

Homards grillés au beurre de corail

6 personnes

Préparation : 30 min
Cuisson : 15 min

3 beaux homards bien vifs de 600 g pièce
3 cl de cognac
1 dl d'huile d'olive
1 dl de crème fraîche épaisse
150 g de beurre
Cayenne
Sel, poivre.

À l'aide d'un couteau à lame solide, diviser les homards en 2 dans le sens de la longueur. Fendre la carapace des pinces d'un coup de couteau pour en favoriser la dégustation plus tard.

Recueillir avec soin le corail (partie verte) et les parties crémeuses du coffre des animaux dans un bol. Travailler l'ensemble avec le cognac.

Ranger les demi-homards dans un plat creux avec l'huile d'olive.

Faire bouillir la crème. La verser sur le corail en fouettant. Mettre dans une casserole, à feu doux, et incorporer le beurre petit à petit sans cesser de fouetter. Assaisonner. Relever d'une pointe de cayenne. Passer à la passoire fine si nécessaire. Tenir au chaud. Attention, cette sauce ne doit pas bouillir.

Saler et poivrer les demi-homards. Les faire griller vivement sous le gril du four ou sur un bon lit de braise.

Dresser sur un plat de service en présentant la chair bien dorée à la vue des convives.

Servir le beurre de corail en saucière, à part.

Le seul cépage, le Viognier, d'un petit vignoble, le CONDRIEU, racé et délicat, charmera le roi des crustacés.

Température : 10 °C.

Homards rôtis à la broche

6 personnes

Préparation : 20 min
Cuisson : 25 min

6 homards bien vifs de 300 g pièce
100 g de beurre demi-sel.

Embrocher vifs les homards en les transperçant dans leur longueur. Avoir soin de fendre les pinces d'un coup de couteau et de les maintenir le long du coffre avec un tour de petit fil de fer.

Mettre en cuisson tel quel, à feu vif, pour 15 minutes.

Retirer les broches. Fendre en deux et présenter avec le beurre demi-sel que chacun laissera fondre sur la chair avant de manger.

Cette préparation est réalisable avec un four équipé d'un tournebroche "à brochettes", ou un barbecue équipé d'un même tournebroche.

Associez un prince de vin, un PESSAC-LÉOGNAN blanc classé, Domaine de Chevalier, au roi des crustacés.

Température : 8 °C.

Commercialisées dès qu'elles atteignent 23 cm, elles peuvent néanmoins mesurer jusqu'à 50 cm et peser 4 kg. Les meilleures sont celles de Bretagne.

Langoustes froides à la parisienne

6 personnes

Préparation : 1 h 30 min
Cuisson : 40 min
Repos : 12 h

2 belles langoustes de 600 à 700 g pièce
3 l de court-bouillon (p. 60)
250 g de macédoine de légumes surgelée
6 fonds d'artichauts en boîte (ou surgelés)
3 œufs
1/2 l de mayonnaise (p. 64)
Persil
Citrons
Sel, poivre.

Attacher les langoustes sur des planchettes, les plonger dans le court-bouillon à ébullition. Les laisser frémir 10 minutes. Les laisser refroidir dans le court-bouillon jusqu'au lendemain.

Cuire la macédoine et les fonds d'artichauts séparément à l'eau bouillante salée. Les rafraîchir.

Cuire les œufs durs. Les refroidir, les écaler.

Lier la macédoine bien égouttée avec 3 cuillerées de mayonnaise. En garnir les fonds d'artichauts.

Détacher les langoustes. Couper la carapace par le dessous de la queue. Retirer délicatement toute la chair. La découper en médaillons réguliers.

Dresser les carapaces de langouste sur un grand plat. Poser dessus les médaillons de langouste. Disposer autour les fonds d'artichauts garnis et les demi-œufs durs.

Décorer avec du persil et des citrons historiés. Servir le reste de mayonnaise en saucière.

Pour ce plat, un vin riche en bouquet, vigoureux, au charme différent : un SAVIGNY-LÈS-BEAUNE, vin blanc généreux de la Côte-de-Beaune.

Température : 10 °C.

Langoustes thermidor

6 personnes

Préparation : 20 min
Cuisson : 20 min

3 langoustes surgelées cuites de 400 g pièce
300 g de champignons
1 citron
50 g de beurre
1 l de sauce Béchamel (p. 66)
80 g de gruyère râpé
Sel, poivre.

Couper les langoustes en deux dans le sens de la longueur. Retirer soigneusement toute la chair. Réserver les carapaces.

Nettoyer les champignons. Les couper en petits quartiers. Les cuire rapidement avec le jus du citron, 20 g de beurre, du sel et du poivre.

Lier les champignons cuits avec quelques cuillerées de sauce Béchamel. Garnir les demi-carapaces avec les champignons.

Escaloper la chair de langouste. Disposer régulièrement ces médaillons dans les carapaces. Napper le tout de sauce Béchamel. Saupoudrer de gruyère râpé. Parsemer de quelques parcelles de beurre.

Enfourner à 240 °C (th. 8), pour réchauffer l'ensemble et gratiner le dessus.

Servir bien chaud.

BÂTARD MONTRACHET, grand vin blanc d'exception (Côte-de-Beaune). Un des seigneurs de Bourgogne, qui aura l'élégance d'accompagner ce plat.

Température : 12 °C.

POISSONS

LES POISSONS

Le Français, ayant à sa disposition une variété considérable et abondante de produits pour son alimentation, est un piètre mangeur de poisson.

Consommation moyenne (par habitant et par an) :

— Japon :	*40 kg*
— Norvège :	*30 kg*
— Angleterre :	*18 kg*
— Allemagne :	*14 kg*
— France :	*10 kg*

Les poissons nourrissent l'homme depuis qu'il existe, la pêche étant une activité moins difficile que la chasse. Consommé sur toute la planète, il doit aussi son succès à une composition particulièrement intéressante.

LE POISSON SANTÉ

Riche en protides, pauvre en lipides — le plus gras des poissons ne l'est-il pas moins que la plus maigre des viandes ? — il serait donc l'aliment idéal. D'autant que ses lipides sont constitués de vitamines et d'acides gras insaturés. Ces derniers, précieux pour l'organisme, peuvent même être consommés en quantité importante, ce qui n'est pas le cas des graisses animales. La preuve : les populations qui consomment principalement, voire exclusivement du poisson (Esquimaux, par exemple), sont épargnés par des maux qui touchent le reste du monde.

N'hésitez plus, courez chez votre poissonnier.

— **Protides** :	18 à 20 %
— **Sels minéraux** :	0,8 à 1,5 %
phosphore, iode	(poisson de mer)
fer, sodium	(poisson de mer)
potassium	(poisson d'eau douce)
— **Vitamines** :	B - A et D
— **Eau** :	70 % environ
— **Glucides** :	très peu, des traces seulement
— **Lipides** :	en quantités très variables

— **Poissons maigres** :	70 Kcal/100 g
— **Poissons gras** :	160 Kcal/100 g

Teneur en lipides	Poissons de mer	Poissons d'eau douce
Poissons maigres moins de 5 %	Sole, limande, merlan, merlu, carrelet, turbot, barbue, cabillaud...	Truite, brochet, goujon, perche, carpe...
Poissons demi-gras de 5 à 10 %	Sardine, hareng, maquereau, rouget, congre, lotte...	
Poissons gras plus de 10 %	Thon.	Anguille, saumon.

ACHETER, C'EST CHOISIR !

Le choix du poisson s'effectue selon deux critères principaux : le prix et la fraîcheur. Le prix varie selon les espèces, les saisons et les conditions de pêche (tempête, chalut, ligne). Il faut également tenir compte de la proportion des déchets obtenus lors de la préparation.

Si l'on peut négliger le prix, la fraîcheur doit être le facteur déterminant. Prenez l'habitude d'acheter votre poisson au même endroit. Dès que vous aurez trouvé un bon poissonnier, soyez-lui fidèle. Il saura vous guider et vous conseiller.

Caractères à examiner	Poissons très frais d'1 à 4 jours	Poissons frais de 4 à 10 jours	Non consommables plus de 10 jours
Œil	Bombé et vif.	Plat, clair.	Vitreux, terne, creux.
Mucus	Abondant.	Plus de sécrétion.	Inexistant.
Écailles	Très adhérentes et brillantes.	Commencent à tomber.	Plus d'écailles.
Paroi abdominale	Rigide, ferme.	Souple, flasque.	Flasque, molle.
Odeur	D'iode, de marée.	De poisson.	Putride, d'ammoniaque.
Ouïes - branchies	Rouge vif.	Rose pâle.	Jaunâtres, marron.
Péritoine adhérant à la cavité viscérale	Intact.	Légèrement déchiré.	N'existe plus.
Arêtes	Rigides, adhérentes.	Se détachent de la chair.	Se désolidarisent.

Bar braisé à l'oseille

Ce poisson au goût fin, souvent apprêté avec du fenouil, prend le nom de loup dans le sud de la France, loubine dans l'Atlantique, voire perche de mer.

Un grand vin de proximité, un GRAVES blanc, vin sec., pour un grand poisson de l'Atlantique.

Température : 8 °C.

6 personnes

Préparation : 45 min
Cuisson : 45 min

1 bar de 1,500 kg
60 g de beurre
3 échalotes grises hachées
2 dl de vin blanc sec
1 grosse botte d'oseille (300 g environ)
20 cl de crème fraîche épaisse
Sel, poivre.

Écailler, vider et laver le bar (ou le faire faire par le poissonnier).

Enduire un plat creux allant au four avec la moitié du beurre. Parsemer les échalotes. Poser dessus le poisson. Saler, poivrer, mouiller avec le vin blanc. Couvrir d'un morceau de papier d'aluminium. Faire cuire au four pendant 30 minutes, à 210 °C (th. 7), en arrosant de temps en temps.

Retirer les tiges de l'oseille. Laver les feuilles, les égoutter, les couper en chiffonnade. Les étuver rapidement avec le reste de beurre.

Recueillir tout le jus de cuisson du poisson dans une casserole. Faire réduire des deux tiers, à feu vif. Ajouter la crème petit à petit. Rectifier l'assaisonnement. Mettre l'oseille dans cette sauce.

Retirer soigneusement la peau du poisson. Le poser sur un plat de service. Le napper de la sauce à l'oseille.

Servir très chaud entouré de pommes de terre à l'anglaise.

Bar en croûte

PACHERENC DU VIC-BIHL, vin blanc sec et corpulent du Béarn. Attention, choisissez le sec pour accompagner ce plat, car il existe aussi en moelleux.

Température : 8 °C.

6 personnes

Préparation : 1 h 30 min
Cuisson : 1 h

1 bar de 1,500 kg
800 g de champignons de Paris
Le jus de 2 citrons
2 cuil. à soupe d'échalote hachée
50 g de beurre
2 cuil. à soupe de persil haché
3 œufs
400 g de pâte feuilletée (p. 76)
2 dl de beurre blanc (p. 64)
Sel, poivre.

Faire lever les filets de bar par le poissonnier.

Nettoyer les champignons. Les hacher rapidement, ajouter le jus de citron.

Faire fondre les échalotes dans le beurre. Ajouter les champignons et le persil. Saler, poivrer, laisser cuire doucement en remuant fréquemment jusqu'à évaporation totale de l'eau des champignons. Laisser tiédir. Lier cette duxelles avec 2 œufs.

Étaler la moitié de la pâte feuilletée en rectangle juste assez grand pour contenir le poisson. Poser sur la plaque du four légèrement humectée d'eau. Poser dessus un filet de bar. Recouvrir entièrement avec la duxelles. Mettre dessus le deuxième filet. Saler, poivrer. Fermer avec la deuxième abaisse de feuilletage. Souder et dorer à l'œuf battu.

Décorer le dessus de quelques rayures. Chiqueter tout le tour. Pratiquer une cheminée.

Cuire à four chaud, à 250 °C (th. 8-9), pendant 40 minutes. Couvrir d'une feuille d'aluminium pour éviter une coloration trop forte de la pâte.

Servir très chaud accompagné de beurre blanc.

Brochet au beurre blanc

4 personnes

Préparation : 15 min
Cuisson : 40 min

1 brochet de 1,500 kg
3 l de court-bouillon (p. 60)
Persil.

Beurre blanc :
50 g d'échalotes grises
5 cl de vinaigre de vin blanc
150 g de beurre demi-sel
Poivre.

Écailler, vider et laver le brochet. Le coucher dans une poissonnière. Verser un bon court-bouillon refroidi. Mettre sur le feu. Faire partir en cuisson. À ébullition, retirer la poissonnière du feu et laisser pocher 20 à 25 minutes.

Égoutter le brochet, le dresser sur un plat de service. Décorer de bouquets de persil.

Préparer le beurre blanc (p. 64). Le servir à part, en saucière.

CHABLIS, vin blanc sec et fin du vignoble de l'Yonne. La délicatesse de ce vin blanc de Bourgogne courtisera ce plat.

Température : 8 °C.

Matelote de brochet

6 personnes

Préparation : 45 min
Cuisson : 40 min

1 brochet de 1,500 kg
3 échalotes
60 g de beurre
1 verre à liqueur d'eau-de-vie (marc par exemple)
1/2 l de vin blanc sec
30 g de farine
2 dl de crème fraîche épaisse
1 citron
200 g de petits champignons de Paris
150 g de petits oignons grelots
3 tranches de pain de mie
1 cuil. de persil haché
Sel, poivre.

Écailler, vider et laver le brochet. Le couper en darnes et en tronçons réguliers.

Faire fondre les échalotes hachées avec 20 g de beurre. Y poser les morceaux de poisson. Laisser chauffer, arroser avec l'eau-de-vie et flamber. Mouiller avec le vin blanc, saler, poivrer. Cuire à couvert, à petit feu, pendant 15 minutes.

Retirer les morceaux de poisson quand ils sont cuits. Les dresser dans un plat creux. Tenir au chaud.

Lier le fond de cuisson avec 30 g de beurre manié avec la farine. Passer à la passoire fine. Ajouter la crème, le jus d'1/2 citron. Rectifier l'assaisonnement.

Nettoyer les champignons. Les cuire à blanc avec le jus d'1/2 citron. Saler.

Éplucher les petits oignons. Les cuire avec le reste de beurre et juste assez d'eau. Saler.

Couper le pain de mie en triangles. Les faire griller.

Ajouter les champignons et les oignons au brochet. Verser la sauce par-dessus. Saupoudrer de persil et entourer le plat de croûtons.

Servir bien chaud, accompagné de nouilles fraîches au beurre.

RIESLING, vin blanc sec et stylé d'Alsace. La matelote de brochet sera charmée par ce vin délicatement fruité.

Température : 8 °C.

Mousseline de brochet aux crevettes

6 personnes

Préparation : 1 h 15 min
Cuisson : 20 min

800 g de chair de brochet
2 blancs d'œufs
7 dl de crème fraîche épaisse
100 g de crevettes décortiquées cuites
30 g de beurre
1 boîte de bisque de homard
1 dl de fumet de poisson (p. 60)
Sel, poivre
Muscade
Quelques feuilles d'estragon.

Confectionner une farce à quenelles (voir Quenelles de brochet aux champignons ci-dessous). Y ajouter les crevettes coupées en cubes.

Beurrer grassement 12 ramequins. Les garnir de farce. Lisser le dessus. Ranger ces moules dans une plaque contenant de l'eau. Les faire pocher pendant 15 à 18 minutes.

Délayer la bisque avec le fumet de poisson et 2 dl de crème. Faire chauffer.

Démouler les mousselines (2 par personne). Napper avec la sauce bien chaude, décorer de feuilles d'estragon et servir accompagné de riz nature.

PREMIÈRES CÔTES DE BORDEAUX, vin blanc sec. Attention à le choisir sec car il existe en moelleux.

Température : 8 °C.

Quenelles de brochet aux champignons

6 personnes

Préparation : 1 h 30 min
Cuisson : 30 min

800 g de chair de brochet
2 blancs d'œufs
6 dl de crème fraîche épaisse
300 g de champignons
60 g de beurre
20 g d'échalote hachée
Le jus d'1 citron
30 g de farine
1/2 l de lait
Sel, poivre
Muscade.

Vérifier que toutes les arêtes ont bien été retirées. Mixer la chair. Recueillir cette masse dans une calotte posée sur de la glace pilée. Travailler avec une spatule en bois pour bien refroidir la chair. Assaisonner de sel, de poivre et de muscade. Incorporer petit à petit les blancs d'œufs et 5 dl de crème en lissant bien avec la spatule, jusqu'à obtention d'une farce légère.

Nettoyer les champignons. Les hacher, les cuire avec 20 g de beurre, l'échalote hachée et le jus de citron.

Confectionner une sauce crème : réaliser un roux avec 30 g de beurre et la farine. L'arroser avec le lait et 1 dl de crème. Faire épaissir en remuant. Assaisonner.

Faire bouillir de l'eau salée dans une grande casserole. La laisser frémir. À l'aide de 2 cuillères à soupe, mouler des quenelles de farce. Les pocher pendant 10 minutes puis les égoutter.

Beurrer un plat allant au four. Disposer les champignons au fond. Ranger dessus les quenelles. Couvrir avec la sauce. Passer au four à 180 °C (th. 6) pour bien chauffer.

Servir aussitôt.

Les brochets sont commercialisés dès qu'ils mesurent 40 cm. Ils peuvent bien sûr atteindre des tailles plus respectables, allant exceptionnellement jusqu'à 1,50 m pour 25 kg. À partir de 4 kg, il est préférable d'utiliser leur chair pour confectionner des quenelles.

Un CÔTES-DU-RHÔNE blanc, très agréable, dans sa jeunesse, conviendra parfaitement à ce mets.

Température : 8 °C.

Cabillaud au four à la boulangère

6 personnes

Préparation : 30 min
Cuisson : 45 min

1 tronçon de cabillaud de 1,300 kg
300 g d'oignons
600 g de pommes de terre
2 gousses d'ail
50 g de beurre
Thym, laurier
1 bouteille de vin blanc sec
Sel, poivre.

Un vin méconnu provenant d'une région produisant le cognac, le VIN DE PAYS CHARENTAIS, blanc sec à la robe pâle, pour s'harmoniser avec ce mets.

Température : 8 °C.

Faire préparer par le poissonnier un tronçon de cabillaud pris dans le milieu du poisson, écaillé et vidé.

Éplucher, laver et égoutter les légumes. Couper les oignons et les pommes de terre en tranches fines. Écraser l'ail.

Beurrer grassement un plat profond allant au four. Parsemer l'ail au fond. Répartir dessus les pommes de terre et les oignons. Saler, poivrer. Ajouter le thym et le laurier. Mouiller avec le vin blanc.

Assaisonner le poisson, le poser sur les légumes. Répartir dessus le reste du beurre. Couvrir d'une feuille de papier aluminium. Mettre à four chaud, à 220-250 °C (th. 7-8), pour 45 minutes.

Vérifier la cuisson et servir tel quel.

Cabillaud en arlequinade de poivrons doux

6 personnes

Préparation : 30 min
Cuisson : 40 min

1 tronçon de cabillaud de 1,200 kg
1 poivron vert
1 poivron jaune
1 poivron rouge
200 g d'oignons
1 gousse d'ail
1 dl d'huile d'olive
1 cuil. à soupe de persil haché
Sel, poivre.

Le fruité typique du PINOT NOIR d'Alsace, vin rosé charpenté, flattera l'arôme des poivrons doux.

Température : 8 °C.

Choisir un tronçon de cabillaud dans la partie la plus épaisse, écaillé, nettoyé, vidé et lavé. Le saler, le poivrer.

Retirer les pédoncules et les graines des poivrons, les couper en lanières de 0,5 cm de large.

Éplucher les oignons, les émincer. Éplucher et écraser l'ail.

Chauffer l'huile dans un plat allant au four. Y faire suer l'oignon et les poivrons en remuant pendant 10 minutes. Ajouter l'ail. Assaisonner. Poser le poisson. Arroser d'un peu d'huile. Couvrir d'une feuille d'aluminium. Cuire au four à chaleur soutenue, à 210 °C (th. 7).

5 minutes avant la fin de la cuisson, retirer l'aluminium. Arroser le poisson d'un peu de jus. Laisser colorer.

Saupoudrer de persil au moment de servir.

Pavé de cabillaud aux anchois

6 personnes

Préparation : 20 min
Cuisson : 30 min

---

5 cl d'huile d'olive
30 g de beurre
2 belles tranches de cabillaud de 600 g pièce
50 g de farine
200 g de concassée de tomate cuite
80 g de filets d'anchois à l'huile
60 g de câpres
1 cuil. de persil haché
Sel, poivre.

Dans une grande poêle, faire chauffer l'huile et le beurre. Y faire cuire les tranches de cabillaud poivrées, légèrement salées (attention aux anchois) et farinées. Les laisser cuire 7 à 8 minutes sur un côté. Les retourner délicatement pour cuire l'autre face.

3 minutes avant la fin de la cuisson, verser la tomate concassée dans la poêle, autour du poisson. Laisser chauffer.

Dresser les darnes de poisson sur un plat chaud, entourer de la tomate. Sur chaque darne, disposer un quadrillage de filets d'anchois en lanières. Décorer avec les câpres et le persil haché.

Servir un PALETTE, rosé sec ayant du caractère pour s'entendre avec ce plat méridional.

Température : 8 °C.

Carpe à la juive

6 personnes

Préparation : 20 min
Cuisson : 15 min
Repos : 1 nuit

3 carpes de 600 g pièce
600 g de gros oignons
5 cl d'huile
50 g de farine
3 gousses d'ail
50 g de persil haché
20 g de gingembre frais râpé
Sel, poivre.

La veille, écailler, nettoyer, vider et laver les carpes. Les éponger. Couper chacune en 3 ou 4 morceaux réguliers. Les saler. Les laisser macérer toute la nuit dans une terrine couverte.

Le jour même, faire blondir les oignons hachés dans l'huile chaude. Saupoudrer de farine. Laisser colorer légèrement. Mouiller avec 1/2 l d'eau en remuant. Faire partir l'ébullition. Y plonger les morceaux de poisson avec le jus de macération.

À mi-cuisson, ajouter l'ail écrasé, le persil et le gingembre. Poivrer.

Retirer les morceaux au fur et à mesure de leur cuisson (les parties minces cuisent plus vite, les têtes plus longtemps). Les ranger dans un plat creux en reconstituant les carpes. Laisser refroidir.

Rectifier l'assaisonnement de la sauce, en napper les poissons.

Servir froid.

Un SAINT-PÉRAY, vin blanc tranquille, fin et assez léger, conviendra à la carpe.

Température : 10 °C.

Carpe frite

La chapelure peut être remplacée par de la semoule fine de blé dur.

6 personnes

Préparation : 20 min
Cuisson : 20 min
Marinade : 2 h

1 carpe vivante ou 900 g de filets de carpe
1 dl d'huile
2 citrons
100 g de farine
3 œufs
150 g de chapelure
Persil
Poivre.

Faire écailler, vider et nettoyer la carpe par le poissonnier ; si nécessaire, lui faire lever les filets. Couper les filets en tranches de 2 cm d'épaisseur. Les laisser mariner pendant 2 heures dans un mélange d'huile et de jus de citron.

Égoutter les filets, les éponger, les passer successivement dans la farine, les œufs battus assaisonnés de sel et de poivre, puis dans la chapelure. Plonger les morceaux panés dans un bain de friture chaud et les laisser cuire et dorer pendant 7 à 8 minutes. Égoutter sur un papier absorbant.

Dresser sur un plat chaud décoré avec des bouquets de persil.

Servir brûlant.

Présenter à part des pommes de terre vapeur et des quartiers de citron.

Pour ce poisson typé, un ARBOIS blanc qui possède, comme tous les vins du Jura, le sceau de son origine.

Température : 10 °C.

Daurade au four

6 personnes

Préparation : 45 min
Cuisson : 45 min

6 daurades grises de 250 g pièce
250 g de gros oignons
500 g de pommes de terre
2 gousses d'ail
5 cl d'huile d'olive
100 g de filets d'anchois à l'huile
Thym, laurier
Sel, poivre.

Faire nettoyer, écailler et vider les poissons par le poissonnier.

Éplucher, laver et égoutter les oignons, les pommes de terre et l'ail. Émincer séparément les oignons et les pommes de terre. Écraser l'ail.

Dans un plat creux allant au four, faire chauffer l'huile d'olive. Y faire étuver les oignons sans les laisser colorer. Ajouter les anchois avec leur huile. Laisser compoter quelques instants.

Ajouter les pommes de terre égouttées. Poivrer, saler légèrement (attention aux anchois !). Mouiller avec 1/2 l d'eau froide. Adjoindre 1 brindille de thym et 1 feuille de laurier. Faire partir l'ébullition. Cuire pendant 20 minutes au four, à 210 °C (th. 7).

Poser les daurades assaisonnées sur les pommes de terre. Couvrir d'une feuille d'aluminium et remettre au four pour 20 minutes encore.

Servir très chaud dans le plat de cuisson.

Un CÔTES-DE-PROVENCE blanc sec pour une daurade grise. Mais attention, pour une daurade royale, servez le seigneur de la région : un BELLET blanc.

Température : 8 °C.

Daurade au fenouil et aux aromates

6 personnes

Préparation : 20 min
Cuisson : 30 min

2 belles daurades roses de 800 g
500 g de tomates
500 g de bulbes de fenouil
1 dl d'huile d'olive
1 brindille de thym
1 feuille de laurier
1 branche de romarin
2 citrons pelés à vif
Sel, poivre.

Faire nettoyer, écailler et vider les daurades par le poissonnier.

Monder les tomates, les couper en tranches de 0,5 cm d'épaisseur.

Nettoyer, laver et égoutter les fenouils. Les émincer, les faire étuver dans un peu d'huile d'olive pendant 7 à 8 minutes. Les tenir croquants.

Dans un plat assez grand allant au four, légèrement huilé, ranger quelques tranches de tomates et le fenouil. Saler, poivrer. Émietter un peu de thym, de laurier et de romarin.

Poser les daurades assaisonnées. Y répartir des tranches de tomates alternées avec de fines rondelles de citron. Émietter le reste du thym, du laurier et du romarin. Arroser avec toute l'huile d'olive.

Cuire à four chaud, à 240 °C (th. 8), pendant 20 minutes.

Servir directement dans le plat.

Choisir le MONTLOUIS, vin blanc célèbre de Touraine, très distingué, pour ce mets tout en finesse.

Température : 8 °C.

Les petits éperlans n'ont nul besoin d'être vidés. Nettoyer les plus gros en appuyant fermement sur l'abdomen avec le pouce et l'index.
Les éperlans peuvent être achetés surgelés. Il convient alors de les laisser dégeler immergés dans du lait.

Un SAINT-VÉRAN, vin blanc sec sans dureté, ne dépareillera pas cette friture.

Température : 10 °C.

Éperlans frits, sauce rémoulade

6 personnes

Préparation : 30 min
Cuisson : 15 min

800 g d'éperlans frais
25 cl de bière blonde
100 g de farine
Persil
300 g de sauce rémoulade (p. 68)
Sel, poivre.

Choisir de petits éperlans bien frais et brillants. Les laver, les égoutter, les sécher. Saler et poivrer les poissons. Les immerger pendant 5 minutes dans la bière.

Les égoutter soigneusement. Rouler les poissons dans la farine par petites quantités (autant que peut en contenir la bassine à frire). Secouer l'excédent de farine. Plonger les éperlans dans la friture très chaude et laisser cuire et dorer 3 à 4 minutes.

Les retirer, les égoutter et les éponger sur un papier absorbant. Dresser en buisson sur un plat rond. Décorer de bouquets de persil frit.

Servir en même temps une saucière de sauce rémoulade bien relevée.

Escalopes d'esturgeon aux câpres

6 personnes

Préparation : 10 min
Cuisson : 10 min

2 citrons
6 escalopes d'esturgeon de 120 g pièce
50 g de farine
50 g de beurre
5 dl d'huile
1 cuil. à soupe de persil haché
60 g de câpres au vinaigre
Sel, poivre.

Éplucher à vif les citrons, c'est-à-dire supprimer toutes les peaux et les membranes. Couper la pulpe en dés. Réserver le jus.

Fariner légèrement les escalopes d'esturgeon, les saler, les poivrer. Les cuire "meunière" dans une grande poêle avec le beurre et l'huile chauds. Les retourner à mi-cuisson pour les dorer de chaque côté.

Les dresser sur un grand plat de service.

Jeter dans la poêle chaude le citron, le persil et les câpres. Faire sauter 2 ou 3 fois et verser le tout brûlant sur le poisson. Servir sans attendre.

L'esturgeon, poisson noble à l'origine du caviar, ne supportera qu'un grand PESSAC-LÉOGNAN classé.

Température : 8 °C.

Haddock grillé à la hollandaise

6 personnes

Préparation : 15 min
Cuisson : 15 min
Dessalage : 1 nuit

1 kg de filet de haddock
1 l de lait
150 g de beurre
3 jaunes d'œufs
2 citrons
1 bouquet de persil
Sel, poivre.

Couper le haddock en 6 morceaux réguliers. Les plonger dans le lait additionné de suffisamment d'eau froide pour qu'ils baignent entièrement. Les laisser dessaler toute la nuit au frais.

Égoutter soigneusement les morceaux de haddock. Les sécher sur un papier absorbant. Les poivrer. Ne pas saler. Les ranger sur la plaque du four et les faire cuire sous le gril pendant 10 minutes, en réglant la hauteur pour qu'ils ne brûlent pas.

Faire fondre le beurre au bain-marie.

Fouetter les jaunes d'œufs avec le jus d'1 citron dans une casserole posée sur une source de chaleur modérée (60 °C), jusqu'à obtention d'une pommade mousseuse. Ajouter alors petit à petit le beurre fondu, sans cesser de fouetter. Saler et poivrer.

Dresser le haddock sur un plat de service. Décorer avec le persil et les quartiers de citron. Servir la sauce en saucière.

Accompagner de pommes de terre bouillies.

EDELZWICKER, vin blanc aromatique d'Alsace. Cet assemblage de cépages ne dépareillera pas ce plat.

Température : 8 °C.

Le haddock n'est pas un poisson en tant que tel. Il s'agit de l'églefin étêté, coupé en deux et fumé.

Haddock aux épinards

6 personnes

Préparation : 20 min
Cuisson : 20 min

1,500 kg d'épinards frais
50 g de beurre
30 g d'échalotes hachées
1 l de lait
Thym, laurier
1 kg de filet de haddock coupé en 6 morceaux
1/4 l de crème épaisse
Sel, poivre.

Équeuter, nettoyer et laver soigneusement les épinards. Les sécher.

Faire fondre le beurre dans une grande casserole. Ajouter les échalotes et les épinards. Saler légèrement. Cuire vivement en remuant jusqu'à évaporation de toute l'eau.

Faire bouillir le lait avec 1 brindille de thym et 1 feuille de laurier. Poivrer (ne pas saler). Y plonger les morceaux de haddock. Retirer du feu et laisser pocher 10 minutes.

Dresser les épinards dans un plat de service assez creux. Tenir au chaud.

Chauffer la crème. Poivrer, saler légèrement.

Égoutter le haddock. Le ranger sur les épinards. Verser régulièrement la crème.

Servir bien chaud.

Servir un vin jeune de Corse : le PATRIMONIO, pour ce plat.

Température : 8 °C.

Harengs grillés à la diable, sauce ravigote

6 personnes

Préparation : 20 min
Cuisson : 10 min

6 beaux harengs de 200 g pièce, non vidés
5 cl d'huile
80 g de moutarde forte
100 g de chapelure fine
Sel, poivre.

Sauce ravigote :
1 dl d'huile
3 cl de vinaigre de vin
100 g d'oignons hachés
50 g d'échalote hachée
30 g de câpres hachées
1 cuil. à soupe de persil haché
1 cuil. à soupe d'estragon haché
1 cuil. à soupe de cerfeuil haché
1 cuil. à soupe de ciboulette hachée
Sel, poivre.

Un MARSANNAY rosé, vin simple, accompagnera très bien ce plat.

Température : 8 °C.

Habiller, nettoyer et laver les harengs. Les sécher. À l'aide d'un couteau à lame souple, pratiquer une incision tout le long du dos depuis la tête jusqu'à la queue, de part et d'autre de l'arête dorsale. Dégager et retirer totalement l'arête. Vider et laver les poissons, les éponger.

Huiler légèrement la plaque du four. Ranger les harengs bien à plat, côté peau en dessous. Saler, poivrer. Avec un pinceau, enduire de moutarde la chair des harengs. Saupoudrer de chapelure. Arroser de quelques gouttes d'huile.

Cuire vivement sous le gril du four en réglant la hauteur de la plaque pour ne pas faire brûler la chapelure.

Préparer la sauce ravigote en mélangeant soigneusement tous les ingrédients pour obtenir une sauce verte épaisse.

Servir brûlant en présentant à part une saucière de sauce ravigote et des pommes de terre à la vapeur.

Harengs à la moutarde

6 personnes

Préparation : 10 min
Cuisson : 15 min

6 beaux filets de hareng
30 g de moutarde forte
100 g de farine de moutarde
5 cl d'huile
50 g de beurre
Le jus de 2 citrons
1 cuil. à soupe de persil haché
Sel, poivre.

Un vin méconnu, le SAINT-AUBIN, blanc de la Côte-de-Beaune, sera un bon choix.

Température : 10 °C.

Badigeonner les filets de hareng de moutarde à l'aide d'un pinceau. Les saler, les poivrer, les passer dans la farine de moutarde. Les tapoter pour retirer l'excédent.

Chauffer l'huile et la moitié du beurre dans une grande poêle. Y faire dorer les filets en les retournant 5 minutes de chaque côté. Les retirer sur un plat de service dès qu'ils sont cuits. Jeter la graisse de cuisson. Mettre dans la poêle le reste de beurre frais. Le cuire "noisette".

Arroser les filets de hareng du jus de citron. Saupoudrer du persil. Verser par-dessus le beurre noisette.

Servir brûlant.

Blanc de lotte au poivre vert

6 personnes

Préparation : 10 min
Cuisson : 20 min

---

900 g de lotte fraîche en filets
50 g de beurre
30 g d'échalote ciselée
2 dl de vin blanc sec
2,5 dl de crème fraîche
2 cuil. à soupe de poivre vert au naturel
Sel.

Détailler le blanc de lotte en 12 médaillons réguliers.

Les placer dans un plat beurré parsemé d'échalotes. Assaisonner. Ajouter le vin blanc. Couvrir d'une feuille d'aluminium. Cuire au four à 250 °C (th. 8), pendant 5 à 6 minutes.

Retourner les médaillons. Couvrir. Cuire encore 6 minutes. Réserver les médaillons au chaud. Recueillir le jus de cuisson dans une casserole.

Faire réduire la cuisson à feu vif pendant 10 minutes, jusqu'à obtention d'une consistance sirupeuse. Ajouter la crème. Mettre à réduire encore pour obtenir la consistance d'une sauce. Ajouter alors le poivre vert.

Napper les médaillons de lotte. Rectifier l'assaisonnement.

Servir très chaud.

Ce poisson recherché pour sa finesse développera ses arômes sur un CHABLIS PREMIER CRU, vin blanc sec et élégant de Bourgogne : Fourchaume, Montée de Tonnerre...

Température : 8 °C.

Joues de lotte en civet

6 personnes

Préparation : 30 min
Cuisson : 45 min
Marinade : 6 h

100 g de gros oignons
80 g de carottes
30 g d'échalote
2 gousses d'ail
Thym
Laurier
Genièvre
1 bouteille de bon vin rouge
1 kg de joues de lotte
40 g de farine
5 cl d'huile
200 g de champignons de Paris
80 g de beurre
80 g de lard salé
6 tranches de pain
1 cuil. à soupe de persil haché
Sel, poivre.

Confectionner une marinade crue avec les oignons, la carotte, l'échalote, et 1 gousse d'ail émincés, du thym, du laurier, quelques baies de genièvre et le vin rouge. Y laisser mariner les joues de lotte.

Égoutter et éponger les morceaux de lotte. Les passer dans la farine. Saler, poivrer. Les faire sauter quelques instants dans l'huile chaude. Mouiller avec la marinade filtrée et laisser cuire 10 minutes.

Nettoyer les champignons. Les couper en quartiers, les cuire rapidement avec 20 g de beurre. Saler, poivrer. Réserver.

Couper le lard en bâtonnets. Les blanchir, les égoutter, les faire rissoler sans ajouter de corps gras.

Faire dorer les tranches de pain dans 30 g de beurre chaud. Les frotter à l'ail.

Retirer les joues de lotte quand elles sont cuites. Les dresser dans un plat avec les lardons et les champignons.

Manier le reste de beurre avec 20 g de farine. Lier la cuisson. Rectifier l'assaisonnement. Passer à la passoire fine, sur le poisson.

Saupoudrer de persil. Servir sans attendre, accompagné de nouilles fraîches ou de pommes de terre à l'anglaise.

Déguster le vin ayant servi à la préparation. Marions, par exemple, la tendresse du VOLNAY, un vin rouge de Bourgogne, avec la délicatesse des joues de lotte !

Température : 16 °C.

Gigot de lotte à la tropézienne

6 personnes

Préparation : 30 min
Cuisson : 35 min
Trempage : 2 h

1 crépine de porc
1 queue de lotte de 1,300 kg
80 g de filets d'anchois à l'huile
100 g de farce de merlan (p. 194)
5 cl d'huile d'olive
150 g de pulpe de tomate fraîche
50 g d'ail
1 brin de thym
100 g d'olives noires dénoyautées
1 cuil. à soupe de persil haché
Sel, poivre.

Mettre la crépine à tremper et à dégorger dans une grande quantité d'eau froide. La rincer, la presser pour bien l'égoutter (ne jamais la tordre).

Dépouiller et parer la queue de lotte. La désosser en conservant uniquement la queue. Saler modérément. Poivrer.

Réduire les filets d'anchois en purée. Les mélanger à la farce de merlan. S'en servir pour farcir la lotte. Emballer la queue de lotte dans la crépine. La maintenir en forme par quelques tours de ficelle.

Chauffer l'huile dans une cocotte. Y faire dorer la lotte sur toutes ses faces. Ajouter la tomate, l'ail écrasé, le thym et les olives. Couvrir. Laisser mijoter 30 minutes à couvert.

Déficeler la lotte. La trancher.

La dresser sur la fondue de tomate aux olives. Saupoudrer de persil. Servir bien chaud.

Une tête de monstre

La lotte, encore appelée baudroie, commercialisée sans la tête, trop lourde — elle représente environ deux tiers du poids total — et surtout trop laide. Cette dernière raison lui a valu le surnom de crapaud ou diable de mer.

Considéré comme le meilleur vin blanc de la région, le CASSIS blanc mêlera ses parfums à ce mets.

Température : 8 °C.

Lotte à l'américaine

6 personnes

Préparation : 45 min
Cuisson : 45 min

1,500 kg de queue de lotte
80 g d'oignon
Thym, laurier
30 g d'échalote hachée
30 g de beurre
1 l de bisque de crustacés
5 cl de cognac
1 cuil. à soupe d'estragon haché
Sel, poivre.

Dépouiller la queue de lotte. Lever et parer les 2 filets. Les rincer à l'eau froide. Jeter la peau.

Concasser l'arête et les parures. Confectionner un fumet de poisson avec l'oignon émincé, le thym, le laurier, et juste assez d'eau pour obtenir 1/2 l de fumet. Saler et poivrer légèrement.

Beurrer une plaque de cuisson. Y parsemer l'échalote. Ranger dedans les filets de lotte coupés en médaillons. Saler, poivrer. Mouiller avec le fumet. Couvrir d'un papier sulfurisé beurré et cuire au four, à 160-180 °C (th. 5-6), pendant 20 à 25 minutes suivant la grosseur des médaillons.

Recueillir le jus de cuisson. Le faire réduire d'un tiers. Y délayer la bisque. Bien chauffer. Ajouter le cognac.

Dresser la lotte dans un plat creux. Verser la sauce. Saupoudrer d'estragon. Servir très chaud, accompagné généralement de riz.

Un RIESLING GRAND CRU, vin gastronomique par excellence, charmera ce plat.

Température : 8 °C.

Loup en papillotes

6 personnes

Préparation : 30 min
Cuisson : 45 min

1 morceau de loup d'1,500 kg
1 kg de fenouils frais en bulbes
80 g de beurre
Cerfeuil
Sel, poivre.

BELLET : blanc sec de Provence. Offrez à ce poisson, tout en finesse, ce vin de grande classe, remarquable par ses parfums.

Température : 10 °C.

Faire lever les filets de loup par le poissonnier, les couper en 6 portions régulières.

Retirer les filandres et les tiges des fenouils. Laver, égoutter. Couper les bulbes en tranches très minces. Faire cuire le fenouil assaisonné dans une casserole avec le beurre. Saler, poivrer. Cuire entièrement, à couvert.

Couper 6 rectangles assez grands de papier d'aluminium. Poser dessus du fenouil puis une portion de loup. Saupoudrer de pluches de cerfeuil. Assaisonner. Refermer hermétiquement l'aluminium en lui donnant la forme d'un chausson et en roulant fortement les bords. Poser sur la plaque du four et enfourner à bonne chaleur, à 200 °C (th. 6-7), pendant 15 minutes. Les papillotes sont à point lorsqu'elles sont parfaitement gonflées.

Servir aussitôt, accompagné d'une saucière de beurre aux herbes (p. 63) ou de beurre blanc (p. 64).

Loups grillés, beurre au basilic

6 personnes

Préparation : 20 min
Cuisson : 20 min
Marinade : 2 h

3 loups de 500 à 600 g pièce
2 dl d'huile d'olive
5 citrons
Thym, laurier
100 g de beurre
1 cuil. à soupe de persil, cerfeuil et ciboulette hachés
1 cuil. à café de basilic haché
Anis moulu
Sel, poivre.

Le loup, poisson fin de Méditerranée, se mariera parfaitement avec un Coteaux du Languedoc PICPOUL DE PINET sec et parfumé.

Température : 8 °C.

Écailler, vider et laver les loups, les sécher. Entailler légèrement 4 à 5 fois le dos des loups en diagonale.

Préparer la marinade avec l'huile, le jus de 3 citrons, le thym et le laurier. Y plonger les poissons, les retourner et les laisser s'imprégner pendant 2 heures.

Les retirer, les égoutter, les assaisonner, les mettre sur la plaque du four et les faire griller (position gril) pendant 10 minutes sur chaque côté, en les retournant avec précaution.

Faire fondre le beurre doucement avec le jus de 2 citrons, les herbes hachées et l'anis. Saler et poivrer.

Présenter les poissons entiers. Les servir équitablement, accompagnés de beurre en saucière.

Maquereaux en papillotes aux noix

6 personnes

Préparation : 15 min
Cuisson : 12 min

6 maquereaux frais de 200 g pièce
150 g de cerneaux de noix
100 g de beurre
1 cuil. à soupe de persil haché
Sel, poivre.

Un CÔTES DU JURA typé jaune, à base de Savagnin, apportera ce goût de « jaune » qui rappelle la noix entrant dans la composition du mets.

Température : 12 °C.

Habiller, nettoyer, vider et laver les maquereaux, lever les filets, ou le faire faire par le poissonnier.

Hacher les noix, les mélanger avec le beurre en pommade et le persil haché. Saler, poivrer.

Réunir les filets 2 par 2 en mettant une bonne couche de beurre aux noix entre eux. Saler, poivrer le poisson.

Couper 6 grands rectangles de papier d'aluminium. Poser 2 filets de maquereaux au milieu de chacun. Replier et fermer soigneusement les bords en les roulant fortement et en donnant la forme d'un chausson. Mettre à four chaud, à 240 °C (th. 8), pendant 10 à 12 minutes. La cuisson est à point quand les papillotes sont bien gonflées.

Servir tel quel, sans attendre.

Maquereaux gratinés aux câpres

6 personnes

Préparation : 30 min
Cuisson : 30 min

6 maquereaux frais de 200 g pièce
60 g de beurre
30 g d'échalote grise hachée
1 dl de vin blanc
30 g de farine
1/2 l de lait
80 g de câpres
60 g de gruyère râpé
Sel, poivre.

VIN DE SAVOIE, à belle robe or pâle, sec et vif, à associer à ce mets.

Température : 10 °C.

Habiller, nettoyer et vider les maquereaux, lever les filets, ou le faire faire par le poissonnier.

Beurrer un plat allant au four avec 20 g de beurre. Y parsemer les échalotes. Ranger dessus les filets de maquereaux. Saler, poivrer. Mouiller avec le vin blanc. Couvrir d'une feuille de papier d'aluminium. Cuire à four chaud, à 240 °C (th. 8), pendant 10 minutes.

Confectionner une sauce Béchamel (p. 66) avec 30 g de beurre, la farine et le lait. Saler, poivrer. Ajouter les câpres grossièrement hachées.

Recueillir le jus de cuisson du poisson. Le passer, l'ajouter à la béchamel aux câpres.

Dresser les filets de maquereaux dans un plat à gratin. Verser dessus la sauce. Saupoudrer du gruyère et du beurre restant en parcelles. Faire gratiner au four.

Servir bien chaud.

Maquereaux pochés aux moules

6 personnes

Préparation : 20 min
Cuisson : 25 min

6 maquereaux frais de 200 g pièce
1 l de moules
1 dl de vin blanc
100 g d'oignons hachés
30 g de beurre
20 g d'échalote hachée
25 cl de crème fraîche épaisse
1 cuil. à soupe de persil haché
Sel, poivre.

Habiller, nettoyer et vider les maquereaux. Les sécher.

Gratter les moules, les laver, les cuire à couvert avec le vin blanc et l'oignon haché. Décortiquer les moules, les réserver. Filtrer le jus de cuisson.

Beurrer un plat allant au four. Y parsemer l'échalote. Ranger les maquereaux. Saler, poivrer, mouiller avec le jus des moules. Couvrir d'une feuille d'aluminium et cuire au four à 250 °C (th. 8), pendant 15 minutes.

Recueillir le fond de cuisson. Le faire réduire de moitié. Ajouter la crème. Cuire quelques instants. Rectifier l'assaisonnement.

Ajouter les moules sur les maquereaux. Laisser chauffer. Verser dessus la sauce chaude. Saupoudrer de persil haché. Servir sans attendre.

Les caractères du SYLVANER, vin blanc sec et frais d'Alsace, seront en harmonie avec le plat.

Température : 8 °C.

Maquereaux au vin blanc

6 personnes

Préparation : 40 min
Cuisson : 25 min
Repos : 12 h

1,800 kg de petits maquereaux de ligne
150 g d'oignons
50 g d'ail
1 dl d'huile d'olive
1 l de vin blanc sec
Thym, laurier
Sel, poivre.

Habiller, nettoyer, vider et laver les maquereaux. Les éponger, les saler et les poivrer.

Émincer les oignons, écraser l'ail. Les faire étuver dans l'huile sans les laisser colorer. Mouiller avec le vin blanc. Ajouter le thym et le laurier. Faire bouillir 10 minutes. Saler et poivrer légèrement.

Plonger les maquereaux dans cette cuisson. Laisser frémir 10 minutes.

Refroidir les maquereaux dans leur cuisson et consommer le lendemain. Accompagner de larges tranches de pain de campagne grillées et de beurre salé.

VIN DE PAYS DU VAR, vin blanc sec. Un « petit vin » qui accompagnera parfaitement ce plat de vacances.

Température : 8 °C.

Filets de merlan à l'anglaise

Vin de Savoie, ABYMES, blanc sec et typé. Fraîcheur, nervosité et légèreté pour accompagner ce poisson.

Température : 8 °C.

6 personnes

Préparation : 20 min
Cuisson : 10 min

150 g de beurre maître d'hôtel (p. 63)
80 g de farine
2 œufs
1 dl d'huile
200 g de chapelure
6 filets de merlan frais de 125 g pièce
30 g de beurre
Persil frisé
3 citrons
Sel, poivre.

À l'aide d'une poche munie d'une douille cannelée, dresser 6 belles rosaces de beurre maître d'hôtel sur une feuille de papier sulfurisé. Laisser raffermir au réfrigérateur.

Paner les filets de merlan : prendre 3 assiettes ; dans la première, étaler la farine ; dans la seconde, casser les œufs et les battre à la fourchette avec un filet d'huile, du sel et du poivre ; dans la troisième, étaler la chapelure. Passer les filets de merlan sur chaque face successivement dans ces 3 préparations, en tapotant pour faire tomber l'excédent de farine et d'œuf et pour faire adhérer la chapelure.

Mettre le restant d'huile et le beurre dans une poêle. Laisser chauffer modérément et faire cuire les filets panés de chaque côté.

Dresser sur un plat de service ou sur une assiette. Disposer une rosace de beurre maître d'hôtel sur chaque filet. Décorer avec des bouquets de persil et des demi-citrons historiés.

Gratin de merlan aux champignons

6 personnes

Préparation : 30 min
Cuisson : 30 min

30 g de beurre
30 g d'échalote hachée
800 g de filets de merlan
1/4 l de vin blanc
400 g de champignons de Paris
2 citrons
1/4 l de crème fraîche épaisse
1 cuil. à soupe de persil haché
80 g de gruyère
Sel, poivre.

SYLVANER. Discrétion du plat pour un vin blanc frais et léger.

Température : 8 °C.

Beurrer grassement un plat creux allant au four. Y parsemer l'échalote. Saler, poivrer. Ranger dessus les filets de merlan. Assaisonner. Mouiller avec le vin. Couvrir d'une feuille d'aluminium. Cuire à four chaud, à 240 °C (th. 8), pendant 10 minutes.

Nettoyer les champignons. Les émincer. Les cuire avec le jus des 2 citrons, du sel et du poivre.

Réunir le jus des champignons et la cuisson du poisson dans une casserole. Faire réduire à feu vif pour obtenir la consistance d'un sirop. Ajouter la crème et le persil haché. Faire bouillir, assaisonner.

Mettre une couche de champignons dans un plat à gratin beurré. Poser dessus les filets de merlan cuits. Recouvrir de champignons. Napper avec la sauce à la crème.

Saupoudrer de gruyère râpé. Faire gratiner vivement au four.

Servir sans attendre.

Merlans en lorgnette

6 personnes

Préparation : 45 min
Cuisson : 30 min

6 merlans vidés de 200 g pièce
80 g de farine
2 œufs
1 dl d'huile
200 g de chapelure
1 bouquet de persil
3 citrons
Sel, poivre.

Habiller et nettoyer les merlans. Les laver et les éponger. À l'aide d'un couteau à lame souple, pratiquer une incision tout le long du dos depuis la tête jusqu'à la queue, de part et d'autre de l'arête dorsale. Dégager et retirer totalement l'arête.

Supprimer la queue. Laisser les filets attachés à la tête. Enrouler chaque filet sur lui-même en les ramenant vers la tête de façon à former comme une lunette. Maintenir en forme avec des brochettes en bois.

Paner les merlans à l'anglaise en les passant successivement dans la farine puis dans les œufs battus avec l'huile et assaisonnés, et enfin dans la chapelure en tapotant pour bien la faire adhérer.

Frire les merlans dans une huile de friture bien chaude en les cuisant 2 par 2. Les égoutter sur un papier absorbant. Les tenir au chaud.

Dresser sur un plat de service décoré de persil et de demi-citrons historiés. Servir très chaud.

Un BORDEAUX blanc accompagnera ce plat sans complexe.

Température : 8 °C.

Le MÂCON blanc, vin sec et capiteux de Bourgogne, constituera un excellent compagnon pour ce plat.

Température : 10 °C.

Merlans frits en colère

6 personnes

Préparation : 10 min
Cuisson : 30 min

6 merlans vidés de 200 g pièce
1/4 l de lait
150 g de farine
1 bouquet de persil
3 citrons
Sel, poivre.

Habiller, vider et laver les merlans. Les éponger, les saler et les poivrer. Plonger les merlans dans le lait. Les égoutter puis les rouler dans la farine.

Courber chaque merlan pour lui introduire la queue dans la gueule. Maintenir à l'aide d'une brochette en bois.

Frire les merlans dans une huile de friture bien chaude en les cuisant deux par deux. Les égoutter sur un papier absorbant. Les tenir au chaud.

Dresser sur un plat de service décoré de persil et de demi-citrons historiés. Servir très chaud, accompagné de sauce rémoulade (p. 68).

Quenelles de merlan, sauce Bonnefoy

6 personnes

Préparation : 1 h 30 min
Cuisson : 30 min

600 g de filets de merlan
2 blancs d'œufs
2,5 dl de crème fraîche épaisse
1/2 l de vin rouge
30 g d'échalote grise hachée
1/2 l de fumet de poisson (p. 60)
30 g de beurre
30 g de farine
80 g de moelle de bœuf
1 cuil. de persil haché
Sel, poivre
Muscade.

Vérifier que toutes les arêtes ont bien été retirées. Mixer les filets. Recueillir cette masse dans une calotte posée sur de la glace pilée et procéder comme pour les quenelles de brochet p. 177.

Dans une casserole, faire réduire presque à sec le vin rouge et les échalotes. Mouiller avec le fumet de poisson. Lier avec un roux confectionné avec le beurre et la farine.

Couper la moelle en petits cubes. Les mettre à pocher 5 secondes dans de l'eau bouillante. Bien les égoutter. Les ajouter à la sauce.

Lorsque les quenelles sont pochées, les ranger dans un plat de service. Les napper avec la sauce. Saupoudrer de persil haché et servir sans attendre.

Un CHÂTILLON-EN-DIOIS, petite production de vin blanc sec, fin et fruité, de la vallée du Rhône, accompagnera ce mets.

Température : 10 °C.

Acras de morue

6 personnes

Préparation : 30 min
Cuisson : 30 min

500 g d'épinards
60 g de beurre
125 g de farine
4 œufs
400 g de morue dessalée et cuite
50 g d'oignon haché
Sel, poivre.

Équeuter, laver, trier et égoutter les épinards. Les cuire rapidement dans de l'eau bouillante salée. Les rafraîchir, les égoutter à fond en les pressant. Les concasser.

Faire bouillir 1/4 l d'eau légèrement salée avec le beurre. Ajouter la farine d'un seul coup. Dessécher. Incorporer les œufs un à un.

Effeuiller la morue. La mélanger avec la pâte à choux, les épinards, l'oignon haché. Poivrer, attention au sel.

Former des boules à l'aide d'une cuillère. Les faire frire dans un bain d'huile chaude (160 °C). Les retourner à mi-cuisson.

Dès qu'ils sont bien dorés, égoutter les acras sur un papier absorbant. Les servir bien chauds.

Formés en petites boules à l'aide d'une cuillère à café, les acras accompagnent délicieusement les apéritifs. Plus gros, formés à la cuillère à soupe, les acras constituent une entrée savoureuse.

GRAVES DE VAYRES, vin blanc sec aux arômes développés, du Bordelais. Attention à en choisir un sec pour ce mets.

Température : 8 °C.

Brandade de morue

6 personnes

Préparation : 20 min
Cuisson : 20 min
Dessalage : 24 h

1,200 kg de morue
2 gousses d'ail
2,5 dl d'huile d'olive
1 dl de lait
6 croûtes de pain
Poivre.

Faire dessaler la morue 24 heures dans de l'eau fraîche renouvelée souvent.

Pocher la morue dessalée pendant 10 minutes dans de l'eau frémissante. Bien l'égoutter. Retirer soigneusement toute la peau et les arêtes.

Poser une cocotte en fonte émaillée sur feu doux, la frotter à l'ail. Effeuiller dedans la morue. La piler avec une cuillère en bois en y incorporant petit à petit l'huile et le lait tiède. Poivrer fortement.

Asperger les croûtons de quelques gouttes d'huile d'olive. Les sécher au four. Les frotter à l'ail.

Dresser la brandade en dôme dans un plat. L'entourer des croûtons. Servir bien chaud.

Certains préparent la brandade en ajoutant 1 ou 2 pommes de terre écrasées dans la morue. L'assaisonnement peut être relevé d'un filet de jus de citron et, pour les jours de fête, la brandade peut être parée de lames de truffes.

À plat de vacances, vin de vacances : un CÔTES-DE-PROVENCE rosé sec.

Température : 8 °C.

Changement d'identité

Qui se cache derrière la morue ? C'est le cabillaud. Salé, il prend l'appellation de morue, morue verte ou bacalao ; séché, il s'appelle stockfisch ou morue de Norvège.

Fricassée de morue biscaïenne

6 personnes

Préparation : 30 min
Cuisson : 1 h 30 min
Dessalage : 24 h

800 g de filet de morue
500 g de tomates
100 g de poivron vert
100 g de poivron rouge
3 gousses d'ail
2 dl d'huile d'olive
1 cuil. à soupe de persil haché
Thym, laurier
Sel, poivre.

Laisser dessaler la morue pendant 24 heures dans une grande quantité d'eau froide renouvelée souvent.

Pocher la morue pendant 10 minutes dans de l'eau frémissante. L'égoutter, la laisser refroidir.

Ébouillanter les tomates pour les éplucher. Retirer les pépins, concasser la pulpe.

Couper les poivrons en lanières.

Écraser les gousses d'ail en purée.

Couper la morue en cubes. Les faire sauter vivement dans de l'huile d'olive chaude.

Dans un plat à gratin profond, mettre un peu d'huile, une couche de tomates salées légèrement et poivrées, des lanières de poivrons, de l'ail, du persil, le thym et le laurier. Poser les cubes de morue. Recouvrir de poivrons, d'ail, de persil et de tomates assaisonnées.

Verser de l'huile d'olive. Cuire à four moyen, à 180 °C (th. 6), pendant 45 minutes.

Servir tel quel.

Puissance de la morue à alller au caractère ample et épicé des vins de CORSE rosés et épicés.

Température : 10 °C.

Gratin de morue aux pommes de terre

6 personnes

Préparation : 30 min
Cuisson : 45 min

600 g de morue dessalée cuite
1 kg de pommes de terre cuites à l'eau
100 g de beurre
60 g de farine
75 cl de lait
25 cl de crème fraîche épaisse
Muscade
80 g de gruyère râpé
Sel, poivre.

Effeuiller la morue, couper les pommes de terre en tranches.

Beurrer un plat à gratin. Y ranger les pommes de terre et la morue en alternant les couches.

Confectionner une béchamel crémée (p. 66) avec 60 g de beurre, la farine, le lait et la crème. Condimenter de poivre et de muscade, saler légèrement.

Napper la morue et les pommes de terre de cette sauce. Saupoudrer de gruyère râpé et répartir dessus le reste de beurre.

Gratiner au four pendant 30 minutes.

Servir sans attendre.

Un GAILLAC rosé, à base de Gamay, apportera de la fraîcheur à ce gratin.

Température : 8 °C.

Morue en aïoli

6 personnes

Préparation : 1 h
Cuisson : 1 h 30 min
Dessalage : 24 h

800 g de filet de morue
150 g de carottes
400 g de pommes de terre
3 fonds d'artichauts
3 œufs entiers + 1 jaune
200 g de haricots verts
100 g de pois chiches cuits
Thym, laurier
10 gousses d'ail
2 dl d'huile d'olive
Sel, poivre.

Faire dessaler la morue 24 heures dans de l'eau fraîche renouvelée souvent. Couper en morceaux réguliers.

Éplucher, nettoyer et laver tous les légumes. Couper les carottes en tronçons, les pommes de terre en gros cubes et les fonds d'artichauts en quartiers.

Cuire 3 œufs durs.

Dans une grande quantité d'eau bouillante salée, faire cuire séparément et successivement les légumes : 25 minutes pour les carottes, 20 minutes pour les pommes de terre, 15 minutes pour les haricots. Les égoutter et les tenir au chaud.

Réchauffer les pois chiches.

Ajouter du thym et du laurier dans l'eau des légumes. Y faire pocher les morceaux de morue.

Confectionner l'aïoli : éplucher et dégermer les gousses d'ail. Les piler dans un mortier. Saler, poivrer légèrement. Ajouter le jaune d'œuf et monter à l'huile comme une mayonnaise.

Présenter tous les éléments en même temps : la morue égouttée entourée de ses légumes et de quartiers d'œufs durs, accompagnée d'aïoli.

Le grand aïoli est un plat composé traditionnellement de morue, d'épaule d'agneau bouillie, d'escargots pochés, accompagnés de légumes. C'est un véritable pot-au-feu "terre-mer".

Une petite production COTEAUX D'AIX-EN-PROVENCE en blanc sec et fruité fournira le vin pour ce mets.

Température : 8 °C.

Raie au beurre noisette

6 personnes

Préparation : 10 min
Cuisson : 25 min

1,200 kg d'ailes de raie
2 l de court-bouillon (p. 60)
100 g de beurre
5 cl de vinaigre de vin blanc
60 g de petites câpres au vinaigre
1 cuil. à soupe de persil haché
Sel, poivre.

Pocher la raie dans le court-bouillon frémissant. L'égoutter, la dépouiller, la dresser sur un plat ou sur des assiettes. Saler, poivrer.

Dans une poêle, cuire le beurre "noisette". Verser dedans le vinaigre et les câpres.

Napper d'un coup les morceaux de raie. Saupoudrer de persil haché. Servir immédiatement, accompagné de pommes nature.

Noir ou noisette ?

Traditionnellement, la raie était servie accompagnée d'un beurre noir, particulièrement indigeste et nocif pour la santé car carbonisé.
Il est donc remplacé par le beurre noisette qui, tout aussi savoureux, ne présente aucun inconvénient. Attention toutefois à bien surveiller la cuisson ; la frontière est mince entre un beurre noisette et un beurre noir.

Choisir un VOUVRAY blanc, vin célèbre de Touraine, blanc, sec et distingué, qui s'entendra avec ce mets.

Température : 8 °C.

Gratin de raie à la provençale

6 personnes

Préparation : 1 h
Cuisson : 1 h

1,200 kg d'ailes de raie
2 l de court-bouillon (p. 60)
500 g de tomates
500 g d'aubergines
250 g d'oignons
50 g d'ail
25 cl d'huile d'olive
Thym, laurier
100 g de chapelure
Sel, poivre.

Pocher la raie dans le court-bouillon frémissant. L'égoutter, la dépouiller. Retirer tous les cartilages. Saler, poivrer.

Ébouillanter les tomates pour les éplucher. Les couper pour exprimer les graines. Les concasser.

Couper les aubergines en tranches de 5 mm d'épaisseur. Les saler pour les faire dégorger.

Éplucher et émincer les oignons. Écraser l'ail en pommade.

Dans une casserole, faire étuver les oignons dans 5 cl d'huile sans les colorer. Ajouter les tomates, l'ail, du thym et du laurier. Saler, poivrer. Laisser cuire pendant 10 minutes.

Chauffer 5 cl d'huile dans une poêle. Y faire sauter les tranches d'aubergines épongées.

Huiler un plat à gratin. Étaler au fond la moitié des tomates. Poser dessus la moitié des aubergines. Disposer par-dessus la raie. Recouvrir d'aubergines. Finir avec le reste de tomates. Saupoudrer de chapelure et arroser avec le reste d'huile.

Cuire et gratiner à four moyen, à 180 °C (th. 6), pendant 40 minutes.

Servir bien chaud.

Un CÔTES-DE-PROVENCE, blanc sec, se marie très bien avec la cuisine provençale !

Température : 8 °C.

Rougets à l'italienne

6 personnes

Préparation : 15 min
Cuisson : 12 min

6 beaux rougets de 220 g pièce
200 g de champignons de couche
Le jus d'1 citron
6 tranches de jambon cru (Aoste ou San Daniel)
5 feuilles de basilic
5 cl d'huile d'olive
Poivre.

Habiller, nettoyer, vider, laver et éponger les rougets.

Découper 6 grands rectangles d'aluminium.

Nettoyer les champignons. Les couper en bâtonnets. Les arroser du jus de citron.

Sur chaque rectangle d'aluminium, poser dans l'ordre 1 tranche de jambon, des champignons, 1 feuille de basilic, 1 rouget, quelques gouttes d'huile d'olive. Poivrer. Ne pas saler, le jambon l'est suffisamment.

Emballer le rouget avec le jambon. Replier la feuille d'aluminium et serrer fortement les bords en les roulant pour donner la forme d'un chausson.

Glisser les papillotes sur la plaque du four et cuire à four chaud, à 250 °C (th. 8-9), pendant environ 12 minutes. La cuisson est à point quand les papillotes sont parfaitement gonflées.

Servir tel quel aussitôt sorti du four.

La vedette des vins italiens, le CHIANTI rosé, conviendra à ce plat.

Température : 8 °C.

N'est pas rouget qui veut !

Le langage désigne par le même nom deux poissons pourtant bien différents :
— le rouget grondin, appartenant à la famille des grondins ;
— le rouget-barbet dont on distingue deux catégories : le rouget de roche ou surmulet, qui est le plus fin, et le rouget de vase, de sable, ou barbarin. Les rougets-barbets sont appréciés depuis l'antiquité.

Rougets de roche au basilic

6 personnes

Préparation : 45 min
Cuisson : 40 min
Repos : 24 h

Sauce :
100 g de tomates
1 botte de persil
1 botte de basilic
1 petit piment de Cayenne
2,5 dl d'huile d'olive extra.

6 beaux rougets de 220 g pièce
80 g d'oignons
80 g de blanc de poireau
80 g de céleri branche
1 bouteille de vin blanc sec
Thym, laurier
1 clou de girofle
1 citron
1 orange
Sel, poivre.

Préparation de la sauce (la veille) : Monder les tomates. Les couper en deux, les épépiner. Les découper en petits dés.

Laver et essorer le persil et le basilic. Les hacher finement.

Réunir dans un récipient fermant hermétiquement les herbes, la chair de tomate et le piment réduit en poudre. Mouiller avec l'huile d'olive. La quantité d'herbes et de tomate doit donner la consistance d'une sauce. Fermer le récipient et laisser à température ambiante.

Nettoyer, écailler, vider et laver les rougets.

Confectionner un court-bouillon avec les oignons, le poireau et la branche de céleri coupés en fine julienne. Mouiller avec le vin blanc et de l'eau en quantité suffisante. Saler, poivrer. Condimenter de thym, de laurier et du clou de girofle. Cuire pendant 15 minutes. Ajouter le citron et l'orange coupés en tranches. Cuire encore 15 minutes.

Pocher les rougets dans le court-bouillon frémissant. Dès qu'ils sont cuits, les dresser sur un plat, décoré de quelques légumes et de tranches de citron et d'orange.

Présenter la sauce au basilic en saucière.

Le choix d'un CÔTES-DE-PROVENCE, blanc sec, se révèlera judicieux sur ce mets où les arômes de basilic se libèreront.

Température : 8 °C.

Rougets en escabèche

6 personnes

Préparation : 30 min
Cuisson : 20 min
Repos : 2 à 3 jours

1,500 kg de petits rougets de roche
60 g d'ail
500 g d'oignons
1/2 l d'huile d'olive
Thym, laurier, romarin
1 cuil. à soupe de persil concassé
1/4 l de vinaigre de vin blanc
Sel, poivre.

Nettoyer, vider et laver les rougets. Les éponger, les assaisonner.

Éplucher et émincer l'ail et les oignons.

Chauffer l'huile dans une grande poêle. Y faire saisir les rougets, les retourner. Les disposer dans un plat creux dès qu'ils sont cuits.

Dans l'huile de cuisson, ajouter l'ail et l'oignon. Laisser roussir quelques instants. Mêler les herbes. Mouiller avec le vinaigre. Assaisonner et laisser mijoter 10 minutes. Laisser refroidir.

Verser cette marinade sur les rougets. Laisser au frais pendant 2 à 3 jours avant de consommer ce délicieux hors-d'œuvre bien frais.

Un CASSIS blanc sec accompagnera parfaitement un produit de la mer : le rouget.

Température : 8 °C.

Dos de sandre rôti au lard et aux lentilles

6 personnes

Préparation : 30 min
Cuisson : 1 h

1 morceau de sandre d'1,400 kg
100 g de lard fumé coupé en tranches minces
5 cl d'huile
300 g de lentilles vertes
2 gros oignons
2 clous de girofle
Thym, laurier
50 g de beurre
Sel, poivre.

Vider, écailler, ébarber et laver le morceau de sandre.

Bien l'éponger. Assaisonner l'intérieur.

Entourer le sandre avec les trois quarts des tranches de lard. Les maintenir de quelques tours de ficelle.

Faire chauffer l'huile dans une cocotte. Y faire dorer le sandre de tous les côtés. Couvrir et laisser cuire à feu doux pendant 20 minutes.

Laver les lentilles à l'eau froide. Les mettre en cuisson avec 1 oignon piqué des clous de girofle, du thym et du laurier. Laisser cuire 30 minutes. Les tenir assez fermes. Saler, égoutter.

Hacher le deuxième oignon.

Retirer le sandre. Le déficeler. Le réserver au chaud.

Dans la cocotte, faire revenir le reste du lard coupé en fins bâtonnets dans le beurre. Ajouter l'oignon haché. Laisser étuver. Ajouter les lentilles. Assaisonner. Cuire pendant 5 minutes.

Poser le sandre sur les lentilles.

Servir bien chaud.

Rencontre entre la finesse du poisson et le dernier-né des A.O.C. Graves : le PESSAC-LÉOGNAN, blanc sec.

Température : 10 °C.

Gratin de sandre aux nouilles

6 personnes

Préparation : 15 min
Cuisson : 30 min

120 g de beurre
80 g de farine
1 l de lait
25 cl de crème fraîche
2 beaux filets de sandre de 600 g pièce (sans peau)
400 g de nouilles cuites
100 g de gruyère râpé
Muscade
Sel, poivre.

Choisir un JASNIÈRES blanc sec, fruité et délicat, au goût de « pierre à fusil », pour escorter ce mets.

Température : 10 °C.

Confectionner une béchamel en cuisant 80 g de beurre et 80 g de farine. Mouiller avec le lait. Assaisonner de sel, de poivre et de muscade. Ajouter la crème.

Laver, égoutter et éponger les filets de sandre. Les saler, les poivrer.

Beurrer grassement un plat à gratin. Verser au fond une couche de béchamel. Ranger dessus les nouilles chauffées assaisonnées. Poser les filets de sandre sur les nouilles. Recouvrir l'ensemble avec le reste de sauce. Saupoudrer de gruyère. Parsemer du reste de beurre divisé en parcelles.

Mettre au four pendant 20 minutes, à 210 °C (th. 7), pour cuire le poisson et gratiner l'ensemble.

Servir bien chaud.

Sandre braisé au champagne

6 personnes

Préparation : 10 min
Cuisson : 20 min

1 kg de filets de sandre
150 g de beurre
50 g d'échalotes hachées
2 dl de champagne brut
2 dl de fumet de poisson (p. 60)
2 dl de crème fraîche épaisse
Sel, poivre.

Choisir le CHAMPAGNE BRUT qui est à l'origine de la préparation. Pour un des poissons les plus fins, un très grand vin, un Champagne brut millésimé.

Température : 8 °C.

Couper le sandre en 6 médaillons réguliers.

Beurrer une plaque avec 20 g de beurre. Y répartir les échalotes. Saler, poivrer. Ranger les médaillons de sandre. Assaisonner.

Mouiller avec le champagne et le fumet de poisson. Couvrir d'une feuille d'aluminium.

Faire partir l'ébullition sur le feu et cuire au four à 150-180 °C (th. 5-6), pendant 8 minutes.

Recueillir tout le jus de cuisson. Le faire réduire à feu vif pour obtenir 1 dl de fond. Ajouter la crème petit à petit sans rompre l'ébullition et monter au beurre en fouettant. Vérifier l'assaisonnement.

Dresser le sandre sur un plat de service. Le napper de sauce. Le glisser sous le gril du four pour glacer la sauce.

Servir aussitôt.

Suprêmes de sandre au genièvre à la choucroute

6 personnes

Préparation : 20 min
Cuisson : 25 min

1 l de court-bouillon (p. 60)
20 baies de genièvre
6 médaillons de sandre de 150 g (sans arête)
1 dl de vin blanc sec
1 dl de crème double
180 g de beurre
600 g de choucroute cuite
Sel, poivre.

Verser le court-bouillon dans le fond d'un couscoussier. Y écraser 10 baies de genièvre. Porter à ébullition.

Saler et poivrer les médaillons de sandre. Les ranger sur la grille du couscoussier. Cuire à la vapeur pendant 12 à 15 minutes.

Mettre 10 baies de genièvre écrasées dans une casserole avec le vin blanc. Faire réduire presque à sec. Ajouter la crème. Réduire de moitié. Passer à la passoire fine. Remettre la crème à bouillir. Monter avec le beurre frais divisé en petits morceaux en fouettant énergiquement. Saler, poivrer.

Chauffer doucement la choucroute. L'égoutter.

Dresser un lit de choucroute sur un plat ou sur des assiettes chaudes. Poser dessus 1 médaillon de sandre cuit, bien chaud. Napper légèrement le poisson de sauce et verser le reste autour de la choucroute. Servir aussitôt.

Le TOKAY-PINOT GRIS, vin blanc sec d'Alsace, aura l'élégance d'accompagner ce plat régional.

Température : 8 °C.

Sardines farcies aux blettes

6 personnes

Préparation : 1 h
Cuisson : 20 min

30 sardines de 50 g
1 kg de feuilles de blettes
10 cl d'huile d'olive
100 g d'oignons hachés
2 gousses d'ail
1 œuf
80 g de chapelure
Sel, poivre.

Un vin de LA CLAPE, à proximité de Narbonne, accompagnera ce plat très méditerranéen.

Température : 8 °C.

Nettoyer les sardines, les écailler, les étêter et les ouvrir par le ventre pour enlever l'arête. Les laver, les égoutter, les étaler sur un linge, côté peau en dessous. Saler, poivrer.

Blanchir rapidement les feuilles de blettes à l'eau bouillante salée. Les égoutter et les hacher grossièrement.

Chauffer 5 cl d'huile dans une casserole. Y faire revenir les oignons. Ajouter les blettes, l'ail écrasé, et laisser cuire 10 minutes. Vérifier l'assaisonnement et lier avec l'œuf.

Déposer une cuillère de farce sur chaque sardine et les rouler sur elles-mêmes, de la tête vers la queue.

Ranger les sardines côte à côte dans un plat à gratin huilé. Les saupoudrer de chapelure et les arroser du restant d'huile.

Cuire à four chaud, à 250 °C (th. 8-9), pendant 10 minutes. Servir aussitôt.

Sardines grillées

6 personnes

Préparation : 30 min
Cuisson : 5 min
Marinade : 1 h

36 sardines de 50 g
25 cl d'huile d'olive
Le jus de 2 citrons
Thym, laurier
1 dl de vinaigre d'alcool coloré
Sel, poivre.

À pleines dents

Au bord de la mer, lorsque les sardines sont particulièrement fraîches, elles sont mises à griller sans aucune préparation. Tout au plus les écaille-t-on en les frottant avec du gros sel. Pour les manger, la technique consiste à mordre simplement le dos des sardines pour ne pas avaler la tête ni les entrailles.

Un vin de vacances, le MINERVOIS rosé du Languedoc, pour un plat de vacances.

Température : 8 °C.

Nettoyer les sardines, les écailler, les laver. Les vider simplement en appuyant sur leur abdomen entre le pouce et l'index.

Mélanger dans une plaque l'huile d'olive, le jus des citrons, du thym et du laurier réduits en poudre. Y ranger les sardines et les laisser mariner pendant 1 heure.

Pour les cuire, utiliser soit un barbecue alimenté en bonne braise (p. 280), soit le gril du four préchauffé.

Égoutter les sardines. Les saler, les poivrer. Les ranger sur une grille (ou sur la plaque du four suivant le moyen de cuisson retenu). Les cuire 5 minutes à bonne chaleur en les retournant à mi-cuisson.

Les servir arrosées de quelques gouttes de vinaigre et les accompagner de larges tranches de pain de campagne grillées.

Sardines niçoises aux fleurs de courgettes

6 personnes

Préparation : 1 h 30 min
Cuisson : 45 min

---

24 sardines de 60 g
200 g de petites courgettes
2 gousses d'ail
20 cl d'huile d'olive
3 feuilles de menthe fraîche
50 g de chapelure
12 fleurs de courgettes blanchies
1/4 l de bouillon de volaille
500 g de tomates mûres à point
100 g d'oignon haché
3 feuilles de basilic
Thym, laurier
1 cuil. à soupe de persil haché
Sel, poivre.

Nettoyer les sardines, les écailler, les étêter et les ouvrir par le ventre pour enlever l'arête. Les laver, les égoutter, les étaler sur un linge, côté peau en dessous. Saler et poivrer.

Hacher finement les courgettes avec 1 gousse d'ail. Les cuire rapidement dans 5 cl d'huile jusqu'à évaporation de l'eau. Ajouter la menthe hachée et la chapelure. Saler et poivrer.

Assembler les sardines 2 par 2 en répartissant la farce de courgette entre elles, les introduire dans les fleurs de courgettes. Les ranger dans un plat légèrement huilé, côte à côte. Mouiller avec le bouillon. Arroser d'un peu d'huile d'olive. Couvrir d'un papier d'aluminium. Cuire à four moyen, à 180 °C (th. 6), pendant 12 minutes.

Monder les tomates, les épépiner. Concasser la chair.

Faire étuver l'oignon dans 10 cl d'huile d'olive. Ajouter la chair de tomate, 1 gousse d'ail hachée, le basilic, du thym, du laurier. Saler, poivrer. Cuire 15 minutes.

Dresser la tomate dans un plat. Ranger dessus les fleurs de courgettes aux sardines. Saupoudrer de persil haché.

Servir très chaud.

Le BELLET, un vin blanc de grande classe, séduira, par ses parfums, la douceur des fleurs de courgettes.

Température : 8 °C.

Filet de saumon à l'étuvée de légumes

6 personnes

Préparation : 30 min
Cuisson : 25 min

100 g de carottes
100 g de poireaux
100 g de céleri branche
100 g de navets blancs
Sucre
1 filet de saumon de 1 kg
100 g de beurre
30 g d'échalote ciselée
1 dl de vin blanc sec
2 cl de cognac
2,5 dl de crème fraîche épaisse
Sel, poivre.

TOKAY-PINOT GRIS, vin blanc sec et élégant d'Alsace. La rondeur et la longueur en bouche du Tokay séduiront ce plat.

Température : 8 °C.

Éplucher et laver les carottes, les poireaux, le céleri et les navets. Les tailler en fine julienne. Réunir ces légumes dans une casserole. Ajouter le sel, 1 pincée de sucre et 2 cl d'eau. Couvrir et laisser cuire 5 minutes. Réserver sur une assiette.

Couper le filet de saumon en 6 médaillons réguliers.

Mettre un peu de beurre dans le fond d'une plaque. Saupoudrer d'échalote ciselée. Saler, poivrer. Poser dessus les médaillons de saumon. Mouiller avec le vin et le cognac. Saler et poivrer le dessus. Couvrir, cuire 10 minutes. Réserver au chaud.

Recueillir le fond de cuisson dans une casserole. Le faire réduire à feu vif jusqu'à obtention d'une consistance sirupeuse. Ajouter alors la crème en fouettant. Faire réduire à nouveau. Rectifier l'assaisonnement.

Dresser sur des assiettes chaudes : disposer un bouquet de julienne de légumes, poser dessus un médaillon de saumon, entourer de sauce.

Lasagnes de saumon aux champignons

6 personnes

Préparation : 20 min
Cuisson : 45 min

600 g de filet de saumon
1 boîte 4/4 de champignons émincés
50 g de beurre
1 l de sauce Béchamel légère (p. 66)
1 paquet de lasagnes prêtes à cuire
1 l de sauce tomate (p. 69)
100 g de gruyère râpé
Sel, poivre.

Couper le saumon en fines escalopes. Assaisonner.

Égoutter les champignons.

Beurrer grassement un plat à gratin. Étaler au fond une couche de sauce Béchamel. Poser dessus des feuilles de lasagnes. Recouvrir de saumon, de champignons, de sauce tomate, de gruyère râpé, d'une couche de lasagnes... Monter en couches successives pour finir par une couche de lasagnes.

Recouvrir entièrement de sauce Béchamel. Saupoudrer du reste de gruyère râpé et parsemer de quelques noisettes de beurre.

Cuire à four chaud, à 240 °C (th. 8), pendant 45 minutes environ.

Si le gratin devenait trop coloré, le couvrir d'une feuille de papier d'aluminium.

PETIT CHABLIS, vin blanc racé du vignoble de l'Yonne. Une appellation à découvrir pour un plat simple.

Température : 8 °C.

Saumon grillé aux poireaux frits, sauce Collioure

6 personnes

Préparation : 30 min
Cuisson : 15 min
Repos : 1 h

15 cl d'huile d'olive
4 citrons
Thym, laurier
6 darnes de saumon de 180 g
60 g de filets d'anchois
20 cl de mayonnaise (p. 64)
200 g de blancs de poireaux
1 bouquet de persil
Sel, poivre.

Préparer la marinade : mélanger dans une plaque 10 cl d'huile, le jus d'1 citron, du thym et du laurier réduits en poudre.

Déposer les darnes de saumon. Les laisser au frais pendant 1 heure, en ayant soin de les retourner après 30 minutes.

Passer les filets d'anchois au mixer. Ajouter cette purée à la mayonnaise. Relever avec du poivre.

Nettoyer, laver et sécher les blancs de poireaux. Les couper en fine julienne. Les frire dans de l'huile chaude pour les tenir croustillants. Les égoutter sur du papier absorbant. Les saler et les garder au chaud.

Cuire les darnes de saumon sur un gril huilé et chaud en les quadrillant.

Dresser les darnes sur un plat garni au centre de poireaux frits. Présenter la sauce Collioure à part.

Les servir sans attendre, accompagnées de demi-citrons historiés, de bouquets de persil et, suivant le goût, de pommes de terre cuites à l'eau.

Un COLLIOURE rouge, servi frais, surprendra ce poisson grillé.

Température : 12 °C.

Petit ragoût de sole au concombre

6 personnes ✕ ○○○

Préparation : 20 min
Cuisson : 30 min

2 concombres moyens
80 g de beurre
12 beaux filets de sole
50 g de farine
5 cl d'huile
Le jus d'1 citron
1 cuil. à soupe de persil haché
Sel, poivre.

Un SAVENNIÈRES sec corsé, très typé, de la région d'Anjou, pour s'accorder avec ce plat au concombre.

Température : 8 °C.

Éplucher les concombres. Retirer les graines. Couper ceux-ci en bâtonnets.

Blanchir les concombres à l'eau bouillante salée. Les égoutter. Les rafraîchir. Bien les éponger. Les faire sauter dans un peu de beurre. Les réserver.

Couper les filets de sole en lanières. Les assaisonner. Les rouler dans la farine. Les faire sauter vivement dans l'huile très chaude additionnée d'une noix de beurre. Bien les dorer.

Dresser les concombres dans un légumier. Disposer dessus les filets de sole. Arroser du jus de citron. Saupoudrer de persil haché.

Cuire le reste de beurre "noisette". Le verser d'un coup sur les soles. Servir sans attendre.

Gratin de sole aux pâtissons

6 personnes ✕✕ ○○○

Préparation : 1 h
Cuisson : 45 min

900 g de filets de sole
50 g de beurre
30 g d'échalotes hachées
1 dl de fumet de poisson (p. 60)
1 kg de pâtissons
1 cuil. à soupe de persil haché
25 cl de crème fraîche épaisse
1/2 l de béchamel (p. 66)
80 g de gruyère râpé
Sel, poivre.

Un SANCERRE blanc sec, racé, finement bouqueté, du Val de Loire, à associer à ce mets.

Température : 8 °C.

Aplatir les filets de sole. Les plier, les assaisonner.

Beurrer une plaque. La parsemer d'échalotes. Poser les filets. Mouiller avec le fumet. Couvrir d'une feuille d'aluminium. Cuire au four à 210 °C (th. 7), pendant 8 minutes.

Éplucher les pâtissons. Retirer les graines, tailler ceux-ci en tranches. Les faire sauter au beurre. Saler, poivrer. Saupoudrer de persil haché.

Recueillir le jus de cuisson des soles. Le faire réduire. Ajouter la crème et la béchamel. Rectifier l'assaisonnement.

Mettre les pâtissons dans un plat à gratin beurré. Poser dessus les filets de sole. Napper avec la sauce. Saupoudrer de gruyère.

Chauffer et gratiner à four modéré, à 210 °C (th. 7), pendant 15 minutes.

Servir sans attendre.

Paupiettes de sole à la mexicaine

6 personnes

Préparation : 1 h
Cuisson : 30 min

100 g de poivron rouge cuit
50 g de poivron vert
100 g de farce mousseline de merlan (p. 194)
12 filets de sole
80 g de beurre
30 g d'échalote hachée
1 dl de fumet de poisson (p. 60)
12 gros champignons
200 g de tomates concassées
5 cl d'huile
2 dl de crème fraîche épaisse
Sel, poivre.

Couper les poivrons en tout petits cubes. En mélanger un tiers à la farce de merlan.

Aplatir les filets de sole. Étaler de la farce de merlan sur chacun. Assaisonner. Les rouler fermement.

Beurrer une plaque juste assez grande pour contenir les paupiettes. Parsemer d'échalote hachée. Ranger dedans les paupiettes. Mouiller avec le fumet. Couvrir d'une feuille d'aluminium. Cuire au four à 210 °C (th. 7), pendant 12 minutes.

Nettoyer les champignons. Retirer les queues, les hacher et les mélanger aux tomates concassées. Réserver les têtes. Cuire l'ensemble jusqu'à évaporation de l'eau.

Huiler les têtes de champignons. Les assaisonner. Les cuire sur un gril chaud. Les garnir de la concassée de tomates.

Recueillir le jus de cuisson des filets de sole. Le faire réduire de moitié. Ajouter la crème et monter le tout avec le beurre restant. Rectifier l'assaisonnement.

Dresser les têtes de champignons farcies sur un plat. Poser une paupiette sur chacun d'eux. Napper avec la sauce. Parsemer avec le reste des poivrons.

Servir très chaud.

Le bouquet intense du GEWURZTRAMINER, vin blanc épicé du vignoble alsacien, accompagnera ce plat avec élégance.

Température : 8 °C.

Paupiettes de sole au foie gras, sauce Chambertin

6 personnes

Préparation : 1 h
Cuisson : 45 min

400 g de foie gras de canard
12 filets de sole
100 g de beurre
50 g d'échalotes hachées
1/2 bouteille de Chambertin
6 poires (Conférence par exemple)
20 g de farine
12 croûtons frits en forme de cœur
1 cuil. de persil haché
Sel, poivre.

Parer et dénerver le foie gras si nécessaire. Le diviser en 12 morceaux réguliers. Saler et poivrer.

Aplatir les filets de sole. Poser un morceau de foie gras sur chacun. Enrouler soigneusement. Assaisonner.

Beurrer une plaque. Parsemer les échalotes. Poser les paupiettes côte à côte. Mouiller avec le Chambertin. Couvrir d'un papier d'aluminium. Faire partir l'ébullition et finir de cuire doucement sans bouillir pendant 12 minutes.

Éplucher les poires. Les couper en deux. Retirer les pépins. Ranger celles-ci sur une plaque. Les beurrer légèrement, les cuire simplement au four à 180 °C (th. 6) pendant 20 minutes.

Recueillir le jus de cuisson des soles. Le faire réduire de moitié. Manier 20 g de beurre avec la farine, en lier la cuisson. Monter au beurre. Rectifier l'assaisonnement.

Dresser les paupiettes sur un grand plat. Les entourer des demi-poires et des croûtons. Napper le poisson avec la sauce. Saupoudrer de persil haché.

Servir très chaud.

GEVREY-CHAMBERTIN rouge. Mariage de raison puisque ce vin entre dans la sauce de ce plat.

Température : 16 °C.

Sole belle meunière aux champignons

6 personnes

Préparation : 30 min
Cuisson : 20 min

6 soles de 250 g pièce
300 g de champignons de Paris
100 g de beurre
4 citrons
80 g de farine
5 cl d'huile
1 cuil. à soupe de persil haché
Sel, poivre.

Nettoyer les soles, les ébarber, les vider, les dépouiller. Les laver et les éponger.

Nettoyer les champignons. Les émincer. Les faire sauter vivement dans une noix de beurre. Arroser du jus d'1/2 citron. Saler, poivrer.

Saler et poivrer les soles. Les fariner. Les cuire à la poêle dans l'huile et 20 g de beurre chauds. Bien les dorer.

Dresser les soles sur un plat de service. Les garnir avec les champignons.

Jeter la graisse de cuisson. Mettre dans la poêle le beurre restant. Le cuire noisette. Ajouter le jus d'1/2 citron. Verser aussitôt sur les soles. Saupoudrer de persil haché. Décorer de demi-citrons historiés.

Servir sans attendre.

MONTAGNY, vin blanc sec et raffiné de la Côte Chalonnaise. La finesse et l'élégance du vin accompagneront avec bonheur la sole.

Température : 8 °C.

Rôti de thon provençale

6 personnes

Préparation : 30 min
Cuisson : 1 h

1,200 kg de thon coupé épais
250 g de tomates
1 poivron rouge
1 poivron vert
200 g d'oignons
3 gousses d'ail
1 dl d'huile d'olive
100 g d'olives noires
Thym, laurier
Persil haché
Sel, poivre.

Ficeler le thon si nécessaire. Le saler, le poivrer.

Ébouillanter les tomates pour les éplucher, les couper en tranches.

Nettoyer, laver et égoutter les poivrons. Retirer les graines. Couper ceux-ci en lanières.

Éplucher et émincer les oignons. Dégermer et écraser l'ail.

Chauffer l'huile dans une cocotte. Y faire étuver les poivrons en remuant, sans les laisser colorer. Les réserver sur une assiette quand ils sont presque cuits.

Dans la même cocotte, faire rôtir le thon. Bien le colorer de tous les côtés. Ajouter les oignons. Laisser étuver puis ajouter les tomates, les olives, l'ail, du thym et du laurier. Couvrir et laisser cuire doucement pendant 30 minutes.

Adjoindre les poivrons étuvés et cuire encore 15 minutes.

Rectifier l'assaisonnement et servir tel quel, bien chaud, saupoudré de persil haché.

Tous des thons !

Ce sont cinq espèces de poissons, voisins de forme et d'aspect, qui ont droit à cette appellation : le thon rouge, le germon ou thon blanc, l'albacore, le patrudo et le listao. La bonite, très proche du thon, se cuisine de la même façon.

Seigneur des mers, le thon s'associera parfaitement avec un COTEAUX VAROIS rosé sec.

Température : 8 °C.

Steaks de thon à l'indienne

6 personnes

Préparation : 30 min
Cuisson : 45 min

1 pomme verte (granny smith)
1 tranche d'ananas au sirop
2 belles tranches de thon de 500 g pièce
80 g de farine
50 g de beurre
80 g d'oignons hachés
10 g de curry en poudre
25 cl de crème fraîche liquide
20 g de noix de coco râpée
Persil haché
Sel, poivre.

Éplucher et couper la pomme en petits dés. Couper également l'ananas.

Fariner, saler et poivrer les tranches de thon. Les faire cuire dans le beurre chaud en les colorant légèrement 5 minutes sur chaque face.

Ajouter les oignons. Laisser étuver quelques instants. Adjoindre les dés de pomme et la poudre de curry. Remuer délicatement. Mouiller avec la crème.

Laisser mijoter doucement pendant 15 minutes. Ajouter la noix de coco et l'ananas. Cuire encore quelques instants.

Rectifier l'assaisonnement de la sauce, elle doit être suffisamment relevée. Saupoudrer de persil haché et servir très chaud.

Accompagner traditionnellement de riz pilaf (p. 364).

Un JURANÇON sec, vin blanc du Béarn, qui possède une remarquable longueur en bouche, pour ce plat épicé.

Température : 8 °C.

Fario, arc-en-ciel ou saumonée ?

Les truites commercialisées appartiennent à la variété arc-en-ciel et proviennent d'élevages. La truite fario est plus savoureuse mais bien souvent réservée aux seuls pêcheurs. La truite de mer vit dans les fleuves et les estuaires. Elle peut s'appeler également truite saumonée, tout comme la truite de lac. C'est leur alimentation, riche en crustacés, qui procure à leur chair cette couleur caractéristique.

Une curiosité du vignoble de l'Yonne, un Vin Délimité de Qualité Supérieure : le SAUVIGNON DE SAINT-BRIS.

Température : 8 °C.

Truites meunière

6 personnes

Préparation : 30 min
Cuisson : 30 min

---

6 truites de 250 à 300 g pièce
80 g de farine
5 cl d'huile d'arachide
100 g de beurre
4 citrons
Persil
Sel, poivre.

Habiller les truites en apportant un soin tout particulier, en les vidant, à enlever le long caillot de sang qui adhère à l'arête (vous pouvez demander à votre poissonnier de vider les truites). Laver les truites très soigneusement, les égoutter, les éponger.

Utiliser de préférence une poêle ovale dite poêle à poisson ou, à défaut, une poêle ronde assez grande pour contenir les 6 poissons. Dans cette poêle, faire chauffer l'huile et 30 g de beurre.

Assaisonner les truites de sel et de poivre. Les rouler dans la farine. Les secouer pour enlever l'excédent de farine.

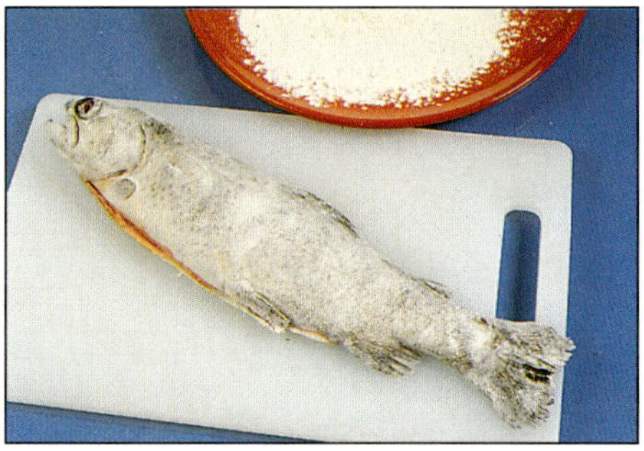

Les faire cuire dans la poêle contenant le mélange d'huile et de beurre bien chaud.

Après 5 à 6 minutes, le premier côté doit être bien doré. Retourner les truites sur l'autre côté en vous servant d'une longue spatule métallique. Laisser cuire en ayant soin d'arroser les truites du corps gras en cours de cuisson.

Presser 1 citron. Peler à vif 2 autres citrons, les couper en 6 belles tranches. Retirer les pépins. Canneler le quatrième citron, le couper en deux dans le sens de la longueur. Le détailler alors en lames fines. Utiliser ces demi-tranches cannelées pour décorer la bordure du plat de service ou les assiettes.

Laver, égoutter et sécher le persil, puis le hacher.

Lorsque les truites sont cuites et bien dorées, les dresser sur le plat décoré chaud ou sur les assiettes. Jeter le corps gras qui a servi à la cuisson. Le remplacer par le beurre restant. Le laisser chauffer pour qu'il devienne mousseux. Arroser les truites du jus de citron puis du beurre noisette brûlant. Poser des tranches de citron pelées à vif sur chaque truite. Saupoudrer de persil haché.

Servir sans attendre. Le beurre doit encore être mousseux lorsque les truites arrivent sur la table.

Truites au safran et aux olives de Nyons

6 personnes

Préparation : 30 min
Cuisson : 25 min

6 truites de 250 à 300 g pièce
500 g de tomates bien mûres et fermes
1 g de safran en poudre
15 cl de vin blanc sec
5 cl d'huile d'olive
Thym, laurier
200 g d'olives noires de Nyons
Persil plat
Sel, poivre.

Ébarber les truites, les vider soigneusement en évitant de trop leur ouvrir l'abdomen. Les laver, les éponger, les réserver (ou demander à votre poissonnier de vider les truites).

Monder les tomates, les couper en quartiers en retirant les graines.

Délayer le safran en poudre dans le vin blanc.

Dans un plat creux allant au four, verser un peu d'huile d'olive. Y émietter la brindille de thym et la feuille de laurier. Ajouter les quartiers de tomate. Saler, poivrer. Poser les truites dont on a assaisonné l'intérieur. Poser autour les olives noires. Verser dessus le vin blanc safrané et le restant d'huile d'olive. Mettre à four chaud, à 210 °C (th. 7), pour 12 minutes.

Sortir délicatement les truites. Les dresser sur un plat de service chaud ou sur des assiettes. Les maintenir au chaud.

Mélanger rapidement les tomates et les olives au liquide de cuisson. Verser cette fondue de tomate safranée aux olives, sur les truites. Parsemer de persil juste concassé. Servir très chaud.

Les olives de Nyons, par leur petite taille, sont très difficiles à dénoyauter. Il est préférable de les laisser telles quelles.

Véritable curiosité de ce vignoble, le CHÂTEAUNEUF-DU-PAPE blanc (peut-être une réminiscence du vin de messe) accompagnera ce plat.

Température : 10 °C.

Truites pochées, beurre fondu

6 personnes

Préparation : 45 min
Cuisson : 40 min

250 g de carottes
250 g d'oignons
1 bouquet garni
25 cl de vin blanc sec
6 truites de 250 à 300 g pièce
1 citron
200 g de beurre
20 g de persil
Sel, poivre.

Éplucher les carottes et les oignons. Les laver, les égoutter. Couper les oignons en tranches fines de façon à obtenir des anneaux. Canneler les carottes sur leur longueur. Les couper en rondelles minces.

Dans une casserole, mettre 1 bon litre d'eau à bouillir. Ajouter les rondelles d'oignons, celles de carotte et le bouquet garni. Saler au gros sel. Ajouter des grains de poivre. Verser le vin blanc. Laisser cuire doucement pendant 20 minutes. Laisser refroidir.

Habiller les truites en apportant un soin tout particulier à enlever le long caillot de sang qui adhère à l'arête. Les laver très soigneusement. Verser dessus le court-bouillon presque froid. Porter doucement à ébullition. Réduire la source de chaleur pour laisser juste frémir pendant 6 minutes.

Presser le citron. Mettre le jus dans une petite casserole. Porter vivement à ébullition. Saler, poivrer, ajouter progressivement le beurre froid divisé en petits cubes. Surveiller l'opération : dès la première ébullition, fouetter énerglquement. Transvaser immédiatement dans un récipient froid. Rectifier l'assaisonnement.

Ranger les poissons dans un plat de service creux et chauffé. Verser dessus du court-bouillon. Ajouter des tranches d'oignons et de carottes. Parsemer dessus des feuilles de persil.

Servir sans attendre avec le beurre fondu en saucière à part.

La ROUSSETTE DE SAVOIE, vin blanc sec, le plus souple des vins de Savoie, mêlera ses arômes à ceux du plat.

Température : 8 °C.

Truites rôties aux champignons sauvages

6 personnes

Préparation : 45 min
Cuisson : 35 min

6 truites de 250 à 300 g pièce
750 g de champignons (chanterelles, cèpes, grisets, rosés des prés...)
50 g d'échalotes
150 g de beurre
2 citrons
30 g de persil plat
Sel, poivre.

Ébarber les truites. Les ouvrir par le dos en faisant glisser un couteau à lame souple tout le long de l'épine dorsale, de part et d'autre de l'arête. Dégager entièrement et retirer cette arête en veillant à ne pas entamer les parois de l'abdomen.

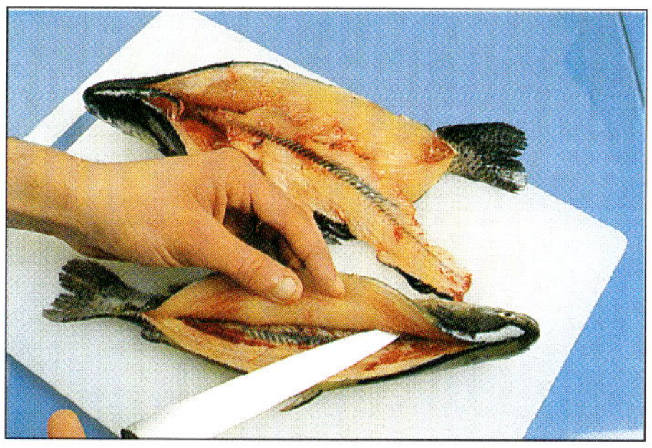

Vider entièrement chaque truite, les laver soigneusement, les éponger, les réserver.

Nettoyer et laver très soigneusement les champignons dans plusieurs eaux. Les égoutter, bien les éponger. Couper les plus gros en quartiers. Les cuire vivement en les faisant sauter pendant 3 minutes. Les assaisonner, les égoutter. Réserver le liquide de cuisson.

Saler et poivrer l'intérieur des truites. Répartir les champignons étuvés. Refermer chaque truite.

Éplucher les échalotes. Les couper en fins quartiers.

Dans un plat allant au four, faire fondre 50 g de beurre. Répartir la moitié des quartiers d'échalotes. Déposer les truites. Répartir à leur surface le beurre restant divisé en parcelles, l'autre moitié des échalotes, et arroser avec le jus des citrons.

Cuire à four chaud, à 210 °C (th. 7), pendant 12 minutes.

Au terme de leur cuisson, dresser les truites sur un plat de service ou sur des assiettes chaudes. Les tenir au chaud. Verser le jus rendu par les champignons dans le plat de cuisson. Bien mélanger avec le beurre. En arroser immédiatement les truites. Saupoudrer aussitôt de persil juste concassé. Servir sans attendre.

Vous pouvez demander à votre poissonnier de "désosser" entièrement vos truites par le dos.

POUILLY-VINZELLES, vin blanc de caractère du Mâconnais. Un vin méconnu pour un plat séduisant.

Température : 8 °C.

Choisir un MENETOU-SALON blanc, vin au joli bouquet qui rappelle la fraîcheur du SANCERRE, pour épouser ce mets.

Température : 10 °C.

Suprêmes de turbot poché aux huîtres

6 personnes

Préparation : 20 min
Cuisson : 30 min

30 huîtres creuses de belle grosseur
6 belles escalopes de turbot de 150 g pièce
250 g de beurre
30 g d'échalote grise hachée
1 dl de vinaigre de vin blanc
1 cuil. à soupe de persil, cerfeuil et ciboulette hachés
Sel, poivre.

Faire ouvrir les huîtres dans un four chaud (ou à la vapeur). Dès qu'elles bâillent légèrement, les retirer de leur coquille. Récupérer soigneusement leur eau.

Disposer les escalopes de turbot dans une plaque. Saler, poivrer. Verser dessus 50 g de beurre fondu. Cuire à four moyen, à 210 °C (th. 7), pendant 15 minutes.

Réunir dans une casserole l'échalote, le vinaigre et le jus d'huître. Faire réduire presque à sec. Incorporer le beurre restant petit à petit en fouettant. Assaisonner modérément, le jus d'huître étant fortement salé.

Ajouter les huîtres au turbot. Laisser chauffer quelques instants.

Dresser le turbot sur un plat chaud. Disposer les huîtres dessus. Napper avec la sauce. Saupoudrer avec les fines herbes hachées. Servir sans attendre.

Tronçons de turbot poché, sauce hollandaise

6 personnes

Préparation : 35 min
Cuisson : 45 min

2,5 dl de lait
Laurier, thym
5 citrons
200 g de beurre
6 tronçons de turbot pris dans le dos (partie la plus épaisse) de 250 g pièce
4 jaunes d'œufs
Persil
Sel, poivre.

RULLY blanc, vin sec renommé de la Côte Chalonnaise. Un vin tout en légèreté pour agrémenter ce plat.

Température : 8 °C.

Faire bouillir 3 l d'eau avec le lait. Saler, poivrer. Ajouter 1 feuille de laurier, 1 brin de thym et 1 citron pelé à vif coupé en tranches.

Faire fondre le beurre. Le clarifier.

Ranger les tronçons de turbot dans une plaque. Verser dessus le court-bouillon au lait. Laisser pocher doucement 12 à 15 minutes.

Mettre les jaunes d'œufs dans une casserole avec 1 cuillerée à soupe d'eau froide et le jus d'1 citron. Porter sur feu moyen et fouetter vigoureusement jusqu'à l'obtention d'une mousse légère. Incorporer alors petit à petit le beurre clarifié tiède sans cesser de fouetter. Saler, poivrer.

Dresser les tronçons de turbot sur un plat garni d'une serviette blanche pliée. Décorer de demi-citrons historiés et de bouquets de persil.

Servir la sauce hollandaise à part, en saucière.

VOLAILLES

LES VOLAILLES

Pris dans le sens général, le terme « volaille » s'applique aux animaux de basse-cour, aussi bien aux oies, dindes, canards et pigeons, qu'aux poulets. Culinairement, ce sont ces derniers seuls — les poulets — qui se trouvent désignés lorsque le mot « volaille » figure sur les menus.

Elles sont traditionnellement classées en deux parties :

— les volailles à chair blanche : poussin, coquelet, poulet de grain, poulet reine, poularde, coq, poule, chapon, dinde et dindon ;

— les volailles à chair brune : canard nantais, canard rouennais, canette, canard de Barbarie, canard gras, oie, oie grasse, pigeon, pintadeau, pintade.

La composition et la valeur alimentaire sont sensiblement égales à celles du veau.

Le rendement en chair nette est de 38 à 45 % du poids brut.

Les principales régions productrices sont la Bresse, l'Allier, la Vendée, les Landes, la Bretagne.

RECONNAÎTRE LA QUALITÉ

Les volailles que l'on trouve généralement dans le commerce sont le fruit de croisement de plusieurs races, chacune d'elles apportant ses avantages propres.

Certaines races sont protégées par une A.O.C. : poularde de Bresse, pintadeau de la Drôme... et nombreux sont les produits pouvant bénéficier d'un label de qualité (p. 249).

La jeunesse d'une volaille se reconnaît :

— à la grosseur du cou et des pattes qui sont plus épais sur un animal jeune ;

— à l'ergot qui est à peine formé, les pattes étant recouvertes d'écailles fines, lisses et brillantes ;

— la tendreté des chairs se constate à l'extrémité du bréchet qui n'est pas encore ossifié ;

— chez le canard, l'oie, le pigeon, les mandibules du bec sont molles.

Si la qualité de la chair des volailles dépend de la race et de l'âge, elle dépend aussi, et pour une très large part, de la façon dont les animaux sont élevés (en batterie pour élevage industriel, en semi-liberté, en liberté) et de la façon dont les animaux ont été nourris (aux grains, aux granulés).

Poulet d'élevage	Poulet fermier
Chair très blanche	Chair plus colorée
Chair molle	Chair plus ferme
Peu de goût	Chair goûteuse et savoureuse

PRÉPARÉES D'AVANCE

Les volailles sont généralement achetées tuées, plumées et effilées, c'est-à-dire débarrassées de leurs intestins. Le fait d'enlever ces derniers assure une meilleure conservation.

De plus en plus, les volailles sont commercialisées P.A.C. (Prêtes à Cuire) et, le plus souvent, elles sont déjà prédécoupées sous différentes présentations (escalopes, rôtis, ailerons, pilons...).

À LA CASSEROLE

Les explications suivantes sont données pour des volailles élevées au grain.

● **Poules et poulets** :

Sans tenir compte de leur race, on peut classer ces volailles en plusieurs catégories selon leur âge et leur sexe.

— Poussin : il ne s'agit pas là du jeune poulet sortant de l'œuf mais d'animaux mâles de 4 à 5 semaines. Leur poids est alors de 700 à 750 g. Leur chair est très tendre mais d'un goût faible puisque la viande n'est pas encore formée.

Vendus souvent sous le nom de coquelets, pour deux personnes, ils se font grillés, en cocotte...

— Poulets 4/4 ou poulets de grain : cette dernière appellation ne peut être donnée qu'à des volailles réellement élevées au grain.

Ce sont des volailles mâles ou femelles de 10 à 12 semaines. Elles pèsent alors entre 1 kg et 1,200 kg. Elles conviennent parfaitement pour être rôties, grillées (américaine, crapaudine...), en cocotte (grand-mère, bonne-femme), sautées (chasseur, Duroc...).

— Poulets reine : ce sont des volailles un peu plus âgées et un peu plus engraissées qui pèsent entre 1,300 kg et 1,600 kg. La différence de goût entre mâle et femelle ne commence à se faire sentir qu'à partir du 4e mois, à l'avantage de la femelle.

Mêmes utilisations que le poulet 4/4.

— Poulardes : ce sont de bonnes volailles femelles, fines et grasses, provenant de centres spécialisés, principalement de Bresse et des environs de la Flèche (Sarthe). Âgées de 7 à 8 mois, elles dépassent 2 kg.

On peut les faire rôties (bardées), pochées (farcies ou non), poêlées (farcies ou non), braisées (lardées et bardées, farcies ou non).

Elles permettent aussi de très nombreuses préparations froides (chaud-froid...).

— Coq dit « à rôtir ». Il s'agit de l'équivalent mâle de la poularde.

— Chapon : animaux mâles, castrés afin de développer considérablement les masses de chair. Les chapons surchoix généralement nés en juin ou juillet se trouvent à point pour les fêtes de fin d'année. Leur poids est alors de 4 à 4,500 kg et leur prix est le double, voire le triple, de celui des poulets fermiers.

Ils se font rôtir ou poêler.

— Poules : volailles femelles adultes de 18 mois à 2 ans et demi, elles se cuisinent pochées, braisées ou cuites en ragoût. Elles sont aussi utilisées pour les galantines de volaille.

— Coq dit « au vin ». Il s'agit là de l'équivalent mâle de la poule.

● **Dinde** :

Elle porte le nom de dindonneau ou de dindonne jusqu'à 9 mois. Les jeunes (3 à 3,500 kg) se font rôtir et les plus âgées se font braiser.

Tous les modes d'apprêts indiqués pour les poulets et les poulardes peuvent être appliqués à cette traditionnelle volaille de réveillon. Il faut prendre soin d'enlever les nerfs des pilons avant de les mettre en cuisson.

● **Pigeons** :

On emploie rarement le mot pigeon sur les menus, mais pigeonneau qui s'applique à de jeunes sujets âgés de moins d'un mois qui n'ont pas encore quitté le nid mais qui ont atteint leur complet développement. Le foie du pigeon ne contient pas de fiel.

On les fait griller (crapaudine), rôtir, frire (viennoise), sauter, poêler...

Certains aliments : tourteaux, granulés, farines... communiquent parfois un goût fort et désagréable à la chair.

Suivant le mode d'élevage et le type de nourriture, la rapidité de la croissance est absolument différente.

● **Pintade** :

Jusqu'à 3 mois, elle porte le nom de pintadeau. Sa peau est jaunâtre et les muscles sont violet foncé et marbrés. Elle a une chair délicate ressemblant un peu à celle du faisan.

Les jeunes pintadeaux, que l'on trouve à partir du mois de juin, se font rôtir, sauter ou en salmis.

Les grosses pintades reçoivent tous les modes de préparation des poulardes.

● **Canard** :

En langage gastronomique, le canard est presque toujours appelé « caneton », appellation justifiée puisque l'on utilise toujours des oiseaux jeunes.

Parmi les canards domestiques, on distingue :

— le canard nantais : sa chair fine et savoureuse est le résultat d'un élevage spécial. Il atteint son plein développement à 4 mois et dépasse rarement 4 livres. Il est saigné. Il se sert rôti, poêlé (aux navets), braisé, en pâtés... ;

— le canard rouennais : il est étouffé ; de ce fait, sa chair est rouge et acquiert un fumet particulier. Il doit être cuit quelques heures après avoir été étouffé.

Il se sert rôti (toujours saignant), poêlé, braisé (aux cerises), ou en salmis (à la rouennaise). Sans oublier le fameux canard à la presse ;

— le canard de Barbarie : plus en chair que les autres, il a un goût musqué qui n'est pas apprécié par tout le monde.

● **Oie** :

On élève en France deux races principales :

— la petite : elle atteint 3 à 5 kg lorsqu'elle est abattue, de 12 à 14 mois. Elle donne d'excellents rôtis ;

— la grosse : elle est élevée en particulier dans le bassin de la Garonne pour son foie qui, par un gavage méthodique, s'hypertrophie. Elle pèse de 10 à 12 kg. La chair est employée pour le confit en général.

TEMPS DE CUISSON DES VOLAILLES

Désignation	Poids moyen prêt à cuire	Nombre de portions	Temps moyen de cuisson
CHAIR BLANCHE			
Poussin	0,500 kg	1	15 min
Coquelet	0,700 kg	2	20 min
Poulet 4/4	1,200 kg	4	30 min
Poulet reine	1,600 kg	5-6	40 min
Poularde	2,000 kg	6-8	50 min
Coq à rôtir	2,000 kg	6-8	1 h
Chapon	4,000 kg	12-16	2 h 15 min
Poule	1,500 kg	4-5	2 h
Coq « au vin »	1,800 kg	5-6	2 h 30 min
Dinde	3,500 kg	12-14	2 h
CHAIR BRUNE			
Pigeon	0,400 kg	1	12 min
Pintadeau	0,800 kg	2	35 min
Pintade	1,400 kg	4	45 min
Canard nantais	1,800 kg	4	45 min
Canard rouennais	1,200 kg	2	35 min
Canard de Barbarie	3,000 kg	6-8	1 h 30 min
Oie	5,000 kg	15-20	2 h 45 min

PRÉPARATION DES VOLAILLES

Habiller *: étirer la volaille en la saisissant par les pattes et la tête.*

La flamber pour lui ôter les petites plumes qui pourraient subsister.

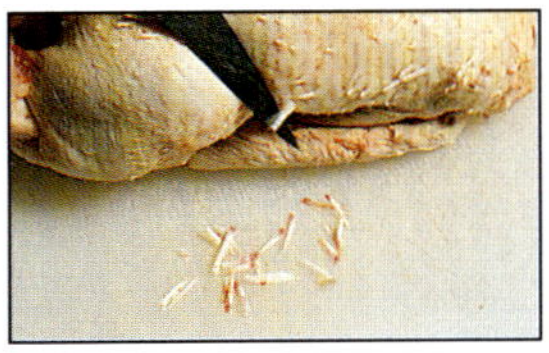

Retirer le « canon » des plumes à l'aide d'un petit couteau.

Sectionner les doigts en ne gardant que celui du milieu.

Raccourcir ce dernier.

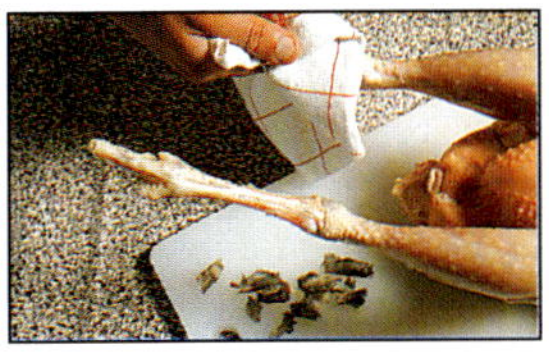

Ébouillanter les pattes puis les écailler en les serrant dans un torchon.

Entailler la peau du cou.

Dégager le cou. Le couper au ras du corps et à la base de la tête.

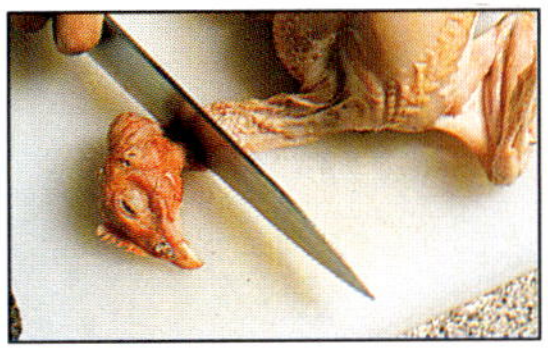

Séparer la tête de la peau.

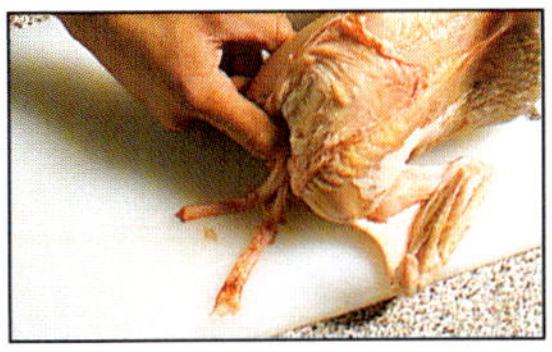

Vider : *décoller la trachée, l'œsophage et les vaisseaux.*

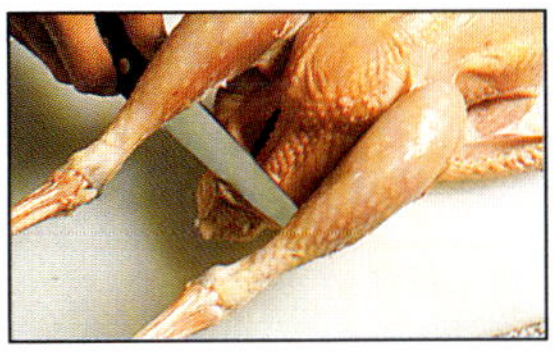

Couper la bague anale.

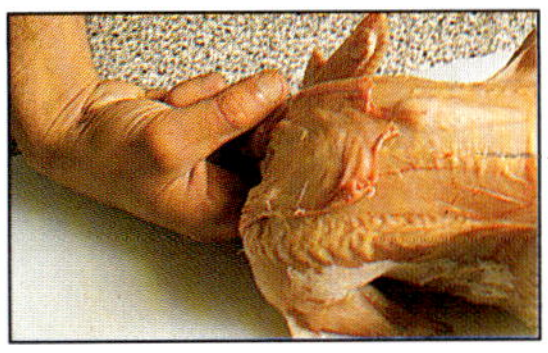

Décoller les viscères et les poumons.

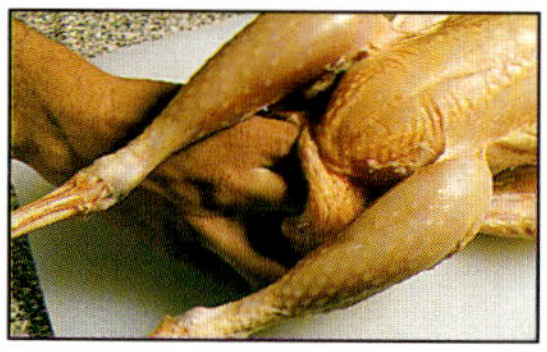

Décoller les entrailles avec précaution.

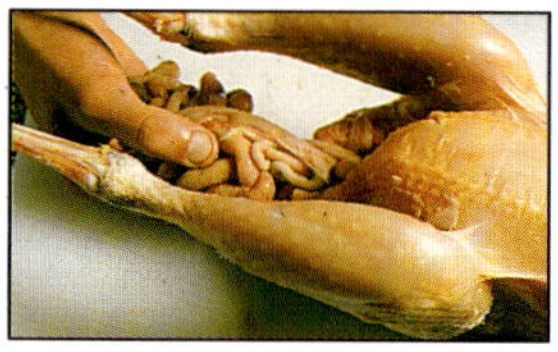

Retirer délicatement le tout.

Conserver le foie après avoir enlevé le fiel.

Fendre le gésier. Vider l'intérieur, le rincer.

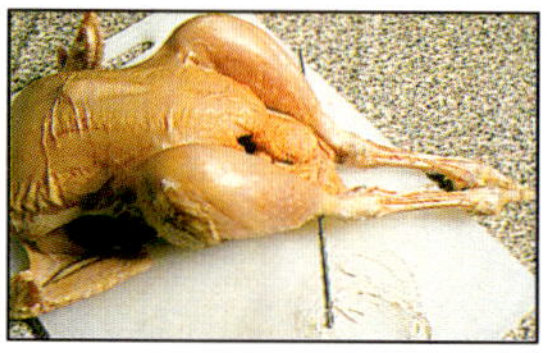

Brider : fixer les pattes le long du corps en piquant à travers le croupion.

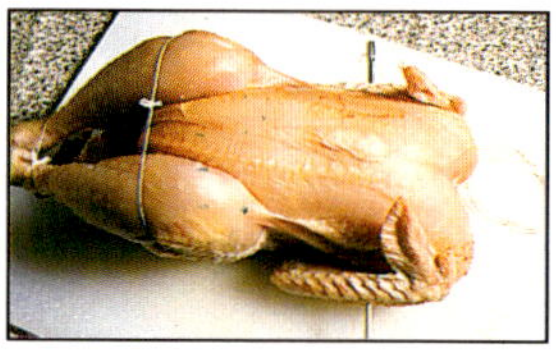

Piquer à l'articulation des cuisses puis dans les ailes. Nouer.

Il est possible de le faire en une seule fois en traversant le volatile en diagonale.

Barder : poser une barde de lard sur la poitrine.

La maintenir de quelques tours de ficelle.

Crapaudine *: pour les petits oiseaux (pigeons), découper la poitrine de l'animal en diagonale sans le séparer.*

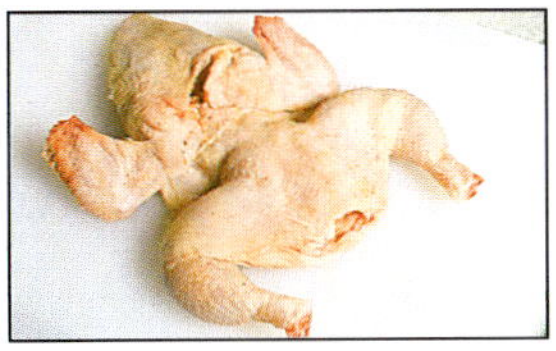

Retourner l'ensemble et le tasser légèrement.

Après cuisson, disposer 2 rondelles d'œufs durs surmontées de lames de truffes pour faire les yeux.

Pour un poulet : fendre le dos de part et d'autre de la colonne. Ôter cette dernière.

L'ouvrir entièrement et retirer le plus gros des os.

Introduire le haut des pattes dans 2 entailles près du croupion.

Trousser les ailerons.

Découper à cru *: détacher les cuisses en coupant au niveau de l'articulation.*

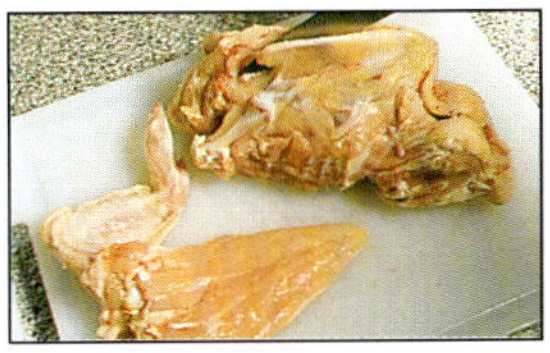

Détacher les ailes en les laissant avec le blanc.

Pour 6 morceaux, couper chaque cuisse en deux.

Pour obtenir 8 morceaux, séparer les blancs des ailes.

Canard à l'orange

4 à 6 personnes

Préparation : 1 h
Cuisson : 2 h 15 min

---

1 canard de Barbarie bien en chair
200 g de carottes
200 g d'oignons
5 cl d'huile
Thym, laurier
6 oranges
5 cl de fond de veau lié (p. 58)
40 g de sucre semoule
5 cl de vinaigre de vin
5 cl de liqueur d'orange
10 g de fécule
30 g de beurre
Sel, poivre.

Habiller, vider le canard, retirer soigneusement la fourchette située à la base du bréchet.

Réserver les abats pour un autre usage. Concasser les abattis (vous pouvez demander à votre volailler de vider le canard).

Éplucher les carottes et les oignons. Les couper en cubes.

Mettre le canard dans une cocotte assez grande pour le contenir. Le saler, le poivrer et le recouvrir des cubes de légumes. Ajouter l'huile, 1 brindille de thym et 1 petite feuille de laurier. Couvrir. Mettre au four assez chaud, à 200 °C (th. 6-7), en comptant 30 minutes par livre (soit 2 heures pour 1 canard de 2 kg), sans découvrir la cocotte, sans toucher au canard.

Éplucher 1 orange en utilisant un couteau économe et en prélevant de longs rubans de zeste. Couper ces rubans en fine julienne. Les faire blanchir rapidement dans une bonne quantité d'eau froide. Égoutter, rafraîchir. Réserver. Exprimer le jus de cette orange et celui d'une seconde.

Éplucher les 4 dernières oranges entièrement, en retirant toutes les parties blanches (zestes, membranes). Séparer les quartiers "à vif", c'est-à-dire sans laisser de membrane. Les réserver.

Dans une casserole, mettre le sucre. Porter sur le feu et laisser prendre en caramel marron clair. Déglacer vivement avec le vinaigre (cette préparation prend le nom de "gastrique")... Ajouter le fond de veau, le jus d'orange et la liqueur à l'orange. Laisser cuire doucement.

Vérifier la cuisson du canard en faisant couler le jus intérieur qui doit être clair. Sortir le canard de la cocotte en le débarrassant des morceaux de légumes. Le mettre sur un plat, au four, pour le faire colorer. Dans la cocotte où il a cuit, verser le fond à l'orange sur les légumes. Laisser cuire 5 minutes. Passer le tout au chinois, dans une casserole, en pressant bien pour recueillir tous les sucs. Faire bouillir. Dégraisser très soigneusement. Lier avec la fécule délayée dans un peu d'eau. Rectifier l'assaisonnement. Ajouter alors la julienne de zestes d'orange.

Faire chauffer au beurre les quartiers d'orange. Arroser le canard avec le jus d'orange qu'ils ont rendu. Laisser infuser quelques instants au four.

Dresser le canard sur un plat de service chaud. Le napper de la sauce à l'orange. L'entourer des quartiers d'orange chauffés. Servir le restant de sauce en saucière, à part.

Il suffit de changer les fruits et l'alcool utilisés pour modifier cette recette : pêches, cerises, framboises...

Les saveurs d'agrumes du GEWURZTRAMINER, vin blanc épicé d'Alsace, escorteront sans complexe ce plat.

Température : 8 °C.

Canard aux olives

4 personnes

Préparation : 40 min
Cuisson : 50 min

1 canard d'1,600 kg
6 cl d'huile d'olive
200 g de jambon cru
50 g d'oignon
200 g de champignons de Paris
50 g d'ail
400 g d'olives vertes dénoyautées
1 dl de vin blanc sec
2 dl de fond de volaille (p. 59)
Sel, poivre.

Ôter le foie et le gésier du canard. Les réserver.

Flamber le canard, le réserver.

Faire chauffer la moitié de l'huile dans une poêle. Y faire revenir le jambon coupé en petits dés. Dès qu'ils se raidissent, ajouter le gésier, l'oignon, puis le foie en morceaux. Réserver. Dans la même graisse, faire revenir les champignons émincés et assaisonnés avec l'ail haché.

Blanchir rapidement les olives à l'eau bouillante. En réserver la moitié. Réunir le reste avec les champignons et le reste de la garniture. En farcir le canard. Coudre soigneusement l'ouverture.

Faire dorer le canard dans une cocotte avec le reste de l'huile. Jeter l'huile. La remplacer par le vin blanc et le fond de volaille. Laisser mijoter à couvert 30 minutes en retournant le canard à mi-cuisson.

5 minutes avant la fin de la cuisson, disposer le reste des olives autour du canard.

Dresser le canard au centre du plat de service. L'entourer des olives. Vérifier l'assaisonnement de la sauce. La verser sur le canard et servir aussitôt.

Servir un CÔTES DE DURAS rouge, corsé, pour accompagner le canard, plat régional du Sud-Ouest.

Température : 16 °C.

Magrets de canard aux olives

Les olives de Nyons, par leur petite taille, sont difficiles à dénoyauter. Il est préférable de les laisser entières.

6 personnes

Préparation : 40 min
Cuisson : 20 min
Repos : 15 min

4 magrets de canard de 200 à 300 g pièce
80 g de miel de lavande
800 g de navets blancs
200 g d'olives noires de Nyons
100 g de beurre
25 cl de crème fraîche épaisse
Sel, poivre.

Retirer l'excédent de graisse des magrets. Conserver une couche de 5 mm de gras, inciser ce gras presque jusqu'à la chair en marquant un quadrillage. Assaisonner chaque magret de sel et de poivre sur chaque côté et enduire entièrement le côté "gras" de miel. Réserver au frais.

Éplucher soigneusement les navets. Les laver, les égoutter et les couper en quartiers. Les cuire à l'eau bouillante salée.

Blanchir les olives. Égoutter. Réserver.

Faire chauffer une poêle antiadhésive. Y faire cuire les magrets en les laissant d'abord 5 minutes du côté "gras" puis en les retournant pour les cuire 5 minutes encore sur l'autre face. Les retirer, les laisser reposer au chaud entre 2 assiettes pendant 15 minutes.

Dans la même poêle, verser les olives et les rouler dans la graisse chaude rendue par les magrets.

Égoutter les navets, les sécher, les passer au presse-purée. Ajouter le beurre et la crème. Rectifier l'assaisonnement. Mélanger énergiquement.

Escaloper les magrets de canard. Mettre une couche de purée sur des assiettes chaudes ou sur un plat. Poser dessus les magrets. Entourer des olives sautées.

Servir très chaud, accompagné du restant de purée dans un légumier à part.

CANON-FRONSAC, vin rouge généreux du Bordelais, à la robe soutenue. Choisir de préférence un vin de quelques années (5 à 6 minimum) pour apprécier le velouté du vin sur le magret.

Température : 18 °C.

Magrets de canard aux pamplemousses roses

6 personnes

Préparation : 40 min
Cuisson : 20 min

4 magrets de 300 g pièce
3 pamplemousses roses
30 g de sucre
5 cl de vinaigre de vin
3 dl de fond de veau brun (p. 58)
30 g de beurre
Sel, poivre.

Dégraisser les magrets en laissant seulement une couche de 2 à 3 mm de gras. Inciser ce gras presque jusqu'à la chair en marquant un quadrillage.

Éplucher entièrement les pamplemousses en retirant toutes les parties blanches (zestes, membranes). Au-dessus d'un bol, séparer les quartiers à vif, sans laisser de membrane. Les réserver avec leur jus.

Caraméliser le sucre dans une casserole. Quand il est brun clair, déglacer avec le vinaigre. Ajouter le jus de pamplemousse recueilli. Laisser réduire. Mouiller avec le fond de veau.

Assaisonner les magrets. Les cuire dans une poêle antiadhésive, côté gras en premier. Les laisser 5 minutes sur chaque face. Les laisser reposer 15 minutes entre 2 assiettes.

Jeter la graisse de cuisson des magrets. La remplacer par le beurre. Y faire chauffer les quartiers de pamplemousse.

Escaloper les magrets. Les dresser sur un plat ou sur des assiettes. Mettre les quartiers de pamplemousse à côté. Napper d'un peu de sauce.

Servir le reste de sauce en saucière.

GIGONDAS, vin rouge puissant de la Vallée du Rhône. Rencontre de la chaleur et du corps de ce vin avec la puissance du canard.

Température : 16 °C.

Poitrines de canard aux pruneaux

6 personnes

Préparation : 30 min
Cuisson : 40 min
Macération : 2 h

150 g de pruneaux dénoyautés
5 cl d'armagnac
100 g de lard fumé
300 g de petits oignons blancs
50 g de beurre
6 aiguillettes de canard
20 cl de fond de veau brun (p. 58)
Sel, poivre.

Faire tremper les pruneaux 1 heure dans de l'eau tiède. Les égoutter. Les laisser macérer encore 1 heure dans l'armagnac.

Couper le lard en petits bâtonnets. Les blanchir, les égoutter.

Nettoyer, éplucher et laver les petits oignons. Les faire dorer dans le beurre chaud. Ajouter les lardons. Rissoler ensemble. Couvrir juste avec de l'eau. Cuire rapidement.

Égoutter les pruneaux. Conserver l'armagnac de macération. Ajouter les pruneaux aux oignons et aux lardons.

Dégraisser légèrement les aiguillettes de canard. Les assaisonner. Les cuire dans une poêle antiadhésive, côté gras en premier. Les laisser 3 minutes sur chaque face. Les laisser reposer 15 minutes entre 2 assiettes.

Jeter la graisse de cuisson. La remplacer par l'armagnac. Flamber. Verser le fond brun. Y faire chauffer le mélange pruneaux-oignons-lardons.

Escaloper les aiguillettes. Les dresser sur un plat, entourées du ragoût d'oignons et de pruneaux au lard.

Servir très chaud.

Servir un BUZET rouge, vin riche du Sud-Ouest.

Température : 16 °C.

Les deux races de canard d'élevage les plus courantes sont le canard nantais et le canard de Barbarie. Le canard nantais ou de Challans est plus gras et savoureux.

Canette de Challans en serviette

4 personnes

Préparation : 1 h
Cuisson : 2 h

---

1 canette de Challans de 1,600 à 1,800 kg
200 g de carottes
150 g de blancs de poireaux
100 g de céleri en branche
150 g de gros oignons
1 clou de girofle
Thym, laurier
1 petit pain
1 dl de lait
10 g de persil
1 truffe fraîche du Tricastin de taille moyenne
150 g de lard gras
5 cl d'eau-de-vie blanche de pays (marc)
2 tablettes de bouillon de volaille
Sel, poivre.

Sauce :
50 g d'échalote grise
100 g d'oignons doux rouges
1 bouteille de Châteauneuf-du-Pape (ou Côtes-du-Rhône rouge)
Quatre-épices
Sucre en poudre
150 g de beurre
Sel, poivre.

Habiller la canette, la vider soigneusement sans oublier de retirer la "fourchette", à la pointe du bréchet. Réserver soigneusement les abats et les abattis (vous pouvez demander à votre volailler de faire ces préparations, et de vous remettre les abats et les abattis).

Faire blanchir rapidement les abattis concassés : ailerons, fourchette, cou. Les rafraîchir, les rincer, les remettre à cuire avec de l'eau froide dans une grande casserole pouvant contenir la canette.

Éplucher les carottes, le poireau, le céleri et 100 g d'oignons. Les laver, les égoutter, les couper en cubes grossiers. Les ajouter dans le liquide en ébullition, avec les abattis. Condimenter d'1 clou de girofle, d'un bouquet garni. Assaisonner de sel et de poivre en grains. Laisser cuire à petit bouillon pendant 1 heure, en écumant et en dégraissant.

Débarrasser le foie du fiel avec précaution. Dégager les noix du gésier. Parer le cœur. Couper le foie en escalopes, les faire raidir vivement sans matière grasse, dans une poêle antiadhésive. Laisser refroidir.

Tremper le petit pain dans le lait. Bien le presser.

Hacher les oignons restants et le persil. Couper la truffe en petits quartiers.

Passer au hachoir, à la grille fine, le lard gras, le foie, le gésier, le cœur et le pain pressé. Ajouter les oignons, le persil et la truffe. Assaisonner et bien malaxer.

Faire tiédir l'eau-de-vie. En arroser l'intérieur de la canette. Faire flamber.

Introduire la farce dans la canette. Coudre les ouvertures et brider la volaille. Emballer la canette dans une serviette blanche rincée abondamment à l'eau fraîche et essorée. L'y maintenir en ficelant fortement.

Ajouter les tablettes de bouillon de volaille dans le bouillon préparé avec les abattis. Y immerger entièrement la canette en veillant à ce qu'elle soit totalement recouverte de liquide (au besoin, compléter avec de l'eau). Laisser cuire à faible ébullition pendant 40 minutes.

Confection de la sauce :

Éplucher et hacher finement les échalotes et l'oignon rouge. Les mettre dans une casserole avec le vin rouge. Assaisonner modérément de sel (penser à la réduction), de poivre. Ajouter 1 pincée de quatre-épices et une prise de sucre. Laisser réduire vivement pour ne conserver que 15 cl de liquide.

Hors du feu, ajouter le beurre petit à petit en fouettant vigoureusement. Vérifier l'assaisonnement. Réserver au chaud sans faire bouillir.

Au terme de sa cuisson, égoutter la canette. La déballer, la dresser sur un plat de service chauffé. Servir la sauce à part, en saucière. Accompagner, selon le goût, de pommes nouvelles rissolées, de pommes noisettes...

Conseil

Ne pas jeter le bouillon. Après l'avoir dégraissé, il peut être utilisé pour faire un potage, cuire des légumes...

Un CHINON rouge, vieilli, à la robe rubis pour s'associer à ce mets.

Température : 16 °C.

Coq au vin

6 personnes

Préparation : 20 min
Cuisson : 45 min

1 jeune coq d'1,600 kg
50 g de beurre
5 cl d'huile
100 g d'échalotes
1 gousse d'ail
5 dl de vin blanc
1 bouquet garni
250 g de champignons de Paris
1,5 dl de crème fraîche
30 g de farine
Sel, poivre.

Flamber les dernières petites plumes du coq. Le couper en morceaux. Chauffer le beurre et l'huile dans une cocotte. Y faire dorer les morceaux de coq. Les réserver au chaud.

Faire suer les échalotes hachées et l'ail émincé sans les laisser prendre couleur. Ajouter la viande, déglacer avec le vin. Déposer le bouquet garni puis les champignons nettoyés et coupés en quartiers. Assaisonner. Couvrir et laisser cuire à feu doux 30 minutes environ. Réserver le coq au chaud.

Placer la sauce sur feu vif. Ajouter la crème mélangée à la farine. Bien remuer. Vérifier l'assaisonnement. Remettre le coq dans la sauce quelques instants puis servir.

Un RIESLING GRAND CRU, fin et puissant, qui entre dans la composition de la sauce, accompagnera merveilleusement ce coq.

Température : 8 °C.

Chapon truffé en croûte de sel

8 personnes

Préparation : 45 min
Cuisson : 2 h 30 min
Repos : 12 h

30 g de truffe fraîche
1 beau chapon prêt à cuire de 3,500 kg
1 kg de gros sel de mer
1 kg de farine
Poivre.

Le « roi » de la basse-cour et le « roi » des champignons ne peuvent-ils s'offrir le vin rouge le plus cher du monde : POMEROL, CHÂTEAU PÉTRUS ?

Température : 18 °C.

La veille, couper la truffe en tranches. Décoller délicatement la peau du chapon de façon à pouvoir glisser doucement des lames de truffe entre la peau et la chair, sur la poitrine, les cuisses et les ailes. Emballer hermétiquement le chapon dans du papier sulfurisé. Le laisser au frais jusqu'au lendemain.

Mélanger le gros sel et la farine. Travailler avec 1/2 l d'eau froide pour obtenir une pâte un peu ferme.

Poivrer l'intérieur du chapon.

Étaler la pâte sur une épaisseur de 1,5 cm. Poser le chapon dessus et l'emballer entièrement en soudant bien la pâte. Poser le chapon ainsi emballé dans un plat creux juste assez grand pour le contenir.

Cuire au four à 210 °C (th. 7), pendant 2 heures 30 minutes.

Chapon farci au foie gras en pot-au-feu

10 personnes

Préparation : 3 h
Cuisson : 3 h 30 min

1 beau chapon prêt à cuire de 3 kg
1 foie d'oie gras cru entier de 600 g
1 truffe (facultatif)
1,500 kg de carottes
1 kg de poireaux
1 kg de navets
1 kg de céleri-rave
1 kg d'oignons
1 tête d'ail
Thym, laurier
Clous de girofle
4 cubes de bouillon de volaille
1/2 l de crème fraîche épaisse
1 bottillon de cerfeuil haché
Sel, poivre.

Désosser entièrement le chapon par le dos en évitant d'abîmer la chair et la peau. Ne laisser que les ailerons et les os des pilons. Réserver les os.

Parer le foie gras des membranes et des parties verdâtres. Le laisser entier. Le frotter avec du sel et du poivre.

Étaler le chapon sur la table, peau en dessous. Parsemer la truffe coupée en petits morceaux. Poser le foie gras au centre.

Reformer le chapon, le coudre soigneusement, l'emballer dans une serviette bien rincée.

Blanchir les os du chapon dans 3 l d'eau. Confectionner un bon fond de volaille en ajoutant aux os du chapon un quart des légumes, tous les aromates et les cubes de bouillon.

Pocher le chapon dans le fond de volaille maintenu à très faible ébullition pendant 2 heures 30 minutes.

Nettoyer, éplucher et laver tous les légumes de la garniture. Les couper en formes régulières. Les cuire séparément dans du bouillon de volaille prélevé.

Faire bouillir la crème. La détendre avec un peu de bouillon. Assaisonner, adjoindre le cerfeuil haché.

Déballer et déficeler le chapon, le laisser reposer avant de le trancher délicatement.

Dresser les tranches de chapon entourées des légumes dans un plat creux. Verser un peu de bouillon filtré dessus. Présenter la sauce crème à part, en saucière.

Le roi de la volaille

Le chapon est un jeune coq castré et engraissé. Il peut atteindre 6 kg. Sa chair, fine et savoureuse, est jaune lorsque le volatile provient des Landes où son alimentation est constituée de maïs, et blanche s'il provient de Bresse. Son prix élevé est justifié par un élevage long et coûteux qui en fait un mets d'exception.

Un grand vin du Sud-Ouest, un JURANÇON moelleux, pour accompagner ce mets très fin.

Température : 7 °C.

LE FOIE GRAS

Bien plus que fruits de mer ou champagne, le foie gras est synonyme de gastronomie : déjà au temps de l'Empire romain, il symbolisait la fête.

Depuis des siècles, l'hypertrophie hépatique des oies et des canards est obtenue par gavage.

Le gavage du canard dure entre 3 et 4 semaines pendant lesquelles on lui fait absorber, à heures fixes, jusqu'à 3 fois par jour, une bouillie de maïs additionnée de lait, parfois de graisse ou de noix écrasées. Le foie obtenu pèse en moyenne 400 à 500 g mais peut aller jusqu'à 700 g.

Chez l'oie, le gavage dure de 4 à 5 semaines. Pendant ce temps, elle absorbe au moins 25 kg de maïs bouilli et le foie pèse environ 600 g mais peut atteindre 900 g.

Le marché national consomme annuellement près de 4 000 tonnes de foie gras, la production française n'en représente qu'environ la moitié ; le complément est importé de Hongrie, de Bulgarie, d'Israël et même de Chine. Maintenant, dans de nombreux cas, le foie gras cru d'importation est d'aussi bonne qualité gustative que le foie gras français, tout en étant meilleur marché.

Quant à savoir s'il faut préférer le foie de l'oie à celui du canard, tout reste affaire de goût. Chacun a sa saveur bien particulière. Le seul critère reste celui de la qualité : en matière de foie gras, l'économie à l'achat est un mauvais calcul, le produit bon marché n'est pas nécessairement le meilleur.

Avant de pouvoir se régaler d'une terrine de foie gras frais, réputé pour être « le meilleur pâté du monde » ou d'autres spécialités cuisinées avec du foie gras, d'oie ou de canard, il importe de savoir respecter 3 points essentiels dans sa façon de le travailler :

— le choix du foie,
— le parage et le dénervage,
— la cuisson.

La parfaite maîtrise de ces opérations s'accompagne d'un élément fondamental indispensable à toute réussite gastronomique : le temps. Inutile de vouloir précipiter gestes, assaisonnements... ou cuisson. La patience reste le maître mot.

Non seulement il convient de prendre son temps en choisissant, en dénervant, en cuisant, mais il faut aussi savoir attendre que marinade et épices aient parfumé les lobes, tout comme il faut savoir patienter 2 à 3 jours après la cuisson du foie gras en terrine pour que le temps de repos au froid apporte moelleux et franche saveur.

Le choix du foie est déterminant pour la réussite de toute préparation culinaire. Un bon foie a une couleur ivoire uniforme, légèrement rosée chez l'oie, à peine rehaussée de jaune pour le canard. Les foies grisâtres, marbrés de rouge-brun (sang), de vert (fiel) sont à éliminer.

Le bon foie n'est ni dur, ni mou. Au toucher, il doit être ferme et souple à la fois ; trop mou et caoutchouteux, il est nerveux, il sera sec et fade ; trop dur et cassant, il est trop gras et il fondra en perdant jusqu'à 50 % de son poids à la cuisson.

Le dénervage est la manipulation qui nécessite le plus de technicité. Il existe 3 procédés pour le réussir. Le foie est peu innervé et le terme « dénerver » est mal utilisé. Ce sont les vaisseaux sanguins, qui irriguent les deux lobes du foie, qu'il faut retirer avec précaution ; si on les laisse, ils nuisent à la présentation en montrant, çà et là, des traces sanguinolentes.

Une première méthode consiste à bien laisser refroidir le foie, toute une nuit, au réfrigérateur, pour qu'il soit bien ferme. À la main, séparer franchement les 2 lobes ; à la cassure, sur le petit lobe, repérer la plus grosse veine, inciser complètement dans l'axe, avec un petit couteau, puis, avec le plat de la lame, dégager progressivement la grosse veine et les petits vaisseaux pour les retirer entièrement. Procéder à l'identique sur le gros lobe qui est traversé, lui, par 2 veines et leurs petits vaisseaux.

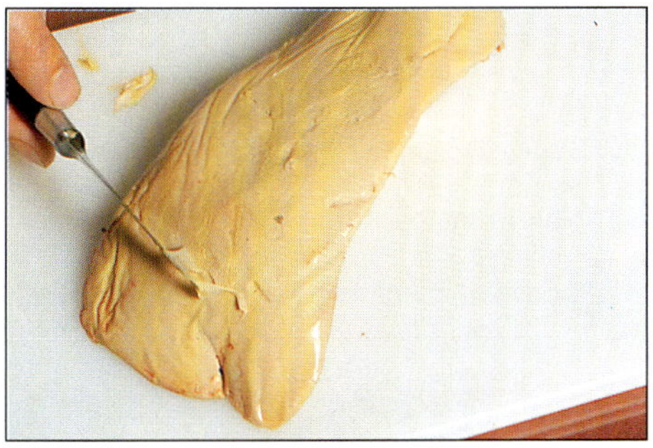

Supprimer encore toutes les parties vertes et, finalement, enlever la fine membrane qui enveloppe le foie, cette dernière opération n'étant pas totalement indispensable.

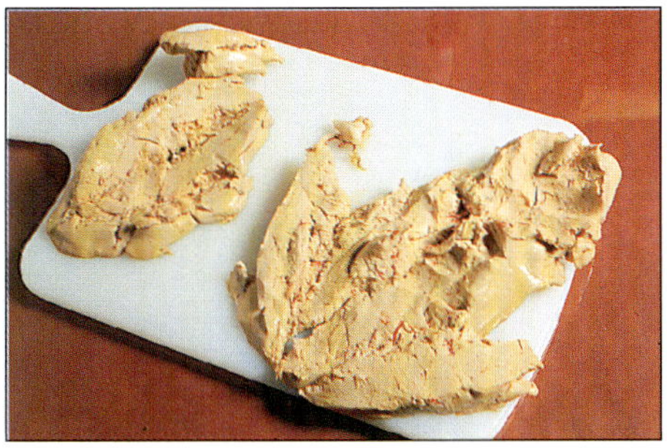

La seconde méthode prend en compte la température du corps, la « chaleur animale » : si le foie gras doit fondre sous les doigts du manipulateur, il aurait déjà complètement fondu dans le corps de l'animal ! En baignant le foie pendant 1 heure ou 2 dans de l'eau tiède à + 35 °C, on l'amène à sa texture et à sa malléabilité naturelle tout en le laissant dégorger. Les veines et les vaisseaux sanguins se retirent alors de la même façon que ci-dessus.

Si cette opération du « dénervage » paraît trop minutieuse au point d'être irréalisable, c'est la troisième méthode qu'il convient d'appliquer : celle où on ne fait rien !

La tradition du foie gras en Alsace

Le foie gras, fleuron de la gastronomie alsacienne, vit officiellement le jour à Strasbourg en 1780, préparé par Jean-Pierre Clause. Des foies gras d'oie étaient mélangés à de la farce de veau et de lard, le tout enveloppé dans de la pâte et cuit au four. Ce n'est qu'au début du XIXe siècle qu'il commença à être cuit dans des terrines en faïence de Lunéville ou de Sarreguemines.

Les femmes de la région de Strasbourg étaient réputées pour leur art du gavage, travail délicat et fastidieux. L'oie achetée au début de l'automne est tout d'abord nourrie librement puis entravée et gavée tout au long de la journée, de fèves, de blé et de maïs étuvés, avant d'être abattue et de livrer son foie à des mains habiles qui le transformeront en mets somptueux.

Sans doute vaut-il mieux présenter un foie marbré de veines et de veinules et le servir entier plutôt que de risquer des coups de couteau désordonnés qui peuvent nuire à la qualité finale de la préparation. Cette technique, celle de ne rien faire, convient tout particulièrement aux recettes de « foie gras chaud » quand celui-ci est découpé en tranches pour être cuit et servi comme du foie de veau, par exemple.

Ainsi dénervé et paré, le foie gras est mis à dégorger au froid pendant au moins 6 heures (ou mieux, pendant 1 nuit) :

— soit dans de l'eau froide salée (à raison de 12 g de gros sel par litre d'eau) pour faire sortir tout le sang qui reste dans le foie ;

— soit dans du lait glacé et salé (dans les mêmes proportions). En plus de faire sortir le sang du foie, les divers composants lactés (caséine, lactose...) apportent de la fermeté et de la douceur aux chairs (le lait n'est jamais réutilisé).

Les lobes dégorgés sont alors égouttés, épongés soigneusement. Ils sont prêts à être assaisonnés et mis en marinade.

Généralement, les différents éléments, ajoutés lors de la préparation, ne doivent jamais dénaturer la saveur du produit. Par tradition, on évite les alcools trop puissants et la truffe n'est pas indispensable ; à l'origine, en 1783, le « pâté de foie gras » n'en comporte pas, c'est plus tard, au début du XIXe siècle, qu'un cuisinier bordelais a l'idée d'associer ce « champignon tubercule » encore bon marché. Aujourd'hui, certains estiment que l'arôme vigoureux de la truffe est trop dominateur et qu'il écrase le parfum délicat du foie gras.

Qu'il soit mariné à l'armagnac, au cognac, au kirsch, ou encore au gewurztraminer, au madère, au porto, au riesling, au sauternes... au tokay, le foie gras est, pour la préparation traditionnelle en terrine, toujours assaisonné de sel fin, de poivre blanc moulu et de sucre en poudre, dans les proportions suivantes, pour 1 kg net de foie gras :

— 15 g de sel fin,

— 3 g de poivre,

— 4 g de sucre, dont le rôle est de garder une belle teinte rosée au foie et de masquer toute amertume, surtout pour le canard.

Les pesées sont réalisées avec le plus grand soin. Sel, poivre et sucre sont mélangés soigneusement pour être répartis sur chaque lobe, à l'intérieur comme à l'extérieur. Le foie est alors placé dans une terrine, arrosé avec l'alcool ou le vin choisi et gardé toute une nuit (de 8 à 12 heures) au réfrigérateur. On retourne les morceaux 2 à 3 fois pour assurer une marinade homogène.

Pour la cuisson, éponger les lobes sur un papier absorbant, poser le plus gros au fond d'une terrine juste assez grande pour contenir la quantité de foie gras. Bien tasser.

Placer le petit lobe au-dessus, sa partie lisse et bombée vers l'extérieur. Presser pour éviter le moindre vide. Verser la marinade.

Couvrir d'un morceau de papier sulfurisé découpé à la bonne dimension (jamais d'aluminium qui noircit les chairs). Poser le couvercle. Laisser reposer encore 1 heure au froid.

Préchauffer le four à 120 °C (th. 4). Préparer un bain-marie assez haut. Y mettre la terrine. Verser de l'eau chaude (80 °C) jusqu'à 2 cm sous le couvercle de la terrine.

Mettre au four pour 1 heure juste, en veillant scrupuleusement à ce que l'eau du bain-marie ne dépasse jamais 75 °C.

Au terme de la cuisson, sortir la terrine du four et du bain-marie, la laisser refroidir telle quelle pendant 3 à 4 heures, à température ambiante, retirer alors le papier sulfurisé, reposer le couvercle et mettre au froid pour au moins 48 heures.

Préparé ainsi, le foie gras ne demande aucun accompagnement, ni salade, ni radis, ni sauce, ni gelée... et encore moins de beurre. 20 à 30 minutes avant de déguster ce « pâté d'exception », sortir la terrine du réfrigérateur, décoller le couvercle, utiliser un couteau à lame fine trempée dans de l'eau chaude pour découper une belle tranche de foie gras à chaque convive, accompagner de pain de campagne grillé, de toasts ou de baguette fraîche bien croustillante.

Terrine de foie gras

Pour 10 à 12 personnes

Préparation : 1 h 15 min
Cuisson : 45 min
Repos : 12 h

1 foie d'oie de 700 g environ
20 g de sel épicé
4 cl de très bon cognac
300 g de porc maigre
300 g de veau maigre
1 dl de crème fraîche
80 g de mie de pain
Crépine.

Enlever le fiel et dénerver soigneusement le foie gras. L'assaisonner minutieusement avec 14 g de sel épicé. Le disposer dans une terrine, arroser avec 2 cl de cognac. Couvrir et laisser reposer une nuit au frais.

Le lendemain, mixer le porc, le veau, la mie de pain, la crème, le reste de cognac et de sel épicé.

Garnir une terrine avec la crépine puis les trois quarts de la farce. Ajouter le foie. Presser. Boucher avec le reste de farce. Tasser légèrement. Poser le couvercle. Cuire au four à 140 °C (th. 4-5) au bain-marie, pendant 45 minutes.

Laisser refroidir. Servir avec des tranches de pain légèrement grillées.

Que faut-il boire ?

Les avis sont très partagés, tout reste affaire de goûts et de moyens.
Les uns prétendent que seul un grand sauternes est digne de l'association, d'autres préfèrent les grands crus d'Alsace, « vendanges tardives », « sélection de grains nobles », mais certains vin blancs moelleux du Sud-Ouest (barsac, loupiac, jurançon, pacherenc du vic-bihl...) de Loire (bonnezeaux, coteaux du Layon...), d'autres encore de Provence ou du Jura et, pourquoi pas, un vin rouge du Sud-Ouest (madiran, tursan...) ou du champagne, peuvent aussi très bien accompagner ce superbe foie gras.

Dinde aux marrons

10 personnes

Préparation : 50 min
Cuisson : 3 h

1 dinde prête à cuire de 3 kg
100 g de beurre
2 kg de châtaignes
300 g de lard fumé
250 g d'oignons hachés
Sucre en poudre
1 l de bouillon de volaille
1 bottillon de persil
Sel, poivre.

Saler et poivrer l'intérieur de la dinde.

Faire fondre 50 g de beurre. En enduire la dinde au pinceau. Saler, poivrer. L'emballer entièrement dans une double feuille d'aluminium. Mettre la dinde emballée dans un plat creux allant au four. Verser au fond 1 l d'eau. Cuire à four chaud, à 240 °C (th. 8), pendant 2 heures 30 minutes. Rajouter de l'eau en cours de cuisson si nécessaire.

Inciser le côté plat des châtaignes. Les plonger par petites quantités dans de l'eau bouillante. Les éplucher aussitôt en veillant à retirer les 2 peaux.

Couper le lard en bâtonnets. Les blanchir, les égoutter.

Chauffer le reste de beurre dans une casserole. Y faire rissoler les lardons. Ajouter les oignons et laisser étuver. Saupoudrer de 2 cuillerées de sucre. Lorsque l'ensemble prend une couleur blonde, mouiller avec le fond de volaille. Verser les châtaignes et cuire doucement à couvert pendant 20 minutes. Saler (attention au lard) et poivrer.

Déballer la dinde. Elle doit être dorée et cuite à point. La dresser sur un grand plat. Garnir des marrons. Saupoudrer de persil haché.

Un PERNAND-VERGELESSES, vin rouge de la Côte-de-Beaune, développera ses arômes tout en finesse sur ce plat.

Température : 16 °C.

Dinde farcie

10-12 personnes

Préparation : 40 min
Cuisson : 3 h

1 dinde de 4 kg
3 cl d'huile
200 g de lard frais
500 g de foies de volaille
100 g d'échalotes
1 gousse d'ail
200 g de pain de mie
Un peu de lait
Muscade
150 g de beurre
Sel, poivre.

Préparer et flamber la dinde. La réserver.

Faire chauffer l'huile dans une poêle. Lorsqu'elle est bien chaude, ajouter le lard en bâtonnets puis les foies de volaille coupés en petits morceaux, les échalotes émincées, l'ail haché, du sel, du poivre. Cuire à petit feu pendant 10 minutes.

Tremper le pain dans le lait. Le presser. Le passer au moulin à légumes dans un saladier. Ajouter la muscade, 50 g de beurre fondu et le contenu de la poêle. Bien mélanger. Farcir la dinde. Coudre l'ouverture. Enduire la volaille avec le beurre restant. L'assaisonner.

Cuire au four à 160 °C (th.5-6), 1 heure sur chaque cuisse, puis 30 minutes sur le dos en arrosant régulièrement durant la cuisson.

Choisir un PÉCHARMANT, vin rouge tonique de Dordogne et proche voisin du Bordelais, pour un plat corsé.

Température : 16 °C.

Escalopes de dinde à la zurichoise

6 personnes

Préparation : 30 min
Cuisson : 20 min

---

6 escalopes de dinde
300 g de champignons
Le jus d'1/2 citron
50 g de beurre
1 cuil. à café de paprika
20 g d'échalote hachée
1 dl de fond de veau brun (p. 58)
3 dl de crème fraîche épaisse
Sel, poivre.

Couper les escalopes de dinde en lanières de 1 cm de large.

Nettoyer soigneusement les champignons. Les couper en quartiers. Les arroser avec le jus de citron.

Chauffer le beurre dans une grande poêle. Y faire sauter la chair de dinde. Saler, poivrer. Saupoudrer de paprika.

Ajouter l'échalote et les champignons. Cuire le tout ensemble en remuant.

Retirer la viande et les champignons avec une écumoire. Les garder au chaud.

Verser le fond brun dans la poêle. Le faire réduire de moitié. Ajouter la crème. Cuire jusqu'à consistance d'une sauce légère. Assaisonner.

Dresser la viande et les champignons dans un légumier. Verser la sauce.

Servir bouillant.

Consommés dans leur jeunesse, les BORDEAUX-CÔTES DE CASTILLON s'associeront à ce plat.

Température : 14 °C.

Oie farcie à la toulousaine

10 personnes

Préparation : 45 min
Cuisson : 3 h

200 g d'oignons hachés
30 g de graisse d'oie
300 g de pain rassis
2 dl de lait
500 g de chair à saucisse de Toulouse
2 gousses d'ail hachées
50 g de persil haché
Fleur de thym
1 oie prête à cuire "maigre" de 3 kg
Sel, poivre.

Faire étuver les oignons dans la graisse d'oie. Ne pas les laisser colorer. Les refroidir.

Tremper le pain dans le lait. Le presser, le hacher.

Mélanger intimement la chair à saucisse, le pain, les oignons, l'ail et le persil. Saler et poivrer (attention, la chair à saucisse l'est déjà). Ajouter 1 bonne pincée de fleur de thym.

Farcir l'oie, coudre les orifices. La mettre dans un plat profond allant au four. Verser 1 l d'eau froide. Saler, poivrer. Cuire à four chaud, à 210 °C (th. 7), pendant 2 heures 30 minutes.

Arroser l'oie au fur et à mesure de la cuisson. La piquer de quelques coups de fourchette quand la peau commence à colorer. Ceci permet à la graisse de s'écouler ; en tombant dans l'eau du plat, elle ne se carbonise pas.

Lorsque l'oie est cuite, la couper en morceaux avec la farce.

Dégraisser le jus de cuisson. Le passer, l'assaisonner. Le présenter en saucière.

Au nord de Toulouse, les CÔTES DU FRONTONNAIS, malheureusement encore peu connues, produisent des rouges à belle robe et très fins.

Température : 14 °C.

Oie rôtie au chou rouge

8 personnes

Préparation : 45 min
Cuisson : 3 h 45 min

1 oie prête à cuire "maigre" de 3,500 kg
1 kg d'oignons
50 g de graisse d'oie
1 gros chou rouge
1 l de vin rouge
1 kg de pommes reine de reinette
Sel, poivre.

Saler et poivrer l'oie, à l'intérieur et à l'extérieur. La mettre dans un plat profond allant au four. Verser 1 l d'eau froide et cuire à four chaud, à 210 °C (th. 7), pendant 2 heures 30 minutes.

Arroser l'oie au fur et à mesure de la cuisson et la piquer de quelques coups de fourchette quand la peau commence à colorer. Ceci permet à la graisse de s'écouler ; en tombant dans l'eau du plat, elle ne se carbonise pas.

Émincer les oignons, les faire étuver dans la graisse d'oie.

Émincer le chou. Le mettre avec les oignons. Mouiller avec le vin rouge. Saler. Cuire à couvert pendant 1 heure.

Éplucher les pommes, les couper en quartiers. Les poser sur le chou et cuire encore à couvert pendant 20 minutes.

Lorsque l'oie est cuite, la couper en morceaux.

Dégraisser le jus de cuisson. Le passer, l'assaisonner.

Dresser le chou dans un plat, les quartiers de pommes autour. Ranger les morceaux d'oie dessus.

Servir bien chaud avec le jus à part, en saucière.

Alliance de la puissance du MERCUREY, vin rouge de la Côte Chalonnaise, et du plat.

Température : 16 °C.

Pigeons en cocotte à la bonne femme

6 personnes

Préparation : 1 h
Cuisson : 45 min

6 beaux pigeons
100 g de beurre
200 g de petits oignons blancs
500 g de petites pommes de terre
300 g de champignons de Paris
Le jus d'1/2 citron
1 dl de bouillon de volaille
1 cuil. à soupe de persil haché
Sel, poivre.

Faire vider, barder et brider les pigeons par le marchand de volaille.

Saler et poivrer les pigeons. Les rôtir dans une cocotte avec 50 g de beurre en les retournant pour bien les colorer, pendant 15 minutes.

Nettoyer, éplucher et laver les petits oignons, les pommes de terre et les champignons. Couper les champignons en quartiers. Les citronner.

Retirer les pigeons quand ils sont cuits. Les tenir au chaud.

Ajouter le bouillon de volaille dans la cocotte. Y faire cuire les champignons et les petits oignons. Saler, poivrer.

Blanchir les pommes de terre 5 minutes dans de l'eau bouillante. Les égoutter et les faire rissoler dans le beurre restant. Assaisonner.

Mélanger les pommes de terre aux oignons et aux champignons. Poser dessus les pigeons débridés et débardés. Saupoudrer de persil haché.

Servir bien chaud.

Les grenailles

Profitez des petites pommes de terre disponibles sur le marché du 15 février au 15 juillet. Originaires principalement de Bretagne et de Provence, elles ont une peau fine et une chair bien ferme. Un seul inconvénient : elles se conservent mal. Leur taille leur vaut l'appellation de grenailles.

Un vin rouge robuste, un CHOREY-LÈS-BEAUNE, sera parfait pour ce plat.

Température : 16 °C.

Pigeons étuvés au sauternes

6 personnes

Préparation : 1 h
Cuisson : 40 min

6 beaux pigeons fermiers
5 cl d'huile
1/2 bouteille de sauternes
20 cl de fond de veau brun (p. 58)
500 g de raisin muscat
50 g de beurre
Sel, poivre.

Faire vider, barder et brider les pigeons par le marchand de volaille.

Saler et poivrer les pigeons. Les rôtir dans une cocotte avec l'huile. Les cuire pendant 15 minutes en les retournant pour bien les colorer. Les retirer et les tenir au chaud.

Égoutter la graisse de cuisson. Déglacer avec le sauternes. Faire réduire de moitié. Mouiller avec le fond. Assaisonner.

Éplucher soigneusement les grains de raisins. Retirer les pépins sans trop faire écouler le jus. Chauffer les raisins au beurre.

Débrider et débarder les pigeons. Les remettre dans la sauce, dans la cocotte. Verser dessus les raisins.

Servir bien chaud.

SAUTERNES, vin blanc liquoreux ayant été utilisé pour la composition du plat. On peut aussi choisir un BARSAC car celui-ci a droit à l'A.O.C. Sauternes.

Température : 7 °C.

Pintade en potée

6 personnes

Préparation : 15 min
Cuisson : 1 h 20 min

1 pintade
1 branche de thym
1 barde de lard
2 cl d'huile
300 g de lard salé
2 petits choux verts
150 g de carottes
6 oignons moyens
1 dl de bouillon
Sel, poivre.

MERCUREY, vin rouge puissant du Chalonnais : le corps et la puissance alliés à une certaine distinction pour ce Mercurey qui escortera sans complexe ce plat.

Température : 14 °C.

Flamber et habiller la pintade. Assaisonner l'intérieur et y glisser 1 branche de thym. La barder et la ficeler.

Chauffer l'huile dans une cocotte. Y faire revenir le lard coupé en 6. Réserver les morceaux de lard. À leur place, faire revenir la pintade jusqu'à ce qu'elle soit dorée sur tous les côtés.

Blanchir les choux coupés en 2, quelques minutes à l'eau bouillante salée.

Remettre les lardons dans la cocotte avec la pintade, ajouter les carottes épluchées et coupées en tronçons et les oignons épluchés. Laisser revenir 2 minutes. Ajouter les choux bien égouttés. Assaisonner. Mouiller avec le bouillon et laisser cuire à petit feu pendant 1 heure.

Pintadeaux vallée d'Auge

6 personnes

Préparation : 30 min
Cuisson : 40 min

3 pintadeaux de 700 g pièce
5 cl d'huile
30 g d'échalote hachée
5 cl de calvados
10 cl de cidre
25 cl de crème fraîche épaisse
3 pommes reinettes
50 g de beurre
Sel, poivre.

Le PUISSÉGUIN-SAINT-ÉMILION, vin rouge racé à la robe soutenue, du Bordelais, sera un compagnon idéal pour cette volaille.

Température : 15 °C.

Vider et ficeler les pintadeaux. Les assaisonner. Les rôtir vivement dans une cocotte avec l'huile chaude. Les retourner souvent. Les cuire pendant 20 minutes. Les retirer, les réserver.

Jeter la graisse de cuisson. Ajouter l'échalote hachée. Laisser suer. Mouiller avec le calvados. Flamber. Ajouter le cidre. Réduire de moitié. Ajouter la crème.

Éplucher les pommes. Les couper en quartiers. Les faire sauter au beurre.

Déficeler les pintadeaux. Les couper en deux.

Dresser les pommes dans un plat. Poser dessus les demi-pintadeaux. Tenir au chaud.

Mettre la sauce à consistance. Vérifier l'assaisonnement. La verser sur les pintadeaux.

Servir très chaud.

Poule au pot

6 personnes

Préparation : 1 h
Cuisson : 2 h

2 poules de 1,400 kg
500 g de carottes
300 g de céleri-rave
300 g de navets
400 g de poireaux
250 g de gros oignons
Clous de girofle
3 gousses d'ail
Thym, laurier
Sel, poivre.

Vider et ficeler les poules. Les plonger dans de l'eau froide. Porter à ébullition. Cuire 5 minutes. Jeter l'eau. Rincer les poules et la casserole.

Nettoyer, éplucher et laver tous les légumes.

Remettre les poules dans de l'eau froide. Porter à ébullition. Écumer et dégraisser.

Ajouter les gros oignons piqués de 2 clous de girofle, l'ail, le thym, le laurier. Saler et poivrer. Laisser cuire 45 minutes.

Couper les carottes en tronçons, le céleri et les navets en gros quartiers. Botteler les poireaux avec quelques tours de ficelle. Mettre tous ces légumes dans la marmite avec les poules. Laisser cuire le tout pendant encore 45 minutes à 1 heure. Le temps de cuisson est fonction de la tendreté des poules.

Retirer les poules, enlever la peau, les couper en morceaux.

Servir ensemble les morceaux de poule et les légumes. Arroser d'un peu de bouillon dégraissé. Accompagner de moutarde, de gros sel, de raifort râpé...

POULE AU RIZ

Sortir les volailles. Ôter la peau et les envelopper dans du papier aluminium. Réserver au chaud.

Faire réduire le bouillon passé à feu vif jusqu'à obtenir 1 l. Y dissoudre 100 g de roux en fouettant. Laisser épaissir en remuant. Ajouter 2 dl de crème. Porter à ébullition. Passer la sauce au chinois. Assaisonner.

Dresser un socle de riz au fond du plat. Y placer la volaille. Napper avec la sauce. Servir aussitôt.

Si la poule est grasse, le bouillon le sera également. Pour pouvoir bien le dégraisser, il faut prévoir la cuisson 1 jour à l'avance. Après toute une nuit de refroidissement au réfrigérateur, la graisse est figée à la surface. Il suffit de la retirer par morceaux entiers.

Pour ce plat mis au goût du jour par Henri IV, choisir un Béarn rosé.

Température : 10 °C.

Poulet aux oignons

4 personnes

Préparation : 20 min
Cuisson : 1 h

1 poulet d'1,400 kg
5 cl d'huile d'olive
1,500 kg d'oignons
1 dl de vin blanc sec
1 dl de fond de volaille (p. 59)
5 cl de crème fraîche épaisse
Sel, poivre.

La délicatesse du PINOT BLANC d'Alsace épousera le velouté de cette sauce.

Température : 8 °C.

Préparer le poulet : le vider, le flamber puis le couper en morceaux. Le faire revenir dans la moitié de l'huile. Le réserver dès qu'il est bien doré.

Éplucher les oignons. Les émincer régulièrement. Les faire fondre à feu doux sans les colorer dans le reste d'huile. Il faut compter environ 30 minutes de cuisson.

Rassembler les oignons et le poulet dans la même casserole. Ajouter le vin et le fond de volaille. Assaisonner. Laisser mijoter 20 minutes. Ajouter la crème. Laisser bouillir quelques instants.

Servir bien chaud.

Poulet en coque de sel

4 personnes

Préparation : 15 min
Cuisson : 1 h 30 min

1 poulet d'1,400 kg
1 branche de thym
1 feuille de laurier
1 gousse d'ail
4 kg de sel
Poivre.

Un SAUMUR-CHAMPIGNY rouge, gouleyant et parfumé, sera en harmonie avec ce plat.

Température : 14 °C.

Préparer le poulet : le vider et le flamber. Le garnir avec le thym, le laurier et l'ail écrasé. Poivrer. Le ficeler.

Tapisser une cocotte de papier aluminium. Verser 4 cm de sel. Y enfoncer légèrement le poulet.

Compléter avec du sel jusqu'à recouvrir la volaille. Ne pas couvrir.

Enfourner et cuire 1 heure 30 minutes à 240 °C (th. 8).

Casser la coque de sel et dégager la volaille qui sera cuite et moelleuse.

Poulet aux fruits de mer

6 personnes

Préparation : 1 h
Cuisson : 40 min

6 langoustines
500 g de coques
500 g de moules
2 échalotes
3 dl de vin blanc
1 gros poulet d'1,600 kg
5 cl d'huile
1 gousse d'ail
3 dl de fumet
1 bouquet garni
1 petite branche d'estragon
Muscade
6 noix de Saint-Jacques
2 dl de crème fraîche épaisse
200 g de crevettes roses décortiquées
Sel, poivre.

Cuire les langoustines 3 minutes à l'eau bouillante salée. Les décortiquer, les réserver.

Laver les coques et les moules. Hacher 1 échalote. La faire cuire avec 5 cl de vin blanc 2 minutes. Ajouter les coquillages. Les faire ouvrir à feu vif en remuant. Les décoquiller et les réserver ainsi que le jus de cuisson passé au chinois.

Flamber puis découper le poulet à cru. Le faire revenir dans l'huile chaude jusqu'à ce qu'il soit doré. Ajouter l'échalote restante et l'ail finement émincé. Déglacer avec le reste de vin et le fumet, assaisonner, ajouter le bouquet garni, l'estragon et une pointe de muscade râpée. Laisser cuire 15 minutes à feu doux.

Ajouter le liquide de cuisson des coquillages, les noix de Saint-Jacques et les langoustines. Poursuivre la cuisson 10 minutes.

Ôter le bouquet garni et l'estragon. Passer au chinois. Réserver les coquillages et le poulet au chaud. Placer la sauce à feu vif. Incorporer la crème fraîche. Laisser réduire en remuant. Rectifier l'assaisonnement.

Replacer le poulet, les Saint-Jacques et les langoustines dans la sauce avec les coques, les moules et les crevettes. Servir bien chaud.

Un SANCERRE blanc frais et distingué du Val de Loire enchantera le poulet et sa garniture.

Température : 10 °C.

Poulet cocotte

4 personnes

Préparation : 40 min
Cuisson : 1 h

---

800 g de pommes de terre
7 cl d'huile
120 g de beurre
150 g de poitrine fumée
200 g de champignons de Paris
150 g d'oignons grelots
20 g de sucre
1 poulet d'1,400 kg
1 dl de vin blanc
2 dl de fond de veau brun (p. 58)
Sel, poivre.

Un BEAUJOLAIS-VILLAGES, vin rouge légèrement étoffé, conviendra parfaitement à ce poulet.

Température : 12 °C.

Éplucher et laver les pommes de terre. Les couper en morceaux réguliers. Les "tourner" afin de leur donner une forme arrondie.

Les blanchir quelques minutes, les égoutter soigneusement puis les faire revenir dans une poêle avec 2 cl d'huile et 20 g de beurre. Réserver.

Couper le lard en petits dés. Les faire sauter à la poêle. À leur place, faire sauter les champignons émincés. Réunir les deux. Réserver.

Éplucher les petits oignons. Les faire cuire à couvert avec un peu d'eau, le sucre et 50 g de beurre. Quand ils se caramélisent, les faire sauter dans la casserole en les surveillant jusqu'à obtention de la couleur souhaitée. Réserver au chaud.

Préparer le poulet : le vider, le flamber, l'assaisonner et le brider. Le faire cuire 30 minutes au four à 210 °C (th. 7), avec le reste d'huile, en le retournant de temps en temps et en l'arrosant régulièrement. Vérifier la cuisson en faisant couler le jus contenu dans le poulet ; il doit être transparent. Le réserver au chaud.

Dégraisser la plaque, la déglacer avec le vin et le fond. Laisser réduire à feu vif. Rectifier l'assaisonnement. Monter la sauce au beurre.

Dresser le poulet sur le plat de service. Le placer à l'entrée du four. Le napper plusieurs fois de sauce. Disposer la garniture tout autour.

Poulet rôti

4 personnes

Préparation : 15 min
Cuisson : 45 min

---

1 poulet d'1,400 kg
50 g de beurre
Sel, poivre.

Un BORDEAUX SUPÉRIEUR, vin rouge léger, sera idéal pour accompagner ce plat.

Température : 14 °C.

Si le poulet n'est pas « prêt à cuire » (P.A.C.), le vider, le flamber pour supprimer les dernières petites plumes, lui couper le bout des ailerons et le cou. Réserver ces abattis ainsi que le gésier nettoyé.

Brider le poulet. Le beurrer puis l'assaisonner. Le disposer sur une plaque à rôtir, couché d'un côté, entouré des abattis.

Cuire au four à 210 °C (th. 7), pendant 45 minutes. Le tourner sur l'autre côté au bout de 15 minutes puis le placer sur le dos pour finir la cuisson. L'arroser régulièrement. Le poulet est cuit quand le jus qui s'en écoule est limpide.

Réserver le poulet au chaud. Placer la plaque à feu vif pour faire caraméliser les sucs. Jeter la graisse. Déglacer avec 2 dl d'eau froide. Laisser réduire. Passer au chinois et assaisonner.

Servir le poulet sur un plat, éventuellement décoré de petits bouquets de persil ou de cresson, accompagné du jus en saucière.

Poulet grillé en crapaudine

4 personnes

Préparation : 45 min
Cuisson : 45 min

1 poulet d'1,400 kg
5 cl d'huile
40 g de moutarde
100 g de chapelure
1 œuf dur
1 olive noire
Sel, poivre.

Sauce diable :
1 échalote
40 g de beurre
3 cl de vinaigre
5 cl de vin blanc
2 dl de fond de veau brun (p. 58)
50 g de concentré de tomate.

Préparer le poulet : le vider, l'habiller, le flamber. Inciser les flancs et y glisser les pattes. Couper de part et d'autre de la colonne vertébrale en glissant un couteau à l'intérieur de la volaille. Retirer la colonne.

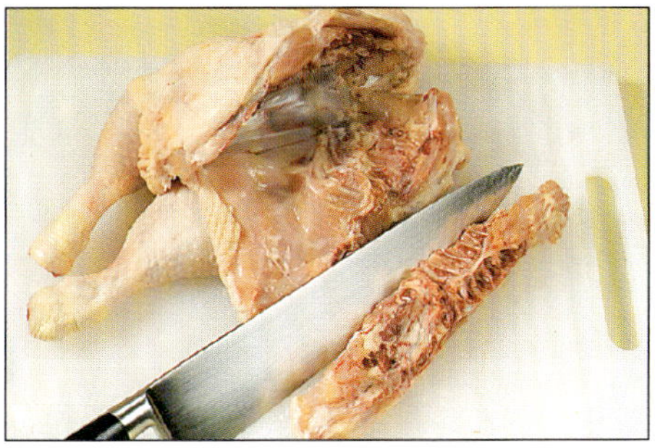

Assaisonner et huiler le poulet. Le cuire sur un gril ou à la poêle du côté peau.

Le badigeonner de moutarde, le passer dans la chapelure et le déposer dans une plaque avec le reste de l'huile. Le faire cuire 40 minutes au four à 180 °C (th. 6) en l'arrosant en cours de cuisson.

Pendant ce temps, préparer la sauce diable. Faire revenir l'échalote émincée dans 20 g de beurre fondu. Déglacer avec le vinaigre et le vin blanc, ajouter un bonne pincée de poivre concassé. Laisser réduire à feu vif jusqu'à ce qu'il ne reste plus que l'équivalent de 3 ou 4 cuillerées à soupe de liquide. Ajouter le fond de veau et le concentré de tomate. Passer au chinois. Monter avec le reste de beurre et réserver au bain-marie.

Dresser le poulet sur un plat. Lui faire des yeux avec 2 rondelles de blanc d'œuf et deux bouts d'olive noire. Servir avec la sauce diable en saucière.

La garniture pourra être composée de pommes paille, de têtes de champignons et de tomates grillées.

Mariage de la légèreté du poulet et de la moutarde avec la finesse et la tendresse d'un BOURGOGNE HAUTES-CÔTES-DE-BEAUNE.

Température : 16 °C.

Attention au flambage : toujours s'assurer que les flammes ne vont pas atteindre le filtre synthétique de la hotte, une installation électrique... ne jamais se mettre dans un courant d'air pour ne pas risquer d'être brûlé.

Poulet sauté au whisky

6 personnes ✕ ○

Préparation : 15 min
Cuisson : 40 min

---

1 gros poulet fermier de 1,600 à 1,700 kg
50 g de beurre
20 g de farine
100 g d'oignons hachés
1 dl de whisky pur malt
100 g d'orge perlé
2 dl de bouillon de volaille
2 dl de crème fraîche épaisse
Sel, poivre.

Faire découper le poulet en 12 morceaux (chaque cuisse et chaque aile en 3).

Chauffer le beurre dans une cocotte. Saler, poivrer les morceaux de poulet, les rouler dans la farine. Les colorer dans la cocotte en les retournant.

Lorsque les morceaux sont bien colorés, ajouter les oignons hachés. Laisser étuver à couvert pendant 5 minutes.

Arroser avec le whisky. Flamber. Couvrir et laisser cuire 15 minutes.

Cuire l'orge perlé dans le bouillon de volaille. Ajouter l'orge perlé dans la cocotte. Mouiller avec la crème. Rectifier l'assaisonnement. Laisser mijoter encore 5 minutes.

Servir tel quel.

Le corps et la puissance du GIVRY, vin rouge étoffé de la côte chalonnaise, ne dépareilleront pas ce plat.

Température : 16 °C.

Poulet sauté aux champignons

6 personnes ✕ ○○

Préparation : 45 min
Cuisson : 40 min

---

1 gros poulet fermier d'1,600 kg à 1,800 kg
20 g de farine
100 g de beurre
5 cl d'eau-de-vie
50 g d'échalote
1 kg de champignons de bois en mélange (morilles, chanterelles, girolles, pieds-de-mouton...)
80 g de lard salé
1 dl de fond brun de veau (p. 58)
1 cuil. à soupe de persil haché
Sel, poivre.

Couper (ou faire couper) le poulet en 12 morceaux (les cuisses et les ailes en 3 morceaux chacune).

Saler, poivrer et fariner les morceaux de poulet. Les faire colorer dans une cocotte avec 50 g de beurre.

Lorsqu'ils sont bien colorés, arroser avec l'eau-de-vie. Flamber. Ajouter l'échalote hachée. Couvrir. Laisser cuire 10 minutes.

Nettoyer soigneusement les champignons. Les laver plusieurs fois, les égoutter. Couper les plus gros en morceaux. Les ajouter au poulet. Cuire encore 10 minutes.

Couper le lard en bâtonnets. Les blanchir, les faire rissoler rapidement dans un peu de beurre. Les ajouter dans la cocotte.

Retirer les morceaux de poulet, les champignons et les lardons avec une écumoire. Dresser le tout dans un plat de service.

Faire bouillir le jus de cuisson. Ajouter le fond de veau. Monter au beurre. Rectifier l'assaisonnement. Verser sur le poulet. Saupoudrer de persil haché.

Servir très chaud.

Corsé et robuste, un CÔTES DE DURAS, vin rouge du Sud-Ouest, pour accompagner la garniture forestière.

Température : 16 °C.

Poussins rôtis, sauce diable

6 personnes

Préparation : 15 min
Cuisson : 45 min

6 poussins de 300 g pièce
5 cl d'huile
30 g d'échalote
10 cl de vinaigre d'alcool
10 cl de vin blanc sec
30 cl de fond de veau brun (p. 58)
20 g de farine de moutarde
50 g de beurre
Cayenne
Sel, poivre.

SAINT-JOSEPH, un « Côtes-du-Rhône » septentrional, mono-cépage (le Syrah), escortera sans complexe l'élégance d'un poussin.

Température : 18 °C.

Saler et poivrer les poussins. Les faire rôtir pendant 20 minutes soit au four, soit dans une cocotte, en les arrosant d'un peu d'huile et en les retournant.

Faire réduire presque à sec l'échalote hachée avec le vinaigre et le vin blanc. Mouiller avec le fond de veau. Laisser cuire 15 minutes.

Retirer les poussins cuits de l'ustensile de cuisson. Dégraisser le récipient. Singer avec la farine de moutarde. Mouiller avec le fond bien délayé. Cuire quelques minutes. Rectifier l'assaisonnement.

Passer à la passoire fine. Monter au beurre.

Dresser les poussins chauds sur un plat de service. Les napper d'un peu de sauce. Servir le reste en saucière.

Chaud-froid de volaille à l'estragon

6 personnes

Préparation : 1 h
Cuisson : 40 min
Repos : 12 h

2 petits poulets de 1 kg
150 g de carottes
100 g d'oignons
50 g de céleri en branche
2 gousses d'ail
Thym, laurier
1 botte d'estragon
50 g de beurre
50 g de farine
2 dl de crème fraîche
5 dl de gelée claire (p. 61)
Sel, poivre.

La fraîcheur et le parfum de l'AUXEY-DURESSES blanc, vin de la Côte-de-Beaune, enrichiront ce plat.

Température : 10 °C.

Blanchir les poulets vidés et ficelés. Les remettre en cuisson avec tous les légumes et les aromates. Mouiller d'eau juste à hauteur. Assaisonner. Cuire 25 minutes.

Égoutter les poulets. Les laisser refroidir. Les couper en morceaux réguliers.

Réserver une vingtaine de feuilles d'estragon, concasser le reste.

Passer le bouillon de cuisson des volailles. Ajouter l'estragon concassé. Le faire réduire pour en obtenir 1/2 l. Écumer, dégraisser, passer à la passoire fine.

Confectionner un roux avec le beurre et la farine. Mouiller avec le fond de volaille. Bien délayer. Cuire. Ajouter la crème, rectifier l'assaisonnement. Verser la moitié de la gelée dans cette sauce. Laisser refroidir.

Napper les morceaux de poulet bien froids avec la sauce qui commence juste à figer. Décorer chaque morceau de feuilles d'estragon. Lustrer avec la gelée juste fondue.

Dresser sur un plat froid, décoré de gelée hachée. Servir frais. Accompagner d'une salade de légumes par exemple.

LES MARQUES ET LES LABELS, UN GAGE DE CONFIANCE

Réglementairement, les marques et les labels interviennent pour la protection et l'information des consommateurs : les contrôles sont stricts, les imitations et les contrefaçons sont sévèrement réprimées. Les produits labellisés peuvent être achetés en toute confiance.

L'agriculture biologique :
Cette appellation certifie que le produit qu'elle désigne a été élaboré sans recours à des produits chimiques de synthèse et que, à la production, toutes les méthodes particulières pour la protection de l'environnement et des animaux ont été respectées.

Le label rouge :
C'est l'attestation qu'un produit possède les caractéristiques qui correspondent au niveau de qualité supérieure qui le distingue des autres produits similaires.

Appellation d'origine contrôlée :
C'est la garantie que les spécificités d'un produit sont liées au terrain dont il provient et que ses producteurs possèdent le savoir-faire traditionnel.

Produits de la montagne :
— **La provenance montagne** indique que les denrées alimentaires ont été élaborées en zone de montagne, à partir des produits issus de cette zone ;
— **L'appellation montagne** ne s'applique qu'aux denrées produites dans les zones de montagne et qui bénéficient déjà d'un certificat officiel d'origine, de qualité...

Escalopes de volaille aux bananes frites

6 personnes

Préparation : 20 min
Cuisson : 40 min

6 escalopes de volaille
50 g de beurre
5 cl de rhum ambré
1 petite boîte de maïs blanc en grains
1 dl de crème fraîche
2 grosses bananes pas trop mûres
300 g de pâte à frire (p. 74)
Sel, poivre.

Un vin blanc gras et généreux, un JURANÇON DEMI-SEC, vin blanc du Béarn, ne dépareillera pas ce plat.

Température : 7 °C.

Cuire les escalopes au beurre dans une grande poêle. Les saler, les poivrer, les retourner.

Arroser avec le rhum. Flamber. Ajouter le maïs égoutté et la crème. Laisser mijoter quelques instants.

Éplucher les bananes. Couper 6 tronçons dans chacune. Plonger chaque tronçon dans la pâte à frire et les frire dans de l'huile bien chaude, à 160 °C. Les retourner, les sortir quand la pâte est gonflée et bien dorée. Les égoutter sur un papier absorbant.

Dresser les escalopes et le maïs avec la sauce sur un plat de service. Entourer avec les beignets de bananes.

Servir brûlant.

Gigolettes de volaille aux morilles

6 personnes

Préparation : 45 min
Cuisson : 30 min
Trempage : 4 h

200 g de crépine
50 g de morilles déshydratées
6 cuisses de volaille
300 g de chair de veau hachée
1 œuf
5 cl d'armagnac
Sel épicé
50 g de beurre
3 dl de fond brun de veau (p. 58)
Sel, poivre.

Les morilles, spécialité du Jura, se marieront à merveille avec ce CÔTES DU JURA typé jaune (goût de noix).

Température : 10 °C.

Laisser tremper la crépine dans de l'eau froide pendant 4 heures. Bien la rincer, l'égoutter. La couper en 6 rectangles.

Réhydrater les morilles à l'eau froide. Les laver soigneusement plusieurs fois, les égoutter. Hacher un quart des morilles (les moins belles). Réserver les autres.

À l'aide d'un petit couteau, dégager et retirer entièrement l'os des cuisses de volaille.

Malaxer la chair de veau, l'œuf, l'armagnac et les morilles hachées. Assaisonner de sel épicé.

Farcir les cuisses de volaille. Les refermer et les emballer dans la crépine.

Chauffer le beurre dans une cocotte. Y faire rôtir les gigolettes. Bien les dorer. Ajouter les morilles réservées. Assaisonner. Couvrir. Laisser cuire 15 minutes.

Ajouter le fond de veau. Donner encore 5 minutes de cuisson.

Servir bien chaud.

Lapin à la basquaise

6 personnes

Préparation : 15 min
Cuisson : 45 min

1 lapin
5 cl d'huile d'olive
40 g de farine
4 belles tomates
2 gousses d'ail
150 g de poivron vert
5 dl de vin blanc
3 dl de bouillon
2 feuilles de laurier
1 petit bouquet de basilic
1 petit bouquet de thym
Persil haché
Sel, poivre.

Un IROULEGUY, vin blanc sec du Sud-Ouest, plus précisément du pays basque, à accorder à ce plat régional.

Température : 8 °C.

Découper le lapin en morceaux.

Les faire revenir dans l'huile d'olive bien chaude. Saupoudrer avec la farine. Remuer jusqu'à ce qu'elle prenne couleur. Ajouter les tomates coupées en rondelles, l'ail émincé et le poivron coupé en cubes.

Mouiller avec le vin blanc et le bouillon. Incorporer le laurier, le basilic haché, le thym, du sel et du poivre. Couvrir. Laisser mijoter 40 minutes.

Enlever les feuilles de laurier et le thym. Dresser le tout dans un plat creux. Saupoudrer de persil.

Lapin à la dijonnaise

6 personnes

Préparation : 15 min
Cuisson : 40 min

1 lapin
70 g de moutarde forte
5 cl d'huile
1 oignon
1 gousse d'ail
40 g de farine
3 dl de vin blanc sec
1 feuille de laurier
2 baies de genièvre
1 branche de thym
2 dl de crème fraîche
Sel, poivre.

Préférer un rosé fruité et typique d'Alsace, le PINOT NOIR, pour ce plat.

Température : 8 °C.

Découper le lapin en morceaux. Les enduire de moutarde. Les faire revenir à l'huile chaude dans une cocotte jusqu'à ce qu'ils soient bien dorés. Jeter l'huile, ajouter l'oignon et l'ail émincés puis la farine, du sel et du poivre. Déglacer avec le vin blanc. Adjoindre le laurier, le genièvre et la branche de thym. Couvrir et cuire à petit feu 30 minutes.

Ajouter la crème et poursuivre la cuisson 15 minutes environ. Réserver les morceaux de lapin au chaud.

Passer la sauce au chinois. Rectifier l'assaisonnement puis en napper le lapin. Servir aussitôt accompagné de nouilles et de petits croûtons sautés au beurre.

GIBIER

LE GIBIER

Ce terme désigne tous les animaux en liberté, qu'ils soient à poil ou à plumes, vivant dans les forêts et les plaines, et que l'on chasse. Mais, depuis plusieurs années, certaines espèces sont élevées (sanglier, chevreuil, caille...) et livrées directement aux consommateurs.

CLASSEMENT

Le gibier, par tradition, se classe en 3 parties :

— le gros gibier, ou venaison : chevreuil, sanglier...

— le petit gibier : lièvre, lapin

— le gibier à plumes (perdreau, perdrix...) qui compte une sous-famille : le gibier d'eau (canard sauvage...).

Il est habituel de séparer également gibier à poil et gibier à plumes.

En plus de tout cela, il faut être capable de faire la différence entre les gibiers d'élevage, ceux dont la chasse est autorisée, et ceux dont la commercialisation est réglementée, voire interdite.

Pour compliquer le tout, cette liste varie suivant les années, les départements, les cantons...

Vous ne trouverez donc dans ce recueil que des recettes correspondant au gibier disponible sur le marché.

LE FAISANDAGE : UN CADEAU EMPOISONNÉ

Le faisandage est une pratique très ancienne. Elle consiste à conserver l'animal plusieurs jours avant de le cuisiner, jusqu'à ce qu'il arrive à un stade allant de la simple mortification à une putréfaction plus ou moins poussée.

Très en vogue jusqu'au début du siècle, elle a finalement été peu à peu remplacée par un simple séjour au réfrigérateur, de 2 jours pour le petit gibier, et de 3 à 4 jours pour le plus gros.

Cette dernière solution semble la plus satisfaisante, tant pour l'hygiène que pour le goût. De plus, elle est nécessaire si l'on veut déguster un gibier tendre, au "parfum" sauvage.

Méfiez-vous néanmoins des petits oiseaux que l'on conserve et déguste non vidés. Consommés en trop grande quantité, ils sont toxiques.

LA CONGÉLATION DU GIBIER

La congélation doit intervenir rapidement après la capture mais :

— le gibier doit rassir 2 jours, à condition de connaître parfaitement le moment de la capture,

— ne pas congeler du gibier trop abîmé, de façon évidente, par les plombs,

— toujours plumer les oiseaux et dépouiller les gibiers à poil.

- **Le gibier à poil**
  (lièvre, lapin de garenne) :

Dépouiller complètement : susprendre par les pattes de derrière, inciser la peau autour des pattes, dégager la peau et la retourner entièrement jusqu'au niveau des épaules, fendre l'animal depuis le bas-ventre jusqu'au sternum. Retirer tous les viscères, les jeter, jeter également le foie et le cœur si vous ne les utilisez pas immédiatement. Laver l'intérieur, l'essuyer et le sécher soigneusement. Découper en morceaux, emballer en sachet congélation, étiqueter et congeler.

- **Le gibier à plumes**
  (canard, faisan, pigeon...) :

Plumer l'animal, le flamber pour supprimer tout le duvet, couper tête et pattes, vider et jeter tous les viscères si vous n'en avez pas une utilisation immédiate. Essuyer soigneusement l'intérieur. Emballer dans une feuille épaisse de papier d'aluminium ou en sachet, étiqueter et congeler.

- **Le gros gibier** (chevreuil, marcassin...) :

Dépecer les quartiers, parer les morceaux destinés à être préparés entiers (gigue, selle...), les emballer soigneusement.

Couper en morceaux les pièces destinées aux civets, les emballer par quantité correspondant à un repas familial, étiqueter, congeler.

Les portions individuelles (côtelettes, noisettes...) sont séparées les unes des autres par un carré d'aluminium avant d'être empaquetées à plusieurs ensemble. Étiqueter et congeler.

— Conservation : ne jamais conserver plus de 6 mois.

— Décongélation : les petites pièces (oiseaux, côtelettes...) dégèlent 24 heures au réfrigérateur. Les grosses pièces de gibier, les ragoûts, les civets... seront mis à mariner, encore gelés, 48 heures avant leur utilisation et maintenus au réfrigérateur.

TECHNIQUES DE PRÉPARATION

	MORCEAU	POIDS	PRÉPARATION	CUISSON
Chevreuil	- Gigue, cuissot. - Selle.	3 à 5 kg 3 kg	Si l'animal est jeune, la viande n'a besoin d'aucune préparation particulière ; s'il est plus âgé, une marinade sera nécessaire.	- Rôti avec une sauce (poivrade, grand veneur).
	- Côtelette.	150 g		- Sauté chasseur.
	- Noisette.	80 g		- Sauté chasseur.
	- Poitrine, épaule.	3 à 5 kg		- Civet.
Sanglier	Comme le chevreuil.		Ne cuisiner que les animaux de moins de 50 kg.	Comme le chevreuil.
Lièvre	- Arrière-train.	1 à 2 kg	À cuisiner tout de suite après l'avoir abattu ou le laisser rassir 2 à 3 jours.	- Rôti en le gardant saignant.
	- Animal entier.	3 à 4 kg		- Civet (sauce poivrade, grand veneur), braisé, terrine, pâté.
Lapin de garenne	- Animal entier.	2 à 3 kg	Comme le lièvre.	Comme le lièvre.
Faisan	Préférer la femelle au mâle.	0,9 à 1,3 kg	Léger faisandage.	- Rôti en cocotte, sauté, pâté...
Caille	- Animal entier.	200 g	Barder.	- Rôti.
Canard	En magret ou entier, en morceaux.	1,2 à 1,5 kg	Plumer, ôter les canons, flamber.	- Rôti, braisé, en terrine.

De nombreuses préparations culinaires de petits gibiers à plumes précisent que l'appareil digestif est utilisé pour la confection de farce. Ces apprêts sont très prisés des connaisseurs et certains petits oiseaux (alouettes, vanneaux...) sont simplement débarrassés du gésier avant d'être rôtis.

Choisir un SAINT-JULIEN, bouqueté et élégant pour accompagner la fragilité de ces volatiles.

Température : 18 °C.

Cailles aux raisins

4 personnes

Préparation : 45 min
Cuisson : 20 min

8 cailles
8 fines bardes de lard
100 g de beurre
300 g de raisin blanc
8 tranches épaisses de pain de mie
8 cl de cognac
Muscade, sel, poivre.

Vider (réserver les foies), assaisonner l'intérieur, barder et ficeler les cailles. Les faire revenir à feu moyen, sans matière grasse, dans une cocotte. Dès qu'elles colorent, baisser le feu, jeter la graisse, remettre 40 g de beurre, couvrir et laisser cuire 10 minutes.

Éplucher et réserver les grains de raisin. Couper les angles des tranches de pain et les creuser légèrement. Les faire dorer dans 40 g de beurre. Réserver.

Faire revenir les foies des cailles avec le reste de beurre. Assaisonner. Flamber avec 3 cl de cognac. Les écraser finement et en garnir les croûtons.

Enlever les bardes des cailles. Ajouter les raisins dans la cocotte et y remettre les cailles. Flamber au cognac. Laisser cuire à feu doux 2 minutes.

Dresser les cailles sur les croûtons. Arroser avec la sauce et disposer les raisins tout autour.

Un BERGERAC, vin rouge prononcé du Sud-Ouest, fera un excellent compagnon à ce plat alliant puissance et douceur.

Température : 18 °C.

Canard aux pêches

6 personnes

Préparation : 25 min
Cuisson : 50 min

1 canard d'1,400 kg
5 cl d'huile
2 oignons
2 carottes
1/2 poireau
1 bouquet garni
2 dl de vin blanc
2 dl de fond de volaille (p. 59)
400 g d'oreillons de pêches au naturel
5 cl de cognac
30 g de fécule
40 g de sucre semoule
50 g de beurre
Sel, poivre.

Flamber le canard. L'assaisonner. Le dorer dans une cocotte avec l'huile. Ajouter les oignons et les carottes épluchés et émincés, le poireau ciselé et le bouquet garni. Laisser revenir quelques instants. Déglacer avec le vin blanc et le fond.

Enfourner à 180 °C (th. 6) et laisser cuire 40 minutes en arrosant régulièrement. Réserver le canard au chaud.

Passer au chinois le jus de cuisson en pressant pour exprimer tous les sucs. Ajouter les pêches et les faire chauffer quelques minutes. Les disposer sur le plat de service.

Ajouter le cognac dans la sauce. Laisser bouillir. Lier la sauce avec la fécule délayée dans un peu d'eau. Faire fondre le sucre en caramel, stopper la cuisson avec un peu d'eau puis l'incorporer, à son tour, dans la sauce. Rectifier l'assaisonnement. Monter au beurre.

En napper le canard. Servir le tout bien chaud.

Pintadeaux rôtis sur canapé

6 personnes

Préparation : 50 min
Cuisson : 40 min

---

3 pintadeaux
3 bardes de lard
100 g de foies de volaille
130 g de beurre
1 échalote
2 cl de cognac
3 tranches épaisses de pain de mie
3 tranches fines de pain de mie
2 dl de fond de volaille (p. 59)
Persil
Sel, poivre.

Flamber, vider et brider les pintadeaux. Barder la poitrine de chacun pour éviter qu'elle ne se dessèche durant la cuisson. Assaisonner de sel et de poivre.

Les placer sur une plaque à rôtir, couchés sur le côté. Les enfourner à 220 °C (th. 7-8), puis les placer sur l'autre cuisse et finir la cuisson sur le dos. Arroser avec la graisse recueillie dans la plaque durant la cuisson. La cuisson est terminée quand le jus qui s'écoule des pintadeaux est clair.

Pendant la cuisson, faire sauter les foies de volaille à feu vif dans 50 g de beurre fondu. Ajouter l'échalote hachée finement. Les foies doivent rester saignants. Flamber avec le cognac et passer le tout au hachoir muni d'une grille fine. Assaisonner et bien mélanger.

Couper les coins des tranches épaisses de pain de mie, couper les tranches fines en forme de petits cœurs. Dorer tout ce pain dans une poêle avec le reste de beurre. Garnir les tranches avec la farce. Réserver au chaud.

Réserver les pintadeaux au chaud. Dégraisser la plaque puis la déglacer avec le fond de volaille. Laisser réduire à feu vif d'un tiers. Assaisonner et passer au chinois.

Dresser les gros croûtons sur le plat de service. Enlever la barde et déposer les pintadeaux. Entourer des cœurs garnis de farce. Saupoudrer de persil haché. Servir la sauce à part, en saucière.

Choisir un MOULIS, un vin charnu à la saveur marquée, pour un volatile au goût soutenu.

Température : 18 °C.

Faisan farci aux marrons

4 personnes

Préparation : 30 min
Cuisson : 40 min
Marinade : 30 min

50 g de raisins secs
5 cl de cognac
1 beau faisan
300 g de marrons au naturel
1 œuf
50 g de mie de pain
Un peu de lait
1 pomme (reinette, boskoop)
1 barde de lard
5 cl d'huile
100 g de carottes
100 g d'oignons
1 bouquet garni
4 tranches de pain de mie
50 g de beurre
Sel, poivre.

Mettre les raisins secs à tremper dans le cognac.

Pendant ce temps, hacher le cœur, le foie du faisan et 200 g de marrons. Les mélanger à l'œuf, la mie de pain trempée dans le lait et pressée, la pomme épluchée, épépinée et coupée en petits morceaux et les raisins secs égouttés. Assaisonner.

Remplir le faisan avec la farce. Bien tasser. Assaisonner l'extérieur. L'entourer avec la barde et le ficeler.

Faire dorer le faisan de tous les côtés dans l'huile chaude. Ajouter les carottes et les oignons épluchés et coupés en rondelles, ainsi que le bouquet garni. Couvrir et laisser cuire 1 heure à feu doux.

Couper le pain de mie en triangles. Les faire dorer au beurre. Réserver.

Retirer le faisan de la cocotte. Ôter la barde. La réserver dans le plat de service chaud. Ôter la garniture aromatique. Déglacer avec le cognac. Ajouter les marrons pour les faire chauffer.

Déposer les croûtons tout autour du plat en alternant avec les marrons. Arroser le faisan avec la sauce et servir.

Pour un bel oiseau, un très beau vin rouge du Bordelais, un PESSAC-LÉOGNAN et, pourquoi pas un cru classé.

Température : 16 °C.

Épaule de chevreuil à la choucroute

6 personnes

Préparation : 30 min
Cuisson : 2 h

1,200 kg de choucroute
1 grande couenne de porc fraîche
1 bouquet garni
3 carottes
2 oignons
2 clous de girofle
3 baies de genièvre
Un peu de cumin
5 dl de vin blanc sec (Riesling)
1 épaule de chevreuil d'1,400 kg
150 g de lard salé
5 cl d'huile
6 pommes de terre moyennes
Sel, poivre.

Rincer la choucroute plusieurs fois à l'eau courante. La presser pour en extraire le plus d'eau possible.

Disposer la couenne au fond d'une cocotte. Répartir la choucroute, le bouquet garni, les carottes épluchées en morceaux, les oignons piqués d'1 clou de girofle, le genièvre, le cumin, le sel, le poivre et le vin blanc. Cuire à couvert 1 heure à feu doux.

Parer l'épaule. La piquer de bâtonnets de lard et l'assaisonner. La cuire au four dans une plaque avec l'huile à 210 °C (th. 7) pendant 30 minutes environ. La poser sur la choucroute et poursuivre la cuisson 1 heure.

20 minutes avant la fin de la cuisson, ajouter les pommes de terre épluchées.

Dresser la choucroute dans un plat, l'entourer des pommes de terre et disposer les tranches d'épaule sur le dessus.

Utilisons donc le même vin que celui qui entre dans la composition du plat : un RIESLING.

Température : 8 °C.

Gigue de chevreuil

8 personnes

Préparation : 10 min
Cuisson : 1 h
Marinade : 24 h

1 gigue de 2 kg
2 l de marinade crue (p. 58)
5 cl d'huile
7 dl de sauce poivrade (p. 68)
2 dl de crème fraîche épaisse
100 g de gelée de groseille
8 tartelettes
200 g d'airelles au naturel
150 g de chanterelles
Sel, poivre.

Parer la gigue : enlever tous les petits bouts de gras, de nerfs. La faire mariner pendant 24 heures au frais en la remuant de temps en temps.

Égoutter et essuyer la viande. L'assaisonner. La saisir de tous les côtés dans l'huile très chaude. Poursuivre la cuisson au four à 230 °C (th. 7-8) environ 45 minutes.

Chauffer la sauce poivrade. Lui ajouter la crème fraîche et la gelée de groseille. Rectifier l'assaisonnement.

Dresser la gigue dans un grand plat. L'entourer des tartelettes garnies d'airelles et de chanterelles sautées au beurre. Servir bien chaud, avec la sauce.

Selle de chevreuil

La selle se prépare exactement de la même façon. Le temps de cuisson par kilo sera de 25 minutes, plus un temps de repos de 10 minutes avant de la servir.

La gigue se sert traditionnellement avec des marrons, de la purée de céleri, des pommes dauphine.

S'unissant à ce morceau de choix, une belle appellation noble de la Côte-de-Beaune, ALOXE-CORTON, vin puissant et charpenté.

Température : 16 °C.

Associer à ce plat un PREMIÈRES CÔTES DE BORDEAUX, vin rouge relativement léger, généreux et franc.

Température : 14 °C.

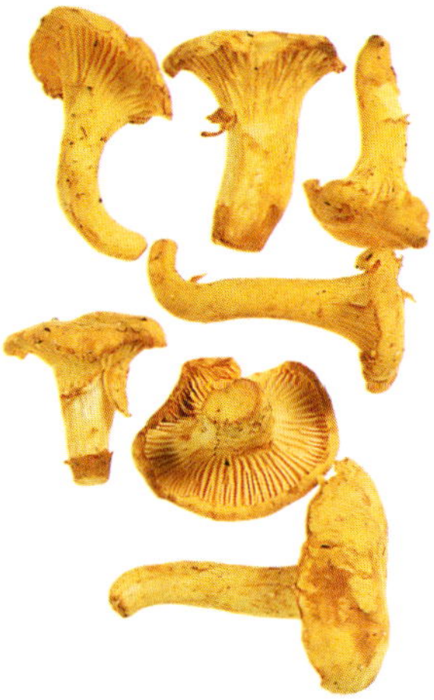

Gibelotte de lapin

6 personnes

Préparation : 30 min
Cuisson : 1 h 15 min
Repos : 6 h

1 lapin de garenne
2 échalotes
100 g d'oignon
2 clous de girofle
1 bouquet garni
300 g de lard salé
40 g de farine
40 g de concentré de tomate
150 g de champignons de Paris
150 g de chanterelles
50 g de beurre
5 dl de vin blanc sec
Sel, poivre.

Couper le lapin en morceaux. Le déposer dans une terrine, ajouter les échalotes hachées, l'oignon coupé en 2 piqué des clous de girofle, le bouquet garni, le vin blanc, du sel et du poivre. Laisser au frais à couvert pendant 6 heures en remuant de temps en temps.

Couper le lard en petits cubes. Les faire revenir dans une cocotte. Dès qu'ils sont dorés, les réserver et faire revenir le lapin coupé en morceaux à leur place. Saupoudrer de farine. Remuer quelques instants pour la cuire. Ajouter le concentré de tomate. Déglacer avec la marinade passée au chinois et compléter avec de l'eau à hauteur. Ajouter les lardons et la garniture de la marinade. Laisser mijoter 1 heure.

Nettoyer les champignons. Les émincer puis les faire sauter au beurre. Assaisonner. Poursuivre la cuisson jusqu'à ce que toute l'eau soit évaporée. Les ajouter au lapin.

Servir le lapin débarrassé des oignons et du bouquet garni.

Râble de lièvre bourguignonne

4 personnes

Préparation : 1 h
Cuisson : 30 à 40 min
Marinade : 12 h

1 râble de lièvre
100 g de lard gras
1 l de marinade crue (p. 58) préparée avec
1 bouteille de vin de Bourgogne
50 g de moutarde forte
1 crépine
5 cl d'huile
30 g de beurre manié (p. 61)
Sel, poivre.

Pour ce morceau de choix du lièvre, un VOSNE-ROMANÉE, vin rouge puissant mais très fin de la Côte-de-Nuits.

Température : 16 °C.

Larder le râble de petits morceaux de lard gras. Le faire mariner 12 heures au frais, en le retournant 2 ou 3 fois.

L'égoutter. L'enduire de moutarde, l'assaisonner puis l'envelopper dans la crépine. Le déposer avec l'huile dans une plaque de cuisson. Cuire au four à 210 °C (th. 7) pendant 30 à 40 minutes suivant le poids, en l'arrosant constamment de la marinade. Cette dernière doit avoir réduit des deux tiers. Réserver le râble au chaud.

Lier la sauce avec le beurre manié, la poivrer et la servir bien chaude, en saucière, avec le râble de lièvre dressé sur un plat.

Servir ce plat avec des nouilles sautées au beurre garnies de quelques croûtons.

Civet de lièvre

6 personnes

Préparation : 1 h
Cuisson : 3 h
Marinade : 24 h

1 lièvre
Quelques gouttes de vinaigre
2 l de marinade crue (p. 58)
300 g de lard fumé
2 cl d'huile
40 g de farine
10 cl de cognac
1 bouquet garni
500 g de champignons de Paris
80 g de beurre
4 tranches de pain de mie
100 g de petits oignons
5 cl de crème fraîche épaisse
Persil haché
Sel, poivre.

Dépouiller puis vider le lièvre. Récupérer le sang du lièvre et son foie. Réserver le sang dans un bol avec le vinaigre.

Faire mariner le lièvre découpé en morceaux et le foie pendant 24 heures au frais en remuant de temps en temps.

Découper le lard en morceaux. Les faire revenir dans une cocotte avec l'huile. Les réserver. À leur place, faire colorer les morceaux de lièvre soigneusement égouttés puis les légumes de la marinade. Saupoudrer de farine. Mélanger. Flamber avec 5 cl de cognac, mouiller à hauteur avec de la marinade. Assaisonner, déposer le bouquet garni et couvrir. Laisser mijoter à feu doux 2 heures.

Nettoyer les champignons. Les couper en quartiers. Les faire sauter dans 40 g de beurre. Les assaisonner et les réserver.

Découper des triangles ou des cœurs dans le pain de mie. Les faire dorer dans le beurre restant. Les réserver.

Réserver les morceaux de lièvre au chaud. Passer la sauce au chinois. La remettre sur le feu avec les petits oignons épluchés pendant 30 minutes.

Passer le sang et le foie du lièvre au hachoir muni d'une grille fine. Y incorporer le reste de cognac et la crème fraîche. Verser 1 louche de sauce chaude en remuant puis verser le tout dans la casserole de sauce, hors du feu.

CORNAS, vin rouge corsé et charpenté des Côtes-du-Rhône. Un Cornas de 3 ans minimum apportera, malgré sa puissance et sa virilité, sa finesse à ce plat.

Température : 18 °C.

Servir des "tartelettes" de pommes garnies d'airelles et des petites galettes de pommes de terre et de céleri en accompagnement.

Pour ce plat, le plus complexe des vins des Côtes-du-Rhône, le CHÂTEAUNEUF-DU-PAPE, résultat d'un assemblage pouvant aller jusqu'à 13 cépages.

Température : 18 °C.

Côtelettes de marcassin Saint-Hubert

6 personnes

Préparation : 1 h
Cuisson : 20 min

---

18 côtelettes de marcassin
5 cl d'huile
200 g de chair de marcassin
100 g de lard gras
100 g de mie de pain
Un peu de lait
1 œuf
200 g de pleurotes
40 g de beurre
2 baies de genièvre
200 g de crépine
5 dl de sauce poivrade (p. 68)
Sel, poivre.

Parer les côtelettes. Dégager l'os. Les faire dorer d'un côté avec l'huile. Laisser refroidir.

Mixer la chair de marcassin avec le lard gras, la mie de pain trempée dans le lait et pressée, l'œuf et l'assaisonnement.

Nettoyer les pleurotes. Les faire sauter 2 minutes au beurre. Les incorporer à la farce avec le genièvre écrasé. Répartir la farce sur les côtelettes, du côté cru. Envelopper chaque côtelette de crépine. Les faire cuire 10 minutes au four à 180 °C (th. 6).

Chauffer la sauce poivrade. La servir en saucière avec les côtelettes.

CHÂTEAUNEUF-DU-PAPE, dont le sol est composé essentiellement de galets, enfante le plus capiteux et le plus bouqueté des vins des Côtes-du-Rhône, qui se mariera parfaitement avec ce plat.

Température : 18 °C.

Civet de sanglier

6 personnes

Préparation : 20 min
Cuisson : 2 h 30 min
Marinade : 12 h

---

1 dl de sang
Quelques gouttes de vinaigre
1,500 kg de sanglier
2 l de marinade crue (p. 58)
5 cl d'huile
40 g de farine
20 petits oignons grelots
40 g de beurre
1 cuil. à soupe de sucre
Muscade
Sel, poivre.

Mélanger le sang avec le vinaigre. Réserver au frais.

Découper la viande en morceaux réguliers. Les recouvrir avec la marinade. Laisser 12 heures au frais en remuant une ou deux fois.

Égoutter et sécher les morceaux de sanglier. Récupérer le liquide et la garniture aromatique.

Faire revenir la viande dans l'huile bien chaude. Saupoudrer de farine. Bien mélanger. Mouiller avec le liquide de la marinade. Compléter avec un peu d'eau si nécessaire pour recouvrir les morceaux. Ajouter tous les éléments de la marinade enfermés dans un carré de mousseline. Assaisonner et cuire à feu doux pendant 2 heures.

Éplucher les petits oignons. Les faire cuire avec le beurre, le sucre et 1 verre d'eau, à feu doux, jusqu'à ce qu'ils soient brillants et cuits. Réserver.

Retirer la mousseline. La presser pour récupérer le jus. Ajouter une pincée de noix de muscade. Verser une louche de sauce dans le sang en remuant. Réserver le tout dans la cocotte en remuant et sans atteindre l'ébullition.

Ajouter les oignons et servir.

BŒUF

LES VIANDES DE BOUCHERIE

MÉTHODES D'ÉLEVAGE

La demande, toujours croissante, oblige les éleveurs à produire une certaine « qualité » de viande. Pour obtenir une production quantitative, l'élevage des animaux de boucherie a été fortement industrialisé.

Pour de nombreux consommateurs, aujourd'hui, la viande de boucherie doit aussi avoir des qualités gastronomiques :

— tendreté,
— belle couleur,
— bonne tenue à la cuisson,
— viande peu grasse et de goût subtil...

Ces différentes qualités sont dépendantes de l'ensemble des facteurs qui interviennent depuis la naissance de l'animal jusqu'à l'assiette du consommateur :

— la race,
— le lieu et le mode d'élevage,
— l'âge au moment de l'abattage,
— les conditions d'abattage,
— la réfrigération des carcasses, le ressuage,
— le respect de la chaîne du froid,
— la maturation,
— le processus de commercialisation : découpe, préparation, présentation...
— le savoir-faire culinaire.

QUALITÉ DE LA VIANDE

Elle concerne l'ensemble de l'animal. Elle est en rapport avec l'espèce, la race, le sexe, l'état d'engraissement, l'âge...

Tout au long de la chaîne d'abattage, les carcasses sont contrôlées sanitairement.

Un vétérinaire inspecte les glandes et les organes, après incision. Trois diagnostics sont possibles :

- **Aucune trace :** l'animal est reconnu sain, il est commercialisable dans tous pays, la carcasse est marquée d'un tampon ovale.
- **Faiblement douteux** (contaminé, parasité, médicamenté) : l'animal est incessible à l'étranger, mais il est négociable sur le territoire d'abattage. La carcasse est marquée d'un tampon rond portant mention du pays d'origine.
- **Fortement contaminé, parasité ou médicamenté** : l'animal est consigné, analysé en laboratoire, restitué à la charge de l'éleveur pour être détruit à l'équarrissage.

CATÉGORIE DE LA VIANDE

Elle dépend de l'emplacement du muscle dans le corps de l'animal. Sur un même animal, on trouve toujours des morceaux de trois catégories qui ont un rapport direct avec la tendreté des muscles et leur aptitude à la cuisson :

— 1ère catégorie : viande à cuisson courte (grillades) ;
— 2e catégorie : viande à cuisson mi-longue (rôtis...) ;
— 3e catégorie : viande à cuisson longue (bouilli, braisé...).

MORTIFICATION OU MATURATION

Pour être tendre, la viande doit faire un séjour en chambre froide entre 2 et 8 jours (au minimum). Il s'opère une « autodigestion » (autolyse) : la viande est maturée, rassise.

Plus le temps de réfrigération est long, plus la viande sera tendre.

ESTAMPILLAGE

L'état d'engraissement de la carcasse est signalé par des chiffres de 1 à 5 :

— 1 : maigre
— 2 : ciré, ou à fleur
— 3 : couvert
— 4 : gras
— 5 : très gras

Pour le veau, la couleur de la viande est exprimée par un chiffre, également de 1 à 4 :

— 1 : blanc (le plus blanc)
— 2 : rosé clair
— 3 : rosé
— 4 : rouge (le moins rouge)

Le marquage s'effectue par l'apposition des cachets, sur la carcasse :

— sur la face externe de la cuisse,
— au milieu de l'épaule.

LE BŒUF

Les principaux morceaux

1. *Aloyau*
2. *Train de côtes couvert*
3. *Train de côtes découvert*
4. *Collier*
5. *Queue*
6. *Gîte à la noix*
7. *Tranche grasse*
8. *Gîte*
9. *Crosse*
10. *Culotte*
11. *Rumsteck*
12. *Filet*
13. *Faux-filet*
14. *Entrecôtes*
15. *Bavette d'aloyau*
16. *Plat de côtes*
17. *Paleron*
18. *Macreuse*
19. *Flanchet*
20. *Poitrine*
21. *Trumeau ou gîte de devant*

DÉFINITION

La viande de bœuf est la viande de boucherie par excellence. Sa qualité varie selon la race, l'âge, l'état d'engraissement, le travail fourni et aussi le sexe de l'animal.

La race

Les producteurs ont créé une appellation. *Le bœuf : les races à viande de France*. Elle signale les produits issus de races bovines spécialisées dans la production de la viande haut de gamme. Ces races « bouchères » représentent la moitié de la production bovine française :

— charolaise,
— limousine,
— blonde d'Aquitaine,
— Maine d'Anjou,

et les races rustiques :

— Salers,
— Aubrac,
— Gasconne.

Ces races, qui ont fait leurs preuves dans leur territoire d'origine, sont bien implantées dans les autres régions françaises et elles sont aussi largement élevées à l'étranger.

L'âge, l'engraissement, le travail

- le « baby-beef », âgé de moins de 18 mois au moment de l'abattage, est un mâle castré nourri spécialement pour peser 400 à 500 kg (poids vif). Il ne donne pas une viande de grande qualité.

● le « taurillon «, abattu à l'âge de 18 à 20 mois, n'est pas castré. Il pèse 450 à 550 kg (poids vif). Sa viande n'est pas d'excellente qualité.

● la « génisse », abattue à l'âge de 24 à 36 mois, élevée dans de bonnes conditions à partir de femelles non destinées à la reproduction, est particulièrement recherchée.

● la « vache de réforme » provient d'animaux utilisés pour la reproduction et la production laitière. Âgé de 6 à 8 ans, l'animal subit une préparation de 2 à 4 mois pour l'engraissement et le repos. Les animaux des races bouchères produisent une viande de grande qualité.

● le « bœuf » provient le plus couramment d'animaux mâles castrés abattus à plus de 28 mois. On peut distinguer :

— les bœufs abattus autour de 30 mois après finition au pâturage ;

— les bœufs abattus à 3 ans et plus : il s'agit de bœufs de 36 mois finis à l'auge ou à l'herbe jusqu'à 40 mois.

● la « vache âgée » et le « taureau de réforme » produisent une viande le plus souvent maigre, sèche, à l'odeur prononcée.

Le sexe

Ce n'est pas un élément déterminant de la qualité de la viande.

En moyenne, les quelques 7,5 millions de bovins produits annuellement pour la boucherie française se répartissent comme suit :

— veaux	:	4/10e
— taurillons	:	1/10e
— bœufs	:	1/10e
— génisses	:	1/10e
— vaches de réforme	:	3/10e

LES SIGNES DE QUALITÉ

Pour donner au consommateur les moyens d'identifier les produits de qualité, le Ministère de l'Agriculture Français a développé des signes officiels de qualité :

— les labels : qualité supérieure,

— la certification de conformité : caractéristiques, règlement technique, normes.

Le label agricole

C'est une marque collective qui atteste qu'une denrée alimentaire possède un ensemble de caractéristiques spécifiques préalablement fixées et établissant un niveau de qualité supérieure la distinguant des produits similaires. On distingue :

— le label national : label rouge,

— le label régional : mêmes caractéristiques, plus la typicité traditionnelle régionale.

La certification de conformité

C'est l'attestation qu'un produit alimentaire est conforme à des caractéristiques spécifiques ou à des règles préalablement établies par un cahier des charges, portant, selon le cas, sur la fabrication, la transformation ou le conditionnement, délivrée par des organismes agréés et indépendants du producteur, du fabricant, du vendeur et de l'importateur.

La certification assurance qualité au niveau européen

La Commission Européenne travaille à la création d'une structure coordonnant les actions de certification en Europe, favorisant les accords de reconnaissance mutuelle des systèmes mis en place par la plupart des pays européens.

UTILISATION CULINAIRE DES DIFFÉRENTS MORCEAUX

1ère catégorie

Les morceaux de 1ère catégorie, à cuisson rapide, sont situés principalement dans les quartiers arrière du bœuf : filet, contre-filet, rumsteck et aiguillette de rumsteck, morceaux à biftecks, jumeau, filet mignon, araignée, hampe, onglet, train de côtes...

Certains « steaks » bénéficient d'une appellation d'usage bien précise. Ils doivent répondre à des normes particulières :

— chateaubriand : tranche épaisse d'au moins 3 cm prise exclusivement dans le cœur du filet ;

— tournedos : tranche ronde de filet d'environ 2 cm d'épaisseur et de 6 à 8 cm de diamètre ;

— entrecôte : tranche épaisse prise dans le milieu du train de côtes couvert désossé. L'entrecôte « minute » doit être taillée assez mince, il arrive qu'elle soit coupée dans les côtes découvertes.

2e - 3e catégories

Ce sont les morceaux à cuisson lente, c'est-à-dire ceux que l'on fait en ragoût, braiser ou bouillir. Ils sont situés principalement dans les quartiers avant du bœuf :

— pour les sautés (ragoûts) et les braisés (bœuf mode, bourguignon, carbonades, estouffades, daubes, goulash...) : surlonge, dessus-de-côte, plat de côtes, découvert désossé, milieu de poitrine, macreuse à pot-au-feu, jumeau à pot-au-feu, gîtes de devant et de derrière, joue, queue, derrière de paleron, veine grasse, salière, crosse, griffe, gros bout.

— pour les préparations bouillies (pot-au-feu) : plat de côtes, bavette à pot-au-feu, flanchet, tendron, milieu de poitrine, macreuse à pot-au-feu, jumeau à pot-au-feu, gîtes de devant et de derrière, joue, queue, derrière de paleron, veine grasse, salière, crosse, griffe, gros bout.

Classification de la viande de boucherie

Selon la qualité générale de l'animal, pour tenir compte de la race, de sa morphologie, de la rondeur des muscles, de l'aspect de la chair..., les carcasses de viandes de boucherie sont classées en six qualités, repérées par les lettres EUROPA

- **E** : qualité supérieure
- **U** : très bonne
- **R** : bonne
- **O** : assez bonne
- **P** : passable
- **A** : ne se rencontre pas sur le marché, non commercialisable en l'état, destiné à l'industrie de la transformation.

La cuisson rapide

Sur un gril ou dans une poêle bien chauffés à l'avance, pour que la viande soit rapidement saisie et qu'une croûte, qui se forme presque instantanément, empêche les sucs de s'échapper, en conservant à la viande sa saveur et sa valeur nutritive.

Quantité à prévoir, par personne : 120 à 150 g net. Temps de cuisson pour une pièce de 2 à 3 cm d'épaisseur : 1 minute par face (bleu), 2 minutes par face (saignant), 2,5 à 3 minutes par face (à point).

Ne jamais piquer la viande pour la retourner. Se servir d'une spatule ou d'une palette.

Un rôti de bœuf ne doit jamais être servi très cuit. Il est préférable de le cuire posé sur une grille dans le plat de cuisson pour éviter qu'il ne mijote dans son propre jus. En fin de cuisson, il faut dissoudre les sucs qui ont « caramélisé » dans le plat de cuisson avec de l'eau — c'est le déglaçage — pour obtenir un jus de rôti particulièrement parfumé.

Quantité à prévoir par personne : 120 à 150 g net. Temps de cuisson : compter environ 15 minutes par livre pour un rôti saignant, et 20 minutes par livre pour un rôti à point.

La cuisson lente

— Braiser : cuire longuement la viande dans son « eau de constitution », à couvert. Les morceaux de viande sont saisis rapidement, de tous les côtés, dans un peu de corps gras chaud. On ajoute alors une garniture aromatique (légumes coupés en morceaux, mirepoix, ail, oignons, carottes, tomates...) et des assaisonnements. On mouille avec une petite quantité de vin (marinade) ou d'alcool, ou simplement d'eau, on couvre et on laisse mijoter 2, 3 ou 4 heures (voire plus) selon la nature des morceaux et la recette particulière.

Quantité à prévoir par personne : 200 g sans os, 250 à 300 g avec os.

— Bouillir : la viande des 2ᵉ et 3ᵉ catégories devient très tendre lorsqu'elle cuit longuement dans un milieu humide. Quand la viande est mise à cuire dans de l'eau froide au départ, additionnée des légumes et des aromates traditionnels, on obtient un bouillon particulièrement savoureux, les sucs de la viande se sont répandus dans l'eau de cuisson.

Si la viande est mise à cuire dans de l'eau déjà bouillante, avec sa garniture aromatique, il se forme une croûte à la surface de la viande qui empêchera la dissolution des sucs dans le bouillon : la viande y gagnera en saveur et en moelleux, mais le bouillon sera insipide.

Quantité à prévoir, par personne : 200 g sans os, 250 à 300 g avec os. Temps de cuisson après blanchiment : de 2,5 à 5 heures suivant la nature des morceaux, à petits bouillons, sans couvrir le récipient de cuisson, en veillant à ajouter un peu d'eau en cours de cuisson, pour compenser l'évaporation.

Conseils pratiques

Une viande de bœuf de bonne qualité doit présenter des masses de chair volumineuses, couvertes d'une légère couche de graisse bien ferme, et veinées à l'intérieur de filaments et de marbrures de graisse blanche (le persillé). La couleur des muscles peut varier d'un beau rouge franc à un rouge plus sombre dû à la maturation. La viande doit être ferme et élastique.

Il faut déballer la viande achetée sous emballage hermétique et qui n'est pas sous vide d'air, pour pouvoir la conserver 24 à 48 heures, sur une assiette, au réfrigérateur, à une température comprise entre 0 et 3 °C.

Ayez soin de sortir la viande une dizaine de minutes avant de la cuisiner.

Une grillade et un rôti seront bien plus juteux si on les conserve au chaud avant de les couper ou de les servir. Ce temps de repos, au chaud (50 °C environ), doit être égal, au moins, à la moitié du temps de cuisson.

Gras-double à la lyonnaise

Les coteaux du Tricastin et du Lyonnais sont proches. Nous accompagnerons ce plat d'un COTEAUX-DU-TRICASTIN, vin rouge franc et charpenté de la Vallée du Rhône.

Température : 14 °C.

4 personnes

Préparation : 30 min
Cuisson : 40 min

800 g de gras-double
600 g de tomates
50 g de beurre
50 g de concentré de tomate
5 cl de vin blanc
1 petite botte de persil
6 biscottes
Sel, poivre.

Couper le gras-double en cubes.

Plonger les tomates quelques instants dans de l'eau bouillante. Les passer dans l'eau froide. Les peler et les couper en tranches. Enlever le plus gros des pépins.

Beurrer un plat avec 20 g de beurre. Y disposer des couches de gras-double et des couches de tomates. Répartir le concentré de tomate délayé avec le vin blanc et un peu d'eau. Assaisonner.

Saupoudrer de persil finement haché et des biscottes réduites en poudre. Répartir le reste du beurre en parcelles à la surface.

Cuire au four à 180 °C (th. 6), pendant 40 minutes.

Langue de bœuf, sauce charcutière

8 personnes

Préparation : 30 min
Cuisson : 3 h 15 min
Repos : 12 h

1 langue de bœuf
1 grosse carotte
2 oignons
2 clous de girofle
1 bouquet garni
1/2 poireau
Quelques grains de poivre
1 cuil. à soupe de gros sel
50 g de beurre
1,5 dl de vin blanc
5 cl de vinaigre
5 dl de fond brun de veau (p. 58)
1 cuil. à soupe de moutarde
3 gros cornichons
Persil
Sel, poivre.

Mettre la langue à tremper dans une grande quantité d'eau froide additionnée d'un peu de vinaigre pendant 8 heures.

Gratter la langue. La plonger dans l'eau bouillante 10 minutes. La rincer. Vider la casserole. La remplir d'eau froide, ajouter la carotte épluchée et émincée, 1 oignon piqué de 2 clous de girofle, le bouquet garni, le poireau, le poivre en grains et le gros sel. Laisser mijoter 3 heures.

Préparation de la sauce : faire fondre le beurre. Y faire étuver l'oignon restant finement ciselé sans le laisser prendre couleur. Verser le vin blanc et le vinaigre. Faire réduire de moitié. Ajouter le fond de veau lié. Assaisonner et laisser réduire quelques instants à feu vif. Hors du feu, ajouter la moutarde et les cornichons émincés. Réserver au chaud, au bain-marie. Cette sauce ne doit pas bouillir.

Égoutter la langue, retirer la peau qui l'entoure. La disposer sur le plat de service, coupée en tranches, nappée de la sauce piquante et saupoudrée de persil haché.

Un COTEAUX-DU-LYONNAIS, vin rouge issu de l'ouest de Lyon, V.D.Q.S. gouleyant et fruité, nous semble tout indiqué ici.

Température : 14 °C.

Oxtail

6 personnes

Préparation : 20 min
Cuisson : 3 h 30 min

200 g d'oignons
200 g de carottes
1 poireau
2 kg de queue de bœuf
5 cl d'huile
50 g de beurre
50 g de farine
Marjolaine, sauge, romarin, basilic
1 bouquet garni
7 cl de sherry
5 cl de ketchup
Sel, poivre.

Laver, éplucher et émincer les légumes.

Tronçonner la queue de bœuf.

Faire chauffer l'huile dans une cocotte. Y faire revenir les morceaux de bœuf à feu vif. Les réserver.

À leur place, faire revenir les légumes avec le beurre. Après 5 minutes, ajouter la farine et laisser bien roussir le tout en remuant. Mouiller avec 2 l d'eau fraîche. Porter à ébullition en remuant et en écumant. Ajouter alors le bœuf. Assaisonner, ajouter les herbes et le bouquet garni. Couvrir et laisser cuire 3 heures à feu doux.

Désosser et réserver les queues. Passer le reste au chinois.

Faire réduire si nécessaire. Lier avec le sherry et le ketchup. Y replonger le bœuf. Servir très chaud.

VIN DU PAYS D'OC, rouge corsé et frais du Sud-Ouest. Un vin de pays à servir frais pour accompagner ce plat.

Température : 14 °C.

Ragoût de queue de bœuf

4 personnes

Préparation : 30 min
Cuisson : 2 h

1 queue de bœuf
150 g d'oignons
150 g de carottes
150 g de champignons de Paris
150 g de lard fumé
30 g de beurre
20 g de farine
1 bouteille de vin blanc sec
1 bouquet garni
2 cl d'huile
Cerfeuil
Sel, poivre.

Faire couper la queue de bœuf par son boucher.

Éplucher les oignons et les carottes. Les émincer, ainsi que les champignons nettoyés. Découper le lard en petits dés.

Faire dorer la viande et les légumes avec le beurre dans une casserole en fonte. Saupoudrer de farine. Remuer. Déglacer avec le vin. Mélanger. Assaisonner et adjoindre le bouquet garni. Couvrir et laisser cuire à petit feu 1 heure 30 minutes.

Faire revenir les lardons dans l'huile. Les égoutter et les ajouter à la viande 10 minutes avant la fin de la cuisson.

Dresser dans un plat creux. Saupoudrer de pluches de cerfeuil. Servir aussitôt.

A.O.C. régionale, BOURGOGNE ou BORDEAUX BLANC servant à la préparation de ce repas. Les caractères du vin seront mis en valeur par la présence de celui-ci dans la composition du plat.

Température : 10 °C.

Bœuf à la ficelle

Proposer des cornichons, des pickles, de la moutarde, en accompagnement.

CÔTES-DE-NUITS-VILLAGES, vin rouge assez souple de Bourgogne. Une appellation de bonne qualité qui satisfera ce plat.

Température : 16 °C.

6 personnes

Préparation : 30 min
Cuisson : 35 min

1 poireau
300 g de céleri-rave
300 g de carottes
200 g d'oignons
2 gousses d'ail
2 l de bouillon
1 bouquet garni
1 dl de vinaigre
1 rôti de 1,200 kg
Sel, poivre.

Éplucher tous les légumes. Les laver, les émincer. Les plonger dans le bouillon avec le bouquet garni. Saler, poivrer. Porter à ébullition. Ajouter le vinaigre.

Ficeler le rôti. Le suspendre à une cuillère en bois afin qu'il trempe dans le bouillon en étant recouvert et sans toucher le fond. Cuire à feu vif environ 30 minutes si l'on aime la viande saignante.

Servir la viande coupée en tranches, entourée des légumes du court-bouillon.

Bœuf aux oignons

CHIROUBLES, vin rouge souple du Beaujolais. Ce vin solide et élégant soutiendra le caractère du plat.

Température : 14 °C.

6 personnes

Préparation : 25 min
Cuisson : 2 h 30 min

1,200 kg de bœuf (gîte, macreuse ou flanchet)
5 cl d'huile
1 bouquet garni
300 g d'oignons
3 gousses d'ail
30 g de beurre
3 dl de vin rouge
1 boîte 4/4 de champignons au naturel
1 cuil. à soupe de persil haché
100 g de dés de pain grillé
Sel, poivre
1 pointe de cayenne.

Découper la viande en gros dés. Les faire revenir à l'huile très chaude. Saler, poivrer. Ajouter le bouquet garni.

Éplucher et émincer finement les oignons et l'ail. Les faire fondre avec le beurre à feu doux pendant 20 minutes.

Ajouter le vin. Remuer et verser le tout sur la viande, ainsi que l'eau des champignons. Assaisonner avec le cayenne, du sel et du poivre. Couvrir et laisser cuire 1 heure 30 minutes à feu doux.

Rectifier l'assaisonnement et ajouter les champignons. Poursuivre la cuisson 30 minutes.

Servir bien chaud, saupoudrer de persil haché et de quelques croûtons dorés.

Bœuf bourguignon

6 personnes

Préparation : 1 h
Cuisson : 3 h 30 min

1,200 kg de bœuf (paleron, gîte)
3 cl d'huile
200 g de poitrine fumée
200 g d'oignons
40 g de farine
6 dl de vin rouge
6 dl de fond brun de veau (p. 58)
1 bouquet garni
3 gousses d'ail
200 g de champignons
40 g de beurre
200 g d'oignons grelots
10 g de sucre
Persil
12 tranches de pain de mie
Sel, poivre.

Parer puis découper la viande en petits morceaux.

Faire chauffer l'huile dans une cocotte. Y faire revenir à feu vif la poitrine découpée en lardons. Les réserver.

Dans la graisse qu'ils ont rendue, faire revenir la viande à feu vif. Ajouter les oignons coupés en quartiers et la farine. Laisser colorer.

Mouiller avec le vin rouge et le fond. Incorporer le bouquet garni et l'ail épluché et écrasé. Assaisonner. Couvrir et laisser mijoter 3 heures à feu très doux.

Nettoyer et couper les champignons en quartiers. Les faire sauter au beurre et les assaisonner. Réserver.

Éplucher les petits oignons. Les faire cuire avec 30 g de beurre, 3 cl d'eau et le sucre. Glacer à brun. Réserver.

Sortir les morceaux de bœuf. Passer la sauce. Rectifier l'assaisonnement et la consistance si nécessaire. Dresser la viande dans le plat de service, répartir les oignons, les lardons et les champignons. Napper avec la sauce et déposer un peu de persil haché.

Entourer de cœurs de pain de mie passés au beurre, la pointe trempée dans la sauce puis dans le persil haché.

Servir très chaud, avec des nouilles au beurre.

BOURGOGNE PASSE-TOUTGRAIN, vin rouge plantureux et assez corsé. Résultat d'un assemblage de cépages (un tiers Pinot et deux tiers Gamay).

Température : 15 °C.

Bœuf mode

6 personnes

Préparation : 35 min
Cuisson : 5 h

1,200 kg d'aiguillette de bœuf lardée
5 cl d'huile
200 g d'oignons
3 cl de cognac
7 dl de vin blanc sec
5 dl de bouillon
1 bouquet garni
Laurier
1 pied de veau en morceaux
40 g de concentré de tomate
30 g de farine
80 g de beurre
1,400 kg de carottes
Sel, poivre.

Faire dorer l'aiguillette dans une cocotte avec l'huile, à feu très vif, sur tous les côtés.

Éplucher et émincer les oignons, les ajouter dans la cocotte. Les laisser dorer en remuant. Saler, poivrer.

Flamber avec le cognac. Mouiller avec le vin et le bouillon. Ajouter le bouquet garni, le laurier, et laisser cuire à feu très doux pendant 2 heures.

Blanchir le pied de veau 10 minutes.

Délayer le concentré de tomate avec 1 dl de bouillon de l'aiguillette. Lier ce bouillon avec un roux réalisé avec la farine et 30 g de beurre. Ajouter le pied et le bouillon dans la cocotte avec l'aiguillette. Poursuivre la cuisson 2 heures.

Cuire les carottes épluchées et coupées en 4 dans la longueur à l'eau bouillante salée, 20 minutes environ. Les égoutter, les faire revenir à feu doux avec le reste de beurre et un peu de poivre.

Dresser l'aiguillette dans un grand plat. L'entourer des morceaux de pied de veau et des carottes. Napper de sauce. Servir bien chaud.

Un CÔTES-DU-ROUSSILLON-VILLAGES d'excellente qualité, et qui aura subi un vieillissement, accompagnera ce plat à merveille.

Température : 18 °C.

Bœuf Strogonoff

6 personnes

Préparation : 15 min
Cuisson : 10 min

1,200 kg de filet de bœuf
Paprika
5 cl d'huile
100 g d'oignon
1 dl de vin blanc
3 dl de fond de veau (p. 58)
5 cl de crème fraîche
30 g de beurre
Sel, poivre.

Parer le filet de bœuf. Le découper en tranches puis en lanières de 1 cm de large, à l'aide d'un couteau bien aiguisé. Réserver la viande au fur et à mesure sur une grande assiette. L'assaisonner de sel, de poivre et de paprika. Bien mélanger afin de répartir régulièrement les épices.

Faire chauffer l'huile dans une grande poêle. Y faire saisir la viande et la faire cuire à feu très vif pendant 3 minutes en la faisant sauter. Si la poêle n'est pas assez grande, faire cuire la viande en deux fois. La réserver dans une passoire afin d'éliminer la graisse de cuisson.

Jeter la graisse de la poêle. Ajouter l'oignon haché finement. Laisser revenir quelques instants en remuant.

Déglacer avec le vin blanc et le fond de veau. Porter à ébullition puis laisser épaissir. Ajouter la crème fraîche. Rectifier l'assaisonnement.

Passer la sauce au chinois. La monter au beurre. Y mélanger délicatement la viande. Servir sans attendre.

Un plat venu du froid

Le bœuf Strogonoff ou Stroganov, est un classique de la cuisine russe, adopté par la gastronomie française. L'origine du nom a deux explications :
— il serait celui d'une riche famille de marchands, les Stroganov, qui employèrent un cuisinier français. Ce dernier aurait créé ce plat et lui aurait offert leur nom ;
— cette dénomination serait plus simplement tirée du verbe russe « strogat », qui signifie « couper en morceaux ».

Un MOULIN-À-VENT, vin corsé mais fin, rencontrera avec plaisir le paprika et le filet de bœuf.

Température : 16 °C.

Côte de bœuf grillée, à la bordelaise

4 personnes

Préparation : 15 min
Cuisson : 35 min

1 côte de bœuf d'1,500 kg
1 dl de vin rouge
1 belle échalote
1 gousse d'ail
1 branche de thym
1/2 feuille de laurier
3 dl de fond de veau lié (p. 58)
1 cl d'huile
50 g de moelle de bœuf
Cresson
30 g de beurre
Sel, poivre.

Choisir un HAUT-MÉDOC jeune dont les tanins soutiendront le goût de la grillade.

Température : 15 °C.

Sortir la viande du réfrigérateur 1 heure avant de la faire cuire.

Faire réduire de moitié le vin rouge avec l'échalote et l'ail hachés, le thym et le laurier. Ajouter le fond de veau brun. Laisser cuire pendant 20 minutes à feu doux en écumant. Passer la sauce au chinois. Réserver au bain-marie.

Huiler légèrement le gril et la côte. La saler et la poivrer. La cuire sur le gril pas trop chaud en la quadrillant.

Pocher la moelle à l'eau bouillante. La couper en morceaux et l'ajouter à la sauce bordelaise.

Servir la côte dès la sortie du gril, entourée de cresson, avec la sauce en saucière. Accompagner de pommes croquettes, de frites ou de pommes Pont-Neuf brûlantes.

Daube niçoise

6 personnes

Préparation : 20 min
Cuisson : 2 h

1,200 kg de bœuf à braiser (gîte, macreuse...)
5 cl d'huile d'olive
100 g de poitrine fumée
200 g d'oignons
4 gousses d'ail
40 g de farine
8 dl de vin rouge
1 bouquet garni
150 g d'olives noires
Persil plat
Sel, poivre.

Découper la viande en cubes réguliers. Les faire revenir dans l'huile bien chaude. Dès qu'ils sont dorés, ajouter la poitrine taillée en lardons puis les oignons et l'ail émincés. Saupoudrer de farine. Remuer et laisser cuire quelques instants.

Mouiller avec le vin rouge et, si nécessaire, compléter avec de l'eau.

Incorporer le bouquet garni et les olives noires. Poivrer. Couvrir. Laisser cuire 1 heure 30 minutes à feu doux.

Rectifier l'assaisonnement et la consistance.

Servir saupoudré de persil plat haché.

Un CÔTES-DE-PROVENCE rouge, légèrement vieilli (2 ou 3 ans), agrémentera ce plat.

Température : 16 °C.

Goulash

C'est le plat hongrois connu à l'étranger. Il en existe de nombreuses recettes et variantes. Les puristes s'accordent à en bannir le vin et la farine.

6 personnes

Préparation : 15 min
Cuisson : 2 h 30 min

1,200 kg de paleron
5 cl d'huile
150 g d'oignons
3 gousses d'ail
1 cuillerée à soupe de paprika
1 bouquet garni
40 g de concentré de tomate
600 g de tomates au naturel
Sel, poivre.

Détailler la viande en morceaux réguliers. Les faire revenir dans l'huile chaude. Ajouter les oignons et l'ail émincés. Saupoudrer de paprika. Mouiller à hauteur avec de l'eau puis ajouter le bouquet garni, le concentré de tomate et les tomates au naturel. Assaisonner, couvrir et laisser cuire à feu doux pendant 2 heures.

À la fin de la cuisson, rectifier la consistance et l'assaisonnement si nécessaire.

Dresser dans un plat creux. Servir très chaud, accompagné de pommes de terre cuites à l'eau.

ROUGE D'OTTROTT. Avec ce plat corsé et fin, proposons une particularité musclée du vignoble alsacien, un de ses rares vins rouges.

Température : 14 °C.

LA CUISINE AU BARBECUE

Pour donner un goût de vacances aux grillades ou aux brochettes, aux rôtis et aux papillotes... rien de tel que la « cuisine verte » sur la terrasse, au jardin ou en pique-nique.

Bien que décontractée et sans complication excessive, la cuisine au barbecue peut rester gastronomique. Encore faut-il utiliser un matériel correct, respecter les règles de prudence nécessaires et traiter des produits de qualité.

CHOISIR SON BARBECUE

Un barbecue doit répondre aux normes de construction et aux exigences de sécurité réglementaires (N.F. D 37-101) qui précisent la disposition du pare-vent et des protections latérales (pour éviter la dispersion des cendres et des escarbilles brûlantes), la robustesse des piètements, l'efficacité du système de blocage des roues, la résistance des matériaux utilisés pour la confection du foyer (fonte, acier inoxydable ou émaillé...) tout comme la conception des grils, broches, moteurs... et supports.

Seuls les modèles français conformes à ces normes sont estampillés N.F. Barbecue. Les appareils importés sont accompagnés d'un numéro d'agrément ministériel qui figure sur la notice.

- **Modèles à poser** :

Recommandés pour les petits espaces où l'on dispose juste d'un muret, d'un banc... ou d'une table pour les mettre en place, ils peuvent aussi être utilisés à l'intérieur l'hiver, si on dispose d'une cheminée ouverte. Certains sont perfectionnés et permettent grillades et rôtis, d'autres, plus simples, ne conviennent qu'aux brochettes et aux grillades.

- **Modèles sur pieds** :

À piètement fixe ou sur roues (très pratiques si on dispose d'un grand jardin), la gamme est très vaste, depuis les modèles simples jusqu'aux matériels très perfectionnés avec foyer double, desserte, planche à découper, porte-accessoire...

- **Modèles à transporter** :

Quoique les matériels ci-dessus soient mobiles, il existe des barbecues étudiés spécialement pour les pique-niques et les vacances : ils sont pliants, transformables en valise, légers et faciles à transporter, ils tiennent peu de place et ils sont vite montés et repliés.

- **Modèles en dur** :

Ce sont de véritables « cuisinières de jardin » faciles à réaliser à partir d'éléments en pierre, en parpaing, en brique, vendus en kit.

Tous les équipements sont possibles : grille horizontale et verticale, tournebroche à moteur (mécanique, à pile, électrique sur secteur) et les nombreux aménagements (étagères, desserte, bûcher, hotte...) complémentaires offrent plus de facilité et de confort de travail.

- **Accessoires** :

— Pour conduire et alimenter le feu : pelle, pincettes, soufflet, tisonnier, gant isolant, seau à charbon de bois.

— Pour la préparation et les cuissons : cuillère à bec (pour arroser), pinceau en poils naturels (les poils synthétiques fondent ou brûlent) pour badigeonner, pince pour retourner sans piquer les viandes, fourchette, grils doubles, ronds ou rectangulaires, broche « panier » pour les poissons ou les pièces de viande avec os (carré, gigot...), brochettes et porte-brochettes, spatules larges et plates pour le service...

— Pour la sécurité : seau de sable, de terre ou d'eau, ou un tuyau d'arrosage branché à proximité.

CHOISIR UN COMBUSTIBLE

L'énergie utilisée est parfois déterminante dans le choix du matériel.

- **Charbon de bois** :

Le feu doit être allumé une bonne demi-heure avant le commencement des cuissons, pour que les braises soient à point : rougeoyantes en couche assez épaisse, recouvertes d'une fine pellicule de cendre blanche.

L'allumage avec du papier froissé, du petit bois ou un « allume-barbecue » enflammés avec une allumette est sans danger. Il faut attendre que le feu ait pris pour ajouter du charbon de bois. Veiller à bien entretenir le lit de braises : c'est de sa combustion homogène, régulière et vigoureuse, que dépend le succès et la bonne cuisson de tout un repas.

- **Le gaz** :

Les barbecues à gaz s'utilisent partout où le feu de bois est interdit, dangereux ou gênant : forêts, campings, balcons... Ils fonctionnent sur bouteilles de propane ou de butane.

Les avantages sont nombreux : stables, sur piètement démontable ou sur roues, l'allumage et l'extinction sont instantanés, avec un réglage souple et précis. Les brûleurs chauffent soit des pierres réfractaires (lave volcanique), soit un grilloir radiant métallique, ou encore des barres émaillées dont la forme spéciale permet de cuire les viandes en limitant les pertes de jus.

- **L'électricité** :

Ce sont essentiellement des grils horizontaux équipés de lave volcanique ou de simples résistances. Certains s'utilisent directement sur table, d'autres sont dotés de piètement fixe, ou montés sur chariots. Propres et élégants, ces appareils sont pratiques mais il leur faut nécessairement une prise de courant, ce qui limite leur usage à proximité immédiate de la maison.

SOYEZ PRUDENT !

- **Le choix de l'emplacement** :

Pas d'implantation dans un endroit boisé ou à proximité de haies, de taillis, de citernes de produits inflammables, en tenant compte des vents dominants pour ne pas être complètement enfumé (ou pour ne pas enfumer les voisins) et en faisant très attention au terrain qui doit être plat et stable : le renversement de l'appareil est une des causes principales d'incendies et de brûlures.

- **Le choix des gestes** :

Toujours éviter la précipitation et les gestes vifs.

Ne jamais utiliser d'essence, d'alcools ou d'autres liquides inflammables qui peuvent être sources de brûlures et d'explosions.

Ne pas autoriser la présence d'enfants à proximité, encore moins les laisser jouer à côté du foyer.

Ne pas hésiter à porter un tablier robuste et enveloppant, des gants, et à utiliser des accessoires à long manche.

Faire attention aux cheveux longs qui flottent au vent tout comme aux vêtements en fibres synthétiques.

Avoir toujours à portée de main un seau de sable ou d'eau.

Dès la fin de la cuisson, étouffer les braises avec des cendres ou du sable et, lors d'un pique-nique, ne jamais laisser les braises incandescentes sur place. Soit elles sont noyées, soit elles sont recouvertes de terre ou de sable.

QUE FAIRE GRILLER ?

Nombreux sont les aliments qui peuvent être cuits au barbecue :
— poissons, coquillages et crustacés,
— viandes, volailles et abats,
— charcuteries,
— fruits et légumes.

- **Remarques générales** :

— Les morceaux de viande, de poisson... gagnent à être sortis du réfrigérateur 1/2 heure avant la cuisson et maintenus à l'abri des souillures extérieures, si on veut être sûr que le cœur de ces morceaux ne restera pas trop froid après cuisson ;

— avant toute cuisson, la grille doit être bien chauffée ;

— ne jamais poser sur la grille trop d'aliments, ou des aliments trop grands, qui dépassent : la cuisson se fait très mal ;

— une grande partie des aliments ne nécessite pas un feu ardent. Les poissons, les viandes blanches... sont d'abord saisis à chaleur vive puis ils continuent de cuire éloignés des braises, à chaleur plus modérée ;

— les brochettes sont réalisées avec des morceaux de taille régulière pour une cuisson homogène, et pas trop serrés, pour permettre la circulation de la chaleur ;

— viandes, poissons, volailles... et même les légumes gagnent à être mis à mariner dans un mélange d'huile (olive de préférence), de jus de citron, parfois d'un peu d'alcool (cognac, madère... suivant la recette) et d'aromates (thym, laurier, romarin...) 1 à 2 heures avant la cuisson. Cette marinade « instantanée » imprègne les aliments, les parfume et attendrit les morceaux qui pourraient rester durs ;

— en cours de cuisson, arroser les aliments soit avec leur jus qui s'écoule dans la lèchefrite, soit avec de la marinade, pour éviter le dessèchement ;

— les grosses pièces (poissons, viandes, volailles) auront une meilleure tenue et seront plus goûteuses si on les laisse reposer 15 à 20 minutes après cuisson avant de les découper, tout en veillant à ne pas les laisser refroidir.

- **Cuisson des poissons, coquillages et crustacés** :

Poissons :

— Les petits poissons sont cuits directement, juste vidés et lavés, rapidement huilés, assaisonnés et posés sur un gril bien chaud.

Temps de cuisson

Chaque denrée, chaque produit est différent. Même soumises à des impératifs de classification et de normalisation rigoureux, ces denrées ne seront jamais identiques et c'est une des raisons qui rend difficile l'indication du temps de cuisson.

En plus, dans le cas de la cuisson sur le gril d'un barbecue ou à la broche, la qualité de la braise modifie les temps de cuisson.

Pour les brochettes, il faut tenir compte de l'aliment qui doit cuire le plus longtemps. C'est pourquoi, en composant des brochettes, il faut essayer de réunir des denrées dont les temps de cuisson sont à peu près identiques.

— Les poissons entiers sont grillés avec leur peau ; on aura soin d'inciser les parties les plus épaisses pour favoriser la pénétration de la chaleur.

— Les poissons maigres (carrelet, limande, sole, Saint-Pierre...) sont meilleurs s'ils sont mis à mariner, leur chair gagne en moelleux.

— Les poissons fragiles (merlu, colin, filets de saumon...) cuisent facilement dans une papillote d'aluminium.

— Les darnes, les tronçons, les brochettes de poisson sont préparés à partir de poissons habillés (ébarbés, écaillés, vidés, dépouillés si nécessaire) normalement. On choisira de préférence des poissons à chair ferme (lotte, thon, turbot...) bien huilés et arrosés pendant la cuisson.

— Les poissons gras (anguille, maquereau, sardine...) n'ont pas besoin d'être huilés ou arrosés de marinade en cours de cuisson.

— Les gros poissons ne sont pas écaillés quand ils sont cuits entiers ; les écailles les protègent et évitent le dessèchement. Il est préférable de cuire ces gros poissons entiers, à la broche, maintenus de quelques tours de ficelle pour qu'ils ne s'ouvrent pas. Il faut les arroser fréquemment en cours de cuisson.

Coquillages :

Les huîtres, les moules, les palourdes, les coquilles Saint-Jacques... cuisent au naturel, dans leurs coquilles, « à la coque ». Ils conservent leur moelleux et ils sont à point quand les coquilles s'ouvrent.

Crustacés :

De taille moyenne, les crabes, les crevettes, les écrevisses, les homards, les langoustes... cuisent entiers sur le gril chaud et bien huilé. Quand ils sont plus gros, ils sont fendus dans la longueur et mis à cuire par moitiés.

Pour être parfaitement savoureux, les crustacés doivent être traités et ouverts en deux (si nécessaire) quand ils sont vivants.

Ils sont délicieux avec un simple beurre fondu ou une sauce béarnaise, par exemple.

- **Cuisson des viandes, des volailles, des abats** :

Les pièces de viande doivent être dégraissées presque totalement, pour éviter que la graisse, en fondant, n'enflamme et fasse fumer les braises.

Bœuf :

Pour cuire du bœuf sans le dessécher ni le durcir, ni le brûler, les morceaux doivent avoir une épaisseur comprise entre 2 cm minimum (steaks...) et 8 cm maximum (rôti, côtes de bœuf...). La viande est toujours salée en fin de cuisson mais elle peut être marinée pour attendrir les morceaux plus fermes et arrosée en cours de cuisson.

Le degré de cuisson est jugé au toucher : molle, la viande est très saignante ; ferme mais élastique, elle est à point ; dure et ferme, elle est bien cuite. Le temps de cuisson est aussi un critère d'appréciation.

Veau :

Traditionnellement, la viande de veau sèche à la cuisson, plus encore au barbecue. Toutefois, certaines pièces sont excellentes, tels les « paillards » (escalopes prises dans la noix, très larges et très minces) qui sont saupoudrés de fleur de thym, arrosés d'un filet d'huile d'olive et grillés vivement quelques instants sur chaque face.

Pour cuire un rôti de veau à la broche, il doit être mariné et bardé afin de conserver son moelleux.

Agneau :

C'est la viande reine des barbecues. En côtelettes, chops, tranches de gigot..., elle est détaillée en cubes pour confectionner des brochettes. L'agneau, cuit rosé, est consommé très chaud.

Selles et gigots sont excellents cuits à la broche et, rôti tout entier, l'agneau devient le fabuleux méchoui.

Porc :

Le porc doit toujours être bien cuit et si les morceaux utilisés ne sont pas un peu gras, la viande devient très vite sèche. Les côtelettes sont prises dans le haut de l'échine, les « grillades » sont coupées dans le collier. Avec le travers (milieu de poitrine), détaillé en morceaux épais, on prépare d'excellentes grillades, caramélisées en fin de cuisson, soit avec du sucre, soit arrosées d'un peu de miel et servies avec une marmelade de pommes acides, par exemple.

Volailles :

Toutes les volailles peuvent être cuites au barbecue ou à la broche.

Les cailles, les pigeons, les poussins, sont délicieux cuits « sous la cendre », juste assaisonnés et simplement enveloppés d'une feuille épaisse d'aluminium.

Les découpes de volaille (ailes, cuisses, ailerons en brochettes...) cuisent bien sur le gril et les poulets entiers, ouverts en deux en sectionnant la colonne vertébrale, aplatis et badigeonnés de moutarde ou panés, donnent d'excellents résultats.

Le canard peut être traité de la même manière mais il est gras et la graisse coule en fondant, brûle et se carbonise.

Il est préférable de cuire les grosses pièces : dinde, canard, oie... sur une broche où la source de chaleur (braise, rampe à gaz...) est verticale.

Les volailles grasses ne doivent pas être huilées, elles sont simplement arrosées avec leur graisse fondue, récupérée dans la lèchefrite.

Pour être cuites à la broche, les volailles ne sont jamais farcies. On en parfume simplement l'intérieur avec des herbes aromatiques.

Abats :

Seuls les abats rouges (foie, rognon, cœur) supportent bien le traitement au barbecue.

Les rognons sont grillés entiers dans leur graisse, ou coupés et piqués sur des brochettes. Les rognons de porc doivent être soigneusement débarrassés de leur membrane et, souvent, ils gagnent à être ébouillantés.

- **Charcuteries** :

C'est le règne des saucisses, déclinées dans tous les genres, accompagnées traditionnellement de lard (salé ou fumé) qui est aussi un des éléments des brochettes.

Toujours avoir soin de piquer la peau des boudins, andouillettes, chipolatas... et autres saucisses pour éviter qu'ils n'éclatent.

Attention : ne jamais utiliser des charcuteries fabriquées avec des boyaux synthétiques.

Coupées en tronçons, les saucisses sont un des composants de nombreuses brochettes.

La cuisson doit être surveillée : en fondant, la graisse tombe sur les braises, elle s'enflamme vivement en dégageant une fumée noire et piquante.

- **Légumes et fruits** :

Légumes :

Ils sont cuits directement en papillote, avec un peu de sel et de beurre, et placés dans l'ordre pour qu'ils soient cuits en même temps.

Les champignons, les oignons, les poivrons... sont les éléments complémentaires des brochettes.

Les légumes gorgés d'eau : aubergines, champignons, courgettes, tomates... cuisent entièrement sur le gril, après les avoir copieusement huilés et avoir pratiqué quelques incisions dans la peau pour éviter l'éclatement.

Fruits :

Ils sont principalement traités en papillote mais les plus fermes (ananas, pomme...) peuvent aussi cuire en brochettes qu'il suffit de saupoudrer de sucre, d'arroser de beurre fondu et, pourquoi pas, de flamber au rhum, avec modération.

TEMPS DE CUISSON INDICATIFS

	Nature des denrées	Degré de cuisson			
		Bleu	Saignant	À point	Bien cuit
	Crustacés				
GRIL	— homard, langouste, par 250 g				15 min
BROCHE	— homard, langouste, par 250 g				20 min
	Bœuf				
	— brochettes	6 min	8 min	10 min	12 min
GRIL	— steak, entrecôte (épais. 2 cm)	8 min	10 min	12 min	15 min
	— côte de bœuf (2 pers. - 400 g)	12 min	16 min	20 min	25 min
BROCHE	rôti par 500 g (rumsteck, filet...)	15 min	20 min	25 min	35 min
	Agneau - mouton				
	— brochettes			8 min	10 min
GRIL	— côtelettes			6 min	8 min
	— chop (tranche de selle)			12 min	15 min
BROCHE	rôti (gigot, épaule...) par kilo		35 min	45 min	1 h
	Porc				
GRIL	— côte				20 min
	— travers (sans précuisson)				30 min
BROCHE	rôti (échine, épaule) par 500 g				50 min
	Volailles				
	— escalopes				18 min
GRIL	— poulet ouvert (à plat)				35 min
	— brochettes				12 min
BROCHE	poulet 4/4 (1,200 kg)				45 min
	Abats				
	— rognons de veau			10 min	15 min
GRIL	— rognons de porc				15 min
	— foie de veau		6 min	8 min	12 min
	Charcuteries				
	— andouillettes				12 min
	— boudin				12 min
GRIL	— chipolatas				8 min
	— merguez				8 min
	— brochettes				12 min
	Légumes				
	en fonction de la variété				
GRIL	— champignons				6 min
	— pommes de terre (papillote)				30 min
	Fruits				
GRIL	— en brochettes				8 min
	— en papillote				12 min

Marinade pour poissons

Pour 4 portions

Préparation : 3 min
Marinade : 1 h minimum

2 citrons
2 dl d'huile d'olive
Thym, laurier, romarin.

Presser le jus des 2 citrons. Le mélanger avec l'huile. Émietter les aromates dedans.

Mettre les poissons (entiers, en filets... ou en morceaux) dans un plat ou une assiette creux. Les arroser avec la marinade. Les laisser s'imprégner en les retournant de temps en temps. Bien laisser égoutter le poisson avant de le poser sur le gril.

Se servir de la marinade pour arroser en cours de cuisson.

Marinade « Caraïbes »

Pour 4 portions

Préparation : 3 min
Marinade : 1 h minimum

1 gousse d'ail
2 piments oiseaux
1 brindille de thym
1 feuille de laurier
5 cl de rhum blanc
1 citron
1 dl d'huile d'olive
50 g de purée de tomates
1 cuil. à café de harissa.

Piler au mortier l'ail épluché, les piments, le thym et le laurier. Ajouter le jus du citron et tous les ingrédients. Mélanger intimement.

Badigeonner les morceaux à cuire à l'aide d'un pinceau et les laisser mariner pendant 1 heure au moins.

Cette préparation pimentée perd de sa force à la cuisson.

Pour viandes blanches (veau, porc).

Marinade texane

Pour 4 portions

Préparation : 3 min
Marinade : 1 h minimum

1 citron
1 dl d'huile d'olive
1 dl de ketchup
Piment de Cayenne en poudre.

Mélanger soigneusement le jus du citron et les différents ingrédients. Badigeonner les morceaux à cuire à l'aide d'un pinceau et laisser mariner pendant 1 heure au moins.

Badigeonner encore les morceaux en cours de cuisson avec la marinade restante.

Pour les viandes rouges (bœuf, mouton).

Marinade pour viandes rouges

Pour 4 portions

Préparation : 5 min
Marinade : 1 h minimum

1 petite échalote
2 gousses d'ail
Thym, laurier
2 dl de vin blanc sec
1 dl de vinaigre de vin
1 dl d'huile d'olive.

Hacher finement l'échalote et l'ail. Pulvériser le thym et le laurier. Réunir tous les éléments. Bien les mélanger et en arroser les morceaux à cuire. Les laisser s'imprégner en les retournant de temps en temps.

Bien laisser égoutter les morceaux avant de les poser sur le gril.

Se servir de la marinade pour arroser la viande en cours de cuisson.

Marinade pour viandes blanches

Pour 4 portions

Préparation : 8 min
Marinade : 1 h minimum

200 g de tomate fraîche bien mûre
2 dl de vin blanc sec
1 dl d'huile d'olive
2 cuil. à soupe de fines herbes hachées fraîches : persil, cerfeuil, estragon, ciboulette.

Ébouillanter la tomate pour l'éplucher. Retirer les graines. Hacher la pulpe. Réunir ensemble tous les éléments. Bien mélanger et arroser les morceaux à cuire. Les laisser s'imprégner en les retournant de temps en temps.

Bien laisser égoutter les morceaux avant de les poser sur le gril.

Se servir de la marinade pour arroser la viande en cours de cuisson.

Sauce Collioure

Pour 4 portions

Préparation : 4 min

1 gousse d'ail
50 g de filets d'anchois
1 cuil. à soupe de purée de tomates (concentré)
1/4 l de mayonnaise (p. 64).

Broyer l'ail et les anchois au mortier. Ajouter la purée de tomate et la mayonnaise.

Servir avec des poissons grillés, des crustacés...

Beurre fondu aux herbes

Pour 4 portions

Préparation : 5 min
Cuisson : 10 min

150 g de beurre frais
Le jus d'1/2 citron
1 cuil. à soupe d'apéritif anisé
Fenouil en grains
Basilic sec
Sel, poivre.

Laisser fondre doucement le beurre avec le fenouil et le basilic. Ajouter le jus de citron et le pastis. Assaisonner.

Servir avec des brochettes de poisson, des papillotes, des fruits de mer.

Sauce moutarde

Pour 4 portions

Préparation : 10 min
Cuisson : 10 min

1 dl de vin blanc sec
20 g d'échalote hachée finement
2 dl de crème fraîche épaisse
2 cuil. à soupe de moutarde forte
Sel, poivre.

Faire bouillir rapidement le vin blanc et l'échalote hachée. Laisser réduire vivement de moitié. Ajouter la crème en plein feu. Donner 1 minute d'ébullition. Retirer du feu. Ajouter la moutarde en fouettant. Saler et poivrer.

Servir sans attendre en accompagnement idéal d'andouillettes.

Entrecôtes au poivre

6 personnes

Préparation : 10 min
Cuisson : 15 min

50 g de poivre noir
6 belles entrecôtes
5 cl d'huile
5 cl de cognac
5 dl de fond brun de veau (p. 58)
150 g de crème fraîche épaisse
50 g de beurre
Sel.

SAVIGNY-LÈS-BEAUNE, vin rouge très bouqueté de la Côte-de-Beaune. Tendre et distingué, il escortera ce plat avec élégance.

Température : 16 °C.

Concasser le poivre noir. Y presser les entrecôtes pour bien le faire adhérer. Saler. Les cuire à feu vif dans l'huile, à la poêle. La durée dépend du degré de cuisson souhaité.

Vider la graisse. Arroser avec le cognac et flamber. Réserver les entrecôtes.

Déglacer la poêle avec le fond de veau. Laisser réduire de moitié. Ajouter la crème épaisse. Faire à nouveau réduire jusqu'à obtention de la consistance voulue. Monter la sauce au beurre. Vérifier l'assaisonnement.

Réchauffer les entrecôtes dans la sauce.

Servir avec des pommes paille et une salade verte.

Entrecôtes béarnaise

6 personnes

Préparation : 35 min
Cuisson : 25 min

200 g de beurre
30 g d'échalotes
8 cl de vinaigre blanc
1 bouquet de fines herbes
3 jaunes d'œufs
1,500 kg de pommes de terre
2 cl d'huile
6 entrecôtes
Sel, poivre.

Pour agrémenter ce plat, servir un vin du Sud-Ouest, le MADIRAN, rouge corsé et généreux.

Température : 16 °C.

Préparer la sauce béarnaise : faire fondre le beurre à feu doux. Éliminer le dépôt laiteux en transvasant le beurre fondu dans un autre récipient.

Hacher les échalotes. Les faire réduire presque à sec avec le vinaigre, 1 cuillerée à café de poivre concassé et les tiges des fines herbes. Laisser un peu refroidir puis ajouter les jaunes d'œufs et 1 cuillerée à soupe d'eau. Fouetter sur feu très doux jusqu'à obtenir la consistance d'une pommade.

Monter la béarnaise au fouet en incorporant le beurre clarifié en filet, comme si l'on réalisait une mayonnaise. Assaisonner. Passer au chinois et incorporer les fines herbes hachées. Réserver dans un endroit tiède.

Préparer les pommes Pont-Neuf : éplucher les pommes de terre. Les tailler en gros bâtonnets d'1 cm de section. Les blanchir 6 minutes dans une friture moyennement chaude. Les réserver. Juste avant de servir, les dorer dans un bain de friture très chaud.

Huiler et assaisonner les entrecôtes. Huiler légèrement le gril. Les cuire en les quadrillant. La durée dépend du degré de cuisson souhaité.

Servir les entrecôtes entourées des pommes Pont-Neuf brûlantes et d'une saucière de béarnaise.

Filet de bœuf en brioche

6 personnes

Préparation : 1 h
Cuisson : 1 h 30 min

150 g de beurre
100 g de farine
6 œufs
750 g de pommes de terre
1 kg de filet de bœuf lardé
5 cl d'huile
300 g de champignons de Paris
2 échalotes
500 g de pâte à brioche (p. 74)
3 dl de sauce Périgueux (p. 67)
Muscade
Sel, poivre.

Préparer la pâte à pommes dauphine : porter 2 dl d'eau à ébullition avec 100 g de beurre et un peu de sel. Hors du feu, ajouter la farine en une fois et en remuant énergiquement. Faire dessécher en remuant toujours sur feu très doux. Retirer du feu. Déposer cette pâte dans un récipient froid. Y incorporer progressivement 3 œufs.

Cuire les pommes de terre à la vapeur. Les écraser. Y incorporer 2 jaunes d'œufs puis mélanger les deux préparations. Réserver.

Faire revenir le rôti dans une grande cocotte, avec un peu d'huile, à feu vif. Dès qu'il est bien saisi, le sortir et le laisser refroidir.

Nettoyer et hacher les champignons et les échalotes. Les faire tomber avec le reste de beurre à feu vif jusqu'à ce qu'il n'y ait plus d'eau. Assaisonner. Laisser refroidir.

Abaisser la pâte à brioche. Répartir la duxelles de champignon. Poser le filet. L'enrouler dans la pâte.

Souder puis dorer avec un peu de jaune d'œuf battu. Décorer avec les chutes de pâte. Enfourner et cuire à 180 °C (th. 6) pendant 35 à 40 minutes.

Prélever des boules de pâte à pommes dauphine et les faire frire. Les égoutter et les réserver au chaud. Les servir avec le filet en brioche et la sauce Périgueux bien chaude.

Préférer un SAINT-ÉMILION GRAND CRU de quatre ou cinq ans, qui s'exprimera à merveille sur ce plat.

Température : 17 °C.

Hachis Parmentier

6 personnes

Préparation : 40 min
Cuisson : 35 min

1,600 kg de pommes de terre
2 oignons
2 gousses d'ail
120 g de beurre
1 kg de bœuf maigre haché ou de viande de pot-au-feu
1 botte de persil
Muscade
1 dl de lait
Sel, poivre.

Cuire les pommes de terre épluchées et coupées en morceaux 10 minutes à la vapeur.

Faire revenir les oignons et l'ail hachés dans une poêle avec 60 g de beurre. Ajouter la viande et le persil haché. Laisser cuire 5 minutes. Vérifier l'assaisonnement. Réserver.

Passer les pommes de terre au moulin à légumes. Incorporer le reste de beurre, la muscade et le lait. Assaisonner.

Déposer une couche de purée au fond d'un moule à gratin. Verser la viande. Finir par la purée. Lisser la surface puis la quadriller. Passer au four 15 minutes à 180 °C (th. 6).

Servir très chaud avec une salade verte bien assaisonnée.

Entre rouge et rosé, le BORDEAUX-CLAIRET, léger, s'accordera avec ce plat.

Température : 8 °C.

Hamburgers

6 personnes

Préparation : 15 min
Cuisson : 15 min

6 petits pains (buns)
120 g d'oignons
30 g de beurre
6 hamburgers tout prêts
100 g de laitue émincée
Ketchup
Moutarde
3 gros cornichons aigre-doux.

Couper les pains en deux. Griller l'intérieur et les maintenir au chaud.

Émincer les oignons. Les faire fondre doucement avec le beurre.

Cuire les hamburgers dans une poêle antiadhésive sans matière grasse.

Garnir 6 demi-pains de salade, de ketchup, de moutarde, de rondelles de cornichon, d'1 hamburger et d'oignons. Poser les chapeaux. Servir sans attendre.

Un CÔTES DU BÉARN de bonne qualité accompagnera agréablement ce plat.

Température : 14 °C.

Hochepot

6 personnes

Préparation : 35 min
Cuisson : 2 h 30 min

1 bouquet garni
600 g de plat de côtes
600 g de poitrine de mouton
600 g d'épaule de veau
600 g de lard salé
2 pieds de porc
400 g de carottes
400 g de poireaux
400 g de navets
200 g de céleri-rave
500 g d'oignons
1 petit chou vert
400 g de pommes de terre
6 saucisses à cuire
Sel, poivre.

Rassembler le bouquet garni et toutes les viandes, sauf les saucisses, dans une grande casserole. Couvrir d'eau froide. Saler légèrement, poivrer. Porter à ébullition et écumer si nécessaire.

Éplucher et nettoyer les légumes. Les couper en tronçons et en quartiers. Les plonger avec la viande, sauf les pommes de terre. Laisser cuire 1 heure.

Ajouter les pommes de terre et les saucisses. Poursuivre la cuisson 1 heure.

Servir la viande en morceaux, entourée des légumes bien rangés. Arroser d'un peu de bouillon. Présenter le reste du bouillon dans une soupière.

Quelques cornichons et du gros sel seront les bienvenus.

MÉDOC, vin rouge léger et franc du Bordelais. Choisir de préférence un vin jeune, qui agrémentera ce plat.

Température : 15 °C.

Pot-au-feu

6 personnes

Préparation : 45 min
Cuisson : 3 h

2 gros poireaux
1 céleri
4 grosses carottes
4 petits navets
1 branche de céleri
1 gousse d'ail
1 bouquet garni
2 oignons
2 clous de girofle
1 kg de macreuse
600 g de plat de côtes
2 os à moelle
6 pommes de terre
Gros sel
Moutarde
Cornichons
Sel, poivre.

Rassembler dans une grande cocotte avec 3 l d'eau froide : les poireaux lavés et ficelés ou pliés en trois, le céleri épluché et coupé en six, les carottes épluchées et coupées en trois, les navets épluchés, la branche de céleri, l'ail écrasé, le bouquet garni, les oignons piqués des clous de girofle, la viande et les os. Porter à ébullition. Assaisonner et laisser cuire 3 heures à feu doux.

Éplucher les pommes de terre. Les ajouter 20 minutes avant la fin de la cuisson.

Dresser les légumes et la viande coupée en tranches dans un grand plat, le tout arrosé de quelques louches de bouillon.

Servir avec du gros sel, de la moutarde et des cornichons.

La souplesse et la légèreté du BEAUJOLAIS-VILLAGES, un vin rouge frais et gouleyant, s'uniront très bien avec ce plat.

Température : 12 °C.

Onglet à l'échalote

6 personnes

Préparation : 10 min
Cuisson : 10 min

1,200 kg d'onglet
3 cl d'huile
80 g de beurre
100 g d'échalotes
3 cl de cognac
1 dl de vin blanc
3 dl de fond brun lié (p. 58)
Sel, poivre.

Un SAUMUR-CHAMPIGNY jeune, parfumé et racé, s'accordera avec ce mets.

Température : 14 °C.

Faire cuire l'onglet assaisonné dans de l'huile très chaude suivant le degré de cuisson désiré. Le réserver.

À sa place, faire fondre le beurre à feu doux. Ajouter les échalotes ciselées. Laisser cuire quelques instants. Déglacer avec le cognac et le vin blanc. Laisser réduire. Ajouter le fond brun. Laisser réduire jusqu'à obtenir la consistance souhaitée. Assaisonner.

Servir l'onglet bien chaud et émincé, nappé de sauce.

Spaghettis bolognaise

6 personnes

Préparation : 20 min
Cuisson : 1 h 30 min

5 cl d'huile d'olive
600 g de bœuf haché
200 g de jambon cru
2 gousses d'ail
50 g d'oignon
Origan
Thym, romarin
1 dl de vin blanc sec
40 g de tomates au naturel
5 dl de fond de veau (p. 58)
400 g de spaghettis
100 g de parmesan râpé
Sel.

Un vin italien, le SANGIOVESE DI ROMAGNA, rouge légèrement tannique, produit à proximité de Bologne entre Imola et Rimini, accompagnera très bien ce plat.

Température : 16 °C.

Faire chauffer l'huile d'olive. Y faire revenir la viande et le jambon coupé en dés. Ajouter l'ail et l'oignon hachés, puis l'origan, le thym et le romarin. Déglacer avec le vin blanc. Laisser réduire.

Ajouter la tomate et le fond. Laisser cuire à feu doux pendant 1 heure. Ajouter un peu d'eau en cours de cuisson si nécessaire.

Faire cuire les spaghettis dans une grande quantité d'eau bouillante salée. Les égoutter. Les dresser dans un plat. Verser la sauce. Saupoudrer de parmesan.

Steaks tartare

6 personnes

Préparation : 20 min

1,200 kg de bœuf maigre (filet)
Salade
6 jaunes d'œufs
1 dl d'huile d'olive
Le jus de 3 citrons
150 g d'oignons hachés
150 g de câpres concassées
Tabasco
50 g de fines herbes hachées
Ketchup
Worcestershire sauce
Moutarde
Sel, poivre.

Hacher ou couper en tout petits dés la viande, au dernier moment. La répartir dans 6 assiettes. Disposer un peu de salade ciselée tout autour.

Creuser le centre de la viande. Y déposer 1 jaune d'œuf.

Répartir le reste des ingrédients dans des coupelles. Chacun assaisonnera son steak tartare à sa convenance.

Servir des frites ou, mieux, des pommes Pont-Neuf brûlantes.

La viande doit être d'une qualité irréprochable et surtout préparée au dernier moment. La viande hachée s'altère très vite.

Préférer un BORDEAUX SUPÉRIEUR rouge, vieilli, bien charpenté, pour accompagner une viande relevée.

Température : 18 °C.

Tournedos forestière

6 personnes

Préparation : 20 min
Cuisson : 20 min

6 tranches de pain de mie
6 tournedos de 150 g
5 cl d'huile
5 cl de cognac
50 g de beurre
200 g de champignons de saison
20 g de pelures de truffe
5 cl de vin blanc
3 dl de crème fraîche
Sel, poivre.

Charnu et corsé, le FIXIN, ce vin rouge étoffé de Bourgogne, séduira ce mets de grande valeur.

Température : 16 °C.

Découper 6 ronds à l'emporte-pièce dans les tranches de pain de mie grillées.

Assaisonner les tournedos. Les faire cuire dans une poêle avec l'huile. La durée dépend du degré de cuisson souhaité. Jeter l'excédent de graisse. Flamber avec le cognac. Réserver les tournedos.

Mettre le beurre dans la poêle. Y faire revenir rapidement les champignons nettoyés et émincés si leur taille le rend nécessaire. Dès qu'ils ont rendu toute leur eau, les réserver au chaud.

Déglacer la poêle au vin blanc. Laisser réduire presque à sec. Ajouter la crème fraîche. Laisser épaissir à feu vif. Assaisonner.

Réchauffer les champignons et la viande quelques minutes dans la sauce.

Dresser 1 toast par personne. Y déposer 1 tournedos. Napper de sauce et servir aussitôt.

Tournedos Rossini

6 personnes

Préparation : 20 min
Cuisson : 15 min

6 belles tranches de filet de bœuf
5 cl d'huile
300 g de foie gras d'oie cru
5 cl de madère
1 belle truffe
2 dl de demi-glace (p. 59)
50 g de beurre
6 tranches de pain de mie
Sel, poivre.

CHÂTEAU MARGAUX, un vin du Médoc de très grande classe. À grand plat, grand vin.

Température : 18 °C.

Maintenir chaque tranche de filet d'un tour de ficelle. Faire chauffer l'huile dans une poêle. Les saisir de chaque côté après les avoir assaisonnées. Réserver les tournedos.

Détailler le foie gras en 6 escalopes. Les faire rapidement griller dans une poêle antiadhésive sans matière grasse. Réserver.

Dégraisser puis déglacer la poêle des tournedos avec le madère et le jus de la truffe. Laisser réduire à feu vif, puis ajouter la demi-glace. Laisser réduire à nouveau de moitié puis monter la sauce avec le beurre bien froid coupé en petits morceaux. Vérifier l'assaisonnement.

Découper des ronds dans le pain, de la taille des tournedos. Les faire griller.

Dresser les tournedos bien chauds sur les croûtons, déposer une escalope de foie gras tiède et une belle lamelle de truffe. Entourer d'un cordon de sauce. Servir bien chaud.

VEAU

LE VEAU

Les principaux morceaux

(1) *Tête*
(2) *Poitrine*
(3) *Jarret*
(4) *Pied*
(5) *Collier*
(6) *Épaule*
(7) *Carré*
(8) *Longe*
(9) *Tendron*
(10) *Quasi*
(11) *Cuisseau*

DÉFINITION

C'est le petit de la vache, appelé ainsi depuis sa naissance jusqu'à l'époque de son sevrage.

La meilleure viande provient d'animaux âgés de deux mois et demi à trois mois, nourris exclusivement de lait et de quelques œufs vers la fin.

Actuellement, l'élevage des veaux est industrialisé et si, depuis 1987, l'usage des hormones est interdit dans l'ensemble des pays de la Communauté Européenne, cela n'empêche pas l'ajout de nombreux produits dans l'alimentation des veaux :

— stimulateurs de croissance,
— anabolisants,
— rétenteurs d'eau,
— antibiotiques.

Ce manque de qualité a occasionné le boycott de la consommation de la viande de veau, concurrencée, il est vrai, par une autre viande blanche de qualité : la dinde et ses produits de découpe.

Pour lutter contre cette situation et produire à nouveau une viande de bonne qualité, les éleveurs se sont organisés professionnellement pour :

— sélectionner les races ;
— améliorer l'alimentation ;
— produire une viande plus ferme et plus goûteuse ;
— renforcer les contrôles vétérinaires pour certifier l'absence d'hormones et d'autres produits ;
— créer une Charte du veau ;
— créer un label de veau « sous la mère ».

UTILISATION CULINAIRE DES PRINCIPAUX MORCEAUX

Désignation des morceaux	Type de cuisson	Poids	Nbre de portions	Temps de cuisson
Noix de veau	braiser, poêler	2 à 2,5 kg	15 à 20	1 h 50 min h à 2 h
Escalopes	sauter, griller	130 g	1	10 à 12 min
Fricandeau	braiser	1,5 à 2 kg	8 à 12	1 h à 1 h 50 min
Osso buco (avec os)	braiser	300 à 400 g	1	1 h à 1 h 25 min
Selle (avec os)	braiser, poêler	6 à 8 kg	25 à 40	2 h 50 min à 3 h
Longe (avec os)	rôtir, poêler	1,5 à 2 kg	6 à 8	1 h à 1 h 50 min
Rognonnade (sans os)	rôtir, poêler	2 à 3 kg	15 à 20	2 h à 2 h 50 min
Carré (avec os)	rôtir, poêler	3 à 5 kg	15 à 25 min	2 h à 2 h 50 min
Steak de veau (sans os)	sauter	160 g	1	12 à 15 min
Médaillons (sans os)	sauter	2 x 80 g	1	12 à 15 min
Épaule (avec os)	rôtir, poêler	3,5 kg à 4 kg	8 à 12	1 h 25 min à 1 h 45 min
Sauté, blanquette, fricassée (sans os)	bouillir, sauter	2 x 80 g	1	1 h 25 min à 1 h 45 min
Ris de veau	braiser	200 à 300 g	1 à 2	30 à 45 min
Tête (avec os) (sans os)	bouillir bouillir	5 à 7 kg 2,5 à 3 kg	12 à 15	1 h 50 min à 2 h
Langue	bouillir, braiser	400 à 600 g	3 à 4	1 h à 1 h 50 min
Cervelle	pocher, sauter	200 à 300 g	1 à 2	30 min
Foie	griller, sauter	140 g	1	10 à 12 min

Cœur de veau braisé

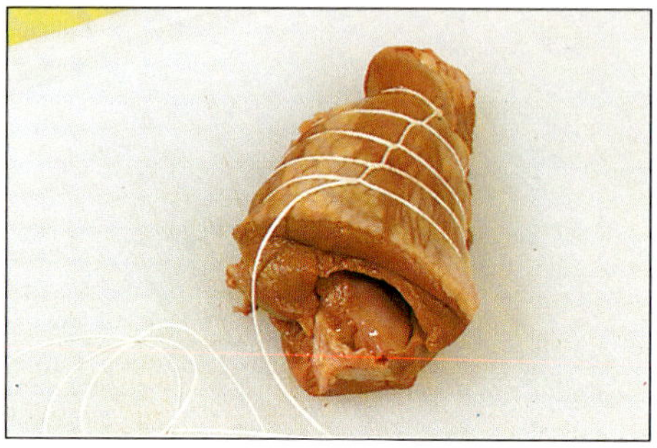

4 personnes

Préparation : 30 min
Cuisson : 1 h 40 min

2 cœurs de veau
5 cl d'huile
200 g d'oignons
1 kg de carottes
200 g de poireau
2 gousses d'ail
4 dl de vin blanc sec
1/4 l de bouillon
1 bouquet garni
40 g de beurre
Persil
Sel, poivre.

PINOT NOIR d'Alsace, vin rosé franc et souple. Il s'agit d'allier la typicité du plat avec celle du vin.

Température : 8 °C.

Nettoyer et parer les cœurs. Les ficeler pour qu'ils conservent leur forme.

Faire chauffer l'huile dans une cocotte. Y faire revenir les cœurs sur tous les côtés. Ajouter les oignons puis, dès qu'ils commencent à dorer, les carottes, le poireau émincé et l'ail écrasé. Laisser revenir quelques instants.

Déglacer avec le vin blanc et le bouillon. Assaisonner. Adjoindre le bouquet garni. Couvrir et laisser mijoter pendant 1 heure environ.

Au terme de la cuisson, sortir les cœurs, les déficeler et les couper en tranches. Les dresser sur le plat de service. Entourer des carottes.

Faire réduire le jus de cuisson quelques minutes. Le lier avec le beurre bien froid. En arroser le cœur de veau. Servir aussitôt, saupoudré de persil haché.

Foie de veau aux oignons

4 personnes

Préparation : 15 min
Cuisson : 20 min

500 g d'oignons
100 g de beurre
20 g de sucre
Farine
4 belles tranches de foie
Sel, poivre.

Vin rouge frais, souple et bouqueté, le SAINT-AMOUR fera une très bonne alliance avec le foie de veau.

Température : 15 °C.

Éplucher et émincer les oignons. Les faire blanchir quelques minutes à l'eau bouillante. Les égoutter soigneusement. Les faire revenir 3 minutes dans 60 g de beurre avec le sucre. Réserver au chaud dans le plat de service.

Fariner les tranches. Faire fondre le reste de beurre sans le faire colorer. Y saisir rapidement les tranches de chaque côté. Assaisonner.

Les dresser sur les oignons et servir aussitôt.

Ris de veau braisés

4 personnes

Préparation : 20 min
Cuisson : 1 h
Trempage : 1 h

4 ris de veau
100 g de lard fumé
200 g d'oignons
300 g de carottes
200 g de poireaux
1 bouquet garni
2 dl de bouillon
60 g de beurre
1 dl de vin blanc sec
Sel, poivre.

Dégraisser les ris de veau. Les faire tremper 1 heure dans l'eau froide. les blanchir 15 minutes à l'eau bouillante. Les plonger dans l'eau froide. Les nettoyer en les débarrassant des dernières petites peaux.

Détailler le lard en fins bâtonnets. En piquer les ris.

Éplucher et émincer les oignons, les carottes et le poireau. En tapisser le fond d'une cocotte en fonte. Ajouter le bouquet garni et les ris. Assaisonner.

Verser un peu de bouillon et déposer une noisette de beurre. Laisser réduire à découvert, sur feu vif.

Ajouter le reste de beurre, de bouillon, et le vin blanc. Couvrir et laisser mijoter 20 à 25 minutes.

Au terme de la cuisson, dresser les ris dans un plat de service chaud. Napper de jus et servir aussitôt.

SANCERRE, vin blanc bouqueté et équilibré de Nièvre-Berry. L'élégance du vin enchantera la douceur des ris de veau.

Température : 8 °C.

Rognons de veau dijonnaise

4 personnes

Préparation : 25 min
Cuisson : 25 min

4 rognons de veau
100 g de beurre
150 g de champignons de Paris
1 échalote
3 cl de cognac
1 dl de crème fraîche épaisse
1 dl de fond de veau brun (p. 58)
50 g de moutarde
1 bottillon de ciboulette
Sel, poivre.

Couper les rognons en deux. Enlever la partie blanche. Les couper en lamelles. Faire revenir les rognons dans 50 g de beurre. Assaisonner et laisser cuire 15 minutes.

Nettoyer les champignons, les émincer. Faire fondre le reste de beurre. Y faire revenir l'échalote ciselée puis les champignons pendant 5 minutes. Ajouter les rognons. Chauffer à feu vif. Flamber avec le cognac. Réserver les rognons et les champignons dans le plat de service chaud.

Déglacer avec la crème et le fond. Laisser réduire 10 minutes.

Hors du feu, ajouter la moutarde. Napper les rognons avec la sauce. Saupoudrer de ciboulette hachée.

La puissance et la finesse des rognons seront escortées par un CÔTE-DE-BEAUNE-VILLAGES, un vin rouge souple et généreux de Bourgogne.

Température : 16 °C.

LA TRIPERIE

DÉFINITION

Ce terme désigne les différents abats constitués par certains organes et par les extrémités comestibles des bêtes abattues.

On distingue deux sortes d'abats :

Les abats blancs :
— amourettes
— cervelle
— gras-double
— tripes
— fraise
— ris
— tête, pieds
— testicules.

Les abats rouges :
— cœur
— foie
— langue
— poumons
— reins, rognons.

TRAITEMENT CULINAIRE DES PRINCIPAUX ABATS UTILISÉS EN CUISINE

Animal	Dénomination	Caractéristiques	Préparations	Utilisations
BOEUF	**Amourettes**	Moelle épinière.	Nettoyer toute trace sanguinolente, faire dégorger.	Pochées, utilisées en garnitures (bouchées...).
	Cervelle	D'un poids de 600 g environ.	Voir amourettes.	En garniture ou en fritots.
	Pieds			Entrent dans la composition des tripes.
	Tripes	Constituées par les différentes parties de l'appareil digestif du bœuf (panse, bonnet, feuillet, caillette).	Nettoyer, ébouillanter, dégorger, blanchir longuement, rafraîchir.	À la mode de Caen (cidre, calvados, aromates...), à la marseillaise (ail, tomates...), à la lyonnaise (vin blanc, oignons...).
	Gras-double	C'est la panse du bœuf.	S'achète déjà nettoyé et cuit longuement.	À la lyonnaise, à la provençale, à la poulette.
	Langue	La langue écarlate est une préparation charcutière, salée puis cuite.	Dégorger puis rafraîchir longuement. La langue peut aussi être salée (demi-sel).	Pochée ou braisée, puis débarrassée de sa peau. Pochée et servie avec une sauce piquante.
	Rognons	De 500 à 600 g, ce sont les reins.	Les débarrasser de leur graisse et de la fine pellicule.	Braisés.
	Foie	Surtout celui des animaux jeunes (génisses).	En tranches.	Grillé, sauté au vinaigre, aux oignons.
	Rognons blancs	Ce sont les testicules, soit du veau, soit du taureau.	Blanchir et débarrasser de l'enveloppe coriace.	Sautés au beurre, relevés d'une persillade.

Animal	Dénomination	Caractéristiques	Préparations	Utilisations
VEAU	**Amourettes**	voir Bœuf.		
	Cervelle	Elle est bien meilleure que celle du bœuf.	Comme les amourettes.	Pochée, escalopée, sautée au beurre.
	Fraise	Partie de l'estomac et des intestins.	Dégorger, blanchir, rafraîchir.	Cuite dans un blanc puis frite, à la lyonnaise, poulette...
	Pieds		Désosser, dégorger, blanchir, rafraîchir.	Cuits dans un blanc. Servis avec une vinaigrette.
	Ris	C'est le thymus, qui s'atrophie au fur et à mesure de la croissance. On ne consomme que la noix.	Les choisir bien blancs et les faire dégorger, blanchir, rafraîchir et mettre sous presse entre deux linges.	Grillé, sauté, braisé à blanc, à brun, rôti, à la broche, en garniture pour bouchées à la reine.
	Tête		Traiter comme les pieds de veau.	À la parisienne, dans la confection de la fausse soupe à la tortue.
	Foie	1,500 à 1,900 kg. Il est très estimé.		*Entier* : braisé. *Détaillé* : grillé, sauté, pané, frit.
	Rognons	Beaucoup plus estimés que ceux du bœuf.	Même préparation que pour ceux de bœuf.	Grillés : en brochettes... Sautés : au madère, casserole...
MOUTON AGNEAU	**Cervelle**	Voir Veau.		
	Ris	Voir Veau.	Agneau uniquement. Voir Veau.	
	Rognons	En forme de haricot.	Même préparation que le bœuf.	Grillés : en brochettes, mixed gril.
	Rognons blancs	Les testicules du bélier.	Comme pour le bœuf.	Comme pour le bœuf.
PORC	**Cervelle**		Comme celle du veau.	
	Pieds		S'achètent cuits.	Panés, grillés.
	Rognons		Comme ceux de l'agneau.	Grillés, sautés.

Tête de veau, sauce ravigote

6 personnes

Préparation : 30 min
Cuisson : 2 h

1/2 tête de veau désossée et roulée
3 dl de vinaigre
1 poignée de gros sel
1 bouquet garni
260 g d'oignons
300 g de carottes
1 branche de céleri
1 vert de poireau
3 dl d'huile
60 g de câpres
1 petit bouquet d'herbes (persil, cerfeuil, estragon...) hachées
Sel, poivre.

Un seul cépage, le Gamay, pour ce CHIROUBLES, vin rouge fin et élégant du Beaujolais, qui accompagnera la douceur de la tête de veau.

Température : 14 °C.

Plonger la tête de veau dans une casserole d'eau froide. Porter à ébullition et cuire 10 minutes. Vider l'eau. Remettre la tête, couvrir d'eau froide, ajouter 2 dl de vinaigre, le sel, le bouquet garni, 200 g d'oignons ciselés, les carottes en rondelles, la branche de céleri, le poireau et du poivre. Couvrir et laisser cuire doucement 2 heures.

Mélanger l'huile, le reste de vinaigre, du sel, du poivre, les câpres, le reste d'oignons hachés et les herbes. Réserver.

Sortir la tête de l'eau. La couper en tranches. Les disposer sur un plat. Les servir accompagnées de la sauce ravigote.

Tripes à la provençale

Les tripous sont une recette caractéristique du centre de la France. Ce sont des tripes, des morceaux de pieds de mouton, des fines herbes et des épices, le tout enfermé dans un morceau de panse et cuisiné dans du bouillon ou un fond de veau au vin blanc.

6 personnes

Préparation : 30 min
Cuisson : 1 h 45 min

1,500 kg de tripes blanchies
1 pied de veau
5 cl d'huile
200 g d'oignons
200 g de carottes
70 g de lard fumé
7 dl de vin blanc sec
1 bouquet garni
2 clous de girofle
1 gousse d'ail
3 cl de cognac
Muscade
1 boîte de tomates au naturel
Sel, poivre.

Un CASSIS blanc sec, nerveux et parfumé, sera en harmonie avec ce plat régional.

Température : 8 °C.

Plonger les tripes et le pied de veau dans une casserole d'eau froide. Porter à ébullition. Rafraîchir sous l'eau courante.

Découper les tripes et le pied de veau désossé en lanières.

Faire chauffer l'huile dans un faitout. Y faire suer les oignons et les carottes émincés, le lard en dés et les abats. Mouiller avec le vin blanc et compléter avec de l'eau pour couvrir les ingrédients. Ajouter le bouquet garni, les clous de girofle, l'ail écrasé, le cognac, la muscade, le sel et le poivre. Couvrir et laisser cuire 1 heure 30 minutes.

20 minutes avant la fin de la cuisson, ajouter les tomates au naturel épépinées, égouttées et hachées. Vérifier l'assaisonnement.

Servir bien chaud, accompagné de pommes de terre cuites à l'eau.

Blanquette de veau

6 personnes

Préparation : 45 min
Cuisson : 2 h 15 min

100 g de carotte
100 g d'oignon
2 clous de girofle
100 g de poireau
1,200 kg de veau (épaule, collier...)
1 bouquet garni
1 gousse d'ail
300 g de petits oignons
200 g de champignons entiers au naturel
Le jus d'1 citron
20 g de sucre
90 g de beurre
50 g de farine
1 jaune d'œuf
2 dl de crème fraîche
Sel, poivre, cayenne.

Éplucher la carotte et l'oignon. Couper la carotte en rondelles. Piquer l'oignon des clous de girofle. Émincer le poireau.

Couper la viande en morceaux de 50 g. Les placer dans une casserole, couvrir d'eau froide et porter à ébullition. Passer la viande sous l'eau froide, l'égoutter puis la replacer dans une casserole. La couvrir d'eau, ajouter la carotte, l'oignon, le poireau, le bouquet garni, la gousse d'ail épluchée et écrasée et du sel. Porter à ébullition en écumant. Laisser frémir 1 heure 30 minutes.

Émincer les champignons et les faire cuire dans de l'eau additionnée de la moitié du jus de citron.

Éplucher les petits oignons, les placer dans une petite casserole avec un peu d'eau, le sucre et 40 g de beurre. Les faire cuire à blanc. Les réserver.

Préparer un roux avec le reste de beurre et la farine. Ajouter en fouettant 1 l de bouillon de cuisson. Laisser réduire à feu vif.

Hors du feu, lier avec le jaune d'œuf battu, le reste du jus de citron, la crème fraîche et une pointe de cayenne. Cette sauce ne doit plus bouillir.

Égoutter la viande. La mélanger à la sauce. Ajouter les champignons et les petits oignons. Servir aussitôt, accompagnée de riz (voir p. 364).

Servir un ROSÉ D'ANJOU demi-sec, un vin du Val de Loire agréable et gouleyant, pour un plat tout en douceur.

Température : 8 °C.

Boulettes à la tomate

6 personnes ✕ ○

Préparation : 30 min
Cuisson : 1 h

600 g de veau haché (quasi, collier)
300 g de chair à saucisse
100 g de parmesan râpé
3 œufs
10 cl d'huile d'olive
200 g d'oignons
600 g de tomates au naturel
1 bouquet garni
1 gousse d'ail
100 g de carotte
100 g de farine
Basilic
Muscade
Sel, poivre.

La fraîcheur et la souplesse d'un GAILLAC rosé, un vin du Sud-Ouest, s'accommodera à ce plat.

Température : 8 °C.

Mélanger le veau, la chair à saucisse, le fromage et les œufs. Assaisonner. Quand le mélange est bien homogène, former des boulettes de la grosseur d'un petit œuf. Les réserver au frais.

Faire chauffer 5 cl d'huile. Y faire dorer les oignons émincés. Ajouter les tomates grossièrement coupées, le bouquet garni, l'ail écrasé et la carotte en rondelles. Assaisonner. Laisser cuire 20 minutes à feu doux.

Retirer le bouquet garni. Passer la sauce au moulin à légumes.

Chauffer le reste d'huile dans une poêle. Y faire dorer les boulettes farinées pendant 3 minutes. Ajouter la sauce tomate. Laisser mijoter 20 minutes.

Servir bien chaud, saupoudré de basilic haché.

Côtelettes de veau Pojarski

6 personnes ✕✕ ○○

Préparation : 30 min
Cuisson : 10 min

150 g de mie de pain
1 dl de lait
3 côtes de veau
3 œufs
400 g de veau haché (quasi, sous-noix)
150 g de farine
100 g de chapelure
5 cl d'huile
2 citrons
Quelques branches de persil
Muscade
Sel, poivre.

Un CÔTES DU LUBÉRON, vin rouge du sud de la vallée du Rhône, bouqueté et capiteux, conviendra à ce plat.

Température : 14 °C.

Faire tremper le pain dans le lait tiède.

Désosser les côtes de veau. Couper la viande en petits cubes. La mélanger avec la mie de pain essorée et hachée, 2 œufs, la viande hachée et l'assaisonnement. Façonner 6 croquettes plates en forme de côtes. Les passer dans la farine, dans l'œuf battu puis dans la chapelure. Tapoter pour bien faire adhérer l'ensemble.

Faire cuire à la poêle, dans l'huile, à température modérée.

Dresser sur plat. Décorer avec les citrons en quartiers et des bouquets de persil.

Côtes de veau aux 3 poivrons

6 personnes

Préparation : 30 min
Cuisson : 40 min

100 g de farine
6 côtes de veau
1 dl d'huile
300 g de champignons de Paris
200 g de carottes
200 g d'oignons
3 tranches de lard
2 poivrons rouges
2 poivrons verts
2 poivrons jaunes
Quelques feuilles de basilic
Sel, poivre.

Fariner et assaisonner les côtes de veau. Les dorer à la poêle dans 5 cl d'huile bien chaude.

À leur place, faire revenir les champignons, les carottes et les oignons épluchés, nettoyés et finement émincés, ainsi que les tranches de lard détaillées en bâtonnets. Assaisonner. Laisser cuire quelques minutes.

Remettre les côtes dans la poêle et finir la cuisson 10 à 15 minutes sur feu doux.

Couper les poivrons en deux, les épépiner. Les blanchir 5 minutes à l'eau bouillante. Enlever la peau. Les émincer. Les faire cuire dans une poêle avec le reste d'huile. Assaisonner.

Servir les côtes entourées des 2 garnitures. Saupoudrer de basilic ciselé. Servir bien chaud.

Préférer un COSTIÈRES DE NÎMES typé méditerranéen pour ce plat agrémenté de poivrons.

Température : 10 °C.

Côtes de veau aux petits pois

6 personnes

Préparation : 20 min
Cuisson : 45 min

600 g de petits pois frais et écossés
100 g de farine
6 côtes de veau
100 g de beurre
200 g de champignons de Paris
6 cl de cognac
3 dl de crème fraîche
Sel, poivre.

Porter 3 l d'eau salée à ébullition. Y plonger les petits pois et ramener rapidement à ébullition. Les cuire de 5 à 10 minutes. Les rafraîchir dès qu'ils sont cuits.

Fariner et assaisonner les côtes de veau. Faire fondre doucement 40 g de beurre dans une grande poêle. Ajouter les côtes et les cuire lentement afin que le beurre ne colore pas. Les réserver au chaud.

À leur place, faire revenir les champignons à feu vif. Dès que toute l'eau s'est évaporée, ajouter le cognac. Laisser réduire quelques instants puis ajouter la crème fraîche. Laisser réduire jusqu'à ce que la sauce nappe la cuillère. Rectifier l'assaisonnement.

Réchauffer les petits pois à l'eau bouillante 2 minutes. Les égoutter. Les lier avec le reste de beurre. Assaisonner.

Servir le tout bien chaud.

PINOT BLANC d'Alsace, sec et généreux. Un juste milieu dans la gamme des vins d'Alsace, qui s'harmonisera très bien avec la garniture.

Température : 8 °C.

Escalopes panées

6 personnes

Préparation : 20 min
Cuisson : 10 min

---

100 g de farine
2 œufs
100 g de chapelure
6 escalopes de veau très minces
80 g de beurre
2 cl d'huile
1 citron
Quelques brins de persil
Sel, poivre.

Associer la finesse du CORBIÈRES rosé, vin corsé du Languedoc, à celle du veau.

Température : 8 °C.

Préparer une assiette contenant la farine, une autre contenant les œufs battus assaisonnés et la troisième contenant la chapelure.

Passer les escalopes dans les 3 assiettes, dans l'ordre indiqué.

Bien les tapoter pour que la chapelure adhère.

Faire chauffer le beurre et l'huile dans une grande poêle. Y faire cuire les escalopes, 5 minutes de chaque côté, à feu modéré.

Les dresser sur un plat. Garnir chaque escalope d'1 rondelle de citron passée dans du persil haché.

Escalopes de veau grenobloise

6 personnes

Préparation : 15 min
Cuisson : 20 min

---

100 g de farine
6 fines escalopes de veau
5 cl d'huile
60 g de beurre
100 g de câpres
2 citrons
Quelques branches de persil
Sel, poivre.

Pour une spécialité régionale, servir un VIN DE SAVOIE rosé jeune qui s'exprimera entièrement sur ce plat.

Température : 10 °C.

Fariner et assaisonner les escalopes. Les faire cuire dans l'huile bien chaude 4 à 5 minutes de chaque côté. Jeter l'huile, ajouter le beurre, réserver la viande au chaud sur le plat de service.

Lorsque le beurre grésille, ajouter 3 cl d'eau, les câpres et les quartiers de citron pelés à vif.

Porter à ébullition et verser le tout sur les escalopes.

Saupoudrer de persil haché et servir aussitôt.

Grenadins de veau piémontaise

6 personnes

Préparation : 25 min
Cuisson : 1 h 15 min

1 kg de filet de veau
80 g de lard gras
5 cl d'huile
100 g d'oignon
100 g de carotte
1 dl de vin blanc
1 bouquet garni
150 g de champignons
100 g de lard fumé
50 g de concentré de tomate
Persil
Sel, poivre.

Découper le filet en 6 beaux médaillons. Les aplatir légèrement. Tailler le lard gras en bâtonnets. En piquer 3 de chaque côté de chaque médaillon.

Faire chauffer l'huile dans une sauteuse. Y dorer les grenadins de chaque côté.

Réserver la sauteuse sur le coin du feu. Ajouter l'oignon et la carotte épluchés et détaillés en petits morceaux. Laisser suer. Mouiller avec le vin blanc, ajouter le bouquet garni, assaisonner. Laisser mijoter 30 minutes à couvert.

Laver et émincer les champignons. Détailler le lard fumé en bâtonnets. Les faire revenir ensemble jusqu'à ce que toute l'eau soit évaporée. Les ajouter à la sauce ainsi que le concentré de tomate. Poursuivre la cuisson 20 minutes.

Enlever le bouquet garni. Dresser. Saupoudrer de persil haché et servir.

La finesse et la distinction du CÔTES-DE-BEAUNE-VILLAGES compléteront agréablement ce plat.

Température : 16 °C.

Noix de veau braisée

6 personnes

Préparation : 15 min
Cuisson : 1 h 30 min

5 cl d'huile
1,500 kg de noix de veau
1 gros oignon
1 carotte
1 dl de vin blanc
Sel, poivre.

À une viande braisée, réservons un vin robuste et généreux : un MORGON, vin rouge du Beaujolais.

Température : 16 °C.

Huiler et assaisonner le rôti. Le déposer sur une plaque à rôtir. L'entourer de l'oignon coupé en 8 et de la carotte en rondelles. Cuire au four à 210 °C (th. 7), 1 heure 30 minutes.

À mi-cuisson, ajouter le vin blanc et la même quantité d'eau dans la plaque. Arroser la viande de temps en temps avec ce jus bouillant.

Réserver la viande au chaud. Passer le jus au chinois. Servir la viande en rondelles en proposant le jus bien chaud en accompagnement.

Osso buco

6 personnes

Préparation : 20 min
Cuisson : 1 h 40 min

6 belles tranches de jarret de veau
100 g de farine
5 cl d'huile
75 g d'oignon
2 gousses d'ail
1 dl de vin blanc
2 dl de fond de veau (p. 58)
Le zeste d'1 orange
Le zeste d'1 pamplemousse
500 g de tomates au naturel
Quelques feuilles de sauge
100 g de carottes
1 bouquet garni
Sel, poivre.

Servir un CÔTES DU JURA rosé, vin de qualité, à découvrir sur un osso buco.

Température : 8 °C.

Faire dorer la viande farinée et assaisonnée dans l'huile bien chaude. Ajouter l'oignon et l'ail ciselés. Remuer et laisser cuire quelques instants.

Déglacer avec le vin blanc, ajouter le fond de veau, les zestes émincés, les tomates grossièrement hachées, la sauge, les carottes coupées en petits dés et le bouquet garni. Assaisonner.

Couvrir et laisser cuire à feu doux 1 heure 30 minutes. Rajouter un peu d'eau en cours de cuisson si nécessaire.

Servir bien chaud avec des pâtes fraîches liées avec un peu de beurre et de parmesan.

Piccatas au banyuls

6 personnes

Préparation : 10 min
Cuisson : 15 min

100 g de farine
12 petites escalopes de veau très fines
80 g de beurre
Le jus de 2 citrons
1,5 dl de crème fraîche
5 cl de banyuls
Sel, poivre.

Disposer la farine dans une assiette, l'assaisonner de sel et de poivre. Y passer les escalopes. Les faire cuire dans le beurre bien chaud 5 minutes de chaque côté. Assaisonner.

Déglacer avec le jus de citron. Ajouter la crème et le banyuls. Mélanger. Laisser mijoter encore 5 minutes. Servir bien chaud.

Choisir un BANYULS rouge, Vin Doux Naturel de premier ordre, à servir jeune avec ce plat.

Température : 12 °C.

Paupiettes surprise

6 personnes

Préparation : 25 min
Cuisson : 1 h

6 escalopes de veau larges et fines
6 tranches de jambon blanc
6 œufs durs
50 g de farine
50 g de beurre
2 oignons
2 gousses d'ail
1 dl de vin blanc sec
1 bouquet garni
Sel, poivre.

Étaler les escalopes. Les assaisonner. Déposer 1 tranche de jambon sur chacune et 1 œuf dur. Les rouler en repliant les bords afin qu'elles soient bien fermées. Les ficeler.

Faire revenir les paupiettes farinées dans le beurre à feu modéré. Ajouter l'oignon et l'ail émincés. Remuer. Déglacer avec le vin blanc, 1 dl d'eau. Ajouter le bouquet garni, du sel et du poivre.

Couvrir et laisser mijoter 45 minutes. Les réserver au chaud. Enlever les ficelles.

Faire réduire un peu la sauce. Rectifier l'assaisonnement si nécessaire.

Dresser les paupiettes coupées en deux, servir la sauce à part, avec une purée de pommes de terre.

MONTAGNY, vin blanc du Mâconnais, souple et complexe. Un vin blanc pour une viande blanche.

Température : 10 °C.

Poitrine de veau farcie

10 personnes

Préparation : 40 min
Cuisson : 2 h 30 min

Farce :
200 g de mie de pain
1 dl de lait
250 g de chair à saucisse
100 g de jambon blanc
2 œufs
80 g de pistaches
1 bouquet de persil
Muscade
Sel, poivre.

1 poitrine de veau désossée de 2,400 kg
5 cl d'huile
100 g d'oignon
100 g de carotte
100 g de céleri branche
1 bouquet garni
2 dl de vin blanc
Sel, poivre.

Associer à ce plat un LIRAC rouge charnu de la Vallée du Rhône, rapidement affiné.

Température : 16 °C.

Préparer la farce : tremper la mie de pain dans le lait tiède. Dans un saladier, rassembler la chair à saucisse, le jambon blanc coupé en dés, la mie de pain égouttée et hachée, les œufs battus, les pistaches, le persil haché et l'assaisonnement. Bien travailler le tout afin d'obtenir un mélange homogène.

Ouvrir la poitrine à l'une des extrémités seulement, la fendre sur toute la longueur. On doit obtenir une poche.

Glisser la farce par l'ouverture en prenant soin qu'elle aille bien jusqu'au fond. À l'aide d'une aiguille à brider, recoudre l'ouverture solidement.

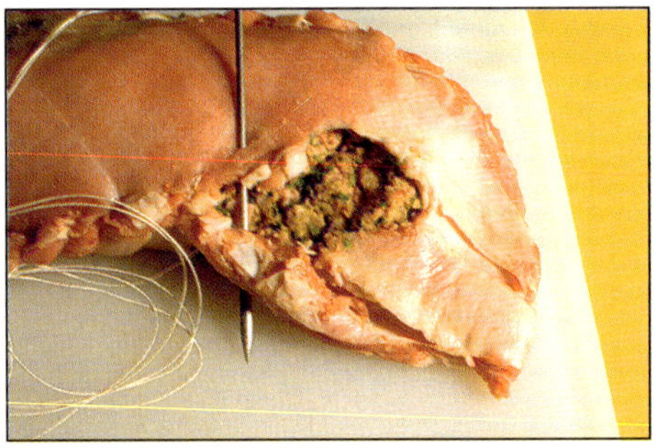

Faire chauffer l'huile dans une cocotte. Y faire revenir la poitrine de tous les côtés jusqu'à ce qu'elle soit bien dorée. Ajouter l'oignon épluché et coupé en gros morceaux, la carotte épluchée détaillée en rondelles épaisses, le céleri branche émincé et le bouquet garni. Saler, poivrer et verser le vin blanc. Réduire le feu. Couvrir et laisser cuire à feu doux pendant 2 heures.

Réserver la viande au chaud. Réduire le jus de cuisson après y avoir ajouté 1 dl d'eau bouillante. Le passer au chinois.

Servir la viande coupée en tranches et disposée dans un grand plat, accompagnée du jus dans une saucière.

Tendrons de veau à l'estragon

6 personnes

Préparation : 15 min
Cuisson : 2 h

1,600 kg de tendrons de veau
5 cl d'huile
100 g de farine
3 dl de vin blanc
Quelques branches d'estragon
1 carotte
1 oignon
2 dl de crème fraîche épaisse
Sel, poivre.

Faire revenir les tendrons coupés en 8 et assaisonnés à l'huile bien chaude. Fariner. Déglacer avec 2 dl de vin blanc. Ajouter les tiges d'estragon (garder les feuilles pour plus tard), la carotte et l'oignon coupés en 4. Couvrir. Laisser cuire à feu doux 1 heure 45 minutes.

Réserver les tendrons au chaud. Déglacer la poêle avec le reste de vin blanc. Ôter les tiges d'estragon, l'oignon et la carotte. Ajouter la crème dans la poêle avec les feuilles d'estragon hachées. Porter à ébullition, laisser épaissir.

Napper les tendrons et servir aussitôt.

Un CHINON de Touraine, vin très célèbre, légèrement vieilli, pour accompagner ce mets.

Température : 16 °C.

Sauté de veau marengo

6 personnes

Préparation : 45 min
Cuisson : 2 h 15 min

1,200 kg de veau (épaule, collier)
5 cl d'huile
150 g d'oignons
1,5 dl de vin blanc
3 dl de fond de veau brun (p. 58)
250 g de tomates au naturel
100 g de concentré de tomate
2 gousses d'ail
1 bouquet garni
300 g de petits oignons
20 g de sucre
80 g de beurre
300 g de champignons de Paris
Persil haché
Sel, poivre.

Découper la viande en morceaux réguliers. La faire revenir à feu vif dans l'huile. L'assaisonner. Réserver.

À sa place, faire cuire les oignons épluchés et émincés. Déglacer avec le vin blanc. Mouiller avec le fond brun. Ajouter la viande, les tomates, le concentré de tomate, l'ail épluché et écrasé et le bouquet garni. Saler, poivrer. Couvrir et faire cuire à feu doux pendant 1 heure 30 minutes.

Éplucher les petits oignons. Les faire cuire dans une petite casserole avec très peu d'eau, le sucre et 50 g de beurre, jusqu'à ce qu'ils deviennent bruns. Les réserver.

Nettoyer et émincer les champignons. Les faire sauter dans le reste de beurre. Assaisonner.

Réserver la viande.

Passer la sauce au chinois. Vérifier la consistance et l'assaisonnement. Y remettre la viande ainsi que les oignons et les champignons. Laisser mijoter 10 minutes.

Dresser dans le plat de service. Saupoudrer de persil haché.

HERMITAGE, vin rouge fruité de la Vallée du Rhône. Arômes de fruits et de fleurs pour cet Hermitage à servir avec ce plat.

Température : 16 °C.

Veau Orloff

6 personnes

Préparation : 20 min
Cuisson : 1 h 45 min

1,200 kg de noix de veau
300 g d'oignons
400 g de champignons
50 g de beurre
1 dl de crème fraîche épaisse
1 jaune d'œuf
3 dl de sauce Béchamel (p. 66)
Thym, laurier
100 g de gruyère râpé
Sel, poivre.

BOURGOGNE SAINT-BRIS rosé aux arômes fins et délicats (Chablis). Ce vin rosé à base de Pinot noir, alliant fraîcheur et finesse, charmera ce plat.

Température : 8 °C.

Dresser la noix de veau dans un plat allant au four. L'assaisonner. La cuire 1 heure 20 minutes à 170 °C (th. 5-6) en l'arrosant fréquemment en cours de cuisson. Laisser un peu refroidir.

Découper la noix en tranches d'1 cm d'épaisseur en les laissant solidaires à la base.

Éplucher les oignons et les champignons. Les hacher puis les faire revenir dans 30 g de beurre. Les assaisonner. Ajouter le thym, le laurier, la crème fraîche et l'œuf.

Ajouter la moitié de la béchamel à la préparation aux champignons. L'intercaler entre les tranches du rôti.

Déposer le rôti dans une plaque de cuisson. Napper du reste de sauce Béchamel, de gruyère, et faire gratiner à four très chaud, à 260 °C (th. 8-9).

Veau thoné

6 personnes

Préparation : 20 min
Cuisson : 1 h 30 min

1 rôti de veau d'1,200 kg
2 dl de vin blanc
1 branche de thym
1 feuille de laurier
300 g de thon au naturel
150 g d'anchois à l'huile
2 dl de crème fraîche épaisse
Le jus de 2 citrons
2 jaunes d'œufs
60 g de câpres
Sel, poivre.

Un REUILLY blanc sec et fruité, jeune, très agréable en accompagnement de ce plat.

Température : 10 °C.

Placer le rôti dans une cocotte. L'arroser avec le vin et le mouiller à hauteur d'eau. Assaisonner. Ajouter la branche de thym et le laurier. Couvrir. Laisser cuire 1 heure 30 minutes à feu doux. Laisser refroidir.

Mixer le thon avec les anchois égouttés, la crème fraîche, le jus de citron et les jaunes d'œufs. Poivrer.

Couper la viande en tranches. Napper avec la sauce. Saupoudrer de câpres. Servir frais.

PORC

LE PORC

Les principaux morceaux

1. *Tête*
2. *Échine*
3. *Épaule*
4. *Plat de côte*
5. *Jambonneau*
6. *Pied*
7. *Carré*
8. *Travers*
9. *Poitrine*
10. *Filet*
11. *Pointe*
12. *Jambon*

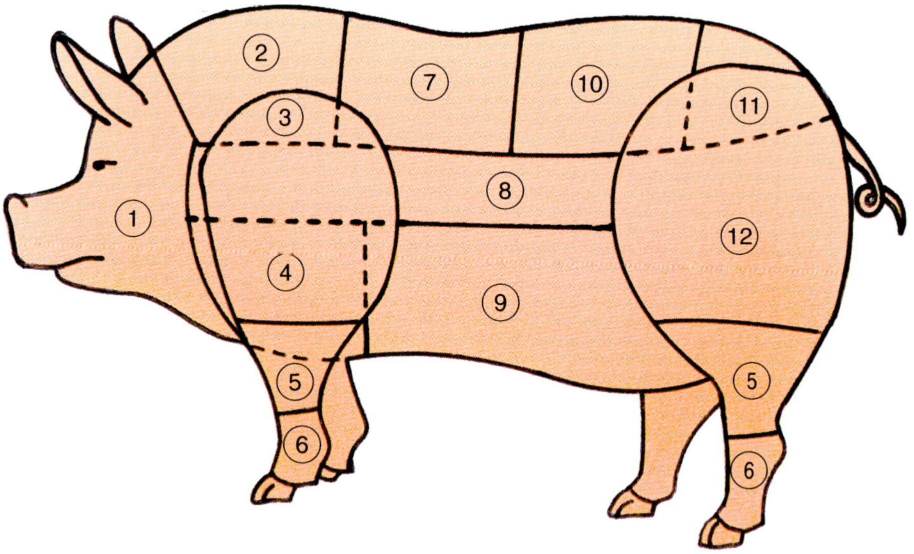

La viande de porc occupe une place intermédiaire entre les viandes rouges et les viandes blanches.

Cet animal ne devrait porter le nom de porc qu'après sa mort. Le mâle vivant est un verrat, la femelle une truie, l'animal châtré un cochon. Le jeune est appelé goret, cochon de lait ou porcelet.

Le porc est le seul animal de boucherie dont on puisse tout consommer : « Dans le cochon, tout est bon ».

PRODUCTION

L'élevage français a de plus en plus tendance à produire du porc « charcutier », d'un poids vif de 100 à 120 kg, avec une couche de lard de 2,5 cm au plus, abattu à l'âge de cinq à six mois.

Les méthodes industrielles d'élevage permettent de garantir une qualité de viande quasi-constante. Néanmoins, la coloration de la viande dépend en grande partie de l'âge de l'animal, de la nourriture et de la saignée. Ceux nourris à la « glandée » ont une chair incomparable.

La viande de verrat et de truie (animaux reproducteurs) est de qualité médiocre, elle est normalement réservée à la transformation. Le lard est flasque, il n'absorbe pas le sel.

QUALITÉ

Les jambons et les reins doivent être développés. La chair est blanche, plus ou moins rosée. Le grain est fin et onctueux. Le lard est régulièrement épais et ferme. La graisse interne est très blanche, abondante et ferme.

Le rendement avoisine 70 à 75 %.

CATÉGORIES

— **1ère** : jambon, pointe de filet, filet, carré à 7 côtes, carré à 5 côtes ;
— **2ème** : palette, jambonneau, travers, haut de côtes, poitrine ;
— **3ème** : tête, oreille, pied, queue.

UTILISATION DES PRINCIPAUX MORCEAUX EN CUISINE

La viande de porc est consommée :
— à l'état frais,
— salée,
— fumée,
— transformée (pâtés, saucissons...).

UTILISATION CULINAIRE DES PRINCIPAUX MORCEAUX

Désignation des morceaux	Type de cuisson	Catégorie	Utilisation
Échine	*Entière* : rôtie, braisée, pochée.	1-2	*Entière* : pochée ou en rôti. Peu sèche et restant moelleuse à la cuisson, il est inutile de la barder. *Découpée* : côtes à griller, à poêler, cubes pour brochettes. C'est le morceau à utiliser pour faire de la chair à saucisse.
Carré de côtes ou **côtes premières**	*Entier* : rôti, désossé. *Détaillé* : grillé, poêlé, (paré ou non).	1	Désossé et ficelé, parfois légèrement bardé, c'est un excellent rôti. Coupé en cubes, il sert aux brochettes. Après avoir fendu les vertèbres et dégagé le haut des côtes, on peut le ficeler en couronne et le cuire au four. Détaillé en côtelettes, il s'adapte à toutes les préparations.
Filet	Rôti, poêlé, grillé, sauté.	1	*Entier* : il se traite comme un rôti. Prendre soin de le barder, la viande ayant tendance à être sèche. Le filet mignon, particulièrement savoureux et tendre, s'utilise entier ou découpé en noisettes.
Épaule	Salée, rôtie, poêlée, fumée et salée (palette).	2	Souvent braisée entière avec l'os, elle accompagne la potée, la choucroute. Désossée, elle entre dans la composition de sautés ou est utilisée pour réaliser des farces fines.
Travers	Sauté, grillé.	2	C'est l'ingrédient classique du petit salé. Il se fait également griller au barbecue après avoir mariné, ou laqué, à la chinoise.
Pointe	Rôtie.	1	C'est l'extrémité du filet. Moelleux et savoureux, c'est un morceau fait pour les rôtis.
Jambon	Rôti, poché, braisé, grillé.	1	*Cuit* : jambon de Paris, d'York, à l'os. *Cru* : (saumuré, séché, voire fumé) : Bayonne, Parme, Westphalie. *Frais* : en tranches à griller, en cubes pour des brochettes, entier cuit au four, poché, braisé, en croûte.
Jambonneau	Salé, poché, c'est le jarret. Il se consomme frais, demi-salé ou fumé.	2	Souvent poché ou braisé, il accompagne la choucroute ou les potées. Il s'achète déjà cuit chez les charcutiers.
Poitrine	*Fraîche* : braisée. *Salée* : c'est le lard, fumé ou non. Demi-sel.	2	*Fraîche*, elle s'utilise en ragoût et dans les farces. *Demi-salée*, elle sert à la confection du petit salé.

Boudins noirs grillés

6 personnes

Préparation : 20 min
Cuisson : 30 min

3 oignons
30 g de beurre
700 g de pommes à cuire (reinette, boskoop, melrose)
6 beaux boudins noirs
3 cl d'huile
Sel, poivre.

CÔTES-DU-VENTOUX, vin rouge souple et franc de la Vallée du Rhône. Un vin solide pour un plat simple.

Température : 14 °C.

Éplucher et émincer les oignons. Les faire revenir à feu doux avec le beurre, dans une grande poêle.

Éplucher et épépiner les pommes. Les couper en tranches. Les ajouter aux oignons. Remuer et assaisonner.

Piquer les boudins. Les faire griller avec l'huile dans une autre poêle, pendant 10 minutes d'un côté, puis de l'autre.

Poursuivre la cuisson des boudins avec les pommes à feu doux, pendant 10 minutes.

Choucroute

6 personnes

Préparation : 30 min
Cuisson : 2 h 30 min

1,500 kg de choucroute
1 grande couenne de porc fraîche
3 jambonneaux
1 palette fumée
400 g de lard fumé
400 g de lard salé
2 feuilles de laurier
2 oignons
2 clous de girofle
Quelques baies de genièvre
2 gousses d'ail
1/2 l de vin blanc sec (Sylvaner, Edelzwicker)
6 belles pommes de terre
6 saucisses de Strasbourg
Sel, poivre.

RIESLING, vin blanc sec et équilibré d'Alsace, un vin racé qui soutiendra sans problème ce plat.

Température : 8 °C.

Rincer soigneusement la choucroute à l'eau courante afin de lui ôter toute son amertume. L'égoutter en la pressant pour extraire le maximum d'eau.

Tapisser le fond d'une grande cocotte avec la couenne, côté gras vers le fond. Déposer un peu de choucroute, les viandes — sauf les saucisses —, compléter avec le reste de choucroute. Répartir dans cette dernière le laurier, les oignons piqués d'un clou de girofle, le genièvre et les gousses d'ail écrasées. Saler légèrement et poivrer. Arroser avec le vin et 1/4 l d'eau. Couvrir et laisser cuire à feu doux pendant 2 heures 30 minutes.

Éplucher les pommes de terre. Les poser sur la choucroute 20 minutes avant la fin de la cuisson.

Pocher les saucisses dans de l'eau frémissante pendant 5 minutes.

Dresser la choucroute en dôme dans un plat. La garnir du lard et de la palette en tranches, des demi-jambonneaux, des saucisses et des pommes de terre.

Servir très chaud.

Échine de porc aux fruits secs

6 personnes

Préparation : 15 min
Cuisson : 1 h
Trempage : 2 h

100 g d'abricots secs
100 g de raisins secs
100 g de figues sèches
1,200 kg d'échine de porc désossée
200 g de lard fumé
5 cl d'huile
1 pincée de gingembre
1 pincée de cannelle
1 bouquet garni
Sel, poivre.

Faire tremper les fruits secs pendant 2 heures dans de l'eau froide.

Couper le porc en cubes et le lard en bâtonnets. Faire revenir le tout à l'huile chaude. Dès que le mélange est doré, assaisonner et ajouter les épices.

Ajouter de l'eau à hauteur de la viande, le bouquet garni, couvrir et laisser cuire 20 minutes à feu doux.

Couper les abricots en 2 et les figues en 4. Incorporer la moitié des fruits secs à la viande. Poursuivre la cuisson 30 minutes.

Ajouter le reste de fruits. Poursuivre la cuisson 5 minutes. Vérifier l'assaisonnement. Servir bien chaud.

Un ANJOU-VILLAGES jeune et distingué du Val de Loire s'unira parfaitement à ce mets.

Température : 14 °C.

Côtes de porc à la normande

6 personnes

Préparation : 30 min
Cuisson : 25 min

400 g de champignons
100 g d'oignons
50 g de beurre
6 côtes de porc
5 cl de calvados
3 dl de crème fraîche
3 pommes
Le jus d'1/2 citron
Sel, poivre.

Un MÂCON blanc, fruité et sec, sera en totale harmonie avec ce plat.

Température : 10 °C.

Éplucher et émincer les champignons et les oignons.

Faire chauffer 20 g de beurre dans une grande poêle. Y faire cuire à feu modéré les côtes de porc assaisonnées 6 à 7 minutes de chaque côté. Les réserver au chaud.

À leur place, faire revenir les champignons et les oignons. Laisser l'eau s'évaporer. Ajouter le calvados et flamber. Incorporer la crème, laisser épaissir à feu vif en raclant bien le fond.

Dresser les côtes, les napper de sauce et les servir aussitôt, accompagnées de pommes épluchées, coupées en quartiers, citronnées et sautées dans le reste de beurre.

Côtes de porc au bacon

6 personnes

Préparation : 10 min
Cuisson : 15 min

100 g de farine
6 côtes de porc
5 cl d'huile
6 tranches fines de gruyère
12 feuilles de sauge
6 tranches de bacon
Sel, poivre.

Choisir un CÔTES-DU-RHÔNE rosé, alliant fraîcheur et puissance, pour mettre en valeur ce plat.

Température : 8 °C.

Fariner puis tapoter les côtes de porc pour enlever l'excédent. Les assaisonner. Faire chauffer l'huile. Les faire cuire à feu modéré 5 minutes de chaque côté.

Poser 1 tranche de gruyère, 2 feuilles de sauge et 1 tranche de bacon sur chacune.

Couvrir la poêle et laisser cuire encore quelques instants, jusqu'à ce que le gruyère soit fondu.

Servir bien chaud, éventuellement accompagné d'une sauce tomate.

Côtes de porc charcutière

6 personnes

Préparation : 15 min
Cuisson : 25 min

6 côtes de porc
5 cl d'huile
150 g d'oignons
50 g de beurre
1 dl de vin blanc
1 dl de vinaigre
3 dl de fond de veau brun (p. 58)
150 g de cornichons
2 cuil. à soupe de moutarde
Sel, poivre.

Faire revenir les côtes de porc assaisonnées dans l'huile bien chaude 5 à 7 minutes de chaque côté. Les réserver au chaud.

À leur place, faire étuver les oignons émincés avec le beurre. Mouiller avec le vin et le vinaigre. Laisser réduire à feu vif. Ajouter le fond, laisser à nouveau réduire. Assaisonner.

Hors du feu, ajouter les cornichons en julienne et la moutarde. Réserver au chaud sans faire bouillir.

Dresser les côtes sur un plat de service et les napper de sauce.

Préférer un GIVRY, vin rouge fin de la Côte Chalonnaise, à découvrir pour accompagner ce plat.

Température : 14 °C.

Émincé de porc aux poivrons

6 personnes

Préparation : 25 min
Cuisson : 35 min

1,200 kg d'échine de porc désossée
5 cl d'huile
250 g d'oignons
3 gousses d'ail
Le jus d'1 citron vert
2 cl de sauce soja
20 g de sucre brun
4 poivrons
Sel, cayenne.

Découper le porc en lamelles. Les faire revenir dans l'huile très chaude. Ajouter les oignons et l'ail émincés puis du sel, du poivre, le jus de citron, la sauce soja et le sucre. Bien mélanger, couvrir et laisser cuire 15 minutes.

Laver puis découper les poivrons épépinés en bâtonnets. Les ajouter à la viande. Laisser cuire 10 minutes. Vérifier l'assaisonnement et servir aussitôt.

Servir un CÔTES DU VENTOUX vieillissant pour ce plat relativement souple.

Température : 16 °C.

Filet de porc à l'agenaise

6 personnes

Préparation : 10 min
Cuisson : 1 h 10 min
Trempage : 1 nuit

BUZET, vin rouge charnu du Sud-Ouest. Préférer un vin de quelques années, qui auront permis au bouquet de se développer pour séduire ce plat.

Température : 18 °C.

800 g de pruneaux
7 dl de bière brune
30 g de sucre
1,200 kg de filet de porc
5 cl d'huile
1 dl de fond brun (p. 58)
1 dl de crème fraîche épaisse
Sel, poivre.

La veille, faire tremper les pruneaux dans la bière.

Les faire cuire avec la bière et le sucre pendant 20 minutes à feu modéré.

Faire revenir le filet de porc assaisonné dans l'huile bien chaude. Dès qu'il est saisi, le faire cuire 10 minutes de chaque côté à feu plus doux. Le réserver au chaud avec les pruneaux égouttés.

Déglacer la cocotte avec le liquide de cuisson des pruneaux et le fond brun. Laisser réduire quelques instants à feu vif. Ajouter la crème puis la viande et les pruneaux. Laisser mijoter 20 minutes.

Vérifier l'assaisonnement. Servir bien chaud avec des pâtes ou des pommes vapeur.

Haricots rouges à la saucisse

6 personnes

Préparation : 20 min
Cuisson : 1 h 40 min
Trempage : 1 nuit

Un V.D.Q.S. du Centre, le COTEAUX DU VENDÔMOIS rosé, un vin sec pour accompagner ce plat.

Température : 8 °C.

500 g de haricots rouges
200 g de lard frais
150 g d'oignons
1 kg de saucisse fraîche
30 g de farine
5 branches de persil
Sel, poivre.

La veille, faire tremper les haricots dans de l'eau froide.

Le jour même, les faire cuire dans leur eau de trempage pendant 1 heure. Saler. Poursuivre la cuisson 30 minutes.

Couper le lard en dés. Émincer les oignons. Les faire revenir ensemble quelques minutes en remuant. Ajouter la saucisse coupée en morceaux, la farine puis le persil haché et les haricots. Assaisonner. Laisser mijoter pendant 10 minutes.

Petit salé

6 personnes

Préparation : 15 min
Cuisson : 40 min
Trempage : 12 h

600 g de lentilles
2 oignons
3 carottes
1 bouquet garni
1 gousse d'ail
800 g de petit salé
200 g de poitrine fumée
6 saucisses fumées
Sel, poivre.

Faire tremper les lentilles pendant 12 heures.

Les égoutter puis les verser dans une cocotte avec les oignons et les carottes épluchés et coupés en gros morceaux, le bouquet garni, l'ail écrasé et du poivre. Couvrir d'eau. Porter à ébullition. Y plonger les viandes. Laisser cuire 40 minutes à couvert, sur feu doux. Saler légèrement à mi-cuisson.

Dresser les lentilles égouttées et débarrassées du bouquet garni sur un plat de service. Répartir le petit salé, la poitrine coupée en tranches et les saucisses.

La puissance d'un CÔTES DE TOUL, rouge corsé, s'accommodera très bien à ce plat.

Température : 14 °C.

Palette de porc hongroise

6 personnes

Préparation : 10 min
Cuisson : 1 h 45 min

5 cl d'huile
1 palette d'1,500 kg
250 g d'oignons
Paprika
5 cl de cognac
2 dl de vin blanc sec
Thym, laurier
3 dl de crème fraîche
Sel, poivre.

Faire chauffer l'huile dans une cocotte. Y faire revenir la palette assaisonnée. Ajouter les oignons émincés. Les laisser fondre quelques instants. Saupoudrer de paprika. Flamber au cognac.

Déglacer avec le vin blanc. Ajouter le thym, le laurier et l'assaisonnement. Couvrir et cuire à feu doux pendant 1 heure 30 minutes.

Ajouter la crème fraîche. Laisser réduire quelques instants. Servir bien chaud, coupé en tranches.

CHINON, vin rouge stylé de Touraine. Choisir un vin vieilli, à la robe rubis pour ce plat relevé.

Température : 16 °C.

Porc à la slave

6 personnes

Préparation : 35 min
Cuisson : 3 h

100 g d'oignons
200 g d'échalotes
60 g de beurre
1,200 kg d'échine de porc
40 g de farine
1 bouquet garni
2 clous de girofle
1,300 kg de betteraves rouges crues
1 kg de pommes de terre
Persil
Sel, poivre.

Un PINOT NOIR d'Alsace d'un fruité typique courtisera ce plat sans ambages.

Température : 10 °C.

Hacher finement les oignons et les échalotes. Les faire dorer doucement dans 40 g de beurre. Ajouter la viande coupée en dés et la laisser dorer.

Ajouter la farine, du sel, du poivre, le bouquet garni, les clous de girofle et 500 g de betteraves épluchées et coupées en dés. Verser de l'eau. Elle doit arriver à hauteur des ingrédients. Couvrir. Laisser mijoter 2 heures.

Ajouter le reste des betteraves épluchées et coupées en cubes. Poursuivre la cuisson 30 minutes.

Éplucher et couper les pommes de terre en rondelles. Les cuire à la vapeur. Les servir saupoudrées de persil avec la viande entourée des betteraves.

Porc en civet

6 personnes

Préparation : 30 min
Cuisson : 1 h 30 min
Trempage : 1 nuit

1,200 kg de porc (poitrine)
10 cl d'huile
30 cl de vin rouge
5 cl de cognac
250 g d'oignons
200 g de lard fumé
300 g de champignons
30 g de farine
1 bouquet garni
3 gousses d'ail
3 clous de girofle
2 baies de genièvre
Sel, poivre.

Un PINOT NOIR d'Alsace, charpenté, rehaussera la viande de porc.

Température : 14 °C.

Détailler la poitrine en cubes réguliers. Les mettre à mariner avec 5 cl d'huile, le vin rouge, le cognac, 1 oignon émincé et du poivre pendant 1 nuit au frais.

Le lendemain, égoutter la viande. La réserver, ainsi que la marinade.

Faire chauffer le reste d'huile. Y faire revenir le lard détaillé en bâtonnets. Ajouter les champignons nettoyés et émincés. Bien les faire suer. Les réserver.

À leur place, faire revenir la viande. Ajouter les oignons épluchés et émincés, les laisser fondre. Saupoudrer de farine. Ajouter la marinade, le bouquet garni, l'ail écrasé, les clous de girofle et le genièvre. Assaisonner. Cuire 40 minutes à couvert. Ajouter les lardons et les champignons. Poursuivre la cuisson 30 minutes.

Retirer le bouquet garni. Servir bien chaud accompagné de spätzles ou de pâtes au beurre.

Rôti de porc à l'alsacienne

6 personnes

Préparation : 20 min
Cuisson : 2 h

5 cl d'huile
1 rôti de porc d'1,200 kg
3 oignons
40 g de farine
1 bouteille de riesling
1 bouquet garni
400 g de champignons
50 g de beurre
1,5 dl de crème fraîche épaisse
Sel, poivre.

Faire chauffer l'huile dans une grande cocotte. Assaisonner le rôti, le faire dorer de tous les côtés. Le réserver.

Ajouter les oignons finement émincés. Dès qu'ils sont dorés, saupoudrer de farine. Remuer puis déglacer avec le vin blanc.

Remettre la viande avec le bouquet garni. Assaisonner. Couvrir et cuire à feu doux pendant 1 heure 30 minutes.

Nettoyer et émincer les champignons. Les faire sauter au beurre. Les assaisonner puis les ajouter à la viande, ainsi que la crème. Cuire quelques minutes à feu vif, à découvert. Rectifier la consistance et l'assaisonnement si nécessaire.

Servir bien chaud, accompagné de nouilles fraîches ou de spätzles.

RIESLING, vin sec et racé. Mariage de raison ! Buvons le vin qui entre dans la composition du plat.

Température : 8 °C.

Saucisses de Montbéliard aux lentilles

6 personnes

Préparation : 10 min
Cuisson : 1 h
Trempage : 1 h

500 g de lentilles blondes
1 bouquet garni
2 gros oignons
2 clous de girofle
200 g de carottes
900 g de saucisses de Montbéliard
Sel, poivre.

Pour cette spécialité régionale, servir un ARBOIS, vin rosé au fruité original et marqué.

Température : 10 °C.

Faire tremper les lentilles 1 heure.

Les verser dans une casserole avec leur eau de trempage, le bouquet garni, les oignons épluchés et piqués d'1 clou de girofle, les carottes épluchées et coupées en bâtonnets et les saucisses piquées à la fourchette. Porter à ébullition, cuire à feu doux en écumant régulièrement pendant 1 heure.

Assaisonner 20 minutes avant la fin de la cuisson.

Servir bien chaud après avoir ôté le bouquet garni et les oignons.

Travers de porc

6 personnes

Préparation : 10 min
Cuisson : 15 min
Marinade : 6 h

1,500 kg de travers de porc
1 petit piment
5 cl de sauce soja
20 g de sucre
Thym en poudre, laurier émietté
10 cl d'huile
10 cl de vin blanc
50 g de miel
5 cl de cognac
Paprika
Sel, poivre.

Cette recette peut se réaliser de la même façon sur un barbecue. Le résultat n'en sera que meilleur.

Un nouvel A.O.C., le CÔTES ROANNAISES rouge, léger, se mariera bien avec ce plat.

Température : 14 °C.

Faire mariner le travers de porc avec le piment finement émincé et le reste des ingrédients. Couvrir. Laisser au frais 6 heures.

Égoutter les morceaux. Les cuire sur un gril très chaud. Les assaisonner à mi-cuisson. Les badigeonner régulièrement avec la marinade.

Servir très chaud.

AGNEAU ET MOUTON

L'AGNEAU
LE MOUTON

Les principaux morceaux

① *Gigot*
② *Selle*
③ *Carré*
④ *Haut des côtelettes*
⑤ *Poitrine*
⑥ *Épaule*
⑦ *Collier*

Sous l'appellation mouton, on commercialise des animaux âgés de 12 à 18 mois ou des animaux de réforme, plus âgés — béliers et principalement brebis —, dont le poids varie de 20 à 30 kg suivant les races, l'âge ou la fatigue de l'animal (animal de réforme).

La viande de mouton est rouge, un peu grasse, d'une saveur caractéristique. Lorsque la viande de mouton est conservée trop longtemps, cette odeur devient trop forte. Certaines races de mouton, élevées en bergerie, donnent une viande qui prend rapidement une odeur de suif.

Le mouton est découpé comme l'agneau et toutes les préparations culinaires peuvent être identiques.

UTILISATION CULINAIRE DES DIFFÉRENTS MORCEAUX

Désignation de boucherie	Désignation de détail	Poids d'1 pièce	Nbre de portions	Temps de cuisson
Gigot (mouton)	gigot rôti	3 à 4 kg	12 à 15	45 min à 1 h
Selle	selle rôtie	2 à 3 kg	6 à 8	45 min à 1 h
Filet	mutton chop	200 g	1	10 à 12 min
Côtes	côtelettes	160 g	1	8 à 10 min
Carré	carré rôti	1 à 1,200 kg	4	25 à 30 min
Épaule	épaule rôtie	2 kg	6 à 8	35 à 45 min
	farcie (ballottine)	2,5 à 3 kg	12 à 16	1 h 50 min à 2 h
	navarin	160 g	1	2 h à 2 h 50 min
Rognons		2 x 80 g	1	5 à 8 min
Cervelle		150 g	1	8 à 10 min

Les poids sont indiqués brut, avec os, sauf pour l'épaule farcie et les abats.

L'agneau

Sous ce nom, on désigne le petit de la brebis, tant que cet animal n'a pas passé un an. Après un an, quand l'animal a poussé ses deux premières pinces (dents adultes), il prend le nom d'antenais ; à la sortie des premières mitoyennes (dents), c'est un bélier ou une brebis.

Cervelles d'agneau à l'étouffée

4 personnes

Préparation : 45 min
Cuisson : 1 h
Trempage : 30 min

4 cervelles d'agneau
5 cl de vinaigre
2 bouquets garnis
1 grande barde de lard
300 g de carottes
100 g d'oignons
150 g de poireaux
1 dl de vin blanc sec
40 g de beurre
Sel, poivre.

Faire tremper les cervelles dans de l'eau fraîche pendant 30 minutes. Les nettoyer soigneusement.

Déposer les cervelles dans 1,5 l d'eau avec le vinaigre, 1 bouquet garni, du sel et du poivre. Porter le tout lentement à ébullition puis laisser frémir pendant 15 minutes.

Garnir une cocotte avec la barde de lard. Déposer les cervelles dessus. Chauffer doucement.

Éplucher et émincer finement les carottes, les oignons et les poireaux. Les ajouter autour des cervelles. Après quelques instants, mouiller avec le vin blanc et déposer le second bouquet garni. Laisser cuire à feu doux 20 minutes. Assaisonner.

Réserver les cervelles et les carottes au chaud dans le plat de service. Lier le jus de cuisson avec le beurre bien froid. Napper les cervelles. Servir aussitôt.

À ces abats, associons un vin blanc sec et « rond » : un MÂCON-VILLAGES.

Température : 10 °C.

Pieds d'agneau, sauce poulette

4 personnes

Préparation : 45 min
Cuisson : 4 h 30 min

12 pieds d'agneau
2 dl de vin blanc sec
100 g de carottes
200 g d'oignons
1 bouquet garni
Quelques grains de poivre
2 clous de girofle
20 g de beurre
20 g de farine
500 g de champignons de Paris
Muscade
Persil
Sel, poivre.

Gratter et nettoyer les pieds. Les déposer dans une casserole. Couvrir avec 1,5 l d'eau, le vin blanc, les carottes et 100 g d'oignons émincés, le bouquet garni, les grains de poivre et les clous de girofle. Laisser cuire à feu doux 3 heures 30 minutes.

Désosser les pieds d'agneau. Réserver 2 dl de bouillon.

Faire fondre le beurre dans une casserole. Ajouter la farine. Remuer. Ajouter les pieds d'agneau et bien mélanger. Mouiller avec le bouillon réservé et passé au chinois.

Nettoyer, éplucher et émincer le reste d'oignons et les champignons. Les ajouter à leur tour dans la casserole. Laisser cuire 1 heure à petit feu.

Assaisonner, ajouter un peu de muscade. Bien mélanger.

Servir très chaud, saupoudré de persil haché.

La légèreté du TOURAINE, vin blanc fin et plaisant du Val de Loire, s'associe à la jeunesse de l'agneau.

Température : 8 °C.

Chiche-kebab

6 personnes

Préparation : 30 min
Cuisson : 10 min
Marinade : 6 h

1,200 kg d'épaule de mouton désossée
3 dl de lait
5 cl d'huile d'olive
Thym
Poivre noir
Coriandre en poudre
1 poivron vert
1 poivron rouge
2 gros oignons
3 tomates
Sel, poivre.

À ce plat relevé, un FITOU, vin rouge du Roussillon, vieilli quatre à cinq ans, apportera sa richesse en couleur et en fruits.

Température : 16 °C.

Découper l'épaule en petits cubes réguliers. Les disposer dans un saladier. Les couvrir avec le lait et l'huile d'olive. Assaisonner avec le thym émietté, le poivre noir moulu et 1 pincée de coriandre en poudre.

Laver et éplucher les légumes. Les découper en morceaux réguliers.

Égoutter la viande. Préparer les brochettes en alternant viande et légumes et en harmonisant les couleurs. Assaisonner. Cuire à feu vif pendant 10 minutes en les retournant régulièrement.

Tajine de mouton

6 personnes

Préparation : 25 min
Cuisson : 1 h 30 min

200 g de raisins secs
1,200 kg de mouton (épaule, collier)
4 cl d'huile d'olive
200 g d'oignons
1 gousse d'ail
3 tomates
150 g de carottes
150 g de navets
Safran, cannelle, gingembre, cayenne
Sel, poivre.

Servir un COTEAUX D'AJACCIO, vin rouge typé de Corse, pour un plat très méridional.

Température : 14 °C.

Faire tremper les raisins secs dans de l'eau tiède.

Détailler la viande en cubes. Les faire revenir dans l'huile très chaude. Assaisonner.

Ajouter les oignons émincés, l'ail écrasé, les tomates mondées et épépinées, les carottes et les navets épluchés et coupés en morceaux. Assaisonner, épicer, couvrir et cuire à feu très doux pendant 1 heure 30 minutes.

10 minutes avant la fin, ajouter les raisins secs gonflés et égouttés.

Servir bien chaud accompagné de semoule de couscous.

Couscous

6 personnes

Préparation : 1 h
Cuisson : 1 h 30 min

500 g de mouton (collier, épaule...) découpé en cubes
100 g d'oignons
300 g de carottes
300 g de navets
2 gousses d'ail
300 g de courgettes
300 g de tomates
1 dl d'huile
1 cuil. à café de gingembre
1/2 cuil. à café de safran
6 merguez
6 morceaux de poulet
50 g de raisins de Smyrne
300 g de pois chiches au naturel
600 g de semoule de couscous
Ras el Hanout
100 g de raisins secs
80 g de beurre
Harissa
Sel, poivre.

Placer le mouton dans la partie basse du couscoussier. Verser 2 l d'eau froide. Porter à ébullition en écumant régulièrement.

Éplucher les oignons, les carottes, les navets et l'ail. Couper les carottes et les courgettes en rondelles, les navets en quartiers, les tomates en demi-rondelles. Ajouter les oignons et les carottes à la viande, ainsi que deux tiers de l'huile, du sel, du poivre, les épices et l'ail écrasé. Laisser mijoter 30 minutes. Ajouter les navets. Poursuivre la cuisson 10 minutes.

Chauffer l'huile restante. Y faire cuire les merguez et colorer le poulet. Ajouter le poulet, les tomates, les raisins et les courgettes à la viande. Cuire encore 20 minutes. 5 minutes avant la fin de la cuisson, verser les pois chiches avec la viande et les légumes.

Mélanger la semoule avec 1/2 l d'eau et les raisins secs. L'assaisonner de sel, de poivre, de Ras el Hanout. La disposer dans la partie haute du couscoussier et laisser la vapeur traverser pendant 5 à 10 minutes. Vérifier la cuisson. La transvaser dans le plat de service. L'arroser de bouillon. Disposer le beurre en morceaux. Mélanger l'ensemble. Vérifier l'assaisonnement.

Verser les légumes dans un plat, les viandes dans un autre. Les arroser de bouillon. En réserver 1 tasse, la mélanger avec de la harissa. Servir le tout bien chaud.

Un vin du soleil très connu : le GIGONDAS, pour un plat très populaire.

Température : 16 °C.

Cassoulet

8 personnes

Préparation : 40 min
Cuisson : 4 h
Trempage : 1 nuit

600 g de lingots (haricots blancs secs)
1 grande couenne de porc
800 g de lard salé
7 oignons
3 clous de girofle
1 bouquet garni
10 gousses d'ail
200 g de carottes
1 kg d'agneau
1 kg de porc (échine, jambonneau)
5 cl d'huile
Thym
400 g de tomates au naturel
1 saucisse de Toulouse
8 morceaux de confit d'oie
Persil
Chapelure
Sel, poivre.

Faire tremper les haricots dans de l'eau pendant une nuit. Les rincer à l'eau courante. Les déposer dans une cocotte large dont le fond sera tapissé avec la grande couenne. Ajouter le lard salé, 3 oignons piqués des clous de girofle, le bouquet garni, 3 gousses d'ail hachées et les carottes épluchées et coupées en 8. Assaisonner. Couvrir d'eau. Poser le couvercle et laisser cuire 2 heures à feu doux.

Pendant ce temps, découper l'agneau et le porc. Les faire revenir dans l'huile bien chaude. Ajouter 4 oignons et 2 gousses d'ail émincés. Saupoudrer de thym. Verser les tomates grossièrement hachées et assaisonner. Mouiller avec 5 dl d'eau. Couvrir et laisser cuire 1 heure.

Juste avant que les haricots ne soient cuits, enlever le bouquet garni, les oignons et la couenne. Couper cette dernière en petits cubes et les remettre dans les haricots avec la saucisse. Ajouter les viandes et leur cuisson. Mélanger et poursuivre la cuisson 20 minutes.

Frotter une grande terrine en terre avec de l'ail. Y répartir les viandes en morceaux, les haricots et le confit. Hacher le reste d'ail et le persil. Les mélanger à la chapelure. En recouvrir le cassoulet et passer le tout au four à 210 °C (th. 7), jusqu'à ce que le haut gratine.

Servir directement dans le plat.

CAHORS, vin rouge du Sud-Ouest, à la robe soutenue. À plat régional connu, vin régional connu !

Température : 16 °C.

Carré d'agneau

4 personnes

Préparation : 10 min
Cuisson : 25 min

5 cl d'huile
1 carré d'agneau
50 g de chapelure
1 cuil. à café de persil haché
1 cuil. à café de thym en poudre
2 gousses d'ail
40 g de beurre
Sel, poivre.

Faire chauffer l'huile dans une grande poêle. Y faire dorer le carré de tous les côtés. Le déposer dans un plat allant au four.

Assaisonner le carré. Le coucher côté côtes vers le bas. Enfourner et cuire à four chaud, à 250 °C (th. 8-9), pendant 15 minutes, en le retournant à mi-cuisson.

Mélanger la chapelure, le persil, le thym et l'ail finement émincé. Étaler ce mélange sur le côté supérieur du carré. Parsemer le beurre en noisettes. Repasser au four 5 minutes environ.

Servir le carré entier sur un plat, décoré de papillotes en papier. Pour le découper, il faut le placer sur une planche et découper entre chaque côte à l'aide d'un couteau solide et bien aiguisé. Appuyer fermement pour séparer la côte.

Servir avec une fricassée d'artichauts ou une ratatouille provençale.

Un vin fin, le plus tendre de la Côte-de-Beaune : le VOLNAY, qui trouvera toute une complicité avec ce plat.

Température : 16 °C.

Côtelettes d'agneau Champvallon

6 personnes

Préparation : 20 min
Cuisson : 1 h

12 côtelettes d'agneau
5 cl d'huile d'olive
200 g d'oignons
1,500 kg de pommes de terre
2 gousses d'ail
1 bouquet garni
8 dl de bouillon
Sel, poivre.

Assaisonner les côtelettes d'agneau. Les faire revenir à l'huile d'olive des deux côtés, jusqu'à ce qu'elles soient bien dorées.

Éplucher les oignons et les pommes de terre. Les découper en rondelles régulières. Les faire sauter à la poêle à la place des côtelettes.

En verser la moitié dans une terrine. Disposer les côtelettes, les gousses d'ail émincées et le bouquet garni. Saler, poivrer. Couvrir avec le reste de pommes de terre. Verser le bouillon. Couvrir d'une feuille de papier aluminium et cuire au four à 180 °C (th. 6) pendant 50 minutes.

PAUILLAC, vin rouge délicat du Médoc. En choisissant de préférence un agneau de Pauillac, vous assurerez la complicité mets-vin.

Température : 18 °C.

Lait ou ordinaire ?

Culinairement, l'agneau est connu sous deux formes :
— l'agneau de lait : animal qui n'est pas encore sevré et qui n'a pas brouté. Le type le plus parfait de cet agneau est l'agneau de Pauillac ;
— l'agneau ordinaire : de pré-salé (élevé dans des pâturages au bord de mer où abondent des plantes aromatiques), des Hautes-Alpes (agneaux de transhumance qui se nourrissent dans de riches pâturages) ; c'est un jeune mouton non parvenu à son complet développement.

Côtes d'agneau à la provençale

6 personnes

Préparation : 25 min
Cuisson : 35 min

6 belles tomates
Persil haché
3 gousses d'ail
Chapelure
1 dl d'huile d'olive
3 courgettes
Thym en poudre
12 côtelettes d'agneau
Sauge en poudre
Romarin
Sel, poivre.

Couper les tomates en deux, les épépiner. Hacher finement le persil et l'ail. Mélanger avec la chapelure. Répartir cet appareil sur les tomates. Assaisonner. Arroser d'un filet d'huile d'olive.

Cuire au four à 180 °C (th. 6), pendant 30 minutes.

Laver puis émincer les courgettes. Les faire sauter à feu vif dans une grande poêle avec un filet d'huile, du sel, du poivre et un peu de thym. Réserver au chaud.

Assaisonner les côtelettes. Les saupoudrer de fines herbes puis les faire cuire à la poêle dans le reste d'huile, 2 minutes de chaque côté.

Les servir très chaudes, accompagnées des tomates et des courgettes.

Un BANDOL rouge, plein de corps, à la saveur légèrement poivrée, accompagnera dignement ce plat.

Température : 16 °C.

Curry d'agneau à l'indienne

6 personnes

Préparation : 30 min
Cuisson : 1 h

4 tomates
1,300 kg d'épaule d'agneau désossée
5 cl d'huile
2 gros oignons
2 gousses d'ail
20 g de farine
1 bouquet garni
3 clous de girofle
2 cuil. à soupe de curry
1 cuil. à café de cannelle
1 pointe de gingembre
1 pointe de cayenne
3 grains de coriandre
1 cuil. à café de curcuma
1 banane
1 pomme
Sel, poivre.

SAUMUR-CHAMPIGNY, vin rouge frais et fruité d'Anjou. Il sera choisi jeune et plein d'arômes pour se marier au curry.

Température : 14 °C.

Épépiner les tomates.

Couper la viande en dés réguliers. Faire chauffer l'huile dans une cocotte. Y faire dorer la viande de tous les côtés. Baisser le feu. Ajouter les oignons, l'ail et les tomates émincés. Saupoudrer de farine et remuer. Verser 1 dl d'eau. Porter à ébullition. Ajouter le bouquet garni, les épices et l'assaisonnement. Laisser cuire 25 minutes.

Incorporer la banane et la pomme épluchées et coupées en dés. Poursuivre la cuisson 20 minutes.

Retirer le bouquet garni et les clous de girofle. Réserver la viande. Mixer la sauce. Y remettre la viande et réserver le tout au chaud.

Servir ce curry avec un riz blanc cuit à l'eau peu salée, des quartiers de tomate, des morceaux d'ananas frais et des cacahuètes.

Épaule d'agneau rôtie à la sarriette

L'agneau de lait est généralement vendu entier. Étant donné la délicatesse particulière de cette viande, il est conseillé de la servir simplement grillée ou rôtie, accompagnée de son seul jus.

6 personnes

Préparation : 15 min
Cuisson : 1 h

2 branches de sarriette
1 branche de romarin
Persil
60 g de beurre
2 gousses d'ail
1 épaule d'agneau désossée d'1,400 kg
Thym en poudre
3 cl d'huile d'olive
Sel, poivre.

Le CHIROUBLES, un vin corsé et solide du Beaujolais, ira très bien avec une épaule d'agneau.

Température : 14 °C.

Hacher les fines herbes. Les incorporer au beurre en travaillant le mélange à la fourchette, ainsi que l'ail, du sel et du poivre.

Poser l'épaule désossée à plat, saupoudrer de thym. Y répartir le mélange précédent. Rouler le tout. Ficeler efficacement.

Embrocher l'épaule. L'huiler et l'assaisonner. Cuire au four à 170 °C (th. 5-6), pendant 1 heure environ. L'arroser de temps en temps avec le jus rendu à la cuisson.

Épaule farcie

6 personnes

Préparation : 30 min
Cuisson : 1 h 50 min

1 épaule d'agneau désossée de 1,400 kg
Thym en poudre
200 g de champignons de Paris
1 dl d'huile
100 g de jambon de Paris
100 g de lard fumé
1 oignon
4 tranches de pain de mie
1 dl de lait
2 gousses d'ail
1 œuf
5 cl de crème fraîche
30 cl de vin blanc sec
Sel, poivre.

Étaler l'épaule à plat sur le plan de travail. L'assaisonner et la saupoudrer de thym.

Nettoyer puis cuisiner les champignons de Paris. Les faire dorer rapidement dans un peu d'huile. Les assaisonner, les réserver. À leur place, faire revenir rapidement le jambon, le lard et l'oignon finement émincés.

Tremper la mie de pain dans le lait tiède. L'essorer. La mettre dans un saladier. L'écraser à la fourchette. Ajouter les champignons, le lard, le jambon et l'ail finement émincé. Bien mélanger. Lier avec l'œuf et la crème.

Répartir ce mélange sur l'épaule. Rouler le tout.

Le maintenir par quelques tours de ficelle. Faire revenir l'épaule dans une cocotte avec le reste d'huile.

Dès qu'elle est bien dorée, jeter l'huile, ajouter le vin blanc sec, couvrir et laisser cuire 1 heure 15 minutes à 1 heure 30 minues.

La servir coupée en tranches et accompagnée du jus de cuisson.

MORGON, vin rouge tendre, mais un des plus corsés du Beaujolais, pour mettre en valeur l'épaule d'agneau.

Température : 16 °C.

Gigot bonne femme

6 personnes

Préparation : 15 min
Cuisson : 1 h 20 min

200 g d'oignons
1,500 kg de pommes de terre
80 g de beurre
4 gousses d'ail
Thym, laurier
1 dl de vin blanc
2 cl d'huile d'olive
1 gigot d'1,600 kg
Sel, poivre.

Un SAUMUR, petite production d'un vin frais et léger, s'accordera parfaitement à ce mets.

Température : 14 °C.

Éplucher et couper les oignons et les pommes de terre en rondelles. Les disposer dans un plat beurré avec la moitié du beurre. Ajouter l'ail écrasé, 1 branche de thym et 1 feuille de laurier. Assaisonner. Répartir le reste du beurre en morceaux à la surface. Mouiller avec le vin blanc.

Huiler le gigot. Le poser sur le plat. L'assaisonner. Cuire à 270 °C (th. 9) pendant 15 minutes puis poursuivre la cuisson à 220 °C (th. 7-8).

Servir le gigot coupé en tranches disposées sur les pommes de terre.

Haricot de mouton

6 personnes

Préparation : 20 min
Cuisson : 2 h 45 min
Trempage : 6 h

600 g de haricots blancs
1 bouquet garni
2 oignons
4 clous de girofle
1,200 kg de mouton (poitrine)
5 cl d'huile
50 g de concentré de tomate
2 gousses d'ail
Persil
Sel, poivre.

Les ingrédients de ce plat rappelant ceux du cassoulet, choisissez un rouge corsé du Sud-Ouest : CÔTES DE DURAS.

Température : 14 °C.

Rincer puis faire tremper les haricots blancs pendant 6 heures dans une grande quantité d'eau froide.

Les faire cuire dans leur eau de trempage additionnée du bouquet garni et des oignons épluchés et piqués des clous de girofle. Laisser cuire 30 minutes. Saler et poivrer. Poursuivre la cuisson 30 minutes.

Éliminer une partie de l'eau de cuisson pour n'en conserver qu'1 cm au-dessus des haricots.

Pendant ce temps, faire revenir la viande coupée en morceaux dans l'huile. Assaisonner. Déglacer la poêle avec un peu d'eau. Ajouter le concentré de tomate et l'ail émincé.

Verser le tout dans les haricots. Poursuivre la cuisson à feu doux pendant 1 heure 30 minutes.

Servir très chaud, saupoudré de persil haché.

Gigot rôti aux lingots

8 personnes

Préparation : 45 min
Cuisson : 2 h
Trempage : 1 nuit

---

600 g de haricots lingots
2 gousses d'ail
1 gigot d'1,600 kg
90 g de beurre
Thym en poudre
Laurier émietté
1 dl d'huile d'olive
1 bouquet garni
300 g d'échalotes
1 dl de vin rouge
20 g de sucre
500 g de tomates au naturel
Persil
Sel, poivre.

La veille, mettre les haricots à tremper dans une grande quantité d'eau froide.

Éplucher les gousses d'ail. Les couper en éclats. En piquer le gigot de tous côtés. L'enduire de 40 g de beurre, l'assaisonner puis le saupoudrer de thym et de laurier. Le poser dans une plaque allant au four contenant 5 cl d'huile. Le cuire au four à 270 °C (th. 9) pendant 15 minutes, puis à 240 °C (th. 8) après l'avoir retourné. Poursuivre la cuisson 25 à 30 minutes. Ne pas oublier de l'arroser pendant la cuisson. Si nécessaire, rajouter quelques cuillerées d'eau pendant la cuisson.

Égoutter puis rincer les haricots. Les faire cuire à l'eau pendant 45 minutes à 1 heure avec le bouquet garni.

Éplucher les échalotes, les émincer, les faire fondre à feu doux dans le reste d'huile d'olive. Déglacer avec le vin rouge, ajouter le sucre, assaisonner et laisser cuire 15 minutes à découvert, à feu doux. Incorporer le reste de beurre. Réserver au chaud.

Égoutter les haricots. Les rassembler dans une casserole avec les tomates hachées et du thym. Assaisonner. Réchauffer rapidement.

Servir le gigot avec le jus obtenu après avoir déglacé la plaque de cuisson, les haricots saupoudrés de persil haché et la compote d'échalotes.

Pour ce gigot rôti, choisissons un vin méditerranéen, un vin de soleil : un MINERVOIS, rouge étoffé du Languedoc-Roussillon.

Température : 14 °C.

Irish stew

6 personnes

Préparation : 30 min
Cuisson : 2 h 10 min

1,400 kg de collier de mouton
1 bouquet garni
1,500 kg de pommes de terre bintje
2 gousses d'ail
400 g d'oignons
Sel, poivre.

Couper le collier en cubes réguliers. Les disposer dans une casserole. Les couvrir d'eau à hauteur. Assaisonner. Ajouter le bouquet garni. Couvrir et porter à ébullition sur feu doux.

Éplucher les pommes de terre. Les couper en rondelles.

Procéder de même avec l'ail et les oignons. Disposer une couche de pommes de terre sur la viande (environ la moitié) puis l'ail et l'oignon, enfin le reste de pommes de terre. Couvrir et laisser cuire 2 heures à feu doux en remuant de temps en temps avec précaution.

Servir chaud.

Pour un plat aux arômes très proches de ceux du « Backeoffe » alsacien, choisir de préférence un TOKAY-PINOT GRIS, vin blanc d'Alsace charpenté, long en bouche.

Température : 8 °C.

Mixed gril

6 personnes

Préparation : 20 min
Cuisson : 10 min

6 côtelettes d'agneau
6 rognons d'agneau
6 chipolatas
6 tranches de lard fumé
2 cl d'huile
Thym en poudre
3 cl de sauce diable (p. 66)
Sel, poivre.

Parer les côtelettes d'agneau. Couper les rognons en deux, les parer et éliminer la membrane.

Enfiler par brochette et par portion 1 côtelette, 1 rognon, 1 chipolata piquée à la fourchette et 1 tranche de lard. Huiler légèrement. Assaisonner et saupoudrer avec le thym.

Cuire sur le gril en quadrillant.

Servir bien chaud avec des pommes de terre frites, des champignons, des tomates à la provençale et la sauce diable.

Pour ce plat corsé, choisir un rouge fruité et corsé : un CASSIS rouge.

Température : 16 °C.

Mouton à l'ail

6 personnes

Préparation : 15 min
Cuisson : 2 h

1,200 kg de collier de mouton
3 têtes d'ail
5 cl d'huile
1 bouquet garni
Le zeste de 2 oranges
Le zeste d'1 pamplemousse
1 boîte de tomates au naturel
Persil
Sel, poivre.

Couper ou faire découper le collier de mouton en 12 tranches.

Éplucher l'ail en gardant les têtes entières.

Dans une cocotte, rassembler l'huile, la viande, l'ail, le bouquet garni, les zestes, les tomates égouttées et grossièrement hachées, du sel et du poivre.

Couvrir et laisser mijoter 2 heures à feu doux en remuant de temps en temps. Si nécessaire, ajouter un peu de jus des tomates au naturel.

Servir simplement saupoudré de persil haché.

À base de Pinot noir, le MÂCON SUPÉRIEUR, vin rouge assez corsé du Mâconnais, soutiendra ce plat harmonieusement.

Température : 14 °C.

Moussaka

6 personnes

Préparation : 50 min
Cuisson : 1 h 15 min

700 g de mouton (collier, épaule)
3 gousses d'ail
150 g d'oignons
1 dl d'huile d'olive
400 g de tomates au naturel
40 g de concentré de tomate
1 cuillerée à café rase de muscade râpée
1 cuillerée à café bombée de cannelle
1 cuillerée à soupe d'origan sec
1,600 kg d'aubergines
1 l de béchamel (p. 66)
100 g de parmesan râpé
Chapelure
Sel, poivre.

Couper la viande en morceaux. La hacher. Éplucher l'ail et les oignons. Les émincer. Faire chauffer 3 cl d'huile d'olive. Y faire revenir les oignons, puis la viande et l'ail. Assaisonner. Ajouter les tomates au naturel hachées et le concentré de tomate. Laisser cuire 10 minutes. Ajouter les épices. Remuer et réserver.

Laver les aubergines. Les couper en tranches. Les faire revenir dans le reste d'huile très chaude. Les réserver sur du papier absorbant.

Déposer une couche d'aubergines dans le fond d'un plat à gratin. Les recouvrir d'une couche de viande puis de béchamel. Continuer ainsi jusqu'en haut du plat en terminant par de la béchamel. Saupoudrer de parmesan et de chapelure. Cuire au four 40 minutes à 180 °C (th. 6).

Servir dès la sortie du four.

Servir un CÔTES-DE-PROVENCE sec, sans verdeur, pour accompagner ce plat méditerranéen.

Température : 10 °C.

Mutton chop à la purée de haricots rouges

6 personnes

Préparation : 20 min
Cuisson : 1 h 10 min
Trempage : 1 nuit

500 g de haricots rouges
2 gros oignons
4 clous de girofle
1 gousse d'ail
1 bouquet garni
40 g de beurre
5 cl de crème fraîche épaisse
Tabasco
Muscade
6 mutton chop
Sarriette (ou thym)
Laurier
5 cl d'huile
Sel, poivre.

La veille, faire tremper les haricots dans de l'eau froide.

Rincer les haricots. Les placer dans une grande casserole avec les oignons épluchés et piqués des clous de girofle, l'ail épluché et écrasé et le bouquet garni. Couvrir d'eau. Porter à ébullition et laisser cuire 45 minutes. Saler. Poursuivre la cuisson encore 15 minutes. Égoutter les haricots.

Sortir le bouquet garni et les oignons. Mixer le reste. Incorporer le beurre, la crème fraîche, quelques gouttes de Tabasco et une pincée de muscade. Poivrer et saler si nécessaire. Réserver au chaud au bain-marie.

Assaisonner les morceaux d'agneau. Les saupoudrer de sarriette et de laurier émiettés. Faire chauffer l'huile dans une poêle et y faire saisir puis cuire la viande de chaque côté.

Servir la viande très chaude, accompagnée de la purée.

Un seul cépage, le Syrah, donne un vin viril, le CORNAS, qui convient parfaitement à ce mets.

Température : 18 °C.

Navarin printanier

6 personnes

Préparation : 40 min
Cuisson : 1 h 30 min

1,400 kg d'agneau (épaule, collier)
5 cl d'huile
2 oignons
10 g de sucre
30 g de farine
30 g de concentré de tomate
3 gousses d'ail
1 bouquet garni
500 g de pommes de terre
400 g de carottes
400 g de navets
150 g de petits pois
150 g de haricots verts
150 g d'oignons grelots
30 g de beurre
Persil
Sel, poivre.

Dégraisser puis découper la viande en morceaux réguliers. Les faire revenir avec l'huile dans une grande cocotte. Dès qu'ils sont bien saisis, ajouter les oignons coupés en morceaux et la moitié du sucre. Laisser revenir quelques instants en remuant. Dégraisser.

Ajouter la farine et remuer encore quelques instants à feu vif. Incorporer le concentré de tomate. Assaisonner. Ajouter 1,5 l d'eau (l'eau doit recouvrir les morceaux de viande), l'ail écrasé et le bouquet garni. Couvrir. Laisser cuire à feu doux environ 45 minutes.

Éplucher les légumes. Tourner les pommes de terre, les carottes et les navets, c'est-à-dire leur donner une forme fuselée régulière. Les cuire à l'eau bouillante salée séparément pendant 5 minutes.

Cuire les petits pois et les haricots verts séparément quelques minutes. Les refroidir et les réserver.

Cuire les oignons grelots à couvert dans une petite casserole avec le beurre, 5 cl d'eau et le reste de sucre. Réserver.

Rassembler la viande et les légumes. Laisser mijoter à feu très doux pendant 5 à 10 minutes.

Dresser le navarin dans un grand plat. Saupoudrer de persil et servir aussitôt.

Un CÔTES-DU-RHÔNE léger, obtenu par macération carbonique, exhalera ses arômes de fruits frais sur ce plat printanier.

Température : 14 °C.

GARNITURES

LES FRUITS ET LÉGUMES

La commercialisation des fruits et des légumes est réglementée en France et en Europe. Depuis 1987, une trentaine de ces denrées fait l'objet d'une normalisation communautaire.

CATÉGORIES DE QUALITÉ

Quatre catégories de qualité ont été définies pour classer les fruits et les légumes : EXTRA, I, II et III.

Ces différentes catégories ont été déterminées principalement en fonction des critères liés à l'aspect des produits.

La catégorie est indiquée sur l'étiquette que porte chaque conditionnement.

MODÈLE D'ÉTIQUETTE NORMALISÉE

<table>
<tr><td rowspan="3">EMBALLEUR EXPÉDITEUR</td><td>ORIGINE</td><td>PRODUIT NORMALISÉ
CATÉGORIE</td></tr>
<tr><td colspan="2">PRODUIT
VARIÉTÉ</td></tr>
<tr><td>CALIBRE</td><td>NOMBRE OU MASSE NETTE</td></tr>
</table>

— Catégorie EXTRA : étiquette rouge
— Catégorie I : étiquette verte
— Catégorie II : étiquette jaune
— Catégorie III : étiquette grise.

Quelques exceptions : certains fruits et légumes d'origine étrangère peuvent être importés, classés en catégorie II, alors qu'ils correspondent, en Europe, à des produits de catégorie I.

CALIBRE

Indépendant de la qualité, il correspond à un code défini par la normalisation ou les usages et correspond :

— au diamètre (pommes, tomates...),
— au poids (ananas, chou, melon...),
— à la longueur (asperges, concombres, haricots verts...).

Ces calibres sont exprimés de plusieurs manières :

- par une échelle alphabétique (fruits surtout) : A. B. C. (ananas, par exemple) ou AAA. AA. A (abricots, pêches, nectarines) ;
- par une échelle numérique :
  — 1 - 2 - 3 - qui indique soit le nombre de pièces au kilogramme, soit le nombre de pièces par colis ;
  — 47/57 - 77/87 - qui indique le diamètre de la plus grande section horizontale en millimètres pour les fruits et les légumes sphériques ;
  — 6 mm. 9 mm. pour la largeur des haricots verts (très fins moins de 6, fins moins de 9).

Spécificité de quelques produits :

- La tomate : pour les hors-d'œuvre, choisissez plutôt le calibre 47/57 alors que pour farcir, préférez le calibre 67/77 (les tomates « à farcir » sont pratiquement inexistantes l'hiver).

- La poire : certaines variétés, telles que la 'Conférence', sont de forme plutôt allongée alors que d'autres, telles que la 'Passe-Crassane', sont de forme plus ronde. Le code du calibre de la poire correspond à la dimension de la plus grande section horizontale. Une poire de forme allongée et une poire de forme ronde de même calibre auront des poids différents et la plus lourde sera la poire « longue ».

- Les agrumes : ils sont, en règle générale, traités par des agents conservateurs qui sont principalement le diphényle, l'orthophénylphénol, l'orthophénylphénate de sodium, le thiabendazole. L'emploi de ces conservateurs est porté à la connaissance des consommateurs par la mention : « Traité au... » ou par la mention « Conservé au moyen de ... », suivie du nom du produit utilisé, inscrit sur le colis ou sur l'étiquette.

- Le cresson : il est commercialisé toute l'année mais il est fragile et peut « tourner » en quelques heures en prenant une couleur jaune. Attention, chaque colis de cresson doit porter une étiquette de garantie sanitaire.

CONTRÔLE À L'ACHAT

Il est indispensable de vérifier la qualité et la quantité des fruits et des légumes que vous achetez.

Contrôle qualitatif

Les produits doivent présenter un aspect frais et sain.

Chaque conditionnement doit contenir des produits de même variété, de même catégorie de qualité et de calibre identique, l'ensemble doit correspondre aux indications portées sur l'étiquette.

ATTENTION : c'est une fraude sévèrement punie qui consisterait à mettre les beaux produits « sur le dessus du panier » pour cacher des produits moins frais dessous.

Contrôle quantitatif

La quantité livrée doit correspondre au poids net de la marchandise. Lors d'achats de quantités importantes, même si le poids du conditionnement (la tare) est indiqué, il est préférable de vérifier ce poids net.

CONSEIL DE STOCKAGE

Les fruits et les légumes sont des produits vivants qui supportent mal les variations de température et d'humidité. Il est conseillé de les conserver dans une enceinte réfrigérée entre + 6 °C et + 8 °C, avec un degré hygrométrique constant.

Certains fruits et légumes tels que l'ananas ou la banane doivent être conservés en température ambiante ; l'ail, l'oignon, l'échalote dans un endroit sec. Les agrumes dont l'odeur est caractéristique seront, de préférence, séparés des autres denrées alimentaires.

Les fruits et les légumes conservant peu de temps leurs qualités de fraîcheur et leurs propriétés nutritionnelles (apport de vitamines), on réduira leur conservation au minimum.

Ces conseils doivent être appliqués pour tous les fruits et légumes, mais particulièrement les fruits et légumes très fragiles, ceux qui sont plus sensibles aux variations de température et dont la maturation est rapide.

CLASSIFICATION DES LÉGUMES

Les légumes frais peuvent être classés par familles, en tenant compte de la partie comestible de la plante plutôt que de l'espèce botanique dont ils proviennent (voir croquis page suivante). Cette classification distingue :

- Les tubercules : pomme de terre, patate douce, crosne du Japon ou Stachy, topinambour...

- Les racines : carotte, betterave rouge, céleri-rave, igname, navet, panais, radis rose, radis blanc, radis noir, raifort, rutabaga, salsifis et scorsonère...

- Les rhizomes : asperge, gingembre...

- Les bulbes : ail, échalote, oignon, fenouil tubéreux...

- Les tiges : côtes de blettes (ou bettes), cardon, céleri branche...

- Les feuilles : chou blanc, chou vert, chou rouge, cresson, épinard, feuilles de blette (ou bette), oseille, salades (laitue, feuille de chêne, mâche, chicorée, frisée, batavia, trévise, scarole...), tétragone...

- Les bourgeons, les inflorescences : artichaut, brocoli, chou de Bruxelles, chou-fleur, fleur de courgette, de capucine...

● Les légumes fruits : aubergine, concombre, cornichon, christophine, courgette, courge, haricot vert, gombos, pâtisson (ou artichaut de Jérusalem), poivron, potiron, tomate...

● Les graines : fève, féverolle, haricot en grains frais, petit pois...

Certains échappent à cette classification « génétique » :

● Les champignons sauvages et de culture : champignon de Paris, cèpe, chanterelle, pleurote, morille...

● Les pousses de graines germées : germe de blé, germe de soja, germe de luzerne (alfalfa), germe de moutarde, de lin, de lupin... Utilisées le plus souvent pour l'alimentation de régime, certaines prennent une place importante dans la cuisine d'aujourd'hui.

● Les herbes et plantes aromatiques : elles sont classées à la rubrique « épices et aromates » (p. 6-7).

ACHATS ET PRODUITS

Aujourd'hui, il est possible de trouver tous les légumes tout au long de l'année, sous une multitude de présentations. Bien qu'il n'en existe pas de définition officielle, les fournisseurs et les commerçants ont pris l'habitude de désigner les légumes par des appellations génériques selon qu'ils sont fraîchement cueillis et vendus ou pré-parés..., ou pré-cuits : les « **cinq gammes** ».

● La première gamme désigne ce qui est fraîchement récolté, livré en l'état sans conditionnement particulier (sachet de carottes, filet de pommes de terre, botte de radis...).

● La deuxième gamme désigne les produits appertisés, qu'ils soient conservés en boîtes métalliques, en bocaux de verre ou en emballages hermétiques en plastique, thermo-résistants.

● La troisième gamme désigne les légumes surgelés. Ils sont d'abord nettoyés, épluchés, parés, lavés et généralement blanchis avant d'être soumis à la congélation rapide.

● La quatrième gamme correspond aux légumes qui, après nettoyage, épluchage..., découpage, sont conservés crus en emballage hermétique où l'atmosphère est modifiée (gaz neutre ou inerte, sous vide d'air...).

● La cinquième gamme désigne les légumes frais épluchés, lavés et taillés, conditionnés en sachets hermétiques sous vide d'air et cuits, prêts à l'emploi.

Comme chaque fois, lorsqu'on essaie de codifier ou de classer, des exceptions échappent à toute classification : où ranger les légumes déshydratés, à quelle famille rattacher les légumes préparés, découpés, conservés en saumure ?

MEILLEURS MOMENTS DE PRODUCTION

La France produit de nombreux légumes tout au long de l'année, mais, à des époques déterminées, des variétés sont disponibles en grande quantité. C'est durant ces périodes que le rapport qualité/prix est le plus intéressant, en dehors de la production dans les autres pays de la Communauté Économique Européenne ou de l'étranger. Les importations permettent de trouver, en continu, sur les marchés français, des légumes qui ne sont habituellement que saisonniers.

En réalité, les périodes favorables de consommation ne sont pas fixes, elles se déplacent dans le temps. Le moment des récoltes peut être décalé d'une à trois semaines car il dépend des conditions climatiques de l'année.

CALENDRIER DE PRODUCTION FRANÇAISE DES PRINCIPAUX LÉGUMES

VARIÉTÉS / MOIS	J	F	M	A	M	J	J	A	S	O	N	D
Artichauts				Moyenne	Moyenne	Pleine	Pleine	Moyenne	Moyenne			
Betteraves	Pleine	Pleine	Pleine	Moyenne	Moyenne					Moyenne	Moyenne	Moyenne
Carottes	Pleine	Pleine	Pleine	Pleine	Pleine	Pleine	Pleine	Moyenne	Moyenne	Moyenne	Moyenne	Moyenne
Céleri-rave	Moyenne	Moyenne	Moyenne						Moyenne	Pleine	Pleine	Pleine
Champignons de Paris		Pleine	Pleine									
Chou blanc	Moyenne	Moyenne	Moyenne	Moyenne	Moyenne	Moyenne	Moyenne	Moyenne	Moyenne	Pleine	Pleine	Pleine
Chou-fleur	Pleine	Pleine	Pleine	Pleine	Pleine	Moyenne	Moyenne	Moyenne		Moyenne	Moyenne	Moyenne
Chou rouge	Moyenne	Moyenne	Moyenne	Moyenne	Moyenne	Moyenne	Moyenne	Moyenne	Moyenne	Pleine	Pleine	Moyenne
Choux de Bruxelles	Pleine	Pleine	Pleine	Moyenne							Moyenne	Pleine
Citrouille	Pleine	Pleine	Pleine						Moyenne	Moyenne	Moyenne	Moyenne
Concombre						Moyenne	Pleine	Pleine	Pleine	Moyenne		
Épinards	Pleine	Pleine	Pleine	Moyenne	Moyenne	Moyenne				Moyenne	Moyenne	Pleine
Haricots verts						Moyenne	Pleine	Pleine	Pleine	Moyenne		
Navets	Pleine	Pleine	Pleine									
Oseille	Pleine	Pleine	Pleine			Moyenne	Moyenne	Moyenne	Moyenne			
Petits pois					Moyenne	Pleine	Pleine	Pleine	Moyenne	Moyenne		
Poireaux	Moyenne	Pleine	Pleine	Pleine	Moyenne	Moyenne	Moyenne	Moyenne	Moyenne	Moyenne	Moyenne	Moyenne
Pommes de terre nouvelles						Pleine	Pleine	Moyenne				
Radis			Moyenne	Pleine	Pleine	Moyenne	Pleine	Pleine	Moyenne			
Tomates					Moyenne	Moyenne	Pleine	Pleine	Pleine	Moyenne		
Chicorée	Pleine	Pleine										
Cresson			Moyenne	Moyenne	Moyenne	Pleine	Pleine	Moyenne	Moyenne	Moyenne	Moyenne	
Endives	Moyenne	Moyenne	Pleine	Pleine								
Laitue		Moyenne	Moyenne	Moyenne	Pleine	Pleine	Pleine	Pleine	Pleine	Moyenne	Moyenne	
Mâche	Moyenne	Pleine	Pleine	Pleine								
Romaine			Pleine	Pleine	Pleine	Pleine	Pleine	Pleine	Pleine			
Scarole	Moyenne	Pleine	Pleine							Moyenne	Pleine	Pleine

Pleine saison *Moyenne saison*

Fonds d'artichauts à la florentine

6 personnes

Préparation : 20 min
Cuisson : 40 min

6 fonds d'artichauts surgelés
250 g d'épinards en branche
50 g de beurre
1/2 l de sauce Béchamel (p. 66)
80 g de gruyère râpé
Muscade
Sel, poivre.

Un SAUMUR-CHAMPIGNY rouge, le plus célèbre des vins rouges, parfumé et racé, qui s'accommodera à ce mets.

Température : 16 °C.

Cuire séparément les fonds d'artichauts et les épinards triés et nettoyés dans de l'eau bouillante salée. Les égoutter.

Ranger les artichauts dans un plat légèrement beurré, la cavité vers le dessus.

Égoutter les épinards à fond. Les presser et les concasser. Les chauffer dans 20 g de beurre. Assaisonner de sel, de poivre et de muscade. Les lier avec la moitié de la sauce Béchamel. En farcir les artichauts.

Napper avec le reste de sauce. Saupoudrer du gruyère râpé et de quelques noisettes de beurre.

Chauffer et gratiner à four chaud.

Servir aussitôt.

Fonds d'artichauts à l'italienne

6 personnes

Préparation : 30 min
Cuisson : 30 min

200 g de champignons
1 belle tranche de jambon de Paris
20 g de beurre
5 cl d'huile d'olive
250 g de coulis de tomates
6 fonds d'artichauts surgelés
2 feuilles de basilic hachées
Sel, poivre.

Servir un CÔTES-DU-VIVARAIS, un V.D.Q.S. sec et frais.

Température : 8 °C.

Nettoyer, laver et égoutter les champignons. Les couper finement en bâtonnets.

Couper le jambon en bâtonnets.

Chauffer le beurre et l'huile d'olive dans une cocotte. Y faire cuire vivement les champignons. Ajouter le jambon et le coulis de tomates. Donner un bouillon. Assaisonner.

Couper les fonds d'artichauts en quartiers. Les cuire dans la cocotte avec les tomates, les champignons et le jambon, à couvert, pendant 20 minutes

Saupoudrer de basilic et servir sans attendre.

Fricassée d'artichauts Clamart

6 personnes

Préparation : 20 min
Cuisson : 35 min

---

12 fonds d'artichauts surgelés
100 g d'oignons
80 g de lard fumé
50 g de beurre
200 g de petits pois fins surgelés
Menthe fraîche hachée
Sel, poivre.

Laisser dégeler les fonds d'artichauts juste assez pour pouvoir les couper en quartiers.

Éplucher et émincer les oignons.

Couper le lard en bâtonnets.

Chauffer le beurre dans une cocotte. Y faire revenir les lardons. Ajouter les oignons. Laisser étuver 5 minutes en remuant.

Ajouter les quartiers d'artichauts et les petits pois.

Saler, poivrer. Mouiller avec 20 cl d'eau. Couvrir et laisser cuire 30 minutes.

Saupoudrer d'un peu de menthe fraîche hachée au moment de servir.

Fraîcheur et jeunesse d'un BORDEAUX rosé à accorder au mets.

Température : 8 °C.

Asperges gratinées

6 personnes

Préparation : 1 h
Cuisson : 30 min

3 kg d'asperges blanches
2 œufs durs
2 cuil. à soupe de persil haché
100 g de chapelure
80 g de beurre
Sel.

Nettoyer, éplucher, laver et cuire les asperges dans de l'eau bouillante salée. Bien les égoutter. Ranger les asperges sur un plat de service, sans trop les superposer.

Écraser les œufs durs à l'aide d'une fourchette. Y mélanger le persil. Répartir ce mélange sur les asperges. Saupoudrer de chapelure.

Dans une poêle, chauffer le beurre pour qu'il devienne noisette. Le verser sur les asperges.

Glisser le plat quelques instants sous le gril du four. Servir brûlant.

Le goût puissant des asperges devrait permettre à un COTEAUX CHAMPENOIS blanc sec de les accompagner agréablement.

Température : 8 °C.

Suprêmes d'asperges vertes

6 personnes

Préparation : 1 h
Cuisson : 30 min

3 kg d'asperges vertes
50 g de beurre
30 g de farine
2,5 dl de crème fraîche épaisse
Sel, poivre.

Nettoyer, éplucher et laver les asperges. Casser les tiges à environ 7 cm des pointes. Réserver les tiges pour un autre usage, un potage par exemple.

Cuire les pointes dans de l'eau bouillante salée pendant 20 minutes. Réserver 1/4 l d'eau de cuisson. Égoutter délicatement les pointes d'asperges.

Confectionner un roux avec tout le beurre et la farine. Mouiller avec l'eau de cuisson réservée. Ajouter la crème. Assaisonner. Verser sur les pointes d'asperges.

Bien faire chauffer et servir sans attendre.

Servir un SANCERRE blanc sec, fin, racé, pour soutenir les saveurs des asperges fraîches.

Température : 8 °C.

Aubergines et courgettes à la provençale

6 personnes

Préparation : 30 min
Cuisson : 1 h 30 min

600 g de courgettes
600 g d'aubergines longues et droites
600 g de tomates moyennes mûres à point
1 dl d'huile d'olive
3 gousses d'ail hachées
2 cuil. à soupe de persil haché
1 forte pincée de fleur de thym
Sel, poivre.

Laver et égoutter les légumes. Éplucher les courgettes et les aubergines. Retirer le pédoncule des tomates. Couper tous les légumes en tranches régulières de 5 mm d'épaisseur.

Huiler légèrement un plat creux allant au four. Parsemer au fond l'ail et le persil. Disposer les tranches de légumes les unes contre les autres dans l'ordre : courgettes, aubergines, tomates, courgettes, aubergines, tomates... en les disposant debout tout autour du plat, puis au milieu. Saler, poivrer. Saupoudrer de fleur de thym. Arroser d'un filet d'huile.

Mettre à cuire au four à chaleur soutenue, à 200 °C (th. 6-7), pendant 1 heure 30 minutes.

Servir tel quel.

Il n'est pas nécessaire d'éplucher entièrement les courgettes et les aubergines. Certains préconisent même de ne pas les éplucher du tout. En pratique, ces légumes s'épluchent à l'aide d'un couteau économe en retirant tout autour, dans la longueur du légume et en alternant, des rubans de peau d'1 à 2 cm de large.

Choisir un CÔTES-DE-PROVENCE rouge et jeune, à servir frais sur ce plat provençal.

Température : 14 °C.

Gratin de blettes au vert

6 personnes

Préparation : 30 min
Cuisson : 50 min

2 kg de blettes avec les feuilles
60 g de beurre
40 g de farine
1/2 l de lait
25 cl de crème fraîche liquide
80 g de parmesan râpé
Muscade
Sel, poivre.

Choisir de belles côtes de blettes blanches et tendres aux feuilles vertes et brillantes. Séparer les feuilles des tiges en éliminant le maximum de blanc. Laver et égoutter avec soin.

Défilandrer les côtes. Les couper en tronçons. Laver et égoutter. Les cuire à l'eau bouillante salée.

Couper les feuilles en grosse chiffonnade. Les cuire à l'eau bouillante salée. Les égoutter fortement.

Confectionner une sauce Béchamel avec 40 g de beurre, la farine et le lait. Assaisonner de sel, de poivre et de muscade. Ajouter la crème et la moitié du parmesan.

Lier les feuilles et les côtes de blettes avec la sauce. Verser dans un plat beurré. Saupoudrer de parmesan et répartir le reste du beurre.

Mettre à four chaud en position gril pour chauffer et gratiner.

Servir aussitôt.

Un CÔTES DU JURA blanc accompagnera volontiers ce gratin.

Température : 10 °C.

Les cardons sont des légumes de la famille des artichauts. Ils sont "blanchis" (emballés dans de la paille, du papier... ou du carton) et doivent attendre que "le gel leur soit passé dessus" pour perdre leur amertume. En Provence, le cardon fait partie du traditionnel repas de Noël.

Cardon à l'ancienne

6 personnes

Préparation : 20 min
Cuisson : 40 min
Repos : 30 min

150 g de moelle de bœuf
1 beau pied de cardon
2 citrons
1 cuil. à soupe de farine
1 dl d'huile
100 g de beurre
4 dl de fond brun de veau (p. 58)
Persil haché
Sel, poivre.

Laisser la moelle dégorger dans de l'eau froide courante pendant 30 minutes.

Nettoyer le cardon. Supprimer les plus grosses côtes du tour. Retirer les fibres et les membranes. Couper les tiges en tronçons. Les plonger aussitôt dans de l'eau fraîche additionnée du jus d'1 citron.

Porter de l'eau à ébullition. Saler. Mélanger la farine et le jus du second citron. Verser dans l'eau bouillante en délayant soigneusement. Ajouter l'huile. Cuire les cardons 25 minutes dans ce blanc.

Couper la moelle en lames ou en dés. Les pocher 3 minutes dans de l'eau frémissante.

Beurrer grassement un plat allant au four. Y déposer le cardon égoutté. Couvrir d'une feuille d'aluminium. Mettre à four chaud, à 240 °C (th. 8), pendant 5 minutes.

Faire bouillir le fond brun. Le réduire d'un tiers. Monter au beurre. Assaisonner.

Verser la sauce sur le cardon. Répartir la moelle pochée bien égouttée. Saupoudrer de persil. Servir très chaud.

Servir un CÔTES-DE-PROVENCE rouge, jeune et chaud, pour flatter ce mets.

Température : 16 °C.

Ragoût de champignons sauvages

6 personnes

Préparation : 30 min
Cuisson : 20 min

1,500 kg de champignons de saison (chanterelles grises, pieds-de-mouton, trompettes-de-la-mort)
60 g de beurre
50 g d'échalote hachée
1 cuil. de persil haché
Sel, poivre.

Nettoyer soigneusement les champignons. Retirer les brindilles, les feuilles, la mousse. Couper les pieds. Éliminer les parties abîmées. Laver rapidement dans plusieurs eaux. Égoutter à fond.

Chauffer le beurre dans une grande poêle. Y faire revenir l'échalote. Ajouter les champignons. Les faire sauter jusqu'à évaporation de l'eau de végétation.

Saler, poivrer. Saupoudrer de persil. Servir.

Étonnez avec un SANCERRE rouge, vin surtout connu en blanc.

Température : 16 °C.

Carottes braisées bourguignonne

6 personnes ✕ ○

Préparation : 30 min
Cuisson : 35 min

1,500 kg de carottes nouvelles
200 g de petits oignons blancs
100 g de lard salé
50 g de beurre
1/2 l de bouillon de volaille
Sucre
Persil haché
Sel, poivre.

Nettoyer, éplucher et laver les carottes et les petits oignons.

Couper le lard en bâtonnets. Les blanchir, les rafraîchir, les égoutter.

Chauffer la moitié du beurre dans une cocotte. Y faire rissoler les lardons. Les retirer quand ils sont bien dorés.

Faire rissoler les petits oignons dans le même corps gras. Retirer les oignons. Égoutter la graisse.

Dans la cocotte, mettre les carottes, les lardons et les petits oignons. Mouiller avec le bouillon. Compléter à hauteur avec de l'eau. Saler, poivrer. Ajouter 1 bonne pincée de sucre.

Cuire à couvert pendant 25 minutes. Retirer le couvercle en fin de cuisson pour laisser évaporer presque tout le liquide. Saupoudrer de persil.

Servir bien chaud.

BOURGOGNE IRANCY, vin rouge assez corsé à la robe soutenue. Un vin rouge du vignoble auxerrois à redécouvrir sur ce plat.

Température : 14 °C.

Carottes Vichy

6 personnes ✕ ○

Préparation : 20 min
Cuisson : 45 min

1,500 kg de carottes
30 g de beurre
1 cube de bouillon de volaille
1 morceau de sucre
Sel.

Nettoyer, éplucher et laver les carottes. Les couper en rondelles minces.

Mettre les carottes dans une casserole. Mouiller d'eau froide juste à hauteur. Ajouter le beurre, le cube de bouillon et le sucre. Saler peu (le bouillon l'est et la cuisson doit réduire). Cuire pratiquement jusqu'à absorption et évaporation totale du liquide.

Servir très chaud.

Servir un CÔTES DU FOREZ, vin léger et frais, pour un plat doux et diététique.

Température : 14 °C.

Potée de chou

6 personnes ✕ ○

Préparation : 30 min
Cuisson : 1 h 30 min

1 chou blanc
30 g de saindoux
1 oignon émincé
100 g de lard salé
25 cl de vin blanc
100 g de marrons épluchés et blanchis
Sel.

Une très petite production du Val de Loire célèbre localement, un REUILLY rosé, sec et fruité, pour s'associer à la puissance du chou.

Température : 8 °C.

Défaire le chou feuille à feuille. Retirer les grosses côtes. Blanchir fortement les feuilles de chou. Les rafraîchir, les égoutter.

Faire fondre le saindoux dans une cocotte. Y faire revenir l'oignon. Ajouter le chou blanchi. Poser dessus le lard coupé en bâtonnets. Saler. Mouiller avec le vin blanc. Couvrir. Cuire doucement pendant 1 heure.

Ajouter les marrons. Cuire encore pendant 15 minutes.

Dresser le chou dans un légumier. Disposer les marrons au centre.

Choux de Bruxelles braisés

6 personnes ✕ ○

Préparation : 20 min
Cuisson : 45 min

1 kg de choux de Bruxelles
100 g de lard salé
30 g de beurre
100 g d'oignons hachés
Sel, poivre.

ARBOIS rosé, vin frais et aromatique du Jura. Un vin typé, original et marqué, pour un légume au goût puissant.

Température : 10 °C.

Éplucher les choux de Bruxelles en coupant la base et en enlevant les feuilles extérieures si elles sont abîmées. Les plonger dans de l'eau bouillante salée et les laisser cuire à feu vif 10 à 15 minutes. Ils doivent rester fermes. Les égoutter.

Couper le lard en lardons, les blanchir, les égoutter.

Chauffer le beurre dans une cocotte. Y faire rissoler les lardons sans excès. Ajouter les oignons. Les laisser étuver sans les colorer.

Mettre les choux de Bruxelles dans la cocotte, sur les lardons et les oignons. Saler. Mouiller avec 2 cuillerées à soupe d'eau froide. Couvrir et cuire à couvert doucement, en remuant de temps en temps, jusqu'à ce qu'ils soient bien chauds.

Concombres sautés

6 personnes

Préparation : 15 min
Cuisson : 15 min

3 beaux concombres
50 g de beurre
2 cuil. à soupe de persil haché
Sel, poivre.

Éplucher et laver les concombres. Les couper en deux dans leur longueur. Retirer les pépins avec une petite cuillère. Diviser les demi-concombres en tronçons de 5 cm. Recouper chaque tronçon en 4 ou en 5 quartiers.

Cuire les quartiers de concombre pendant 6 à 8 minutes dans de l'eau bouillante salée. Les égoutter, les rafraîchir.

Faire sauter les concombres au beurre, dans une poêle. Saler, poivrer. Saupoudrer de persil.

Servir bien chaud.

Le problème : concilier la pointe d'acidité des concombres et celle du vin. La solution : un Entre-Deux-Mers blanc sec, de Bordeaux.

Température : 8 °C.

Courgettes à la crème

6 personnes

Préparation : 20 min
Cuisson : 35 min

1 kg de petites courgettes
1 dl d'huile
2 dl de crème fraîche épaisse
2 cuil. à soupe d'ail et de persil haché
Sel, poivre.

Nettoyer les courgettes. Si elles sont petites et bien fermes, il n'est pas nécessaire de les éplucher. Les couper en tronçons de 5 à 6 cm de long puis en quartiers. Au besoin, retirer les graines.

Faire sauter les quartiers de courgettes avec l'huile chaude dans une grande poêle. Les cuire entièrement en remuant délicatement. Saler, poivrer.

En fin de cuisson, verser la crème. Porter rapidement à ébullition. Saupoudrer de la persillade.

Servir très chaud.

La finesse et la douceur du vin, un COTEAUX D'AIX-EN-PROVENCE, se marieront à la douceur du plat.

Température : 8 °C

Le crambe maritime ou chou crambé pousse spontanément en bord de mer. Il s'apparente à "un chou-fleur qui aurait perdu ses fleurs". Sa saveur piquante est agréable : mi-asperge, mi-tiges de chou-fleur. Sa mise en culture fait renaître ce "légume oublié".

Le BOURGOGNE ALIGOTÉ, légèrement acidulé, sera une bonne compagnie pour ce plat.

Température : 8 °C.

Crambes maritimes hollandaise

6 personnes

Préparation : 30 min
Cuisson : 35 min

2 kg de choux crambés
Le jus de 2 citrons
200 g de beurre
3 œufs
Sel, poivre.

Nettoyer les crambes en pelant les plus grosses tiges et en rafraîchissant le pied. Les laver, les égoutter.

Cuire les crambes à l'eau bouillante salée additionnée du jus d'1 citron. Les égoutter et les disposer dans un plat allant au four.

Clarifier le beurre à feu doux.

Verser le jus du second citron dans une casserole. Ajouter les 3 jaunes d'œufs et 1 cuillerée à soupe d'eau froide. Poser sur un feu modéré et fouetter vivement pour obtenir une pommade mousseuse. Retirer du feu et incorporer petit à petit le beurre clarifié tiède. Saler, poivrer.

Napper les crambes de cette sauce hollandaise. Glacer vivement la surface sous le gril du four.

Servir sans attendre.

Les endives braisées sont particulièrement digestes et diurétiques. Plusieurs apprêts sont possibles mais ne méritent plus l'appellation "au maigre". Les accompagner soit de beurre frais, de jus de viande... soit les faire dorer au beurre dans une poêle ; elles prennent alors l'appellation "à la meunière".

Un SYLVANER, vin sec d'Alsace, frais, légèrement acidulé, ira à la rencontre de ce plat.

Température : 8 °C.

Endives braisées

6 personnes

Préparation : 15 min
Cuisson : 45 min

1,500 kg d'endives
Sucre
Le jus de 2 citrons
Sel.

Nettoyer les endives. Couper et creuser le pied. Retirer les feuilles abîmées. Essuyer les endives. Les ranger dans une casserole assez grande pour les contenir en une seule couche. Saler et sucrer légèrement. Ajouter le jus de citron et 1/2 verre d'eau.

Couvrir les endives d'une assiette retournée. Poser le couvercle sur la casserole. Faire partir l'ébullition et laisser mijoter doucement.

Crosnes du Japon au vert

6 personnes

Préparation : 45 min
Cuisson : 40 min

800 g de crosnes
Gros sel
1 kg de brocolis
30 g de beurre
3 dl de crème double
Sel, poivre.

Laver soigneusement les crosnes. Les rouler dans un torchon solide avec une forte poignée de gros sel pour les débarrasser de leur pellicule. Les rincer abondamment.

Nettoyer, trier, laver et égoutter les brocolis. Les diviser en bouquets.

Cuire séparément les crosnes (10 minutes) et les brocolis (5 minutes) dans de l'eau bouillante salée. Bien les égoutter.

Beurrer grassement un plat de service. Y mêler délicatement les légumes. Tenir au chaud.

Faire bouillir la crème. Saler, poivrer. La verser bouillante sur les légumes. Laisser reposer quelques instants au chaud.

Servir sans attendre.

Un ROSÉ DE LOIRE franc et léger, rafraîchissant, s'associera à ce mets.

Température : 8 °C.

Tian d'épinards

6 personnes

Préparation : 30 min
Cuisson : 35 min

3 kg d'épinards frais
1 l de béchamel (p. 66)
100 g de gruyère râpé
30 g de beurre
Sel, poivre.

Équeuter les épinards, les laver dans plusieurs eaux et les égoutter. Les cuire dans une petite quantité d'eau bouillante salée. Les égoutter, les presser et les concasser.

Mélanger les épinards avec la béchamel et la moitié du gruyère râpé. Les mettre dans un plat à gratin beurré. Saupoudrer la surface du reste de gruyère râpé. Éparpiller dessus le reste du beurre.

Cuire à four chaud, à 240 °C (th. 8), pendant 20 minutes pour bien colorer le dessus.

Servir sans attendre.

La même recette peut se réaliser avec des épinards surgelés. Dans ce cas, les décongeler la veille ou les passer 20 minutes au four à 150 °C (th. 5).

Un CRÉPY, vin blanc sec et fruité de Savoie, escortera ce plat sans complexe.

Température : 8 °C.

Haricots à la tourangelle

6 personnes

Préparation : 10 min
Cuisson : 25 min

600 g de haricots verts extrafins
1 boîte 4/4 de flageolets au naturel
1/2 l de sauce Béchamel (p. 66)
2 dl de crème fraîche
Persil haché
Sel, poivre.

Éplucher les haricots verts. Les plonger dans de l'eau bouillante salée et les laisser cuire 5 minutes. Les égoutter et les plonger dans l'eau froide. Les égoutter et les réserver.

Couper les haricots en tronçons de 3 à 4 cm de long. Les mélanger aux flageolets égouttés et rincés.

Chauffer la béchamel. Assaisonner. Ajouter la crème et les haricots. Porter doucement à ébullition. Rectifier l'assaisonnement.

Saupoudrer de persil au moment de servir.

Choisir un SAINT-NICOLAS-DE-BOURGUEIL, célèbre vin rouge de Touraine, jeune et frais, pour accompagner ce plat.

Température : 14 °C.

Fondue de poireaux

6 personnes

Préparation : 30 min
Cuisson : 50 min

2 kg de poireaux
50 g de beurre
500 g de pommes de terre
1/2 l de bouillon de volaille
Sel, poivre.

Nettoyer, laver et égoutter les poireaux. Retirer le vert, ne garder que le blanc.

Émincer finement les blancs de poireaux. Les faire étuver largement dans le beurre chaud en remuant fréquemment. Ne pas laisser colorer.

Éplucher les pommes de terre, les couper en dés de 2 à 3 cm de côté. Les ajouter aux poireaux.

Mouiller avec le bouillon de volaille. Assaisonner. Cuire doucement pendant 40 minutes.

Servir tel quel.

EDELZWICKER, un vin blanc sec et fruité d'Alsace. Attention, l'Edelzwicker est un assemblage de cépages et a donc le « caractère » de son producteur !

Température : 8 °C.

Fricassée de pois gourmands

6 personnes

Préparation : 30 min
Cuisson : 35 min

1,500 kg de pois gourmands
300 g de carottes nouvelles
50 g de lard fumé
100 g d'oignons émincés
30 g de beurre
Persil haché
Sel, poivre.

Ébouter les pois, éplucher les carottes.

Couper le lard en bâtonnets.

Faire rissoler les lardons et les oignons dans le beurre chaud. Ajouter les pois et les carottes. Saler, poivrer. Mouiller avec 20 cl d'eau. Couvrir. Cuire ainsi pendant 35 minutes.

Saupoudrer de persil et servir chaud.

Accorder la douceur des pois gourmands à la rondeur du PINOT BLANC, vin sec et tendre d'Alsace.

Température : 8 °C.

Radis roses aux petits oignons

6 personnes

Préparation : 20 min
Cuisson : 25 min

---

4 bottes de radis roses ronds
2 bottes de petits oignons blancs
50 g de beurre
Sucre
Sel, poivre.

Nettoyer les radis. Supprimer les tiges et les racines. Bien les laver.

Éplucher les petits oignons.

Réunir dans une cocotte les radis, les oignons, le beurre, du sel, du poivre, et 1 morceau de sucre. Mouiller d'eau froide jusqu'à hauteur.

Couvrir et laisser cuire 25 minutes, jusqu'à absorption et évaporation complète de l'eau de cuisson.

Remuer les radis pour les glacer et servir aussitôt.

Un COTEAUX DU LOIR, blanc sec du Val de Loire, d'excellente qualité, pour accompagner ce mets.

Température : 8 °C.

Gratin dauphinois

6 personnes ✕ ○○

Préparation : 30 min
Cuisson : 1 h

1,500 kg de pommes de terre
2 gousses d'ail
30 g de beurre
100 g de gruyère râpé
1/2 l de lait
1/4 l de crème fraîche épaisse
Muscade
Sel, poivre.

VIN DE SAVOIE, vin blanc vif et franc. À plat savoyard, vin savoyard.

Température : 8 °C.

Éplucher et laver les pommes de terre, les couper en tranches de 2 à 3 mm d'épaisseur.

Frotter énergiquement un plat à gratin avec l'ail. Le beurrer. Répartir une couche de pommes de terre. Saupoudrer de gruyère. Recouvrir de pommes de terre, de gruyère, et ainsi de suite en terminant par du gruyère.

Mélanger le lait et la crème. Assaisonner de sel, de poivre et de muscade. Verser sur les pommes de terre. Répartir le reste de beurre à la surface.

Mettre à four chaud, à 240 °C (th. 8), pendant 1 heure. Couvrir d'une feuille d'aluminium si la surface colore trop.

Servir très chaud.

Pommes de terre à l'alsacienne

6 personnes ✕ ○

Préparation : 20 min
Cuisson : 30 min

1,500 kg de petites pommes de terre nouvelles
100 g de lard fumé
1 dl d'huile
150 g d'oignons émincés
50 g de beurre
2 cuil. à soupe de fines herbes hachées
Sel.

SYLVANER, vin blanc sec et assez souple d'Alsace. Pour accompagner des plats de base de la gastronomie alsacienne, utilisons le vin issu du cépage le plus facile à apprécier.

Température : 8 °C.

Éplucher, laver et égoutter les pommes de terre. Normalement, il suffit simplement de les gratter avec la pointe d'un couteau pour retirer la peau.

Couper le lard en bâtonnets. Les blanchir, les égoutter.

Chauffer l'huile dans une cocotte. Y faire revenir les lardons. Ajouter les oignons. Laisser étuver quelques minutes.

Adjoindre les pommes de terre, saler modérément (les lardons le sont). Remuer. Ajouter le beurre. Couvrir et laisser cuire pendant 25 minutes en remuant 2 ou 3 fois pendant la cuisson.

Ajouter les fines herbes au moment de servir.

Pommes de terre en papillotes

6 personnes ✕ ○

Préparation : 10 min
Cuisson : 1 h

12 pommes de terre moyennes (bintje)
300 g de gros sel
25 cl de crème fraîche épaisse
2 cuil. à soupe de fines herbes hachées.

Un FAUGÈRES rosé, vin fin et bouqueté du Languedoc, pour accompagner ce mets.

Température : 8 °C.

Laver les pommes de terre sans les éplucher. Les emballer individuellement dans du papier d'aluminium.

Mettre le gros sel au fond d'un plat à tarte. Poser dessus les pommes de terre. Cuire 1 heure à four moyen, à 180 °C (th. 6).

Couper les pommes de terre en deux.

Servir en même temps la crème assaisonnée additionnée des fines herbes.

Pommes de terre boulangère

6 personnes

Préparation : 20 min
Cuisson : 50 min

1,500 kg de pommes de terre
250 g de gros oignons
50 g de beurre
Thym, laurier
2 l de bouillon de pot-au-feu
Sel, poivre.

Nettoyer, éplucher et laver les pommes de terre et les oignons.

Émincer les oignons. Les faire revenir au beurre.

Couper les pommes de terre en tranches minces. Y mélanger les oignons revenus. Les mettre dans un plat creux allant au four. Ajouter le thym et le laurier. Assaisonner. Mouiller avec le bouillon.

Cuire à four chaud, à 210 °C (th. 7), pendant 45 minutes.

Servir tel quel.

Concilions ce plat avec l'élégante nervosité du BROUILLY, vin rouge léger et légèrement épicé du Beaujolais.

Température : 14 °C.

Pommes de terre normande

6 personnes

Préparation : 20 min
Cuisson : 1 h

1,500 kg de pommes de terre
100 g d'oignons émincés
100 g de blancs de poireaux émincés
50 g de beurre
1/2 l de lait
25 cl de crème fraîche liquide
Sel, poivre.

Éplucher, laver et égoutter les pommes de terre. Les couper en tranches minces.

Étuver les oignons et les blancs de poireaux au beurre. Mélanger avec les pommes de terre. Saler, poivrer.

Verser le tout dans un plat à gratin. Mouiller avec le lait et la crème.

Cuire à four modéré, à 180 °C (th. 6), pendant 50 minutes. Couvrir avec une feuille de papier d'aluminium si la surface colore trop.

Servir bien chaud.

Un peu de finesse et de tendresse sur ce plat beurré et crémé : un GRAVES blanc, vin sec et tendre du Bordelais.

Température : 8 °C.

Bohémienne provençale

6 personnes

Préparation : 20 min
Cuisson : 40 min
Dégorgement : 2 h

Ce plat de légumes accompagnera parfaitement une selle d'agneau rôtie, parfumée aux herbes de Provence.

1,500 kg d'aubergines
1 kg de tomates moyennes
25 g d'ail
1 dl d'huile d'olive
80 g de filets d'anchois à l'huile
25 g de farine
25 cl de lait
50 g de chapelure fine
Sel, poivre.

Un BANDOL rosé, souple, alcoolisé sans excès.

Température : 8 °C.

Éplucher les aubergines, les couper en tranches d'environ 1 cm d'épaisseur. Les saler, les laisser dégorger au moins 2 heures dans une passoire.

Ébouillanter les tomates pendant quelques secondes. Les monder, les couper en tranches de la même épaisseur que les aubergines. Retirer les graines.

Écraser l'ail en purée.

Rincer abondamment les aubergines à l'eau froide. Les égoutter très soigneusement.

Dans une grande poêle, faire chauffer de l'huile. Y faire sauter vivement les tranches d'aubergines. Les ranger au fur et à mesure dans un plat à gratin assez grand en les alternant successivement avec les tranches de tomates, par couches. Saler modérément (selon les goûts, ce n'est pas toujours nécessaire). Parsemer d'ail.

Quand toutes les aubergines sont sautées, ajouter les anchois dans la poêle. Les réduire en purée. Saupoudrer avec la farine. Cuire quelques instants ce roux. Mouiller avec le lait. Bien délayer pour obtenir une sauce légère. Poivrer. Inutile de saler. Verser cette sauce sur les tomates et les aubergines. Saupoudrer de chapelure. Mettre à gratiner à four chaud pendant 10 minutes.

Jardinière de légumes

6 personnes

Préparation : 45 min
Cuisson : 30 min

300 g de carottes nouvelles
100 g de petits navets
100 g d'asperges vertes
100 g de pois gourmands
100 g de haricots verts
300 g de petites pommes de terre nouvelles
80 g de beurre
1 cuil. à soupe de fines herbes hachées (cerfeuil, ciboulette, persil)
Sel, poivre.

Servir un VIN DU LOIRET, VIN DE L'ORLÉANAIS gris et frais pour ce plat printanier.

Température : 8 °C.

Nettoyer, éplucher et laver tous les légumes.

Les réunir dans une cocotte avec le beurre. Saler, poivrer. Ajouter 1/4 l d'eau froide. Couvrir et laisser cuire à feu très doux pendant 30 minutes en remuant 2 ou 3 fois.

Saupoudrer des fines herbes hachées.

Servir bien chaud.

Ratatouille

6 personnes ✕ O

Préparation : 45 min
Cuisson : 1 h 15 min
Dégorgement : 1 h

500 g d'aubergines
200 g d'oignons
150 g de poivrons verts
20 cl d'huile d'olive
300 g de tomates
500 g de courgettes
1 pincée de fleur de thym
3 gousses d'ail
1 bottillon de persil
Sel, poivre.

Nettoyer les légumes. Les laver, les éplucher.

Couper les aubergines en dés, les saler, les laisser dégorger.

Émincer les oignons et les poivrons. Chauffer 5 cl d'huile dans une casserole. Y faire suer les oignons et les poivrons.

Couper les tomates en quartiers. Les ajouter dans la casserole. Cuire pendant 20 minutes en remuant de temps en temps.

Couper les courgettes en dés. Égoutter les aubergines. Chauffer le restant d'huile dans une grande poêle. Y faire rissoler les courgettes et les aubergines. Procéder en plusieurs fois si nécessaire. Les ajouter au fur et à mesure à la fondue de tomate. Saler, poivrer. Ajouter le thym. Couvrir et cuire pendant 30 minutes.

Hacher finement l'ail et le persil. Les ajouter à la ratatouille 5 minutes avant la fin de la cuisson.

Pour un plat typiquement provençal, servir un des rosés les plus appréciés, un CÔTES-DE-PROVENCE.

Température : 8 °C.

LES FROMAGES

LA FRANCE, PAYS DES FROMAGES

L'origine des fromages se perd dans l'histoire paysanne et montagnarde de la France. Il existe autant de fromages que de jours dans une année, ce qu'aucun pays au monde ne peut égaler, et de loin !

Comment expliquer la grande richesse de notre patrimoine ? Une réponse se trouve déjà dans la diversité des climats, reliefs et mentalités qui font le charme de chacune de nos régions. Fruits d'une longue tradition fromagère, les différents savoir-faire se sont considérablement enrichis au cours des siècles par la création successive de nouvelles variétés et par la recherche de la maîtrise de toutes les étapes de fabrication. Ainsi, notre patrimoine se compose actuellement de nombreux fromages traditionnels, héritiers directs de diverses spécialités régionales, dont plus d'une trentaine d'Appellation d'Origine Contrôlée, et d'une quantité toujours croissante de nouveaux produits que les fabricants ont su adapter aux souhaits des consommateurs.

Les Français sont les premiers consommateurs de fromage au monde avec environ 20 kg par an et par personne.

LA FABRICATION DU FROMAGE EN 5 POINTS

Au commencement était le lait. De vache, de chèvre ou de brebis, il va devenir fromage en 5 étapes.

- Le caillage : soit de la présure (enzyme extraite de l'estomac du veau), soit des ferments lactiques, ou les deux à la fois, sont rajoutés au lait. Ils provoquent sa coagulation. Le lait se scinde alors en « caillé » solide et en « petit-lait » liquide.
- L'égouttage : le caillé se contracte et le petit-lait s'égoutte. Cette séparation se fait spontanément. L'égouttage est parfois accéléré par brassage, tranchage et chauffage.
- Le moulage : la mise en forme des fromages se fait soit dans des moules perforés, soit par pressage dans des toiles cerclées de bois ou d'autres matériaux.
- Le salage : réparti à l'intérieur de la pâte ou en surface, le sel permet de maîtriser le développement des micro-organismes afin d'orienter le caillé vers l'aspect et le goût finaux recherchés.
- L'affinage : période de maturation des fromages, elle dure de quelques jours à plusieurs mois. Le caillé se transforme en pâte sous l'effet de la fermentation. Le goût et l'odeur apparaissent. Les fromages font l'objet de soins manuels constants (retournements, brossages...). La température, l'humidité et l'aération ont une grande influence sur la progression de l'affinage. La saveur finale atteinte, elle doit se retrouver intacte chez le consommateur.

LES 8 GRANDES FAMILLES

- Les fromages frais : ils ne subissent aucun affinage. Ce sont principalement des fromages blancs dont la saveur reste douce. Certains sont aromatisés à l'ail, au poivre, aux fines herbes.

  Exemples : fromage blanc, demi-sel, petit-suisse.
- Les fromages à pâte molle à croûte fleurie : leur croûte est blanche et feutrée, ceci grâce au duvet de moisissure appelé « fleur » qui se développe à la surface pendant les 2 à 6 semaines d'affinage. Leur pâte est souple et onctueuse.

  Exemples : camembert, brie, chaource, carré de l'Est.
- Les fromages à pâte molle à croûte lavée : ces fromages ont une saveur prononcée et une pâte onctueuse. Durant l'affinage (de 2 à 6 semaines), ils sont lavés avec de l'eau salée, puis brossés. Ce qui active la fermentation et favorise l'apparition de la couleur orangée et de l'aspect humide de la croûte.

  Exemples : maroilles, munster, livarot.
- Les fromages de chèvre : le plus souvent leur pâte est molle. Le lait utilisé pour leur fabrication est exclusivement du lait de chèvre. Teneur minimale en matière grasse : 45 %. Les fromages mi-chèvre sont faits avec un mélange de lait de vache et de chèvre avec au moins 25 % de ce dernier. Les durées d'affinage varient considérablement et donnent les chèvres frais, tendres, demi-secs, secs ou durs. Ils peuvent être cendrés, saupoudrés d'aromates et revêtir des formes très diverses : bûches, pyramides, pavés, ronds...

  Exemples : crottin de Chavignol, selles-sur-cher, pouligny-saint-pierre.
- Les fromages à pâte persillée : familièrement appelés « bleus », ils doivent leur nom à la moisissure *Penicillium roqueforti* qui persille

leur pâte et leur donne cette saveur si spécifique. L'affinage dure d'1 à 4 mois. Leur pâte, ni cuite ni pressée, est percée de trous avec des aiguilles, ce qui permet le développement du bleu en marbrures.

Exemples : roquefort, bleu de Bresse, bleu d'Auvergne.

● Les fromages à pâte pressée non cuite : leur pâte demi-dure a été pressée mécaniquement afin d'accélérer l'égouttage. Au cours de l'affinage qui dure de 2 à 3 mois, leur croûte est lavée, brossée, puis retournée régulièrement.

Exemples : saint-nectaire, cantal, tomme de Savoie.

● Les fromages à pâte pressée cuite : leur pâte est ferme et a la particularité d'avoir été chauffée et pressée en cours de fabrication. Ces fromages ont une longue période d'affinage pouvant aller de 6 mois à 1 an. Certains trous dans la pâte sont dûs au gaz carbonique qui se dégage pendant l'affinage.

Exemples : emmentals, comté, beaufort.

● Les fromages fondus : ils résultent de la fonte d'un ou de plusieurs fromages à pâte pressée cuite ou non cuite, additionnés éventuellement de lait, de crème, d'épices, de noix...

Exemples : crème de gruyère, fondu aux noix...

Qu'est-ce qu'une A.O.C. ?

Une A.O.C. (Appellation d'Origine Contrôlée) garantit :

— une méthode de fabrication traditionnelle ;

— un terroir, c'est-à-dire une zone de production et d'affinage bien définie ;

— un contrôle qualitatif du produit portant d'une part sur sa composition (matière grasse, extrait sec...) et d'autre part sur ses qualités organoleptiques et sa présentation.

POUR NE PAS EN FAIRE UN FROMAGE
Quelques notions de législation

Le décret du 30 décembre 1988 désigne sous la mention FROMAGE un « produit fermenté ou non, affiné ou non, obtenu à partir de matières d'origine exclusivement laitière : lait, partiellement ou totalement écrémé, crème, matière grasse, babeurre, utilisées seules ou en mélange et coagulées en tout ou en partie avant égouttage ou après élimination partielle de la partie aqueuse. La teneur minimale en matière sèche du produit ainsi défini, doit être de 23 grammes pour 100 grammes de fromage. »

La nature du lait doit être précisée lorsqu'il s'agit d'un autre lait que le lait de vache (chèvre ou brebis).

La désignation « au lait cru » est réservée aux fromages fabriqués avec du lait non pasteurisé.

6 mentions spécifiques correspondent aux teneurs en matière grasse :

— 0 %	:	lorsque le fromage est à base de lait écrémé ;
— maigre	:	moins de 20 % de M.G. ;
— allégé	:	entre 20 et 30 % de M.G. ;
— gras, à pâte grasse, crème	:	entre 50 et 60 % de M.G. ;
— double-crème	:	entre 60 et 75 % de M.G. ;
— triple-crème	:	75 % et plus de M.G.

Un sigle distinctif comprenant le nom du fromage et les lettres CNAOF (Comité National des Appellations d'Origine de Fromages) est obligatoirement apposé sur tout fromage d'Appellation d'Origine. Il atteste que le produit a subi les contrôles « qualité » exigés par la réglementation sur les fromages d'Appellation d'Origine.

NOM du FROMAGE
APPELLATION d'ORIGINE CONTROLEE
I.N.A.O

PLATEAU DE FROMAGES :
COMMENT BIEN COMPOSER
SON ASSORTIMENT

Votre plateau de fromages, au travers de la diversité des différents produits présentés, doit correspondre à l'attente de vos invités. Il faut ajouter à la valeur sûre de fromages consacrés des fromages régionaux.

Il faut établir votre sélection en fonction des saisons pour proposer des produits toujours au summum de leur qualité. Si les fromages fabriqués à partir de lait pasteurisé sont égaux en qualité toute l'année, il n'en est pas de même des fromages au lait cru dont la qualité des laits varie en fonction de l'alimentation de l'animal et des saisons.

— Les fromages doivent être suffisamment espacés pour permettre une coupe aisée. Mieux vaut donc que le plateau soit grand et facile à manier et à nettoyer, qu'il soit en bois, en liège, en grès, en verre, en marbre ou en osier.

— Si les convives sont nombreux, il est préférable de prévoir 2 plateaux. Dans ce cas, l'un est réservé aux fromages de saveurs douces et l'autre aux fromages à saveurs corsées.

— On peut décorer un fond de plateau avec des feuilles naturelles, en papier ou en plastique, des paillons, ou des napperons de papier dentelle.

— 2 couteaux sur un même plateau permettent de ne pas mélanger la saveur des fromages doux avec celle des fromages corsés. Si le plateau comporte un fromage frais et mou, tel le vacherin, il faut ajouter une cuillère à entremets.

LISTE DES APPELLATIONS D'ORIGINE CONTRÔLÉE

DÉNOMINATION DE L'A.O.C.	LAIT	PÂTE	CROÛTE	RÉGION DE PRODUCTION
Abondance	vache	pressée non cuite	naturelle	Rhône-Alpes
Beaufort	vache	pressée cuite	brossée	Rhône-Alpes
Bleu d'Auvergne	vache	persillée	naturelle	Auvergne
Bleu des Causses	vache	persillée	naturelle	région des Causses
Bleu du Haut-Jura, Bleu de Gex, Bleu de Septmoncel	vache	persillée	naturelle	Jura, Franche-Comté
Brie de Meaux	vache	molle	fleurie	Île-de-France
Brie de Melun	vache	molle	fleurie	Île-de-France
Brocciu ou **Broccio**	brebis	molle	naturelle	Corse
Camembert de Normandie	vache	molle	fleurie	Normandie
Cantal ou **Fourme de Cantal**	vache	pressée non cuite	naturelle	Cantal (Massif Central)
Chabichou du Poitou	chèvre	molle	naturelle	Poitou
Chaource	vache	molle	fleurie	Champagne
Comté	vache	pressée cuite	brossée	Franche-Comté
Crottin de Chavignol ou **Chavignol**	chèvre	molle	naturelle	Centre (Sancerre)
Époisses	vache	molle	lavée	Bourgogne
Fourme d'Ambert ou **Fourme de Montbrison**	vache	persillée	fleurie	Rhône-Alpes
Laguiole	vache	pressée non cuite	brossée	Midi-Pyrénées
Langres	vache	molle	lavée	Centre
Livarot	vache	molle	lavée	Normandie
Maroilles ou **Marolles**	vache	molle	lavée	Nord-Picardie
Mont-d'Or ou **Vacherin du Haut-Doubs**	vache	molle	lavée	Franche-Comté
Munster ou **Munster géromé**	vache	molle	lavée	Alsace
Neufchâtel	vache	molle	fleurie	Normandie
Ossau-Iraty ou **Petit Ossau-Iraty-brebis des Pyrénées**	brebis	pressée non cuite	naturelle	Pyrénées, Pays basque
Picodon de la Drôme ou **Picodon de l'Ardèche**	chèvre	molle	naturelle	Rhône-Alpes, Ardèche
Pont-l'évêque	vache	molle	lavée	Normandie
Pouligny-saint-pierre	chèvre	molle	naturelle	Centre, Val de Loire
Reblochon ou **Petit Reblochon**	vache	molle	lavée	Alpes
Roquefort	brebis	persillée	naturelle	Aveyron, Rouergue
Saint-nectaire	vache	pressée non cuite	naturelle	Auvergne
Sainte-maure-de-Touraine	chèvre	molle	naturelle	Centre, Touraine
Salers	vache	pressée non cuite	naturelle	Auvergne
Selles-sur-Cher	chèvre	molle	naturelle	Centre

— Une corbeille bien garnie de pains variés accompagne agréablement le plateau de fromages : campagne, seigle, viennois, au cumin, aux noix, aux raisins...

— Ne pas oublier le beurrier et éventuellement des condiments comme les cornichons, le cumin, la moutarde...

— Pour un plateau de cérémonie, 7 à 9 fromages de différentes familles sont conseillés.

— Il faut sortir les fromages au moins 1 heure avant le service pour leur garantir une température optimale. Le contact de ceux-ci avec l'air va réactiver leurs arômes et durant le service, vous allez les exposer à l'envie de vos convives. Attention, entre chaque présentation à table, le plateau doit être entreposé dans un endroit frais, ceci afin de limiter tout réchauffement excessif. Vous pouvez également recouvrir votre plateau d'un linge humide, voire mouillé.

Découpe des fromages

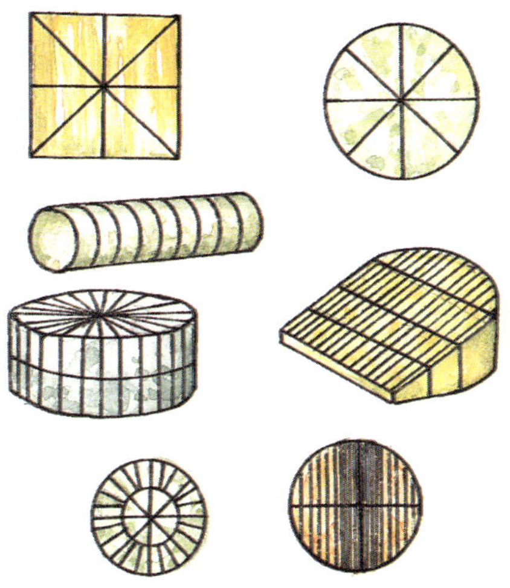

LES VINS ET LES FROMAGES

Le principe de base sur lequel tout le monde semble s'accorder est que l'on propose généralement, avec le fromage, un vin plus fort que celui du repas. Cependant, certains s'empressent d'ajouter que le vin du repas peut très bien convenir, car il importe de faire correspondre les vins recommandés aux plats précédemment consommés, et si possible de les dominer un peu.

Pour être simple, disons que le vin pourra être choisi dans le même registre que le fromage : sec, onctueux, vif, doux, fruité, ou par contraste, en apportant le contrepoint pour adoucir, relever ou atténuer un goût. Un vin de la région d'origine du fromage s'harmonisera également parfaitement avec les saveurs des fromages régionaux. Un chaource, par exemple, se mariera très bien avec un Bouzy rouge ou un rosé des Riceys, un fromage de Langres avec un vin corsé de Bourgogne, un munster avec un Gewurztraminer...

Les fromages à saveurs douces s'apprécient avec un vin léger et inversement, les saveurs fortes s'accordent parfaitement avec des vins corsés.

Voici quelques exemples de vins pour chaque famille de fromages :

- Pâtes fraîches et fondues : vins blancs secs et légers, servis frais comme le fromage, ou alors vins rouges et légers de Bourgogne ou de Touraine. Pour les fromages aromatisés, on recommande particulièrement les vins rouges légers du Beaujolais et du Poitou.
- Pâtes molles à croûte fleurie : vins rouges et fruités. Côtes roannaises, Côtes-du-Rhône septentrionales, Bourgueil pour le camembert, le brie et le coulommiers.
- Pâtes molles à croûte lavée : grands crus de la Côte-de-Nuits, de Saint-Émilion, Côtes-du-Rhône ou Châteauneuf-du-Pape.
- Chèvres : vins de la même origine que les fromages. Crottins : Sancerre, Chinon...
- Pâtes persillées : Graves, Saint-Émilion, Corbières du Roussillon, le nec plus ultra étant de déguster un bon fromage avec un excellent Maury et tous les Vins Doux Naturels, un Sauternes, un Jurançon moelleux, un Monbazillac ou un Porto.
- Pâtes pressées non cuites : toutes les alliances sont possibles : blanc nerveux, rosé de bonne sève, rouge de pays. On peut servir un vin de consommation courante, un vin de qualité produit dans une région désignée ou un vin d'Appellation Contrôlée. L'essentiel étant qu'il soit modeste et de bon aloi. Un cantal ou un saint-nectaire sont appréciés accompagnés d'un rouge de Bourgogne ou des Coteaux de Saint-Pourçain.
- Pâtes pressées cuites : suivant leur sapidité, elles peuvent être servies avec des vins blancs nerveux et fruités et des vins rouges astringents.

Tout cela n'est qu'affaire de goût !

Les pains et les fromages

La baguette, chacun le sait, est le pain roi pour les pâtes molles comme le camembert, à tel point qu'on en oublie très souvent que d'autres mariages de goûts sont possibles.

Rien de meilleur, en effet, avec des pâtes fermentées ou des croûtes lavées comme celles du maroilles, du munster ou du livarot, que le goût un peu acide du pain complet. Mais rien ne vous interdit non plus, et certainement pas le bon goût, d'associer cette famille à du pain de seigle.

Un pain de gruau, un pain viennois ou un pain brioché non sucré mettront en valeur le goût tendre de petits chèvres frais.

Un bon pain de campagne sera, en revanche, fortement apprécié avec les pâtes molles et les pâtes dures, alors que le goût du pain complet s'harmonisera parfaitement à celui des pâtes pressées non cuites.

Enfin, pour les pains spéciaux (pain aux noix, aux raisins, au sésame, au cumin...), vous célébrerez leur heureux mariage fromager en les présentant avec différentes pâtes fraîches aromatisées, et surtout des bleus.

Macaronis à la tomate

Un COTEAUX-DE-PIERREVERT, un V.D.Q.S. des Alpes-de-Haute-Provence, accompagnera généreusement ce mets.

Température : 8 °C.

6 personnes

Préparation : 10 min
Cuisson : 25 min

500 g de macaronis
1 dl d'huile
50 g de beurre
80 g d'oignons
150 g de tomate concassée
1 gousse d'ail
1 cuil. à soupe de persil haché
50 g de gruyère
Sel, poivre.

Cuire les macaronis dans une grande quantité d'eau bouillante salée additionnée d'huile. Les laisser 15 à 18 minutes. Les tenir fermes (al dente). Les égoutter soigneusement.

Chauffer le beurre dans une casserole. Y faire revenir les oignons hachés. Ajouter la tomate et l'ail écrasé. Cuire 10 minutes. Assaisonner. Mêler le persil.

Lier les macaronis dans la fondue de tomate. Dresser en légumier.

Servir bien chaud accompagné du gruyère râpé.

Macaronis aux anchois

CÔTES-DE-PROVENCE rosé. Choisissez un « vin de vacances » frais et souple pour ravir ce plat de vacances.

Température : 8 °C.

6 personnes

Préparation : 10 min
Cuisson : 25 min

500 g de macaronis
1 dl d'huile
50 g de beurre
30 g de filets d'anchois
1 dl de crème fraîche liquide
50 g de parmesan râpé
Sel, poivre.

Cuire les macaronis dans une grande quantité d'eau bouillante salée additionnée d'huile. Les laisser 15 à 18 minutes. Les tenir fermes (al dente). Les égoutter soigneusement.

Chauffer le beurre dans une casserole. Y faire fondre les filets d'anchois. Ajouter la crème.

Lier les macaronis dans cette crème d'anchois avec la moitié du parmesan. Poivrer, saler si nécessaire (attention, les anchois et le fromage sont déjà salés).

Servir bien chaud, accompagné du reste de parmesan.

Spaghettis au basilic

6 personnes

Préparation : 10 min
Cuisson : 20 min

500 g de spaghettis
1 dl d'huile
1 bottillon de basilic frais
50 g de beurre
50 g de parmesan râpé
Sel, poivre.

Cuire les spaghettis dans une grande quantité d'eau bouillante salée additionnée d'huile. Les laisser 10 à 12 minutes. Les tenir fermes (al dente). Les égoutter soigneusement.

Ciseler les feuilles de basilic. Les faire fondre rapidement dans le beurre chaud. Y mélanger les spaghettis. Assaisonner. Ajouter le parmesan.

Servir très chaud.

Un CASSIS blanc sec, fruité et très agréable, pour amadouer la puissance du basilic.

Température : 8 °C.

Spaghettis à la carbonara

6 personnes

Préparation : 10 min
Cuisson : 20 min

500 g de spaghettis
1 bottillon de basilic
1 tranche de jambon de Parme
20 g de beurre
2 gousses d'ail
2 jaunes d'œufs
2 dl de crème fraîche liquide.
Sel, poivre.

Cuire les spaghettis dans une grande quantité d'eau bouillante salée. Les laisser 10 à 12 minutes. Les tenir fermes ("al dente"). Les égoutter soigneusement.

Ciseler les feuilles de basilic. Couper le jambon en fins bâtonnets.

Chauffer le beurre dans une casserole. Y étuver rapidement le basilic. Ajouter le jambon puis l'ail. Laisser suer quelques instants.

Ajouter les spaghettis. Bien chauffer. Verser dessus les 2 jaunes d'œufs battus avec la crème. Remuer énergiquement. Assaisonner.

Servir sans attendre.

Choisir un vin italien, le CHIANTI rosé, pour un plat typiquement italien.

Température : 10 °C.

Riz créole

6 personnes

Préparation : 5 min
Cuisson : 20 min

500 g de riz
40 g de beurre
Sel.

Rincer soigneusement le riz à l'eau courante. Le placer dans une casserole et le recouvrir d'eau bouillante salée (environ 2 cm au-dessus du riz). Couvrir et laisser cuire à petit feu environ 15 minutes.

L'égoutter, le rafraîchir puis l'égoutter à nouveau soigneusement. Le réchauffer au four après avoir réparti le beurre. L'égrener régulièrement afin de le sécher et de le beurrer.

EDELZWICKER, vin blanc sec d'Alsace. Cet assemblage de différents cépages accompagnera avantageusement ce plat.

Température : 8 °C.

Riz en fête

6 personnes

Préparation : 15 min
Cuisson : 20 min

50 g de beurre
100 g d'oignons
250 g de riz long prétraité
30 g de jambon
20 g de petits pois surgelés
20 g de poivron rouge coupé en petits dés
50 g de champignons coupés en petits dés
20 g de maïs en grains cuit
35 cl de bouillon de volaille
Thym, laurier
Sel, poivre.

Chauffer 20 g de beurre dans une cocotte. Y faire revenir les oignons hachés puis le riz. Ajouter le jambon en petits dés et tous les légumes de la garniture. Mélanger. Mouiller avec le bouillon chaud. Ajouter du thym et du laurier. Couvrir. Cuire doucement pendant 18 minutes.

Retirer le thym et le laurier. Ajouter le reste de beurre divisé en parcelles. Égrener avec une fourchette.

Servir chaud.

Servir un LIRAC de l'année pour rester en harmonie avec ce mets.

Température : 8 °C.

Riz pilaf

6 personnes

Préparation : 10 min
Cuisson : 20 min

50 g de beurre
100 g d'oignons
300 g de riz long prétraité
1/2 l de bouillon de volaille
Thym, laurier
Sel, poivre.

Chauffer 30 g de beurre dans une cocotte. Y faire revenir les oignons hachés puis le riz. Remuer jusqu'à ce qu'il soit nacré.

Mouiller avec le bouillon chaud. Saler, poivrer. Ajouter du thym et du laurier. Faire partir l'ébullition. Couvrir et laisser cuire doucement (de préférence au four) pendant 17 minutes.

Retirer le thym et le laurier. Ajouter le reste de beurre divisé en parcelles. Égrener avec une fourchette.

Servir, avec ce plat, un TOURAINE blanc, sec et très parfumé.

Température : 8 °C.

Riz cantonais

6 personnes

Préparation : 20 min
Cuisson : 40 min

Le riz cantonais est un repas à lui tout seul lorsqu'il est préparé ainsi. Vous pouvez, en réduisant la quantité d'ingrédients, en faire une garniture très appréciée.

Le PINOT NOIR d'Alsace, rosé et fruité, enrichira ce plat de ses arômes de fruits et de fleurs.

Température : 8 °C.

6 œufs
5 cl d'huile
250 g de porc en lamelles
100 g de céleri branche
200 g de champignons
200 g de pousses de bambou
2 cuil. à soupe de sauce soja
350 g de riz long grain cuit à la créole
200 g de crevettes décortiquées
300 g de jambon blanc
6 cuil. à soupe de nuoc-mâm
1 cuil. à café de sucre
2 gousses d'ail
1 petit piment
Sel, poivre.

Battre les œufs, les assaisonner. Les faire cuire en omelette très fine. La réserver.

Faire revenir à l'huile le porc coupé en lanières, le céleri, les champignons et les pousses de bambou émincés. Assaisonner. Ajouter la sauce soja et laisser cuire 10 minutes à petit feu.

Ajouter le riz, les crevettes, le jambon en dés et l'omelette coupée en lanières. Laisser chauffer.

Mélanger la sauce nuoc-mâm, le sel, le poivre, le sucre, l'ail et le piment en purée. Diluer avec un peu d'eau si nécessaire.

Servir le riz bien chaud, accompagné de la sauce.

Risotto

6 personnes

Préparation : 15 min
Cuisson : 25 min

50 g de beurre
100 g d'oignons hachés
300 g de riz long prétraité
3/4 l de bouillon de volaille
Thym, laurier
50 g de parmesan râpé
Sel, poivre.

Pour ce plat onctueux, un CÔTES-DU-ROUSSILLON rouge, ayant un peu vieilli, sera parfait.

Température : 18 °C.

Procéder exactement comme pour le riz pilaf (p. 364).

En fin de cuisson, ajouter le beurre et le bouillon de volaille restant, petit à petit, sans cesser de remuer, puis, en dernier, le parmesan.

Le mélange doit devenir crémeux.
Servir sans attendre.

DESSERTS

LE CHOCOLAT

Cherchez l'intrus

Le chocolat blanc essaye, de par son appellation, de se glisser parmi la grande famille des chocolats. Il n'en fait pas partie, tout au plus serait-il un vague cousin éloigné, et cela pour une raison très simple : il ne contient pas un gramme de cacao !

Par contre, il contient beaucoup de beurre de cacao, une pâte jaunâtre insipide, et du sucre, ces deux ingrédients le transformant à tout jamais en ennemi de la diététique.

Ne vous laissez pas abuser ! Mais si toutefois vous vous laissiez séduire, vous le ferez en toute connaissance de cause.

Le chocolat et l'homme vivent toujours la même histoire gourmande, commencée il y a déjà fort longtemps.

Breuvage des dieux chez les Aztèques, le cacao n'arriva en Europe, plus précisément en Espagne, qu'au début du 16e siècle. Considéré d'abord comme un médicament, il devint ensuite la boisson favorite des Grands d'Espagne puis d'Europe. Il faudra attendre le 19e siècle pour que la fabrication de chocolat devienne industrielle et que l'on découvre les premières tablettes.

DE LA FÈVE À LA TABLETTE

Le fruit du cacaoyer est la cabosse qui renferme les précieuses graines de cacao. 3 races de cacaoyers sont cultivées :

- le criollo : c'est le meilleur. Il représente à peine 10 % de la production mondiale ;
- le forastero : d'une qualité moyenne, il a un rendement exceptionnel. Il est donc très cultivé : 80 % de la production mondiale ;
- le trinitario : c'est un hybride des deux précédents. Bonne qualité, bon rendement. Il représente 10 à 15 % de la production mondiale.

Les fèves sont sorties des cabosses, mises à fermenter quelques jours puis séchées. Elles sont ensuite torréfiées, concassées pour séparer l'amande de la coque, mélangées puis broyées.

On obtient alors la pâte de cacao qui, une fois broyée, pressée et pulvérisée, donnera le cacao en poudre, ou qui suivra une autre direction pour obtenir le chocolat solide.

On va d'abord malaxer cette pâte en incorporant différents ingrédients (sucre glace, lait en poudre...), l'affiner puis effectuer le conchage : la pâte sera chauffée et mélangée de quelques heures à plusieurs jours alors qu'on y incorporera du beurre de cacao, des arômes... Il faudra ensuite abaisser la température pour réaliser la cristallisation. Il ne restera plus qu'à mouler le chocolat et à l'envelopper.

	APPELLATION	COMPOSITION	EMPLOI
TABLETTES	**Chocolat de ménage** chocolat à cuire	30 % minimum de cacao. 70 % maximum de sucre et de lécithine.	À croquer, sauce.
	Chocolat	35 à 42 % de cacao. 58 à 65 % de sucre et de lécithine.	À croquer, sauce, ganache, ou enrichi de beurre, crème, lait...
	Chocolat supérieur (ou fin, surfin, extrafin, bitter, amer...)	43 à 48 % de cacao. 52 à 57 % de sucre et de lécithine.	Même emploi que le chocolat.
	Chocolat noir	50 % minimum de cacao. 50 % maximum de sucre et de lécithine.	À croquer, principalement.
	Chocolat de ménage au lait	20 % de cacao. 20 % de lait, de beurre ou de crème.	À croquer.
	Chocolat au lait	25 % de cacao. 14 % de lait, de beurre ou de crème.	À croquer, en mousse, en sauce.
	Chocolat au lait supérieur (ou extrafin)	30 % de cacao. 18 % de lait, de beurre, de crème.	À croquer, en mousse, en sauce.
	Chocolat blanc	20 % minimum de beurre de cacao. 55 % maximum de saccharose. Lait, minimum 14 %. Graisse butyrique, minimum 3,5 %.	À croquer, en mousse, en sauce, en enrobage, en glaçage.
	Chocolat de couverture	43 % minimum de cacao dont 31 % en beurre.	Enrobage, glaçage, moulage, décoration.
POUDRE	**Cacao**	20 % de beurre de cacao.	Aromatiser, saupoudrer.
	Cacao dégraissé en poudre	8 à 19 % maximum de beurre de cacao.	Comme le cacao.
	Cacao solubilisé		Boissons chaudes et froides, enrobage.
	Cacao sucré de ménage	75 % maximum de sucre.	Boissons chaudes et froides, enrobage.

Charlotte aux pommes

6 personnes

Préparation : 40 min
Cuisson : 50 min
Repos : 1 h

1,250 kg de pommes
Le jus d'1 citron
150 g de beurre
50 g de sucre semoule
1 sachet de sucre vanillé
1 pincée de cannelle
50 g de mie de pain
15 tranches de pain de mie.

Décor :
150 g d'abricotine
3 cl de kirsch, rhum ou calvados.

Servir un vin de TOURAINE pétillant demi-sec d'une grande classe pour ce dessert.

Température : 7 °C.

Éplucher et épépiner les pommes. Les couper en tranches fines. Les arroser avec le jus de citron.

Faire fondre 50 g de beurre dans une poêle. Y faire revenir les pommes sans les faire cuire entièrement. Saupoudrer avec les sucres et la cannelle. Ajouter la mie de pain mixée. Mélanger délicatement.

Découper 4 ou 6 triangles de pain pour tapisser le fond du moule et des rectangles de 3 cm de large pour les bords.

Les tremper dans le reste de beurre fondu. Chemiser le moule en plaçant les triangles au fond et les rectangles sur les parois.

Verser les pommes en tassant bien. Former le haut avec un rond découpé dans une tranche de pain.

Cuire au four à 200 °C (th. 6-7), pendant 40 à 45 minutes environ.

Laisser reposer 1 heure à la sortie du four avant de démouler.

Chauffer l'abricotine avec l'alcool choisi. En badigeonner la charlotte et servir le reste avec la charlotte.

Charlottes aux fruits rouges

8 personnes

Préparation : 45 min
Cuisson : 10 min
Repos : 1 h 30 min

Mousse :
3 feuilles de gélatine
400 g de fruits (fraises, framboises, mûres...)
125 g de sucre semoule
4 cuil. à soupe de liqueur de fruit.

24 biscuits cuiller
1 dl de sirop (p. 78)
5 cl de Cointreau
12,5 cl de crème fraîche liquide.

Décor :
Quelques fruits frais
200 g d'abricotine.

Laisser tremper les feuilles de gélatine dans de l'eau froide.

Faire chauffer les fruits avec 4 cuillerées à soupe d'eau et le sucre. Les laisser éclater puis les réduire en purée. Ajouter la liqueur, les feuilles de gélatine égouttées. Remuer pour les dissoudre et les laisser refroidir.

Couper les biscuits en deux, les tremper dans le sirop parfumé au Cointreau. En tapisser les parois de 8 petits cercles ou 8 ramequins.

Monter la crème fraîche. L'incorporer à la purée de fruits froide mais non prise. Remplir les cercles. Réserver au frais.

Démouler sur les assiettes. Décorer chaque charlotte avec des fruits. Lustrer à l'abricotine.

On peut entourer chaque charlotte d'un peu de coulis et de fruits frais coupés.

La même recette s'applique à d'autres fruits frais ou au sirop.

Servir un CÔTES DU JURA blanc mousseux, de plus en plus apprécié, avec ce dessert.

Température : 8 °C.

Crèmes caramel

6 personnes

Préparation : 20 min
Cuisson : 1 h 15 min

200 g de sucre
5 dl de lait
1 gousse de vanille
3 œufs.

Le caractère « rancio" du RIVESALTES sera mis en valeur sur le caramel.

Température : 10 °C.

Faire fondre à sec 100 g de sucre dans une casserole bien propre. Quand le caramel prend une couleur orange brique, ajouter 2 cuillerées à soupe d'eau pour stopper la cuisson. Chemiser 6 ramequins de 7 cm de diamètre. Réserver.

Porter le lait à ébullition avec la gousse de vanille fendue. Éteindre le feu et laisser infuser quelques minutes.

Mélanger les œufs et le reste de sucre sans les faire mousser. Verser le lait et mélanger soigneusement. Passer au chinois et récupérer la gousse de vanille.

Remplir les moules. Enlever la mousse qui est à la surface. Cuire au four, au bain-marie, à 150 °C (th. 5), pendant 1 heure à 1 heure 15 minutes. Laisser refroidir dans les ramequins.

Démouler sur chaque assiette.

Blanc-manger

6 personnes

Préparation : 40 min
Cuisson : 10 min
Repos : 4 h

Génoise :
4 œufs
125 g de sucre
125 g de farine.

3 feuilles de gélatine
2,5 dl de lait
50 g de sucre
2 dl de crème fraîche liquide
5 cl de liqueur
300 g de fruits variés
1/2 l de coulis de fruits (p. 79).

Une CLAIRETTE DE BELLEGARDE, vin mousseux aux parfums de fruits.

Température : 8 °C.

Préparer la génoise (voir p. 76).

Faire tremper les feuilles de gélatine dans de l'eau froide. Les égoutter puis les ajouter au lait bouillant et sucré. Laisser refroidir. Avant que le mélange n'épaississe, incorporer la crème fraîche fouettée.

Couper 1 tranche de génoise (réserver le reste pour une autre recette, sinon le congeler). En garnir le fond d'un cercle. Arroser avec la liqueur. Disposer les fruits sur toute la surface. Verser l'appareil. Réserver au frais.

Dresser sur le plat de service. Enlever le cercle et servir accompagné d'un coulis de fruits.

Bavarois rubané

5 personnes

Préparation : 40 min
Cuisson : 5 min
Repos : 1 h 30 min

Crème anglaise :
2,5 dl de lait
75 g de sucre
2 œufs.

4 feuilles de gélatine
2,5 dl de crème fraîche liquide
Quelques gouttes d'extrait de vanille
Quelques gouttes d'extrait de café
10 g de cacao en poudre.

Préparer la crème anglaise (voir p. 78).

Faire tremper les feuilles de gélatine quelques minutes. Les essorer et les ajouter à la crème anglaise encore tiède. Les dissoudre d'un coup de fouet.

Mettre le tout à refroidir.

Monter la crème fraîche en la fouettant. Lorsque la crème anglaise est froide mais non prise, incorporer la crème fouettée.

Répartir la crème bavaroise dans 3 bassines différentes. Ajouter la vanille dans la première, le café dans la deuxième, le cacao délayé dans la troisième.

Garder les préparations dans un endroit tiède pour éviter qu'elles ne prennent trop rapidement.

Garnir un moule à charlotte de 12 cm de diamètre soigneusement nettoyé avec l'une des crèmes. Les bords doivent rester bien lisses. Faire prendre au froid.

Verser la deuxième puis la troisième en procédant de la même façon. Laisser prendre au froid 1 heure.

Démouler le bavarois après avoir passé le moule quelques secondes dans l'eau chaude. Décorer d'un peu de chantilly.

On peut réaliser des bavarois individuels dans des ramequins ou dans de grands verres. Dans ce dernier cas, on ne les démoulera pas.

Choisir un grand vin « surmaturé », un COTEAUX DU LAYON riche et suave, pour escorter ce dessert.

Température : 7 °C.

Œufs à la neige

La crème anglaise peut être remplacée par du coulis de fruits. Les blancs d'œufs peuvent être décorés d'un copeau de chocolat, de caramel, de feuilles en chocolat...

6 personnes

Préparation : 20 min
Cuisson : 20 min

8 œufs
450 g de sucre semoule
Le jus d'1 citron
1 l de lait
1 gousse de vanille.

Les œufs à la neige seront en bonne compagnie avec une CLAIRETTE DE DIE choisie demi-sec, vin très parfumé des CÔTES-DU-RHÔNE.

Température : 7 °C.

Séparer les blancs d'œufs des jaunes. Réserver ces derniers.

Monter les blancs en neige très ferme. Les sucrer avec 200 g de sucre. Pocher des quenelles de meringue dans de l'eau frémissante additionnée du jus de citron. Les réserver au fur et à mesure sur une grille enveloppée dans un torchon propre.

Porter le lait à ébullition avec la gousse de vanille fendue en deux.

Travailler les jaunes d'œufs avec le sucre restant. Verser la moitié du lait. Bien mélanger et reverser le tout dans la casserole. Cuire à feu doux jusqu'à ce que la crème nappe la cuillère.

La passer au chinois dans un récipient propre et froid. Laisser refroidir.

Pour servir, disposer les blancs pochés sur la crème.

Crêpes flambées

6 personnes

Préparation : 5 min
Cuisson : 10 min

125 g de farine
100 g de sucre
3 œufs
4 dl de lait
25 g de beurre
Quelques gouttes d'extrait de vanille
5 cl d'alcool au choix
1 pincée de sel.

Choisir un ÉTOILE demi-sec, mousseux de vieille réputation, pour ce dessert.

Température : 7 °C.

Mélanger la farine, le sel, 1 pincée de sucre et les œufs. Quand le mélange est homogène, ajouter progressivement le lait en fouettant.

Passer au chinois pour supprimer les grumeaux éventuels. Ajouter le beurre fondu et la vanille.

Cuire les crêpes à la poêle, sans matière grasse, et le plus fin possible.

Dresser les crêpes saupoudrées de sucre et pliées en 4 dans le plat. Au moment de servir, arroser de l'alcool choisi chauffé et flamber.

Riz au lait

6 personnes

Préparation : 5 min
Cuisson : 30 min

200 g de riz rond
1 l de lait
1 gousse de vanille
150 g de sucre
Le zeste d'1 citron
Le zeste d'1 orange
100 g de raisins secs
1 pincée de sel.

Laver le riz à l'eau courante. L'égoutter soigneusement. Le réunir avec le lait, le sel et la vanille dans une casserole. Porter à ébullition puis faire cuire à feu très doux pendant 30 minutes, à couvert.

5 minutes avant la fin de la cuisson, ajouter le sucre. Mélanger soigneusement.

Hors du feu, ôter la gousse de vanille. Ajouter les zestes hachés et les raisins secs.

Servir tiède ou froid, tel quel ou accompagné d'une crème anglaise (p. 78).

JURANÇON, vin blanc moelleux du Sud-Ouest. Il existe aussi en sec ; attention à bien choisir un moelleux pour l'onctuosité du riz au lait.

Température : 7 °C.

Riz en couronne

8 personnes

Préparation : 20 min
Cuisson : 45 min

50 g de raisins secs
5 cl de rhum
250 g de riz rond
8 dl de lait
250 g de sucre
100 g de fruits confits en cubes
4 œufs.

Accompagnement :
2 dl de coulis de fruits rouges (p. 79).

Faire tremper les raisins secs dans un peu d'eau tiède avec le rhum.

Blanchir le riz rincé 2 minutes à l'eau bouillante. L'égoutter puis le faire cuire dans le lait pendant 15 minutes.

Faire fondre 100 g de sucre avec 5 cl d'eau. Porter à ébullition et laisser prendre couleur. Hors du feu, ajouter 2 cuillerées à soupe d'eau froide pour stopper la cuisson. En chemiser un moule à savarin.

Ôter le riz du feu. Y ajouter les raisins égouttés, les fruits confits, les jaunes d'œufs et le reste de sucre. Incorporer les blancs montés en neige. Verser le tout dans le moule. Le placer au bain-marie et cuire au four à 150 °C (th. 5), pendant 25 minutes.

Servir tiède ou froid, entouré d'un peu de coulis. Le reste sera servi à part.

Une BLANQUETTE DE LIMOUX, vin mousseux de qualité remarquable, élégant, charmera ce dessert.

Température : 8 °C.

Jalousie aux poires

6 à 8 personnes

Préparation : 20 min
Repos : 30 min
Cuisson : 35 min

La même recette peut se réaliser avec des pommes, des abricots ou d'autres fruits, mais aussi de la confiture, de la crème d'amandes ou de la crème pâtissière.

1 kg de poires
1 citron
60 g de beurre
50 g de sucre
1 sachet de sucre vanillé
1 pincée de cannelle
100 g de raisins secs
3 cl de rhum
50 g de chapelure (facultatif)
600 g de pâte feuilletée (p. 76)
1 œuf
5 cl de sirop (p. 78).

Servir un VOUVRAY pétillant, vin de Touraine, très distingué, pour accompagner ce dessert.

Température : 8 °C.

Éplucher et épépiner les poires. Les couper en tranches et les arroser avec le jus du citron.

Faire fondre le beurre dans une grande poêle. Ajouter les poires, les sucres, le zeste du citron, la cannelle et les raisins secs. Faire revenir le tout rapidement. On ne doit pas obtenir de la compote. Flamber au rhum. Si les poires ont rendu beaucoup de jus, ajouter la chapelure. Réserver le tout au frais.

Abaisser la pâte feuilletée sur 3 mm d'épaisseur. Découper 2 rectangles de pâte de 15 x 35 cm. En poser un sur une plaque légèrement humide. Dorer 1 cm sur tout le tour. Garnir le centre avec les poires refroidies.

Plier le deuxième rectangle en deux dans le sens de la longueur. L'entailler tous les 1/2 cm, sur toute la largeur, sans aller jusqu'aux bords.

Le déplier et le poser sur les poires. Bien souder les bords. Dorer à l'œuf. Laisser reposer 30 minutes.

Dorer à nouveau et cuire au four à 200 °C (th. 6-7), pendant 30 minutes environ.

À l'aide d'un pinceau, passer le sirop sur la jalousie dès qu'elle sort du four. Faire refroidir sur une grille. Couper les 2 extrémités.

Linzertorte

6 personnes

Préparation : 30 min
Cuisson : 30 min
Repos : 3 h

100 g de sucre
60 g d'amandes en poudre
1 cuil. à café de zeste de citron et d'orange râpé
1 pincée de bicarbonate de soude
1 cuil. à café de cannelle
1 pointe de couteau de gingembre en poudre
3 œufs
75 g de beurre
200 g de farine
200 g de confiture de framboises
1 pincée de sel.

Travailler rapidement le sucre, les amandes en poudre, les zestes, le bicarbonate, le sel, la cannelle, le gingembre, 1 œuf entier et 1 jaune, puis le beurre à température et la farine. Dès que le mélange est homogène, le rassembler en boule. L'envelopper dans du film plastique et le réserver au frais pendant 3 heures.

Abaisser la pâte sur un plan de travail fariné, sur 1/2 cm d'épaisseur. Découper un rond. Le dresser sur une tôle à pâtisserie légèrement graissée. Découper un ruban de pâte de 2 à 3 cm de large. Le coller avec un peu d'œuf battu sur le tour du fond.

Étaler la confiture sans en faire déborder.

Rassembler les chutes de pâte. Les étaler et détailler des bandelettes. Les disposer en croisillons sur la confiture. Dorer la pâte à l'œuf.

Enfourner et cuire 30 minutes à 180 °C (th. 6).

Laisser refroidir sur une grille.

Champagne brut rosé, un vin rempli de finesse et de légèreté. Le CHAMPAGNE, vin de tous les mets !

Température : 8 °C.

Tarte au citron

6 personnes

Préparation : 30 min
Cuisson : 45 min

Pâte sablée :
3 œufs
150 g de beurre
125 g de sucre semoule
Quelques gouttes d'extrait de vanille
250 g de farine
1 pincée de levure chimique
1 pincée de sel.

3 citrons jaunes
5 œufs
300 g de sucre semoule
50 g de beurre.

Préparer la pâte sablée (voir p. 75). La laisser reposer au frais.

L'abaisser, en foncer un moule à tarte de 24 cm de diamètre. Piquer le fond. Réserver au frais.

Prélever le zeste d'1 citron. Les presser tous. Mélanger le jus des citrons, 3 œufs entiers et 200 g de sucre. Ajouter le beurre fondu. Verser le tout sur la tarte. Enfourner immédiatement. Cuire à 180 °C (th. 6), pendant 30 minutes environ.

Battre les blancs d'œufs en neige bien ferme avec 100 g de sucre au bain-marie.

Décorer la tarte avec la meringue à l'aide d'une poche munie d'une douille cannelée.

Repasser la tarte quelques instants au four, pour colorer la meringue.

Sélectionner un CHAMPAGNE demi-sec léger et fruité pour accompagner ce dessert.

Température : 7 °C.

Tarte au fromage blanc

6 personnes

Préparation : 15 min
Cuisson : 45 min

400 g de fromage blanc en faisselle
200 g de crème fraîche épaisse
100 g de sucre
20 g de farine
4 œufs
1 cuil. à café d'extrait de vanille
1 citron
250 g de pâte brisée (p. 75)
Sucre glace
1 pincée de sel.

Une BLANQUETTE DE LIMOUX, vin blanc mousseux, élégant et fruité du Languedoc-Roussillon, s'associera parfaitement à ce plat.

Température : 8 °C.

Mélanger le fromage blanc bien égoutté, la crème fraîche, le sucre, le sel, la farine, les œufs battus, l'extrait de vanille et le zeste du citron.

Graisser et fariner un moule à tarte. Abaisser la pâte. Foncer le moule. Piquer le fond à la fourchette. Garnir avec l'appareil au fromage blanc.

Enfourner et cuire 45 minutes à 210 °C (th. 7).

Lorsque la tarte est cuite, la retourner avec précaution sur une grille et la laisser refroidir ainsi.

La retourner sur le plat de service et, au dernier moment, la saupoudrer de sucre glace.

Tarte aux poires et aux amandes

6 personnes

Préparation : 30 min
Cuisson : 45 min

Pâte brisée :
200 g de farine
4 g de sel
100 g de beurre
5 cl d'eau.

100 g d'amandes en poudre
100 g de sucre semoule
100 g de beurre
2 œufs
2 cl d'alcool de poire de préférence
4 poires pochées ou au naturel
20 g d'amandes effilées
100 g de nappage blond.

Un SAUSSIGNAC, vin blanc moelleux méconnu du Sud-Ouest, accompagnera ce dessert.

Température : 8 °C.

Préparer la pâte brisée (voir p. 75).

L'étaler, en foncer un moule à tarte. Piquer le fond.

Préparer la crème d'amandes : mélanger les amandes, le sucre et le beurre en pommade. Fouetter énergiquement puis ajouter les œufs et l'alcool et fouetter encore quelques instants. En garnir le fond de tarte.

Couper les poires en tranches. Les disposer en étoile, petit bout au centre.

Répartir les amandes effilées et faire cuire au four pendant 35 minutes à 180 °C (th. 6).

Laisser refroidir sur une grille. Lustrer avec le nappage chaud.

Tarte aux pommes à l'alsacienne

6 personnes

Préparation : 30 min
Cuisson : 30 min

1 kg de pommes à cuire
1 citron
250 g de pâte brisée (p. 75)
40 g de sucre vanillé
Sucre glace
Cannelle en poudre.

Flan :
100 g de sucre
2 œufs
1 dl de crème fraîche épaisse
1 dl de lait.

Éplucher les pommes. Les couper en 6 ou en 8 suivant leur grosseur. Les citronner.

Abaisser la pâte. En garnir un moule à tarte graissé et fariné. Piquer le fond à la fourchette. Entailler le dos des quartiers de pommes et les disposer sur la pâte. Saupoudrer avec le sucre vanillé.

Cuire au four à 240 °C (th. 8), pendant 10 minutes.

Pendant ce temps, préparer le flan en mélangeant le sucre, les œufs, la crème puis le lait. Verser cet appareil sur la tarte. Prolonger la cuisson à 180 °C (th. 6), pendant 15 à 20 minutes.

Laisser légèrement refroidir sur une grille. Saupoudrer de sucre glace et de cannelle moulue.

Dresser et servir encore tiède sur le plat de service.

GEWURZTRAMINER VENDANGES TARDIVES, vin blanc sec et stylé d'Alsace. La douceur du flan s'accordera très bien avec la puissance du cépage vendangé tardivement.

Température : 10 °C.

Tarte aux prunes

6 personnes

Préparation : 30 min
Cuisson : 30 min

Pâte brisée :
200 g de farine
4 g de sel
100 g de beurre
5 cl d'eau.

20 g de beurre
20 g de farine
1,200 kg de prunes
100 g de sucre semoule
Cannelle
Sucre glace.

Préparer la pâte brisée (p. 75). L'abaisser. Foncer un moule beurré et fariné.

Couper les prunes dénoyautées en 2. Les répartir sur le fond de tarte. Saupoudrer avec le sucre semoule. Cuire 30 minutes à 180 °C (th. 6).

Démouler dès la sortie du four et laisser refroidir sur une grille. Saupoudrer la tarte de sucre glace et de cannelle en poudre.

Servir tiède ou froid.

HAUT-MONTRAVEL, vin blanc moelleux du Sud-Ouest, un vin méconnu à découvrir sur ce dessert.

Température : 8 °C.

Tarte aux fruits

6 personnes

Préparation : 30 min
Cuisson : 15 min

400 g de pâte feuilletée (p. 76)
400 g de fruits de saison
100 g d'abricotine au naturel
20 g de pistaches concassées.

Crème pâtissière :
2,5 dl de lait
1 gousse de vanille
60 g de sucre
2 jaunes d'œufs
30 g de farine.

Abaisser la pâte feuilletée. Découper un rectangle de 40 x 15 cm. Le placer sur une plaque humide. Piquer la pâte. Dorer les bords et déposer une bande de pâte de 2 cm de chaque côté. Chiqueter et dorer les bords. Enfourner à 240 °C (th. 8), pendant 5 minutes pour poursuivre la cuisson à 180 °C (th. 6), pendant 10 minutes environ. Réserver sur une grille.

Confectionner la crème pâtissière (voir p. 79). Étaler la crème pâtissière sur le rectangle. Disposer les fruits nettoyés, égouttés et coupés en deux. Napper d'abricotine tiède. Saupoudrer de pistaches.

Selon les fruits de saison, un vin pétillant conviendra. Et pourquoi ne pas associer un pétillant de fruits, par exemple un pétillant de pêches avec une tarte aux pêches ?

Température : 8 °C.

Tarte Tatin

6 personnes

Préparation : 20 min
Cuisson : 40 min

Pâte brisée :
200 g de farine
4 g de sel
100 g de beurre
5 cl d'eau.

100 g de beurre
250 g de sucre semoule
1,200 kg de pommes.

Préparer la pâte brisée (p. 75). La réserver au frais.

Faire fondre le beurre dans un moule à manqué antiadhésif placé sur le feu. Ajouter le sucre. Laisser caraméliser.

Éplucher les pommes. Les épépiner. Les couper en 4 ou en 6 et disposer ces quartiers dans le moule.

Abaisser la pâte brisée. Découper un rond d'un diamètre supérieur à celui du moule. Le placer sur les pommes. Faire rentrer la pâte sur les bords.

Enfourner et cuire 30 minutes à 180 °C (th. 6). Laisser refroidir dans le moule.

Réchauffer rapidement au moment de servir et démouler dans le plat de service.

Le VIN DE PAILLE du Jura, un vin blanc puissant et moelleux, encore « confidentiel », qui doit sa noblesse à sa méthode d'élaboration (le passerillage). Il saura séduire ce plat.

Température : 7 °C.

Petites brioches

12 pièces

Préparation : 1 h
Cuisson : 15 à 20 min
Repos : 2 h 30 min

15 g de levure de boulanger
90 g de sucre
250 g de farine
3 œufs
125 g de beurre
1 pincée de sel.

Décor :
1 œuf
Grains de sucre.

Délayer la levure dans très peu d'eau tiède. Ajouter le sucre puis un peu de farine afin d'obtenir une pâte molle, le levain. Couvrir et laisser lever dans un endroit tiède.

Travailler énergiquement la farine tamisée avec le sel et les œufs. La pâte doit devenir élastique. Incorporer alors le levain puis le beurre ramolli. Quand la pâte est homogène, la rassembler en une boule, la fariner et la laisser pousser dans un endroit tiède.

La tapoter quand elle a doublé de volume et la refaire lever, au frais, pour la raffermir.

Choisir un CRÉMANT DE LOIRE, vin blanc pétillant, très remarquable, léger et fruité, pour ce dessert.

Température : 8 °C.

Poser la pâte sur le plan de travail fariné. La diviser en 12 parts égales. Les façonner en boules régulières puis les écraser aux deux tiers de leur hauteur avec le plat de la main, en les faisant rouler. La tête de la brioche est formée.

Déposer chaque pâton dans un moule beurré en le tenant par la "tête". Enfoncer les doigts dans la pâte afin de bien fixer la "tête", l'aplatir légèrement. Dorer avec l'œuf battu sans en faire couler dans le moule.

Les faire lever dans un endroit tiède jusqu'à ce que la pâte dépasse le bord du moule. Les dorer à nouveau, déposer éventuellement le sucre et enfourner à 240 °C (th. 8), pour 15 à 20 minutes.

Les démouler dès la sortie du four. Les faire refroidir sur une grille.

Chinois

6 personnes

Préparation : 45 min
Cuisson : 30 min
Repos : 1 h 30 min

12 g de levure de boulanger
1 dl de lait
2 œufs
300 g de farine
50 g de sucre
50 g de beurre
200 g de masse à fourrer (p. 78)
80 g de raisins secs
80 g d'écorces de fruits confites
1 bonne pincée de sel.

Dorure :
1 œuf.

Glaçage :
100 g de sucre glace
5 cl de rhum.

Délayer la levure dans un peu de lait tiédi.

Rassembler les œufs, la farine, le sucre, le sel. Pétrir puis ajouter le lait au fur et à mesure, tout en remuant. Dès que la pâte se détache des parois du récipient, incorporer le beurre ramolli. Pétrir énergiquement. Rassembler en boule. Couvrir et laisser lever dans un endroit tiède environ 30 minutes, jusqu'à ce que la pâte ait doublé de volume.

La tapoter pour lui faire reprendre son volume initial. La laisser lever de nouveau 30 minutes dans un endroit frais.

Fariner le plan de travail. Prélever environ 60 g de pâte et les réserver. Étaler le reste. Y répartir uniformément la masse à fourrer, les raisins secs et les écorces de fruits coupées en cubes. Rouler la pâte et découper le boudin obtenu en tranches de 3 cm d'épaisseur.

Étaler la pâte réservée. En tapisser le fond d'un moule à manqué graissé et fariné. Y déposer les tronçons de pâte sans qu'ils se touchent. Laisser lever dans un endroit tiède pendant 30 minutes.

Dorer à l'œuf battu et cuire au four à 180 °C (th. 6), pendant 30 à 40 minutes.

Mélanger les ingrédients du glaçage. Le passer au pinceau sur le chinois, à la sortie du four. Laisser refroidir.

Préférer un MUSCAT DE RIVESALTES, Vin Doux Naturel blanc du Roussillon, à la saveur musquée très agréable, pour ce mets.

Température : 7 °C.

MUSCAT D'ALSACE VENDANGES TARDIVES, vin blanc racé et délicat. Un vin unique à ne pas confondre avec les muscats doux du Midi.

Température : 10 °C.

Kougelhopf

8 personnes

Préparation : 30 min
Cuisson : 40 à 50 min
Repos : 2 h

45 g de levure de boulanger
5 dl de lait
1 kg de farine
200 g de raisins secs
4 œufs
180 g de sucre
100 g de beurre
150 g d'amandes entières
1 pincée de sel.

Préparer le levain : émietter la levure de boulanger dans la moitié du lait tiéde. Ajouter 150 g de farine et travailler rapidement le tout jusqu'à obtenir une pâte molle. La laisser lever dans un endroit tiède. Elle doit doubler de volume.

Tremper les raisins dans un bol d'eau tiède.

Rassembler la farine, le lait restant, les œufs, le sucre et le sel. Travailler le tout énergiquement pendant une dizaine de minutes jusqu'à ce que la pâte ne colle plus. Incorporer le beurre ramolli en petits morceaux et le levain. Travailler la pâte à nouveau. La déposer dans un récipient propre, la couvrir d'un linge et la laisser lever dans un endroit tiède.

Beurrer généreusement le moule. Déposer les amandes au fond, au creux de chaque côte.

Tapoter la pâte pour lui faire reprendre son volume initial.

Égoutter soigneusement les raisins secs et les incorporer à la pâte. Déposer le tout dans le moule. Placer le moule dans un endroit tiède.

Enfourner dès que la pâte atteint le bord du moule et cuire à four moyen, à 150 °C (th. 5), pendant 45 minutes environ.

Cake marbré

6 personnes

Préparation : 20 min
Cuisson : 1 h

150 g de beurre
150 g de sucre semoule
1 paquet de sucre vanillé
3 œufs
8 cl de lait
8 g de levure chimique
300 g de farine
20 g de cacao en poudre
1 pincée de sel.

Travailler le beurre ramolli et les sucres jusqu'à ce que le mélange blanchisse et devienne crémeux. Ajouter les jaunes d'œufs et le lait à température ambiante.

Tamiser la levure et la farine. Les incorporer au mélange précédent, avec la pincée de sel.

Verser la moitié de la pâte dans un autre récipient. La parfumer avec le cacao dissous dans un peu d'eau.

Monter les blancs d'œufs en neige. Les diviser en deux et en incorporer délicatement une moitié dans chaque appareil.

Verser l'appareil clair au fond d'un moule à cake beurré et fariné. Ajouter celui au chocolat. Piquer la lame d'un couteau et faire un aller et retour dans le moule.

Enfourner et cuire 1 heure à 140 °C (th. 4-5). Démouler et laisser refroidir sur une grille.

Préférer un ÉTOILE demi-sec, vin blanc du Jura, pétillant de caractère, pour ce dessert.

Température : 7 °C.

Cake aux fruits confits

6 personnes

Préparation : 15 min
Cuisson : 1 h 30 min

---

100 g de fruits confits en cubes
150 g de bigarreaux rouges
60 g de raisins secs
5 cl de rhum
250 g de beurre
250 g de sucre semoule
5 œufs
350 g de farine
5 g de levure chimique
Quelques gouttes d'extrait de vanille.

Rassembler les fruits confits, les bigarreaux et les raisins secs. Les faire tremper dans le rhum.

Travailler le beurre ramolli et le sucre jusqu'à ce que le mélange devienne crémeux. Ajouter alors les œufs tempérés un à un en mélangeant soigneusement. Si l'appareil se sépare, les œufs sont trop froids. Il faut simplement ajouter un peu de farine tout en remuant.

Égoutter soigneusement les fruits secs, les fruits confits et les bigarreaux. Les ajouter à la farine tamisée avec la levure. Bien mélanger. Ajouter le tout, ainsi que la vanille, au mélange œufs-sucre-beurre.

Garnir un moule à cake beurré et fariné. Enfourner et cuire à 150 °C (th. 5), pendant 1 heure 30 minutes. Vérifier la cuisson en piquant la lame d'un couteau. Le gâteau est cuit lorsque la lame ressort sèche.

Démouler et laisser refroidir sur une grille.

CLAIRETTE DE DIE, vin mousseux de la Vallée du Rhône. Choisir un Clairette de Die demi-sec au parfum naturel de muscat qui s'associera au cake.

Température : 8 °C.

Quatre-quarts

6 personnes

Préparation : 20 min
Cuisson : 40 min

200 g de beurre
200 g de sucre
Le zeste d'1 citron
Quelques gouttes d'extrait de vanille
4 œufs
200 g de farine.

Servir un BARSAC, vin blanc liquoreux du Bordelais, aux parfums délicats.

Température : 7 °C.

Travailler le beurre préalablement ramolli et le sucre. Le mélange doit devenir crémeux. Ajouter le zeste du citron et la vanille puis les jaunes d'œufs et, peu à peu, la farine tamisée. Incorporer délicatement les blancs montés en neige.

Beurrer et fariner un moule à manqué. Y verser la pâte. Enfourner et cuire à 180 °C (th. 6), pendant 30 à 40 minutes.

Pour vérifier la cuisson, il suffit de piquer la lame d'un petit couteau ou une aiguille à brider au centre du quatre-quarts. Elle doit ressortir sèche.

Laisser refroidir sur une grille.

Pain de Gênes

Si le pain de Gênes est servi le plus souvent en accompagnement de glace, de crème, de salade de fruits, il peut également se savourer seul, avec une tasse de thé ou une flûte de crémant.

6 personnes

Préparation : 20 min
Cuisson : 35 min

4 œufs
125 g de sucre semoule
125 g de poudre d'amande
2 cl de curaçao blanc
75 g de farine
9 g de levure chimique
75 g de beurre.

Décor :
Sucre glace.

Un CRÉMANT DE LOIRE, vin effervescent de classe, séduira ce dessert.

Température : 8 °C.

Beurrer et fariner un moule rond et plat, à bord cannelé, de 25 cm de diamètre.

Fouetter 2 œufs entiers et 1 jaune avec le sucre et les amandes en poudre, jusqu'à ce que le mélange blanchisse. Ajouter le curaçao blanc puis la farine tamisée avec la levure. Commencer à mélanger puis poursuivre en incorporant 2 blancs d'œufs montés en neige et le beurre fondu. Verser le tout dans le moule.

Cuire au four à 180 °C (th. 6), pendant 35 minutes.

Démouler et laisser refroidir sur une grille.

Saupoudrer de sucre glace.

Biscuit roulé

6 personnes

Préparation : 35 min
Cuisson : 5 à 7 min

---

40 g d'amandes effilées
5 œufs
125 g de sucre semoule
125 g de farine
30 g de beurre
100 g de confiture de fraises
50 g d'abricotine
30 g de sucre glace.

Étaler les amandes sur une plaque. Les faire griller, en les surveillant, au four à 250 °C (th. 8-9). Les réserver.

Fouetter les jaunes d'œufs et le sucre jusqu'à ce que le mélange blanchisse. Ajouter la farine tamisée. Incorporer soigneusement les blancs montés en neige.

Beurrer légèrement une plaque allant au four. Déposer une feuille de papier sulfurisé également beurrée. Répartir l'appareil sur toute la surface. Cuire à 210 °C (th. 7), pendant 5 à 7 minutes.

À la sortie du four, retourner le tout sur une autre feuille de papier sulfurisé placée sur une surface froide. Enlever le papier de cuisson. Étaler la confiture régulièrement. Rouler le biscuit en le décollant au fur et à mesure. Le serrer dans le papier afin qu'il soit bien cylindrique. Laisser refroidir.

Le déballer, le lustrer à l'abricotine. Répartir les amandes. Saupoudrer de sucre glace. Couper les extrémités.

La confiture peut être remplacée par du chocolat, du miel, de la mousse, de la crème de marron... Le biscuit peut être glacé au chocolat, recouvert de crème au beurre (p. 78), de ganache (p. 77).

Un CRÉMANT D'ALSACE, vin mousseux et fruité, sera un excellent compagnon.

Température : 8 °C.

BARSAC, vin liquoreux du Bordelais. La douceur de ce dessert et la rondeur du vin en font des associés appréciés.

Température : 7 °C.

Babas au rhum

8 pièces

Préparation : 1 h
Cuisson : 30 min
Repos : 2 h

8 g de levure de boulanger
125 g de farine
260 g de sucre
2 œufs
70 g de beurre
40 g de raisins secs
1 sachet de thé noir
1 pincée de cannelle
Quelques gouttes d'extrait de vanille
2 tranches de citron
5 cl de rhum
100 g d'abricotine
1 pincée de sel.

Délayer la levure émiettée dans 2,5 cl d'eau tiède. Incorporer un peu de farine tamisée jusqu'à obtenir une pâte mollette, le levain. Le laisser lever dans un endroit tiède.

Dissoudre le sel et 10 g de sucre dans 1 cuillerée à soupe d'eau. Les mélanger à la farine avec les œufs. Travailler la pâte jusqu'à ce qu'elle devienne élastique. Incorporer alors le levain puis 40 g de beurre ramolli et les raisins. Pétrir. Rassembler la pâte en boule, la fariner et la déposer dans un saladier. La couvrir d'un linge et la laisser doubler de volume dans un endroit tiède.

Tapoter la pâte afin qu'elle reprenne son volume initial. En garnir les moules beurrés, à mi-hauteur. Les placer dans un endroit tiède.

Enfourner dès que la pâte atteint le haut des moules et cuire 25 minutes à 200 °C (th. 6-7). Démouler et laisser refroidir sur une grille.

Porter 5 dl d'eau à ébullition avec le reste de sucre. Hors du feu, ajouter le thé, la cannelle, la vanille et le citron. Couvrir et laisser infuser 5 minutes. Passer au chinois.

Tremper les babas dans le sirop bouillant jusqu'à ce qu'ils soient bien imbibés. Les égoutter sur une grille.

Répartir le rhum en le passant au pinceau puis lustrer avec l'abricotine. Laisser refroidir.

MONBAZILLAC, un vin blanc liquoreux de Dordogne, le meilleur de la région de Bergerac, libérera ses arômes de fruits et de miel sur ce mets.

Température : 7 °C.

Chaussons aux pommes

6 pièces

Préparation : 35 min
Cuisson : 45 min
Repos : 20 min

700 g de pommes
400 g de sucre
1 sachet de sucre vanillé
50 g de raisins secs
400 g de pâte feuilletée (p. 76)
1 œuf
20 g de sucre glace.

Faire cuire les pommes pelées, épépinées et coupées en tranches à couvert avec les sucres et les raisins secs, pendant 20 minutes environ. Les écraser rapidement et les faire refroidir.

Abaisser la pâte feuilletée à 3 mm d'épaisseur. Détailler 6 ronds de 15 cm de diamètre. Appuyer au centre pour les allonger. Répartir la compote au centre. Dorer le tour à l'œuf battu. Refermer le chausson et appuyer sur les bords pour les souder.

Les poser en les retournant sur une tôle humide. Les dorer à l'œuf. Laisser reposer 20 minutes.

Décorer chaque chausson avec la pointe d'un couteau puis les percer. Les cuire à 200 °C (th. 6-7), pendant 25 minutes. 5 minutes avant la fin de la cuisson, les saupoudrer de sucre glace. Remettre au four pour le faire fondre.

Laisser refroidir sur grille.

Amandines

6 pièces

Préparation : 45 min
Cuisson : 25 min

Pâte :
80 g de sucre
2 jaunes d'œufs
70 g de beurre
150 g de farine
1 pincée de sel.

Crème :
3 œufs
140 g de sucre semoule
40 g de farine
120 g de poudre d'amande
Le zeste d'1/2 citron
90 g de beurre.

Décor :
60 g d'amandes effilées
60 g d'abricotine
100 g de fondant rose
3 bigarreaux rouges.

Travailler le sel, le sucre et les œufs, puis le beurre ramolli. Incorporer rapidement ce mélange à la farine. Rassembler en boule, envelopper dans une feuille de film alimentaire et la réserver au frais.

Préparer la crème : fouetter les œufs et le sucre au bain-marie, jusqu'à 45 °C, puis continuer de fouetter jusqu'à complet refroidissement. Incorporer délicatement la farine tamisée, les amandes, le zeste de citron et le beurre fondu.

Abaisser la pâte. Découper des ronds d'un diamètre légèrement supérieur à celui des moules. Beurrer ces derniers. Les foncer délicatement. Disposer un peu d'abricotine dans chacun. Répartir l'appareil dans chaque moule puis parsemer d'amandes.

Cuire 20 minutes à 210 °C (th. 7).

Démouler, refroidir sur grille.

Lustrer avec l'abricotine. Glacer une moitié au fondant. Déposer 1/2 bigarreau au centre.

Choisir un RIVESALTES, Vin Doux Naturel tuilé du Roussillon, remarquable par sa finesse.

Température : 8 °C.

Choisir un CÔTES DE BERGERAC moelleux, vin du Sud-Ouest, qui comprendra plus de 18 g de sucre au litre, pour ce dessert.

Température : 7 °C.

Éclairs

6 personnes

Préparation : 45 min
Cuisson : 15 à 20 min

Pâte à choux :
1 pincée de sucre
60 g de beurre
125 g de farine
3 ou 4 œufs
1 pincée de sel.

Crème pâtissière :
3,75 dl de lait
1 gousse de vanille
80 g de sucre
2 œufs
40 g de farine.

Parfum au choix : extrait de café, chocolat, praliné
150 g de fondant.

Préparer la pâte à choux (voir p. 74). Sur une tôle beurrée, dresser 6 bâtonnets de pâte.

Les dorer et les cuire au four à 200 °C (th. 6-7), porte entrouverte, pendant 10 à 15 minutes.

Les sortir et les réserver sur une grille.

Préparer la crème pâtissière (voir p. 79). La parfumer selon son goût.

Ouvrir les éclairs à l'aide d'un couteau-scie. Les garnir de crème. Replacer le couvercle en appuyant très légèrement.

Travailler le fondant avec 1 cuillerée à soupe d'eau, à l'aide d'une spatule en bois, en le faisant tiédir à feu doux. Le colorer en fonction du parfum choisi. Glacer les éclairs et laisser refroidir.

Légèreté et finesse d'un CRÉMANT DE CHAMPAGNE s'accommoderont facilement à ce plat.

Température : 8 °C.

Choux à la crème

6 pièces

Préparation : 40 min
Cuisson : 20 min

Pâte à choux :
1 pincée de sucre
60 g de beurre
125 g de farine
3 ou 4 œufs
1 pincée de sel.

3 dl de crème fraîche liquide
80 g de sucre glace.

Préparer la pâte à choux (p. 74) en ajoutant 12,5 cl d'eau au sucre lors de l'élaboration.

Dresser les choux sur une plaque graissée, soit à l'aide d'une poche munie d'une grosse douille unie, soit à l'aide de 2 cuillères. Les espacer suffisamment. Les dorer à l'œuf sans en faire couler sur la plaque. Cuire au four, avec la porte à peine entrouverte, pendant 15 à 20 minutes, à 200 °C (th. 6-7). Les choux doivent être uniformément colorés. Laisser refroidir.

Préparer la crème Chantilly : fouetter la crème fraîche très froide avec 60 g de sucre glace.

Couper le haut des choux. Les garnir de chantilly. Replacer le couvercle. Les saupoudrer de sucre glace.

Conversations

8 personnes

Préparation : 50 min
Cuisson : 30 min
Repos : 30 min

Crème d'amandes :
40 g de beurre
40 g de sucre semoule
1 œuf
50 g d'amandes en poudre
1 cuil. à soupe de rhum
1 sachet de sucre vanillé.

300 g de pâte feuilletée (p. 76).

Glaçage :
1 blanc d'œuf
100 g de sucre glace
5 g de farine
Quelques gouttes de vinaigre.

Travailler le beurre en crème avec le sucre. Ajouter l'œuf et fouetter pour rendre le mélange mousseux. Ajouter la poudre d'amande, le rhum et le sucre vanillé.

Étaler la pâte feuilletée. En réserver la moitié.

Serrer les moules légèrement graissés les uns contre les autres. Foncer la pâte dans chacun sans la couper. Déposer 1 cuillerée de crème d'amandes dans chaque moule. À l'aide d'un pinceau, mouiller les bords. Déposer l'autre abaisse et passer le rouleau pour souder et couper. Piquer chaque conversation avec la pointe d'un couteau afin de permettre à la vapeur de s'échapper durant la cuisson.

Mélanger le blanc d'œuf, le sucre glace, la farine et quelques gouttes de vinaigre. Répartir ce glaçage sur chaque conversation. Déposer 4 bandelettes de pâte croisées. Laisser reposer 30 minutes.

Cuire 30 minutes à 180 °C (th. 6), porte du four entrouverte.

Faire refroidir les conversations démoulées sur une grille.

VOUVRAY MOUSSEUX, vin blanc pétillant de Loire. Un mousseux naturel pour accompagner ce mets.

Température : 8 °C.

Gâteau chocolat

6 personnes

Préparation : 20 min
Cuisson : 40 min

100 g de chocolat noir
100 g de beurre
100 g de sucre
4 œufs
100 g de farine
Le zeste d'1 orange
75 g de cerneaux de noix
1 pincée de sel.

Décor :
2 dl de crème ganache glaçage (p. 77)
Quelques cerneaux de noix
Un peu d'écorce d'orange confite.

Faire fondre le chocolat cassé en petits morceaux au bain-marie. Dès qu'il est fondu, le retirer du feu. Ajouter le beurre, le sucre, les jaunes d'œufs puis la farine tamisée, le sel, le zeste d'orange et les noix hachées. Incorporer délicatement les blancs d'œufs montés en neige.

Verser le tout dans un moule à manqué beurré. Enfourner aussitôt à 140 °C (th. 4-5), pour 40 minutes.

Vérifier la cuisson en piquant la lame d'un couteau qui doit ressortir sèche. Démouler aussitôt sur une grille.

Lorsque le gâteau est refroidi, le placer avec la grille sur une assiette. Verser la ganache encore liquide. L'étaler rapidement et régulièrement à l'aide d'une spatule métallique. Décorer avec les cerneaux de noix et des morceaux d'écorce d'orange.

Réserver au frais.

MAURY, Vin Doux Naturel aux arômes intenses du Roussillon. Ce V.D.N., à base de grenache, accentuera l'onctuosité du chocolat.

Température : 16 °C.

Galette des rois

6 personnes

Préparation : 30 min
Cuisson : 35 min
Repos : 15 min

30 g de beurre
120 g de sucre semoule
1 œuf
1 cuil. à soupe de rhum
Quelques gouttes d'extrait d'amande amère
100 g d'amandes en poudre
500 g de pâte feuilletée (p. 76).

Décor :
1 œuf
1 dl de sirop (p. 78).

Fouetter le beurre ramolli avec le sucre jusqu'à ce que le mélange devienne crémeux. Ajouter l'œuf tiédi puis le rhum et l'extrait d'amande amère. Finir par la poudre d'amande.

Abaisser la pâte feuilletée sur 3 mm d'épaisseur. Découper 2 disques de 25 cm de diamètre. En déposer un sur une plaque à pâtisserie humide. Tracer un cercle à 5 cm du bord. Répartir la crème d'amandes à l'intérieur. Déposer une fève. Dorer le bord. Recouvrir avec l'autre abaisse. Souder les bords. Dorer à l'œuf battu. Laisser reposer 15 minutes au frais.

Dorer à nouveau. Faire plusieurs trous avec la pointe d'un couteau, puis des entailles superficielles et régulières formant un quadrillage.

Cuire au four à 200 °C (th. 6-7), pendant 30 minutes environ.

Passer le sirop au pinceau sur la galette, dès sa sortie du four. La laisser refroidir sur une grille.

Un CRÉMANT DE DIE, vin traité en méthode traditionnelle afin de le rendre mousseux, conviendra à ce dessert.

Température : 8 °C.

Forêt-noire

6 personnes

Préparation : 45 min
Cuisson : 20 min

Génoise :
4 œufs
125 g de sucre
100 g de farine
25 g de cacao.

8 cl de kirsch
200 g de griottes
4 dl de crème fraîche liquide
50 g de sucre
Copeaux de chocolat.

Préparer la génoise (voir p. 76) en tamisant ensemble le cacao et la farine. La couper en 3. Arroser chaque disque d'un peu de kirsch mélangé au jus des griottes.

Monter la crème fraîche avec le sucre. Garnir le premier disque de crème Chantilly. Disposer un tiers des cerises. Poser le deuxième disque, procéder de même et recouvrir avec la troisième abaisse.

Masquer le tout de crème Chantilly puis de copeaux de chocolat, sans trop les toucher avec les doigts.

Décorer avec le reste de crème Chantilly à l'aide d'une poche munie d'une douille cannelée. Dresser 6 rosaces. Poser 1 cerise sur chacune.

Réserver au frais.

Servir un CRÉMANT D'ALSACE demi-sec pour une spécialité de proximité.

Température : 7 °C.

Gâteau ambassadeur

6 personnes

Préparation : 1 h
Cuisson : 30 min
Repos : 1 h

Génoise :
4 œufs
125 g de sucre semoule
125 g de farine.

Crème mousseline :
2,5 dl de lait
50 g de sucre
2 jaunes d'œufs
30 g de farine
150 g de beurre.

1 dl de sirop (p. 78)
7 cl de kirsch
100 g de fruits confits en cubes
250 g de pâte d'amandes
100 g de sucre glace
Quelques gouttes de jus de citron.

Préparer la génoise (voir p. 76) et la laisser refroidir.

Confectionner la crème mousseline : porter le lait à ébullition. Travailler le sucre, les jaunes d'œufs et la farine. Verser un tiers du lait sur le mélange, en remuant. Verser le tout dans la casserole. Faire épaissir à feu doux en remuant constamment. Incorporer 50 g de beurre à la crème pâtissière encore chaude. Laisser refroidir. Travailler le beurre restant en pommade. L'incorporer en fouettant à la crème pâtissière refroidie.

Mélanger le sirop et 5 cl de kirsch. Faire tremper les fruits confits dans le reste de kirsch.

Couper la génoise en 3 disques. Les imbiber de sirop au kirsch. Répartir un tiers de la crème sur le premier disque. Ajouter la moitié des fruits confits. Poser le deuxième disque. Étaler le deuxième tiers de crème et le reste de fruits. Finir par le troisième disque. Masquer et lisser avec le reste de crème. Faire durcir au froid 1 heure.

Étaler la pâte d'amandes en saupoudrant de sucre glace. Sa taille doit être bien supérieure à celle du gâteau. Enlever l'excédent de sucre et poser la pâte d'amandes sur le gâteau. L'appliquer en partant du centre et en allant vers les bords. Couper l'excédent.

Décorer avec de la pâte d'amandes et de la glace royale (sucre glace travaillé avec un peu de jus de citron).

GEWURZTRAMINER VENDANGES TARDIVES, un vin blanc épicé et fin d'Alsace. La puissance aromatique due à la concentration du Gewurztraminer se mêlera à celle du plat.

Température : 10 °C.

Moka

8 personnes

Préparation : 45 min
Cuisson : 2 min

Crème au beurre :
150 g de sucre
180 g de beurre
Quelques gouttes d'extrait de café.

1 génoise (p. 76)
2 dl de sirop de base (p. 78)
80 g d'amandes concassées.

Préparer la crème au beurre (voir p. 78).

Couper la génoise en 3 à l'aide d'un couteau-scie. Imbiber chaque disque avec du sirop de base. Y répartir un tiers de la crème au beurre. Reconstituer le gâteau. Garnir les bords puis le dessus avec le deuxième tiers de crème au beurre. Lisser soigneusement.

Faire griller les amandes effilées à four doux à 150 °C (th. 5). Les surveiller attentivement et les sortir dès qu'elles sont dorées.

Garnir les côtés du moka avec les amandes refroidies.

Décorer le moka avec le reste de crème au beurre dressée à la poche munie d'une douille cannelée. Le réserver au frais.

CHAMPAGNE BRUT, vin blanc pétillant et subtil. Le vin de tous les mets et plus précisément de ce dessert.

Température : 8 °C.

Gâteau aux pêches

6 personnes

Préparation : 20 min
Cuisson : 45 min

150 g de beurre
150 g de sucre semoule
1 boîte de pêches au naturel
6 bigarreaux rouges
3 œufs
200 g de farine
1/2 paquet de levure chimique
1 pincée de sel.

MUSCAT DE RIVESALTES, Vin Doux Naturel aux arômes fondus du Roussillon. Le muscat de Rivesaltes est un muscat à petits grains, très agréable avec le fruité de ce gâteau.

Température : 8 °C.

Beurrer copieusement un moule de 25 cm de diamètre. Saupoudrer de 50 g de sucre. Disposer les pêches soigneusement égouttées et les bigarreaux coupés en deux.

Travailler vigoureusement le sucre restant avec le beurre ramolli. Ajouter les œufs, le sel, la farine tamisée avec la levure. Verser la pâte dans le moule.

Enfourner. Cuire 45 minutes à 180 °C (th. 6).

Démouler et laisser refroidir sur une grille.

Servir bien froid avec une sauce caramel (p. 79).

Religieuses

6 pièces

Préparation : 45 min
Cuisson : 35 min

Pâte à choux :
1 pincée de sucre
60 g de beurre
125 g de farine
3 ou 4 œufs
1 pincée de sel.

Crème pâtissière :
3,75 dl de lait
1 gousse de vanille
80 g de sucre
1 œuf entier + 1 jaune
40 g de farine

150 g de fondant blanc
50 g de crème au beurre (p. 78).

COTEAUX DU LAYON, vin blanc moelleux au nez délicat, au bouquet de fleurs et de fruits, pour accompagner délicieusement ce dessert.

Température : 7 °C.

Préparer la pâte à choux (voir p. 74). Sur une tôle beurrée, dresser 6 gros choux et 6 petits. Les dorer et les cuire 10 minutes pour les petits, 15 à 20 minutes pour les gros, au four à 200 °C (th. 6-7), porte entrouverte.

Les sortir et les laisser refroidir sur une grille.

Préparer la crème pâtissière (voir p. 79).

Percer le fond des choux. Les garnir de crème pâtissière.

Travailler le fondant avec 1 cuillerée à soupe d'eau en le faisant à peine tiédir, sur feu doux. Glacer les choux.

Poser 1 petit chou sur chaque gros en les assemblant avec une pointe de crème pâtissière. À l'aide d'une poche munie d'une douille fine cannelée, déposer une couronne de crème au beurre sur le gros chou. Servir bien frais.

Mille-feuille

6 pièces XXX O

Préparation : 50 min
Cuisson : 20 min
Repos : 30 min

Crème pâtissière :
3,5 dl de lait
100 g de sucre
40 g de farine
2 œufs
1 gousse de vanille.

150 g d'amandes en grains
400 g de pâte feuilletée (p. 76)
60 g d'abricotine
100 g de fondant blanc
50 g de chocolat noir.

Préparer la crème pâtissière (voir p. 79). La faire refroidir.

Colorer les amandes au four à 240 °C (th. 8).

Abaisser la pâte feuilletée très régulièrement sur 2 mm d'épaisseur en formant un rectangle parfait, si possible d'une taille identique à celle de la plaque de cuisson. Poser la pâte sur cette dernière que l'on aura humidifiée. Piquer la pâte généreusement. Laisser reposer 30 minutes au réfrigérateur.

Cuire au four à 240 °C (th. 8), pendant 20 minutes.

Sortir le feuilletage du four et le couper en 3 bandes de taille identique. Les placer sur une grille. Déposer puis lisser la moitié de la crème pâtissière sur l'une des bandes. Poser une deuxième abaisse. Lisser le reste de crème et poser la dernière bande de pâte, côté lisse vers le haut. Appuyer avec une grille pour coller l'ensemble. Lisser les bords à la spatule.

Poser une couche fine d'abricotine bien chaude.

Faire fondre à feu très doux, au bain-marie, séparément, le fondant blanc et le chocolat haché. Remplir un cornet de chocolat fondu. Verser le fondant sur le mille-feuille et l'étaler très rapidement. Tracer des lignes parallèles de chocolat tous les 2 cm.

Passer un couteau perpendiculairement, alternativement dans un sens puis dans l'autre.

Couper les entames. Lisser les bords et les garnir avec les amandes.

CLAIRETTE DE DIE, vin blanc pétillant frais et charpenté des Côtes-du-Rhône. Une Clairette de Die dite rurale, au parfum naturel de muscat, complétera savoureusement ce dessert.

Température : 7 °C.

Saint-honoré

6 personnes

Préparation : 50 min
Cuisson : 15 min

Pâte à choux :
25 cl d'eau
1 pincée de sel
1 pincée de sucre
60 g de beurre
125 g de farine
4 œufs.

200 g de pâte brisée (p. 75)
1 œuf
200 g de sucre
Le jus d'1/2 citron
4 feuilles de gélatine
6 blancs d'œufs.

Crème pâtissière :
7,5 dl de lait
1 gousse de vanille
160 g de sucre
4 œufs
80 g de farine.

Préparer la pâte à choux (voir p. 74).

Abaisser la pâte brisée. Découper un disque de 20 cm de diamètre. Le déposer sur une plaque à pâtisserie. Dresser une couronne de pâte à choux sur le pourtour de la pâte et 20 petits choux à côté. Dorer le tout à l'œuf battu et cuire à 210 °C (th. 7), pendant 15 minutes.

Faire fondre le sucre avec un peu d'eau. Le laisser colorer à feu doux. Ajouter le jus de citron. Retirer du feu. Tremper le haut des petits choux un par un et les coller à l'envers sur la couronne en pâte à choux.

Faire tremper les feuilles de gélatine à l'eau froide.

Préparer la crème pâtissière (voir p. 79). Égoutter les feuilles de gélatine et les incorporer dans la crème encore chaude. Laisser refroidir. Avant que le mélange ne prenne, ajouter les blancs d'œufs montés en neige.

Dresser la crème dans le saint-honoré. Réserver au frais.

On peut également réaliser de petits saint-honorés individuels. Le temps de cuisson ne sera dans ce cas que de 10 minutes.

MUSCAT DE BEAUMES-DE-VENISE, Vin Doux Naturel aux arômes développés, des Côtes-du-Rhône. La finesse de l'arôme, la délicatesse du bouquet du Muscat de Beaumes-de-Venise, à boire jeune, se marieront avec ce mets.

Température : 8 °C.

Paris-Brest

8 personnes

Préparation : 20 min
Cuisson : 20 min

Pâte à choux :
1 pincée de sucre
60 g de beurre
125 g de farine
4 œufs
1 pincée de sel.

1 jaune d'œuf
50 g d'amandes effilées
130 g de beurre
60 g de pâte de praliné
Sucre glace.

Crème pâtissière :
2 dl de lait
Vanille
40 g de sucre
1 œuf
20 g de farine.

Préparer la pâte à choux (voir p. 74). En remplir une poche munie d'une douille unie. Dresser un cercle régulier de 20 cm de diamètre sur une plaque très peu graissée, puis un deuxième parallèle à l'intérieur, et enfin un troisième, sur les deux premiers.

Dorer avec le jaune d'œuf battu. Saupoudrer d'amandes effilées. Enlever l'excédent et enfourner à 210 °C (th. 7), pour 20 minutes. Laisser la porte du four très légèrement entrouverte.

Préparer la crème pâtissière (voir p. 79). Lui incorporer 50 g de beurre lorsqu'elle est encore chaude. La laisser refroidir.

Travailler les 80 g de beurre restants pour obtenir la consistance d'une pommade. Ajouter le praliné et incorporer le tout, au fouet, à la crème pâtissière refroidie.

Couper la couronne refroidie en deux à mi-hauteur à l'aide d'un couteau-scie. Garnir le fond de crème au praliné à l'aide d'une poche munie d'une douille cannelée. Reposer le couvercle. Saupoudrer de sucre glace.

Servir bien frais.

LOUPIAC, vin blanc liquoreux et concentré du Bordelais. Petit frère du Sauternes, il s'entendra à merveille avec ce dessert.

Température : 7 °C.

Savarin

6 personnes

Préparation : 45 min
Cuisson : 30 min
Repos : 1 h 30 min

Proche parent du baba — la pâte et le sirop sont les mêmes —, le savarin s'en distingue par sa forme et sa garniture. Ce nom lui a été donné en hommage à Brillat-Savarin, célèbre gastronome. Si traditionnellement le baba est parfumé au rhum, le savarin, lui, est imbibé au kirsch.

Pâte :
125 g de farine
10 g de levure de boulanger
35 cl de lait
1 pincée de sucre semoule
2 œufs
40 g de beurre
1 pincée de sel.

Sirop :
250 g de sucre semoule
1 gousse de vanille
1 citron.

200 g de crème fraîche liquide
25 g de sucre glace
100 g d'abricotine
Fruits de saison
Quelques bigarreaux
Angélique
2,5 cl de kirsch.

Choisir un vin de liqueur, le PINEAU DES CHARENTES, muté en esprit de cognac, à la saveur particulière, pour accompagner ce plat.

Température : 8 °C.

Travailler la farine, la levure délayée dans le lait tiède, le sel, le sucre et les œufs. La pâte doit se décoller des parois. Incorporer le beurre fondu.

Beurrer un moule à savarin. Y répartir la pâte. La laisser lever 1 heure dans un endroit tiède. Elle doit atteindre le bord du moule.

Cuire 25 minutes au four à 200 °C (th. 6-7). Laisser refroidir sur une grille.

Porter 1/2 l d'eau à ébullition avec le sucre, la vanille et le zeste du citron. Hors du feu, y laisser tremper le savarin 30 minutes.

Le placer sur une grille pour qu'il s'égoutte.

Monter la crème fraîche avec le sucre. Réserver.

Glacer le savarin avec l'abricotine tiédie. Dresser la chantilly au centre. Décorer la crème avec les fruits, le savarin avec les bigarreaux et l'angélique.

Servir bien frais avec le reste du sirop passé au chinois et additionné du kirsch.

Strudel aux pommes

6 personnes

Préparation : 50 min
Cuisson : 50 min
Repos : 1 h

250 g de farine
2 œufs
120 g de beurre
60 g de confiture d'abricots
600 g de pommes
60 g de raisins secs
50 g d'amandes effilées
50 g de noisettes hachées
Le zeste d'1 citron
100 g de sucre
80 g de brisures de macaron ou de chapelure
Cannelle
2 cl de rhum
1 pincée de sel.

Dorure :
1 œuf
40 g de beurre.

Travailler la farine, le sel, les œufs, 80 g de beurre et 1,5 dl d'eau tiède jusqu'à obtenir une pâte élastique. L'envelopper dans du film étirable et la réserver au frais pendant 1 heure.

Étaler la pâte sur un plan de travail bien fariné, à l'aide d'un rouleau. La placer sur un grand torchon fariné. Passer les mains dessous et étirer la pâte avec le bout des doigts en les ramenant vers les bords. La pâte doit devenir très fine, presque transparente.

Passer le reste de beurre fondu à l'aide d'un pinceau sur toute la pâte. Répartir la confiture, les pommes coupées en tranches très fines, les raisins secs, les amandes, les noisettes, le zeste, le sucre, les miettes de macaron, la cannelle et le rhum. Rouler la pâte sur elle-même en s'aidant du torchon.

Déposer le strudel sur une plaque graissée. Le dorer avec 1 œuf battu. Cuire au four à 160 °C (th. 5-6), pendant 50 minutes, en passant régulièrement un peu de beurre fondu.

Mariage du CRÉMANT D'ALSACE alliant vivacité et délicatesse avec ce plat régional.

Température : 8 °C.

C'est la recette de base des crèmes glacées. À vous d'y ajouter les parfums et les ingrédients souhaités : fraises en morceaux, pralin...

Glace vanille

6 personnes

Préparation : 10 min
Cuisson : 15 min

5 dl de lait
Quelques gouttes d'extrait de vanille
4 jaunes d'œufs
125 g de sucre.

Un verre d'eau fraîche.

Porter le lait à ébullition avec la vanille.

Blanchir les jaunes d'œufs et le sucre. Verser la moitié du lait bouillant. Bien mélanger et remettre le tout dans la casserole. Faire épaissir à feu doux, en remuant.

Passer au chinois dans un récipient propre. Laisser refroidir.

Passer à la sorbetière puis réserver au congélateur.

Glace au chocolat

6 personnes

Préparation : 10 min
Cuisson : 5 min

150 g de chocolat noir
5 dl de lait
Quelques gouttes d'extrait de vanille
4 jaunes d'œufs
125 g de sucre.

Un verre d'eau fraîche.

Hacher le chocolat noir. En réserver 50 g.

Porter le lait à ébullition avec la vanille et 100 g de chocolat.

Blanchir les jaunes d'œufs et le sucre. Verser la moitié du lait bouillant. Bien mélanger et remettre le tout dans la casserole. Faire épaissir à feu doux, en remuant.

Passer au chinois dans un récipient propre. Laisser refroidir. Ajouter le chocolat haché réservé.

Passer à la sorbetière puis réserver au congélateur.

Glace à la menthe

6 personnes

Préparation : 10 min
Cuisson : 15 min

5 dl de lait
Quelques gouttes d'extrait de vanille
Un petit bouquet de menthe fraîche
4 jaunes d'œufs
125 g de sucre.

Un verre d'eau fraîche ou un peppermint sur glace !

Porter le lait à ébullition avec la vanille. Dès qu'il bout, l'ôter du feu et y plonger la menthe grossièrement hachée. Couvrir.

Laisser infuser 5 minutes.

Passer au chinois.

Blanchir les jaunes d'œufs et le sucre. Verser la moitié du lait bouillant. Bien mélanger et remettre le tout dans la casserole. Faire épaissir à feu doux, en remuant.

Passer au chinois dans un récipient propre. Laisser refroidir.

Passer à la sorbetière puis réserver au congélateur.

Glace Plombières

6 personnes

Préparation : 10 min
Cuisson : 15 min

5 dl de lait
Quelques gouttes d'extrait de vanille
4 jaunes d'œufs
125 g de sucre
2 cuil. à soupe de kirsch
50 g de fruits confits.

Porter le lait à ébullition avec la vanille.

Blanchir les jaunes d'œufs et le sucre. Verser la moitié du lait bouillant. Bien mélanger et remettre le tout dans la casserole. Faire épaissir à feu doux, en remuant.

Passer au chinois dans un récipient propre. Laisser refroidir.

Ajouter le kirsch. Passer à la sorbetière.

Ajouter les fruits confits hachés. Laisser prendre au congélateur.

Un verre d'eau ou une eau-de-vie de KIRSCH servie fraîche.

Sorbet citron

On peut ajouter des cubes de citron confit, des zestes hachés... La même recette s'applique à tous les agrumes : oranges, mandarines, pamplemousses...

Un verre d'eau fraîche. L'accord est toujours très difficile entre la glace et le vin.

6 personnes

Préparation : 10 min
Cuisson : 5 min

250 g de sucre
1,5 dl de jus de citron.

Porter le sucre et 5 dl d'eau à ébullition. Laisser refroidir.

Ajouter le jus de citron passé au chinois.

Passer à la sorbetière puis réserver au congélateur.

Sorbet au muscat

Les mêmes techniques s'appliquent à d'autres vins : sauternes, champagne, monbazillac...

Un verre d'eau fraîche ou un MUSCAT très frais !

Température : 7 °C.

6 personnes

Préparation : 10 min
Cuisson : 5 min

125 g de sucre
4 dl de muscat
2 cuil. à soupe de jus de citron.

Porter 12,5 cl d'eau à ébullition avec le sucre. Laisser refroidir.

Y ajouter le vin et le jus de citron. Passer à la sorbetière. Réserver au congélateur.

Sorbet framboise

La même recette s'applique, bien entendu aux fraises mais aussi aux autres fruits que l'on peut réduire à l'état de pulpe : pêche, abricot, poire...

Un verre d'eau fraîche.

6 personnes

Préparation : 15 min
Cuisson : 5 min

250 g de sucre
400 g de framboises
1 cuil. à soupe de jus de citron.

Porter à ébullition 2,5 dl d'eau et le sucre. Laisser refroidir.

Nettoyer les framboises. Passer la pulpe au chinois. Ajouter le jus de citron.

Mélanger la pulpe et le sirop. Passer à la sorbetière et réserver au congélateur.

Granité à l'eau-de-vie

6 personnes

Préparation : 15 min
Congélation : 4 h

250 g de sucre
Le jus d'1 citron
2 dl d'eau-de-vie.

Réunir 1 l d'eau et le sucre dans une casserole. Porter à ébullition. Laisser refroidir.

Ajouter le jus de citron et le kirsch. Verser le tout dans un plat creux et le placer au congélateur. Le remuer fréquemment à l'aide d'une fourchette dès qu'il commence à prendre.

Pour servir, gratter pour former des paillettes et les disposer dans des coupes ou des verres.

Un verre d'eau ou une eau-de-vie de KIRSCH servie rafraîchie.

Cassate

8 personnes

Préparation : 30 min
Repos : 2 h

5 dl de glace vanille (p. 402)
5 dl de sorbet fraise (p. 404)
5 dl de glace chocolat (p. 402).

Placer un moule à cake au congélateur.

Pendant ce temps, sortir une des glaces du congélateur. Quand la glace est assez souple pour être travaillée à la spatule, en étaler une couche sur 1/3 de la hauteur du moule. Bien tasser. Laisser prendre 30 minutes au froid et sortir un autre bac.

Procéder ainsi pour les différentes couches. Lisser soigneusement la dernière. Laisser la cassate 1 heure au congélateur.

La servir en tranches, sur assiette, entourée de quelques petits gâteaux, de fruits frais coupés en morceaux...
Les parfums utilisés peuvent varier à l'infini.

Un verre d'eau fraîche.

Chocolat glacé

1 personne

Préparation : 5 min

1 dl de chocolat corsé
5 cl de crème fraîche liquide
10 g de sucre semoule
2 boules de glace chocolat
1 pincée de cacao en poudre.

S'assurer que le chocolat est bien froid. Sinon, le placer quelques instants au congélateur.

Fouetter la crème fraîche. Quand elle est presque montée, ajouter le sucre et finir de la fouetter.

Verser le chocolat dans une coupe haute. Disposer les 2 boules de glace. Décorer avec la chantilly et saupoudrer d'un peu de cacao en poudre.

Un BANYULS, Vin Doux Naturel rouge du Roussillon, aux arômes discrets comprenant notamment une pointe de chocolat, sera idéal pour accompagner ce dessert.

Température : 14 °C.

Pêches Melba

6 personnes

Préparation : 20 min
Cuisson : 10 min

1 gousse de vanille
200 g de sucre semoule
6 pêches fraîches
300 g de framboises
Le jus d'1/2 citron
80 g de sucre glace
6 dl de glace vanille (p. 402).

Porter 1 l d'eau à ébullition avec la vanille et le sucre semoule.

Éplucher les pêches. Les faire pocher 5 à 10 minutes dans le sirop frémissant. Ôter du feu et laisser refroidir dans le sirop.

Mixer les framboises avec le jus de citron et le sucre glace. Passer la pulpe au chinois en pressant pour recueillir tout le jus.

Répartir la glace dans les coupes. Déposer 1 pêche pochée et dénoyautée dans chacune. Arroser du coulis de framboises.

Un jeune SAINTE-CROIX-DU-MONT, vin blanc liquoreux du Bordelais, exhale un parfum délicat de fruits à noyaux (pêche...), la base de ce dessert.

Température : 7 °C.

Poires Belle-Hélène

6 personnes

Préparation : 20 min
Cuisson : 20 min

200 g de sucre semoule
1 gousse de vanille
1 citron
6 poires fraîches
200 g de chocolat de couverture
1 dl de crème fraîche liquide
30 g de beurre
5 dl de glace vanille (p. 402).

Préparer le sirop : porter à ébullition 1 l d'eau, le sucre, la vanille et le citron lavé et coupé en tranches fines.

Éplucher les poires en conservant la queue. Les évider par-dessous sans abîmer le fruit. Les placer dans le sirop frémissant. Les laisser pocher 10 à 15 minutes suivant la maturité des fruits.

Ôter la casserole du feu. Laisser refroidir dans le sirop.

Casser le chocolat en morceaux. Le faire fondre au bain-marie sans le remuer. Ajouter la crème et le beurre. Mélanger. Réserver au chaud.

Répartir la glace dans 6 coupes. Déposer 1 poire dans chacune.

Servir la sauce au chocolat à part, en saucière.

Choisir un PINEAU DES CHARENTES, moût de raisins muté aux esprits de cognac, pour ce dessert.

Température : 8 °C.

Omelette norvégienne

6 personnes

Préparation : 40 min
Cuisson : 5 min
Repos : 1 h 30 min

1 plaque de génoise (p. 76)
1 dl de sirop (p. 78)
1/2 l de glace vanille (p. 402)
1/2 l de glace au chocolat (p. 402)
Meringue italienne (p. 77)
50 g de sucre glace
5 cl de rhum.

CHAMPAGNE SEC. Accord d'un grand vin avec un dessert de jour de fête !

Température : 7 °C.

Découper la génoise suivant la forme du plat choisi. L'imbiber de sirop à l'aide d'un pinceau. Placer le tout au congélateur 15 minutes.

Sortir les glaces qui vont se réchauffer pendant ce temps.

Sortir le plat. Garnir la moitié de la génoise avec la glace à la vanille, l'autre moitié avec le chocolat. Lisser à la spatule et replacer au congélateur.

Couvrir la glace de meringue italienne. Lisser. Décorer de rosaces à l'aide d'une poche munie d'une douille cannelée. Replacer le tout au congélateur au moins 1 heure.

Au moment du service, sortir l'omelette norvégienne. La saupoudrer de sucre glace et la passer sous le gril du four pour la colorer.

Chauffer le rhum dans une petite casserole. En arroser l'omelette au moment de servir. Flamber aussitôt.

Banana split

6 personnes

Préparation : 15 min
Cuisson : 5 min

200 g de chocolat noir
6 dl de crème fraîche liquide
20 g de beurre
40 g de sucre semoule
6 bananes
1 citron
4 dl de glace vanille (p. 402)
4 dl de sorbet fraise (p. 404)
4 dl de glace chocolat (p. 402).

Un verre d'eau fraîche.

Hacher le chocolat. Le faire fondre au bain-marie avec 3 dl de crème et le beurre.

Monter le reste de crème en chantilly avec le sucre semoule. Réserver au frais.

Éplucher les bananes. Les couper en deux dans la longueur. Les citronner pour éviter qu'elles ne noircissent.

Disposer 3 boules de glace par personne, 1/2 banane de part et d'autre. Décorer de chantilly à l'aide d'une poche munie d'une douille cannelée.

Au dernier moment, napper de sauce au chocolat tiède. Décorer éventuellement d'amandes effilées grillées.

Soufflés glacés au rhum

6 personnes

Préparation : 50 min
Cuisson : 10 min
Repos : 4 h

---

4 œufs
225 g de sucre
2,5 dl de crème fraîche liquide
5 cl de rhum
40 g de cacao en poudre
40 g de sucre glace.

Préparer 6 ramequins d'environ 8 cm de diamètre. Les entourer d'une bande de papier d'aluminium ou sulfurisé qui dépasse le moule de 2 cm.

Séparer les blancs d'œufs des jaunes.

Porter à ébullition 3 cl d'eau et 125 g de sucre. Verser le sirop obtenu en filet sur les blancs d'œufs montés en neige en fouettant jusqu'à complet refroidissement. Réserver au frais.

Porter 3 cl d'eau et le reste de sucre à ébullition. Verser ce sirop en fouettant sur les jaunes d'œufs. Poursuivre ce mouvement jusqu'à ce que le mélange soit froid. Réserver au réfrigérateur.

Monter la crème fraîche. Avant qu'elle ne soit tout à fait ferme, ajouter la liqueur et fouetter encore un peu pour la serrer.

Mélanger délicatement les 2 appareils aux œufs. Y incorporer la crème fouettée précautionneusement.

Remplir les moules jusqu'en haut du papier. Lisser la surface à la spatule. Décorer de cacao et de sucre glace. Placer les soufflés 4 heures au congélateur.

Défaire le papier avec précaution et servir aussitôt.

Osons, avec ce plat glacé, une BLANQUETTE DE LIMOUX, vin mousseux du Languedoc-Roussillon, élégant et fruité.

Température : 8 °C.

LE CAFÉ

À PROPOS DES CAFÉS

En réalité, ce n'est pas d'un café qu'il faut parler mais des cafés dont les qualités diffèrent selon les heures, les goûts et les lieux de consommation.

La réalisation d'un bon café repose néanmoins sur quelques principes tels que : le choix du mélange, l'épaisseur de la mouture, le procédé d'élaboration, les produits d'accompagnement et le service.

Actuellement, les torréfacteurs de cafés réalisent, à partir des deux principales variétés de caféiers plantées dans le monde (l'arabica et le robusta), une multitude de mélanges fort différents les uns des autres. L'origine dont est issue la matière première ajoutera au mélange réalisé des typicités particulières qui augmenteront ainsi l'étendue de la gamme : un mélange arabica/robusta ou un pur arabica (doux, parfumé et peu caféiné) dont la palette aromatique varie selon son origine (Éthiopie, Colombie, Indonésie, Honduras, Kenya, Brésil, Mexique, Costa-Rica, Côte d'Ivoire, Angola, Zaïre...) ; ou bien un café 100 % arabica provenant d'un cru (Moka, Manille, Colombie, Menado, Haïti...).

Pour réaliser un café, on peut également utiliser des produits lyophilisés ou concentrés. Mais ils n'égaleront pas en qualité les préparations de café réalisées à partir de café en grains torréfié moulu.

Il est bon de prévoir un mélange de café décaféiné pour les convives qui souhaitent boire du café dont la teneur en caféine est plus faible.

Si vous achetez du café en grains, il faudra le moudre à la dernière minute car il ne gardera son arôme que peu de temps et rancira à l'air libre. Le café moulu est à mettre à l'abri des odeurs environnantes, dans un récipient hermétique. Si vous achetez du café fraîchement torréfié, celui-ci doit reposer environ 24 heures pour permettre une meilleure extraction des huiles et des composés aromatiques.

DU GRAIN À LA TASSE

- **La cafetière à expresso** :

Elle permet la préparation d'une ou deux tasses selon le procédé de l'infusion sous pression. La mouture fraîche ne doit pas être trop grosse (l'eau coule trop vite) ni trop fine (l'eau coule goutte à goutte et entraîne des particules de mouture dans la tasse).

Il faut 7 g de poudre de café pour 10 cl d'eau. Faire couler le café dans une tasse à expresso préalablement chauffée. Une fois le café passé, celui-ci doit être couvert d'une mousse crémeuse.

N'oubliez pas de détartrer régulièrement votre machine.

- **La cafetière à filtres** :

Composée d'un réceptacle percé de trous dans lequel est disposé un filtre rempli de café. L'eau bouillante versée régulièrement et lentement fera infuser le café. La plaque chauffante de la cafetière électrique permet de maintenir le café au chaud. Lorsque l'on est nombreux, une verseuse isotherme permettra de garder au chaud le café issu d'une première cafetière le temps de faire couler la seconde.

Doser 1 cuillerée à soupe de café moulu, soit 10 à 12 g par tasse.

Si vous versez le contenu de votre cafetière électrique dans une cafetière en faïence ou en porcelaine assortie aux tasses, prenez soin de l'ébouillanter au préalable.

- **La cafetière italienne à pression** :

L'eau emprisonnée dans un récipient clos est chauffée. L'air qui se dilate crée une dépression qui pousse l'eau dans la partie supérieure où se trouve la poudre de café.

- **La cafetière à vide** :

Le procédé est semblable à celui de la cafetière italienne. La cafetière est en verre résistant à la chaleur, munie d'un réchaud à alcool qui permet la préparation du café à table, devant les convives.

PRÉPARATIONS CHAUDES

— **Ristretto** : préparer et servir comme l'expresso. Mais avec une quantité moindre d'eau pour la même quantité de café.

— **Cappuccino** : remplir une tasse jusqu'aux trois quarts de café noir, compléter avec de la mousse de lait obtenue avec le robinet à vapeur et saupoudrer celle-ci d'une pincée de chocolat en poudre. Servir comme le café nature.

— **Café au lait renversé** : grande tasse remplie aux deux tiers de café plus un tiers de lait. Servir comme le café nature.

— **Café brûlot** : préparer une tasse de café sucrée au sucre de canne. Chauffer sans bouillir un peu de rhum et verser celui-ci dans le café, puis flamber à l'aide d'une allumette.

— **Café viennois** : remplir aux trois quarts de café très fort et très chaud une tasse. Couronner de crème fouettée et saupoudrer de chocolat en poudre ou d'un grain de café en sucre. Servir comme le café nature.

— **Irish coffee** : verser dans un verre à irish coffee (verre épais) une mesure (4 cl) d'irish whisky et deux à trois cuillerées de sucre brun. Bien remuer et ajouter du café brûlant bien fort jusqu'à environ 2 cm du bord. Garnir de crème légèrement fouettée froide en faisant glisser celle-ci sur une cuillère de manière qu'elle surnage sans se mêler au café. Servir sans remuer avec une cuillère et une paille.

— **Kaffee Lutz** : bien mélanger dans un verre à café deux à trois morceaux de sucre avec 8 à 10 cl de café noir, une mesure d'eau-de-vie de fruits, puis compléter avec de l'eau chaude et servir aussitôt. En versant l'eau chaude, laisser la cuillère dans le verre pour éviter qu'il n'éclate.

— **Café Correto** : pour ce café « rectifié », servir un ristretto additionné de deux doigts de grappa.

— **Café Marnissimo** : verser dans un verre à café bien préchauffé ou dans une tasse spécialement destinée au café Marnissimo une mesure (2 cl) de Grand Marnier et 2 cuillerées de sucre fin. Bien remuer et remplir la tasse ou le verre jusqu'aux deux tiers de café fort et brûlant en le laissant glisser doucement sur les parois.

— **Café crème** (4 personnes) : porter à ébullition 1/2 l de lait avec 150 g de sucre. Ajouter 4 cuillerées à soupe de crème fraîche en fouettant, pour donner un mélange homogène et mousseux. Ajouter 25 cl de café chaud. Mélanger et servir aussitôt.

— **Maka** : mélange à dose égale d'un café chaud avec du chocolat chaud (Java).

— **Café turc** : verser la poudre de café extrêmement fine dans de l'eau bouillante, avec une quantité presque égale de sucre en poudre. Remettre le mélange sur le feu jusqu'à ébullition. Répéter trois fois l'opération qui se fait dans une petite casserole à base large et de forme conique. Verser quelques gouttes d'eau froide pour faire déposer le marc, et servir aussitôt.

PRÉPARATIONS FROIDES

— **Café liégeois** : entremets glacé fait, soit de café mélangé avec de la crème fraîche et pris au froid, soit de glace au café servie dans un grand verre où l'on a versé du café très fort et surmontée de crème Chantilly.

L'origine du café liégeois est en fait viennoise. Le « café viennois » conquit l'Europe entière, mais la consonance germanique de son nom lui valut d'être débaptisé pendant la Première Guerre Mondiale.

— **Café frappé** : verser dans un shaker un café expresso serré et chaud, sur des glaçons. Frapper et servir dans un verre à tumbler givré à la poudre de café ou au sucre.

Proposez avec le café des sucres, morceaux de diverses formes et origines : canne à sucre non raffinée, sucre de canne raffiné, sucre candi, sucre blanc, sucre semoule, saccharine, aspartam, le tout disposé dans un sucrier que vous aurez pris soin de munir d'une pince à sucre.

Proposez un carré de chocolat ou une truffe au chocolat qui feront ressortir l'arôme du café, quelques mignardises, une carafe d'eau fraîche (à boire après dégustation du café), une eau-de-vie ou liqueur et une infusion ou du thé aux personnes qui ne désirent pas prendre de café.

THÉ ET INFUSIONS

Le thé est l'infusion dans de l'eau chaude des feuilles séchées du théier.

Les caractéristiques de goût et la qualité des thés varient selon leur origine géographique (Inde, Sri Lanka - Ceylan, Chine, Japon, Indonésie, Afrique de l'Est, Amérique latine et Russie) et leur mode d'élaboration. Ils sont classés en « jardins », « crus » ou pays d'origine par grades et par types.

QUELS THÉS ?

On cueille le thé en prélevant le bourgeon terminal (pekoe) de chaque tige, ainsi que les feuilles qui suivent en plus ou moins grande quantité selon la qualité recherchée. Plus les feuilles sont fines et jeunes, plus grande sera la qualité du thé.

Diverses opérations se succéderont par la suite pour constituer les variétés suivantes :

Le thé vert mélangé à de la menthe donne une boisson très rafraîchissante.

- **Le thé vert** :

Spécialité de la Chine et du Japon, il est élaboré à partir de feuilles de théiers non fermentées et soumises à un chauffage brutal après leur cueillette. Son infusion plus claire au goût moins prononcé que les thés noirs est très appréciée par les Chinois et les musulmans.

- **Le thé noir** :

C'est le plus courant. Il subit cinq opérations avant d'être commercialisé : le flétrissage, un roulage des feuilles pour libérer et mélanger les composants, une fermentation humide de quelques heures, une dessiccation rapide à la chaleur puis un tri selon les grades de qualité.

On distingue par ordre décroissant quatre grades de qualité :

— l'Orange pekoe constitué de feuilles entières issues de la pointe orangée des bourgeons ;

— le Flowery pekoe ou Pekoe qui est préparé à partir de petites feuilles et de leur bourgeon ;

— le pekoe Souchong qui est constitué de feuilles plus âgées ;

— le Souchong constitué par des feuilles plus âgées encore et roulées en boules.

Remarques :

— « Broken » est une mention qui complète les différents grades énoncés ci-dessus lorsque ceux-ci sont constitués par des feuilles brisées naturellement (exemple : broken Orange Pekoe).

— Fanning et Dust sont constitués par des brisures destinées à la fabrication des sachets.

— les « blended » sont des mélanges de thés de diverses origines.

On distingue plusieurs grades de qualité :

— le Gunpowder « poudre à canon », appelé chao chen en Chine, est élaboré à partir de feuilles entières roulées sur elles-mêmes en petites boules de 3 mm environ ;

— le Tychen « grosse poudre à canon » ou « thé impérial ».

Les principales origines du thé noir sont Ceylan, qui produit des thés dont les meilleures variétés sont l'Orange pekoe finest, le Flowery pekoe, le Uwa highland, le Broken orange pekoe fine, et le High grown. L'inde produit des thés particulièrement parfumés parmi lesquels le Darjeeling, le Bengale et l'Assam. La Chine produit des thés « ordinaires » parmi lesquels le

Yunnan (moka des thés), le Caravane, le Keemun, le Grand Mandarin au jasmin qui accompagne parfaitement la cuisine orientale. Et des thés fumés parmi lesquels on distingue l'Imperial Souchong (feuilles de thé mêlées de fleurs de jasmin), le Lapsang Souchong et le Tarry Souchong.

- **Le thé Oolong ou Oulong** :

Constitué de feuilles semi-fermentées, c'est un intermédiaire entre le thé noir et le thé vert.

- **Les thés parfumés** :

Ce sont des thés parfumés aux fleurs ou aux essences végétales ou par d'autres ingrédients aromatiques, dont les plus célèbres sont le Earl grey (bergamote et thé noir de Chine non fumé), le thé de Géorgie (aux fleurs et aux agrumes), et les thés au jasmin, à la rose, à la bergamote, à la fleur d'oranger ou au lotus. Puis ceux, plus récents, aromatisés à la vanille, la mûre, la framboise, la noix de coco, le pamplemousse, la pomme, l'abricot, le gingembre, la cannelle, le fruit de la passion... qui se boivent chauds ou glacés.

PRÉPARER LE THÉ

Choisir un thé d'excellente qualité et non éventé et de l'eau aussi peu calcaire que possible, sans goût de chlore.

Ébouillanter la théière avant d'y mettre le thé, pour qu'elle soit humide et chaude. Y déposer, ou dans la « boule à thé », une cuillerée à café de thé par tasse, plus une « pour la théière ». Verser l'eau frémissante sur le thé, laisser infuser 3 à 5 minutes. Au-delà, on ne gagne plus en arôme mais les tanins se diffusent et rendent l'infusion plus âcre et plus foncée.

Pour servir, il faut prévoir une passoire à thé si les feuilles sont encore dans l'infusion.

Proposer de l'eau chaude à part, pour que chacun puisse en rajouter dans sa tasse si l'infusion est trop forte.

LES INFUSIONS

Ce sont des boissons obtenues par une macération d'herbes, de graines, de plantes fraîches ou séchées dans de l'eau bouillante. Certaines de ces infusions, également appelées « tisanes », ont des vertus thérapeutiques.

Les infusions digestives sont réalisées, par exemple, avec de l'anis vert, de la camomille romaine ou de la verveine, les infusions calmant la toux avec la marjolaine ou le serpolet, contre les insomnies avec de la mélisse, les infusions toniques et stimulantes avec de la menthe, les infusions bénéfiques pour le foie avec du romarin. Les infusions antiscorbutiques sont réalisées par exemple avec de la fleur d'oranger.

La plupart du temps, ces plantes sont disponibles dans le commerce séchées, mais sous leur forme originelle ou sous la forme de sachets de mousseline ou papier à infuser. Les infusions sont préparées et servies comme le thé noir, mais sans pot d'eau chaude ni autre accompagnement.

Cigarettes

20 pièces

Préparation : 45 min
Cuisson : 4 à 5 min

50 g de beurre
75 g de sucre glace
2 blancs d'œufs
Quelques gouttes d'extrait de vanille
60 g de farine
1/2 pointe de couteau de sel.

Travailler le beurre à la spatule jusqu'à ce qu'il ait la consistance d'une pommade. Lui adjoindre le sucre glace et le sel, puis les blancs d'œufs un par un. Attention, ils ne doivent pas être trop froids. Si c'était le cas, réchauffer très légèrement l'ensemble afin de le garder crémeux.

Ajouter la vanille et incorporer délicatement la farine tamisée.

Beurrer et fariner une plaque à pâtisserie. Dresser de petits disques de pâte de 5 cm de diamètre. Tapoter la plaque pour les aplatir et les étaler légèrement. Ils ne doivent pas se toucher.

Cuire au four à 240 °C (th. 8). Les cigarettes sont cuites dès que les bords sont colorés.

Sortir les ronds de pâte l'un après l'autre en laissant la plaque dans le four, porte ouverte. Poser chaque rond à l'envers et l'enrouler autour d'un manche de cuillère en bois. Appuyer à la fin pour souder la pâte.

Il faut faire vite car, en refroidissant, ils deviennent cassants et ne peuvent plus être roulés.

CHAMPAGNE brut ou demi-sec. Les cigarettes escorteront avec naturel un Champagne en fin de repas.

Température : 8 °C.

Langues-de-chat

50 pièces

Préparation : 20 min
Cuisson : 15 min

125 g de beurre
125 g de sucre glace
3 blancs d'œufs
175 g de farine
Extrait de vanille.

Mélanger le beurre en pommade, le sucre glace puis, progressivement, les blancs d'œufs et la farine tamisée. Ajouter quelques gouttes d'extrait de vanille.

Utiliser une plaque à pâtisserie froide soigneusement nettoyée et très légèrement graissée. Dresser les langues-de-chat au pinceau ou à l'aide d'une poche munie d'une petite douille unie.

Cuire au four à 200 °C (th. 6-7), environ 10 minutes, en surveillant attentivement la couleur.

Belle harmonie entre le CRÉMANT D'ALSACE élaboré selon la méthode traditionnelle (comme en Champagne) et les langues-de-chat.

Température : 8 °C.

Madeleines

24 pièces

Préparation : 30 min
Cuisson : 20 min
Repos : 15 min

120 g de beurre
4 œufs
250 g de sucre
1 sachet de sucre vanillé
Le zeste d'1 citron
1 dl de lait
320 g de farine
10 g de levure chimique.

Préparation des moules :
30 g de beurre
40 g de farine.

Nettoyer soigneusement les moules. Les graisser légèrement avec du beurre fondu passé au pinceau. Les fariner puis les tapoter pour enlever l'excédent.

Faire fondre le beurre à feu doux. Réserver.

Travailler les œufs avec les sucres, le zeste puis la moitié du lait. Fouetter quelques instants. Ajouter la farine et la levure tamisées, puis le reste de lait et le beurre encore tiède.

Garnir le creux de chaque moule. Les laisser reposer 15 minutes.

Cuire directement sur la sole du four, à 210 °C (th. 7), pendant 15 minutes, en prenant soin d'entrouvrir la porte du four dès que les madeleines deviennent bossues.

Démouler et laisser refroidir sur une grille.

À la fin d'un repas, le CRÉMANT D'ALSACE aura toute l'élégance requise pour accompagner ces madeleines.

Température : 8 °C.

Macarons coco

30 pièces

Préparation : 25 min
Cuisson : 15 min
Repos : 1 h

200 g de sucre semoule
200 g de poudre de noix de coco
4 blancs d'œufs.

Mélanger le sucre et la noix de coco, puis les blancs d'œufs. Laisser reposer 30 minutes.

Placer une feuille de papier sulfurisé sur la plaque. Déposer de petits tas réguliers soit à la cuillère, soit à l'aide d'une poche munie d'une douille unie. Laisser reposer 30 minutes.

Passer un peu d'eau au pinceau sur les macarons. Poser la plaque des macarons sur une deuxième pour éviter qu'ils n'attachent. Cuire au four à 180 °C (th. 6), pendant 15 minutes, porte très légèrement entrouverte.

Dès la sortie du four, décoller les macarons après avoir humidifié la plaque. Les coller deux par deux et les laisser refroidir sur une grille.

Les stocker dans une boîte métallique mais en intercalant une feuille de papier sulfurisé entre chaque étage pour éviter qu'ils ne collent.

CRÉMANT DE BORDEAUX, vin blanc pétillant et aromatique du Bordelais. Un dernier-né pour les crémants (1990) qui accompagnera agréablement ce plat.

Température : 8 °C.

Rochers aux amandes

20 pièces

Préparation : 30 min
Cuisson : 1 h 10 min

Préférer un grand vin de fin de repas, un CHAMPAGNE demi-sec, pour accompagner ce dessert.

Température . 7 °C.

4 blancs d'œufs
250 g de sucre semoule
1 sachet de sucre vanillé
Quelques gouttes d'extrait d'amande amère
Le zeste d'1/2 citron
150 g d'amandes effilées
20 g de beurre.

Fouetter les blancs d'œufs avec les sucres au bain-marie, jusqu'à ce que le mélange atteigne 60 °C. Continuer à fouetter jusqu'à complet refroidissement. L'appareil doit être ferme et blanc.

Ajouter l'arôme et le zeste de citron râpé. Incorporer soigneusement les amandes effilées dorées au four.

Beurrer la plaque. Déposer des petits tas de pâte régulièrement sur la plaque, en s'aidant d'une cuillère.

Cuire au four à 150 °C (th. 5), pendant 1 heure, avec la porte entrouverte. Ils doivent sécher sans se colorer.

Les faire refroidir sur une grille puis les stocker dans une boîte métallique.

Sablés

12 pièces

Préparation : 40 min
Cuisson : 15 min
Repos : 1 h

Un CRÉMANT DE CHAMPAGNE à la mousse légère enchantera ces sablés.

Température : 8 °C.

120 g de farine
60 g de sucre
60 g de beurre
2 jaunes d'œufs
40 g de sucre glace
150 g de confiture de framboises.

Travailler la farine, le sucre, le sel et le beurre coupé en morceaux. Passer le mélange rapidement entre les mains en le frottant, jusqu'à ce qu'il prenne l'aspect du sable fin. Incorporer progressivement les jaunes d'œufs et rassembler la pâte en boule. L'emballer dans un film étirable et la réserver au frais 1 heure.

Abaisser la pâte. Découper 24 ronds à l'aide d'un emporte-pièce cannelé. Découper le centre de 12 d'entre eux à l'aide d'un petit emporte-pièce.

Disposer tous les sablés sur une tôle graissée et farinée. Cuire au four 15 minutes à 180 °C (th. 6).

Les décoller à la spatule et les laisser refroidir sur une grille.

Saupoudrer les sablés troués de sucre glace et couvrir les autres de confiture. Les assembler. Presser légèrement.

Tuiles aux amandes

20 pièces

Préparation : 20 min
Cuisson : 5 min
Repos : 30 min

40 g de farine
100 g d'amandes effilées
100 g de sucre glace
2 blancs d'œufs
Quelques gouttes d'extrait de vanille
20 g de beurre.

Bien mélanger la farine, les amandes et le sucre glace, puis les blancs d'œufs et la vanille. Laisser reposer 30 minutes.

Nettoyer soigneusement la plaque. La graisser très légèrement.

Déposer de petits tas de pâte réguliers sur la plaque. Les étaler à l'aide d'une fourchette mouillée. Attention de ne pas trop les serrer, la pâte s'étale pendant la cuisson. Les cuire au four à 240 °C (th. 8).

Elles sont cuites lorsque les bords sont bruns et le centre jaune clair. Les décoller de la plaque à l'aide d'une spatule et les poser dans un moule en forme de gouttière ou sur un manche à balai réservé à cet usage.

Stocker les tuiles refroidies dans une boîte métallique fermant bien.

CRÉMANT D'ALSACE, vin blanc mousseux. Connivence entre l'effervescence du Crémant d'Alsace et la légèreté de ces tuiles.

Température : 8 °C.

LEXIQUE

Abaisser : étaler ou étendre à l'aide d'un rouleau.

Abattis : pattes, tête, cou, ailerons, cœur, foie et gésier d'une volaille.

Aiguillette : fine et longue tranche de viande de boucherie mais également mince tranche de filet de canard.

Al dente : degré de cuisson utilisé pour les légumes et les pâtes pour qu'ils restent légèrement croquants.

A.O.C. : le régime des Appellations d'Origine Contrôlée, créé en 1935, réglemente les conditions de production des grands vins français, c'est-à-dire, aussi bien le lieu d'où provient le vin que la qualité due aux méthodes de culture et de vinification.

Appareil : mélange d'éléments composant une recette (ex. : appareil à soufflé).

Aspic : plat, consommé froid, de viande ou de poisson cuits, refroidis et pris dans de la gelée moulée.

Bain-marie : récipient d'eau très chaude dans lequel est placé un second récipient plus petit contenant des mets que l'on veut faire chauffer doucement ou tenir au chaud.

Barder : entourer les viandes à rôtir (volailles, gibiers, rôtis) d'une mince tranche de lard gras.

Beurre manié : beurre mélangé à une quantité égale de farine servant à lier les sauces.

Blanchir : plonger certains légumes dans l'eau bouillante pour les attendrir. — Travailler énergiquement un mélange jaunes d'œufs-sucre jusqu'à ce qu'il s'éclaircisse et s'allège.

Bouquet garni : herbes aromatiques ficelées ensemble pour parfumer une sauce, un bouillon. Il s'agit de thym, de laurier, de persil, parfois de vert de poireau ou d'une branche de céleri.

Braiser : cuire une viande ou des légumes à feu doux, dans un récipient couvert avec un peu de liquide.

Brider : passer une ficelle dans les ailes et les cuisses d'une volaille ou autour d'une pièce de viande, afin qu'elles gardent leur forme à la cuisson.

Brunoise : légumes coupés en petits dés.

Caramáliser : enduire de caramel le fond et les côtés d'un moule.

Chemiser : garnir l'intérieur d'un moule de papier sulfurisé, d'aluminium ou de farine, pour faciliter le démoulage, mais aussi le garnir de gelée (aspic), de glace (bombe glacée)...

Chiffonnade : salade, oseille, persil, cerfeuil, coupés en fines lanières.

Chinois : passoire métallique à mailles très serrées.

Ciseler : découper finement un légume ou une herbe culinaire. — Faire des entailles peu profondes dans une pièce à cuire (viande, poisson) pour en faciliter la cuisson.

Clarifier : rendre clair un liquide trouble en le filtrant ou en lui ajoutant du blanc d'œuf. C'est aussi séparer le blanc du jaune d'œuf.

Confire : cuire des fruits dans du sucre, des légumes dans du vinaigre, de la viande dans la graisse, pour les conserver.

Crépine : membrane de la panse de porc ou de mouton.

Darne : épaisse tranche de poisson.

Décanter : transvaser un liquide, pour en éliminer le fond, en le versant doucement dans un autre récipient.

Déglacer : faire dissoudre, à l'aide d'un liquide, les sucs caramélisés au fond de la poêle.

Dégorger : faire tremper, dans de l'eau froide, viandes, abats ou poissons, pour les débarrasser du sang et des impuretés.

Dégraisser : retirer la graisse à la surface d'une sauce ou d'un bouillon, à froid avec une écumoire, à chaud avec une cuillère ou du papier ménage.

Dessécher : éliminer l'excédent d'humidité d'un aliment par la cuisson.

Détendre : ajouter un liquide à une préparation.

Détrempe : pâte (farine et eau) de la consistance d'une pâte à pain servant à la préparation de la pâte feuilletée.

Dresser : disposer joliment les mets sur un plat de service.

Duxelles : hachis de champignons et d'échalotes utilisé comme farce de garniture.

Ébarber : enlever les nageoires d'un poisson (avec des ciseaux) ou la barbe d'un coquillage.

Émincer : couper en fines tranches.

Escaloper : couper poissons ou viandes en fines tranches en biais.

Étuver : cuire doucement dans un récipient fermé.

Farce : mélange d'aliments hachés (viandes, légumes, herbes...) introduit dans une volaille, un poisson, un légume (chou, tomate...).

Flamber (une volaille) : passer une volaille à la flamme pour éliminer le reste de duvet et les dernières plumes.

Flamber (un mets) : arroser un mets d'un alcool enflammé ou que l'on enflammera par la suite.

Foncer : garnir un appareil de cuisson (cocotte, moule) de bardes de lard ou de pâte.

Frémir : laisser un liquide sur feu doux au seuil de l'ébullition.

Glacer : obtenir une couche brillante et lisse à la surface d'une préparation. — Refroidir ou durcir une boisson ou un aliment.

Historier : découper un aliment (citron, tomate) en pratiquant des incisions régulières.

Julienne : légumes coupés en fins bâtonnets.

Larder : piquer une viande de petits morceaux de lard avec une aiguille à larder.

Lever les filets : retirer les filets d'un poisson de l'arête centrale, à l'aide d'un couteau.

Lier : ajouter une préparation (roux, beurre manié) dans un liquide afin de l'épaissir et d'obtenir une préparation onctueuse.

Lustrer : faire briller un mets en l'enduisant d'un liquide (beurre fondu, abricotine, gelée...).

Luter : fermer une terrine, par exemple, en enduisant le couvercle d'une pâte faite de farine et d'eau.

Macérer : laisser séjourner des aliments dans du vin, du vinaigre, de l'alcool, pour les aromatiser.

Marinade : liquide aromatisé dans lequel on fait macérer un aliment.

Mijoter : faire cuire à très petit feu.

Monder : enlever la peau des fruits, des amandes, des tomates, après les avoir plongés quelques instants dans de l'eau bouillante.

Mouiller : ajouter du liquide à un mets pendant la cuisson.

Napper : recouvrir un mets d'une sauce, d'une crème ou d'un jus.

Paner : tremper un mets dans de la chapelure avant de le faire cuire.

Paner à l'anglaise : tremper un mets assaisonné successivement dans de la farine, de l'œuf battu avec un peu d'huile et de la chapelure avant de le faire cuire.

Parer : débarrasser légumes, fruits, viandes, de ce qui n'est pas consommable.

Pluches : petites feuilles sans tiges (pluches de cerfeuil).

Pocher : faire cuire à l'eau frémissante.

Rafraîchir : passer sous l'eau froide après cuisson.

Réduire : diminuer, par cuisson à découvert, le volume d'un liquide.

Ressuer : placer le pain sur une grille ou sur un torchon sec à la sortie du four afin de laisser la vapeur s'échapper.

Revenir : commencer une cuisson dans une matière grasse.

Rissoler : faire dorer un aliment dans un corps gras, à feu vif.

Roux : élément de liaison composé de matière grasse et de farine, à part égale. Suivant la durée de cuisson, il peut être blanc, blond ou brun.

Sabler : travailler les ingrédients entre les doigts pour obtenir de petits grains, tel le sable.

Saisir : exposer à feu très vif dès le début de la cuisson.

Salpicon : mélange de plusieurs aliments coupés en petits dés : volaille, champignons, viande... Il en existe également des sucrés à base de fruits.

Sauter : faire cuire un aliment sur feu vif dans un peu de matière grasse en remuant sans cesse pour l'empêcher d'attacher.

Singer : saupoudrer de farine.

Suer : faire chauffer des légumes dans un corps gras en les remuant afin de leur faire perdre l'eau de végétation et de concentrer leurs sucs dans la matière grasse.

Suprême : blancs de volaille, filet de poisson, mais également quartiers d'agrumes pelés à vif dont on a retiré la peau.

Tourner : couper des légumes (carottes, pommes de terre) pour leur donner une forme régulière.

Travailler : battre une pâte à la main, à la cuillère ou au fouet, pour la rendre homogène.

Tronçon : morceau plus long que large taillé dans un gros poisson plat.

Vanner : remuer une sauce ou une crème, pendant le refroidissement, pour empêcher la formation d'une peau à la surface.

V.D.Q.S. : abréviation pour Vin Délimité de Qualité Supérieure. Dans l'échelle des appellations, un V.D.Q.S. est inférieur à un vin d'A.O.C.

Zester : retirer la partie extérieure colorée qui recouvre la peau blanche des agrumes : oranges, citrons...

TABLE DES MATIÈRES

INDEX

Dépôt légal 4e trim. 1995 - n° 2 230 - Imprimé en C.E.E.